Les métamorphoses du droit

5-7, rue de l'Ecole polytechnique, 75005 Paris

http://www.librairieharmattan.com
diffusion.harmattan@wanadoo.fr
harmattan1@wanadoo.fr

ISBN : 978-2-296-10370-2
EAN : 9782296103702

Ouvrage collectif

Les métamorphoses du droit

Hommage à Jean-Marie Rainaud

L'Harmattan

PREFACE

Les liens que crée la proximité de l'âge et des disciplines enseignées avec ceux que renforce l'amitié font que ce n'est pas la première fois qu'il m'appartient de rendre un juste hommage à Jean-Marie RAINAUD. Force est de constater que je ne m'en lasse pas et qu'à chaque nouvelle réflexion sur ce sujet imposé je découvre de nouveaux motifs à mon estime et à mon admiration.

L'absence de sous titre à cet ouvrage marque d'ailleurs que le sujet que j'aborde ici ne se laisse pas facilement enfermer dans des catégories, il ne connaît pas de limites intellectuelles, disciplinaires ou autres. On ne pourra jamais dresser un portrait ressemblant de Jean-Marie Rainaud, il n'existe pas de cadre assez grand pour ce faire. Et encore, une part importante (l'essentiel peut-être) nous échappe.

JMR, comme l'on dirait aujourd'hui, c'est d'abord et sans doute surtout un père de famille exemplaire, et encore cette première affirmation est-elle très réductrice. C'est un humaniste qui toujours eu le souci d'incarner les valeurs qui font l'honneur de l'humanité. Si cette dernière possède encore un honneur, ce dont nous font douter les nouvelles terrifiantes que charrie l'actualité, c'est à des hommes tels que Jean-Marie Rainaud qu'elle le doit.

Cet humanisme, il a trouvé à l'exprimer dans les cadres les plus divers. En premier lieu, comme il a déjà été dit, au sein de sa famille. Il n'est ici qu'à remarquer combien ses enfants ont des personnalités, toutes très fortes, mais si différentes, malgré quoi ou à cause de quoi ils ont repris une part de la flamme que leur père porte si haut. La vielle amitié qui me lie à son épouse me permet de dire combien elle a participé à cette exigence d'incarnation et d'exemplarité.

L'humanisme de Jean-Marie Rainaud s'est inscrit aussi dans les multiples fonctions administrative qu'il a su remplir avec un égal bonheur au sein de la Faculté aux destinées de la quelle il a présidé et qu'il a marquée de sa forte empreinte. Mais au-delà mon témoignage perd sinon de sa valeur du moins de son authenticité. Ce que j'en sais me vient de ses collaborateurs, de sont entourage de ses collègues ou de ses relations. Je n'en ai pas été le témoin direct ; exilé pour un temps en Savoie, mais je l'y retrouve tout à fait. Il m'excusera de glisser rapidement, trop rapidement, sur ces activités dont par ailleurs il ne se prévaut jamais. La discrétion et la modestie font aussi partie de ses qualités maîtresses. Elles ne s'estompaient peut-être que dans le cadre de ses activités sportives, autre domaine dont lequel il excelle.

La recherche de l'exhaustivité nous amène tout naturellement à évoquer, quelle palette ! Ses activités musicales et les mésaventures de sa flûte traversière ainsi que l'orchestre familial, symphonique sûrement au niveau des sentiments.

Faut-il également rappeler ses activités littéraires dont nous sommes tous les témoins ou son attachement au pays niçois, son esprit romanesque (où disparaît heureusement la rigueur du juriste) et la multiplicité de ses talents.

Il faudrait encore ici invoquer l'alma mater. N'ayant pas le pied marin mon allusion n'ira pas plus loin.

La plume court sur le papier (avant que de passer par une machine à déshumanisation informatique). Après les activités extra universitaires reste à évoquer l'ami encore que la pudeur méditerranéenne nous interdit cependant d'être trop prolixe. Que le temps a vite passé depuis l'époque où j'ai découvert Jean-Marie Rainaud, d'abord dans ses activités ludiques, jouant au foot dans les jardins de la Villa Passiflores (sur un terrain de basket si ma mémoire ne me trahit pas) avec quelques personnalités de ma génération, futurs notaires (oh cruel souvenir de G. Deloche, brillant parmi les brillants, qui nous a abandonné trop tôt), voire bâtonnier. J'y découvrais une intense joie de vivre, un enthousiasme communicatif (trait de caractère bien niçois mais qui ne s'associait pas à une autre caractéristique des enfants de ce pays : la colère vindicative et vengeresse que Jean-Marie Rainaud devait ignorer ou maîtriser dans le souci du respect de l'autre). Il me revient en mémoire aussi quelques parties de pétanque organisées sous la Haute autorité et le Haut patronage de Francis Salomon. Souvenir pénible pour moi qui malgré mes origines ne brille pas particulièrement dans l'exercice de ce sport de haut niveau (y compris le niveau des décibels qu'il engendre nécessairement car le commentaire y est plus important que l'acte).

Enfin, reste à évoquer la raison, qui au-delà de l'amitié, explique la réalisation de cet ouvrage : il me faut évoquer le collègue. Le premier qualificatif qui me vient alors à l'esprit est "brillant". Le Professeur Jean-Marie Rainaud fut en effet particulièrement "brillant" : orateur infatigable auquel l'inspiration ne fit jamais défaut, il a été un enseignant "lumineux", sa personnalité transcendant la matière enseignée, et porteur de clarté même dans les domaines les plus techniques et les plus complexes. Brillant et original dans la mesure où il a toujours su trouver plus que les autres dans les domaines qu'il abordait, n'appartenant à aucune école sa nature en a fait un "maître". A tout cela il faut ajouter les dimensions qu'il a su donner à ses enseignements et à ses recherches : largeur de vue et profondeur du savoir et des analyses.

Que dire encore d'une personnalité qui fut en réalité pour l'auteur de ces lignes un modèle, un modèle irritant car inimitable.

Le destinataire de ces quelques lignes, bien pauvres au regard de la richesse du sujet abordé, a été autorisé par celui-ci à reproduire ici le discours prononcé lors de son départ à la retraite.

Si j'en crois le carton que j'ai reçu et la mission dont j'ai été investi par le Doyen, nous sommes réunis en l'honneur de Monsieur le Professeur Jean-Marie Rainaud à l'occasion de son départ à la retraite.

Si, en bon juriste, je m'en tiens aux termes mêmes qui ont été utilisés tant oralement que dans l'invitation écrite, je ne peux qu'être surpris des choix effectués.

+ D'abord en raison de leur objet même :
- je ne connais pas "Monsieur le **P**rofesseur Jean-Marie Rainaud"
- et je ne crois pas, ne fut-ce qu'un instant de raison, qu'il connaisse le terme même de "retraite" et encore moins qu'il ait un tempérament lui permettant de pratiquer la chose.

+ Ensuite, en raison du choix de l'orateur, je suis sans doute le plus mal placé pour aborder le sujet qui m'est proposé n'ayant aucune vocation particulière au panégyrique, qui n'est pas dans ma nature, et en particulier au panégyrique de ce "Monsieur le Professeur" tant ,

- d'une part, ses mérites éclatants, du fait du parallélisme de nos carrières, ne pouvait faire de moi qu'un concurrent (donc potentiellement un jaloux ou un envieux),
- d'autre part, je suis très prêt de suivre son exemple et mon départ se rapproche à son tour inexorablement, de telle sorte que vous avez pris le risque d'entendre un discours "d'ancien combattant".

I - QUANT A L'OBJET DU DISCOURS

Comme je l'annonçais d'entrée de jeux, je ne connais pas cet être administratif qui s'appelle officiellement le Professeur Jean-Marie Rainaud, Doyen honoraire, et le Jean-Marie Rainaud que je connais bien ne saurait prendre sa retraite.

A- Jean-Marie Rainaud n'a pas été un Professeur

Le propos peut paraître paradoxal. Il ne s'agit pas de contester les titres, j'allais dire emporté par l'habitude, "de l'impétrant" mais ma longue carrière m'a permis de rencontrer un certain nombre de mes collègues qui "professaient" à tout propos et le plus souvent hors de propos, y compris en parlant de la météo. Ce n'est pas à cette espèce là qu'appartient Jean-Marie. Il ne lui a jamais traversé l'esprit de "professer", je crois même qu'il n'a jamais conçu sa fonction comme un métier, comme une profession, mais bien plus comme une mission, une exigence, la laïcité m'interdit de parler de sacerdoce, même si les conversions à l'amour du droit qu'il a réussies se révèlent nombreuses. La preuve en est qu'il fut prophète, sinon en son pays, du moins dans son entourage familial puisque, sans pression aucune de sa part, ses enfants et sa petite-fille se sont engagés sur les chemins arides des carrières juridiques. On leur souhaite la même réussite.

Après réflexion, Jean-Marie Rainaud n'a effectivement pas été un professeur, il est bien plus que cela, il a eu le mérite et le talent de transcender son statut administratif, sa profession, pour devenir, bien au-delà de ce qu'implique ce statut, un **Maître**. Voilà un état auquel on n'accède pas par l'ancienneté mais par ses qualités personnelles.

Voilà une qualification, non juridique, qui caractérise mieux Jean-Marie que ses états de service officiels.

Qu'est-ce à dire ? Jean-Marie Rainaud ne s'inscrit pas, par nature, par essence, dans les cadres traditionnels ou classiques. C'est un passionné du droit qui sait faire partager sa passion. Il a vécu entouré de l'estime et de l'affectation de ses étudiants, quel que soit le cycle dans lequel il enseignait. Il a toujours eu une cour qui l'entourait attentivement (une cour d'étudiants, voire, chère Edith d'étudiantes). Il est ainsi des signes qui ne trompent pas. Les étudiants sont en définitive nos meilleurs juges et c'est un domaine où ils ne commettent jamais d'erreurs (ils se rattrapent largement par ailleurs). Ils ont rencontré un juriste rigoureux, brillant, audacieux parfois, voire téméraire, mais aussi un humaniste réel, un homme généreux et attentif aux autres. Il leur apportait à la fois la science et la conscience, le savoir et les valeurs sans lesquelles il n'est rien de vrai et de légitime.

Jean-Marie Rainaud a donc eu de nombreux disciples dont certains hantent encore nos murs et, à leur tour, essaient d'imiter le maître.

Jean-Marie Rainaud a tissé avec certains de ses disciples des liens plus étroits qui attestent, s'il en était besoin, de son rayonnement.

Il m'est arrivé à de nombreuses reprises, dans le cadre de mes enseignements au-delà de la maîtrise, d'interroger mes étudiants sur leur formation en droit administratif. Sachant, comme tout juriste, lire entre les lignes et entendre entre les mots, il m'est apparu que beaucoup d'entre eux se félicitaient, sans le dire expressément, d'avoir été initiés à cette noble matière dans un groupe autre que le mien. Cherchez le coupable !

Ce Maître a su apprendre à ses étudiants la méthode et la rigueur mais aussi le courage ou l'audace de s'affranchir des analyses traditionnelles, du "juridiquement correct", d'oser mettre en doute les vérités officielles pour approcher au plus près de la vérité, si tant est que celle-ci existe.

C'est que, ce Maître, a toujours su distinguer l'essentiel de l'accessoire, pressentir les évolutions à venir, saisir les moteurs de ces évolutions, anticiper sur leurs conséquences.

Il conviendrait peut-être ici de citer l'ensemble de ses publications. La tâche serait sans contexte fastidieuse. Disons que cette liste témoigne, au-delà de sa productivité, de sa curiosité d'esprit et de son talent pour découvrir des thèmes nouveaux dans un champ d'investigations particulièrement large.

Un tel Maître ne saurait se transformer en retraité.

B- Jean-Marie Rainaud ne sera pas un retraité

La prospective est certes un art difficile, elle présente l'intérêt de permettre de se tromper ce qui permet ensuite d'expliquer pour quelles bonnes raisons l'erreur a été commise et surtout de démonter qu'elle a néanmoins été féconde.

Je ne sais si Jean-Marie continuera à labourer la riche terre du droit ou s'il s'éloignera peu à peu de cette passion, encore qu'à mon avis cela soit peu probable. Ce dont je suis sûr c'est qu'il ne saurait se révéler inactif.

Je n'ai pas connu d'esprit aussi vif, sans cesse animé par des curiosités multiples, toujours porteur des projets les plus divers. Il est rare de le rencontrer, même le temps d'un bref intercours, sans qu'il ne mentionne une nouvelle initiative, ne fasse part d'une nouvelle idée ou ne propose un nouvel objectif. Jamais esprit ne fut plus éveillé, plus fécond, plus prolixe. Et cette vie, cette vitalité ne concerne pas, heureusement, que l'exercice de son magistère. Nous connaissons tous son tempérament de sportif mais aussi sa fibre littéraire qu'il a mis au service de cette belle civilisation qu'est la civilisation niçoise.

De tels jaillissements ne sauraient brutalement se tarir et l'hyperactif Jean-Marie continuera à nous étonner lorsqu'il aura franchi le cap que nous marquons aujourd'hui avec lui. Nous aurons encore du mal à suivre l'infatigable Jean-Marie.

Autant de talents en ont peut-être fait un collègue difficile à supporter. C'est pourquoi, changeant de sujet de conversation et dérogeant aux usages, il convient que je vous dise maintenant quelques mots sur l'auteur de ce discours et que je me plaigne du choix qui en a été fait.

II - QUANT A L'AUTEUR DU DISCOURS

Pour rendre hommage à Jean-Marie Rainaud, nul n'était plu mal placé que moi. D'abord parce que j'ai eu l'honneur d'être son étudiant et qu'il est sans doute resté quelque chose de cette situation hiérarchiquement inégalitaire.

Faut-il rappeler, quitte à vous surprendre, qu'il m'a enseigné le droit commercial à une époque où la spécialisation n'était pas aussi prégnante qu'aujourd'hui. C'est ce qui m'a valu sans doute d'être ensuite recruté comme moniteur d'économie politique.

Nous nous sommes remis tous deux de ces avatars initiaux et nous avons alors intégré l'institution où naturellement nous nous sommes trouvés en concurrence avant que de blanchir parallèlement sous le harnais et d'amasser, chemin faisant, quelques souvenirs communs.

A- Un concurrent

Résultat de notre formation et hasard des besoins de la Faculté, nous fûmes conduits à enseigner les mêmes matières et, ce qui se pratiquait à cette époque, à nous partager des cours annuels, d'abord en droit constitutionnel première année, puis en droit administratif deuxième année. La coordination nécessaire, encore que difficile à réaliser étant donné notre commun esprit d'indépendance, nous a amené à des périodicités variables à discuter de nos enseignements.

J'en ai bien sûr tiré le plus grand profit, mais j'ai subi, dans des domaines que je croyait bien connaître le supplice de la découverte, de la pensée que l'on n'a pas, de l'explication que l'on aurait aimé trouver, de l'analyse originale que l'on n'a pas eu, de l'arrêt que l'on n'a pas vu passer, de la construction théorique que l'on a pas faite, de la vision ou la prévision que l'on aurait dû avoir…

J'ai toujours dû admirer le talent pédagogique de mon concurrent et vécu la difficulté d'être examinateur sur ses enseignements (à l'époque où l'on faisait encore passer des oraux) tant il arrivait à faire passer de connaissances et de méthode à ses étudiants. J'ai donc lâchement profité de son départ pour prendre en charge les deux groupes de droit administratif : je ne suis désormais que mon propre concurrent et j'ai trouvé un adversaire exactement ramené à ma taille.

Concurrent encore, avec un grand décalage chronologique. Jean-Marie Rainaud a été Doyen de cette Faculté, comme je le suis devenu bien plus tard. Sans doute l'ai-je mal supporté :
- qu'il me pardonne une intrusion qui à l'époque m'avait paru naturelle pour faire bouger l'université, mais qu'avec l'expérience que j'ai acquise dans ces fonctions, je juge aujourd'hui quelque peu intempestive,
-je n'ai sans doute pas supporté sa deuxième élection et, plutôt que de la subir, je me suis exilé à Chambéry.

A une certaine époque, la concurrence s'est transformée, du moins au niveau des apparences en collaboration. En portent témoignage une série d'études qui porte nos deux signatures. Ce discours m'a donné l'occasion de retrouver pas moins de 8 œuvres cosignées.

La vérité historique m'oblige à dire que la première d'entre elle a été écrite entièrement de ma main, il n'est pas un mot, une ponctuation qui ne soit de mon seul fait.

C'est que, dans le cadre de ses activités diverses, Jean-Marie s'était blessé la main droite et se trouvait dans l'impossibilité matérielle d'écrire alors qu'il venait de terminer une recherche qui ne nécessitait plus qu'une mise en forme. Heureux possesseur d'une machine à écrire portative, je me suis donc rendu à Antibes pour taper sous la dictée du maître dans une matière dont j'ignorai pratiquement tout. Malgré, de ma part, un apport intellectuel sensiblement égal à zéro, Jean-Marie n'a consenti à la publication de son travail que sous notre double signature. Voilà la "générosité" de Jean-Marie.

D'autres publications ont suivi. Deux sur le droit nucléaire, deux sur le droit du sport, deux sur la concurrence. Ceux qui connaissent nos centres d'intérêt respectifs devinent aisément qui fut l'initiateur et le maître à penser dans ces domaines.

Mais insensiblement, porté par les mots, mes propos glissent vers le discours d'ancien combattant.

B- Un ancien combattant

Ancien combattant dans ces lieux hantés par nos maîtres communs, les souvenirs affluent.

Qu'il me soit permis d'abord d'évoquer le plus personnel. Lors de ma réussite au concours, le Doyen de l'époque, Jean-Marie, accompagné du Professeur Paul Isoart se sont précités à Paris pour la répartition des postes afin de veiller à ce que le promu niçois ne soit pas trop maltraité. C'est l'occasion pour moi d'associer à cet hommage Paul Isoart qui a exercé une si grande influence sur nous et à qui je dois sans doute ma carrière universitaire.

Voici encore un autre aspect de Jean-Marie Rainaud : la fidélité en amitié, le soin et le souci de l'autre, la disponibilité au service des autres.

Ajouterai-je que cette expédition niçoise au sein de la capitale, ils l'ont effectuée au péril de leur vie, leur avion de retour ayant, si mes souvenirs sont bons, connu quelques ennuis au décollage (la passerelle passagers n'avait pas été détachée de l'appareil).

Abordant ainsi l'idée de danger, en remontant encore le temps, il me souvient qu'à l'époque des leçons en équipe, nous avons testé avec R. Charvin les charmes discrets de la chute libre en ascenseur dans le monument du bon goût et raffinement français qu'était alors l'hôtel "Parisianna".

Revenant sur notre collaboration, lorsque Jean-Marie s'était blessé à la main droite, par pure coïncidence, je m'étais brisé un orteil. Nous sommes donc apparu l'un bandé, l'autre boitant à nos étudiants communs qui en ont conclu qu'une querelle, sans doute purement doctrinale, entre nous avait sans doute dégénéré en affrontement physique. Ainsi vont les rumeurs dans cette maison, ce n'était pas la pire ni la dernière.

A un autre titre, je me souviens également d'une journée entière passée, par une sombre journée d'hiver, à faire en commun soutenir des mémoires, dans un bureau où régnait une température glaciale. Nous en avons hérité en commun un rhume universitaire, ce sont les plus mauvais, et le lendemain, j'ai acheté un chauffage d'appoint qui nous a longtemps rendu service. Madame Renzacci sera sans doute sensible à cette anecdote qui reste d'une brûlante actualité. Je tenais à la citer dans ce discours, collaboratrice efficace et discrète, elle a servi Jean-Marie avec un dévouement que le temps n'a pas estompé.

C'est un autre mérite de Jean-Marie, ou toujours le même, que celui d'avoir su susciter des amitiés, créer des liens forts et durables avec ceux qui l'ont approché.

Qu'il me soit permis, Monsieur le Doyen d'évoquer une époque où la sélection des futurs doyens se faisait sur des bases concrètes et après mise à l'épreuve. Une salle de la Faculté avait été réservée pour un colloque. La veille de celui-ci nous avons découvert qu'à la suite d'un sombre conflit interne, comme il n'en existe sans doute plus depuis, le nettoyage de la salle ne serait pas assuré. Et on a pu voir le spectacle de deux professeurs en costume cravate accompagnés de Maryse Carlin, manier sceaux, serpillières et balais sous l'œil attendri et le large sourire d'un étudiant africain qui est allé quérir quelques condisciples pour profiter de cette image insolite. Vous l'aurez compris cette anecdote n'avait d'autre objet que d'associer Maryse Carlin à ce moment qui nous réuni, elle qui a tant œuvré pour que règne dans cette maison une atmosphère amicale et des rapports humains plus sereins et plus conviviaux. Je sais que le travail commun mené inlassablement, très souvent avec Jean-Marie a toujours été particulièrement profitable à l'institution.

Il est normal que la Faculté honore ses membres qui l'ont servi avec autant de talent, de passion et de générosité. J'espère avoir modestement contribué à ce devoir de mémoire en gardant encore de belles pages à écrire et de beaux jours à vivre en commun, dans et hors de l'institution. Nous ne vivons pas un départ, mais une étape.

A tout de suite Jean-Marie

René CRISTINI
Professeur émérite
Doyen honoraire de la Faculté de Droit de Nice

L'ETAT, PARTIE AU PROCES PENAL

par

Coralie AMBROISE-CASTÉROT
Agrégée des Facultés de Droit
Professeur à l'Université de Nice - Sophia Antipolis

Il a toujours été difficile de ranger avec clarté le droit pénal dans l'une des deux grandes catégories par lesquelles on subdivise usuellement la matière juridique : droit privé / droit public. La matière pénale dépend-elle de la première ou bien trouve-t-elle plus naturellement sa place au sein de la seconde ? Par tradition, les juristes français rattachent le droit pénal au droit privé. Sans prétendre ici nullement remettre en cause cette classification séculaire, cette étude veut modestement, à travers le prisme de la procédure pénale, démontrer les "*liaisons dangereuses*" du droit public et du droit pénal.

Si le droit privé se définit comme l'ensemble des règles juridiques applicables aux particuliers, personnes physiques ou morales, et si le droit public s'entend de "l'ensemble des règles organisant l'Etat et ses démembrements, et régissant les rapports entre la puissance publique et les particuliers"[1], le droit pénal se situe à la frontière de ces deux matières. Il témoigne de l'intervention étatique dans les rapports privés puisqu'il consacre l'exercice de la puissance publique contre le délinquant suite à de la commission d'une infraction. L'infraction ne conduit pas seulement à une atteinte à des intérêts purement privés. La présence de partie civile, même si c'est la victime elle-même qui a déclenché l'action publique, n'est que tolérée,

---

1 Lexique des termes juridiques, Sous la direction de S. Guinchard et G. Montagnier, Dalloz, 16° éd., 2007, V° Droit public.

accessoire, secondaire[2]... Elle démontre bien les liens que le droit pénal entretient avec le droit privé, puisque la juridiction pénale, comme l'aurait fait le juge civil, a le pouvoir d'indemniser la partie civile de tous ses préjudices (matériel, corporel, moral)[3]. Mais l'infraction ne se résume pas à la résolution du conflit juridique opposant le délinquant à sa victime. En effet, bien au contraire, l'infraction constitue avant tout une atteinte à l'ordre public qui affecte la société toute entière. La partie principale au procès pénal est donc tout naturellement le ministère public.

Le procureur de la République est le représentant de la société et il agit au nom de l'Etat. Le lien entre l'Etat et le procès pénal semble donc naturellement passer par l'action publique. Puisque l'Etat bénéficie de ce défenseur essentiel, est-il besoin encore de lui accorder encore une autre place et de le reconnaître partie au procès pénal ? Ne risque-t-on pas de le "dédoubler", permettant à l'Etat d'être à la fois en accusation (au travers du ministère public) et en défense (par l'exercice de l'action civile) ? Il ne s'agit nullement ici de s'interroger sur la responsabilité de l'Etat du fait des dysfonctionnements du service de la justice pénale, celle-ci étant mise en œuvre devant les juridictions civiles[4], mais de se questionner sur la place de l'Etat au

---

2 Mais malgré cette naturelle relégation au second plan, elle est bien présente, et dotée de prérogatives importantes : la victime constituée est informée du déroulement de l'enquête judiciaire, des actes du magistrat instructeur, elle a accès au dossier par l'intermédiaire de son avocat, elle peut faire appel, soulever des nullités, faire des demandes d'actes qu'elle estime nécessaires, un magistrat voit même son activité entièrement dédié à ses intérêts (le juge délégué aux victimes, dit "JUDEV", institué par le décret n° 2007-1605 du 13 novembre 2007)... et surtout, avant tout, elle a le pouvoir exorbitant de déclencher l'action publique, pouvoir toujours efficient, malgré les restrictions opérées par la loi du 5 mars 2007 quant à la constitution de partie civile (cf. notamment les modifications apportées à l'article 85 du Code de procédure pénale).

3 Article 3, alinéa 2, du Code de procédure pénale.

4 Depuis l'ordonnance n° 2006-673 du 8 juin 2006 ce n'est plus l'article L. 781-1 du Code de l'organisation judiciaire qui réglemente cette épineuse question, mais l'article L. 141-1 du COJ. Ce texte dispose que "l'Etat est tenu de réparer le dommage causé par le fonctionnement défectueux du service de la justice. Sauf dispositions particulières, cette responsabilité n'est engagée que par une faute lourde ou par un déni de justice". Selon cet article, qui reprend les solutions jurisprudentielles précédemment dégagées, seule la faute lourde ou le déni de justice conduisent à la responsabilité de l'Etat Cass. Ass. plén. 23 fév. 2001, JCP 2001 II 10583, note Menuret, D. 2001 p 1752, note Debbasch (affaire dite du "Petite Grégory"). Le justiciable qui prétend subir un tel préjudice doit assigner l'agent judiciaire du Trésor devant le tribunal de grande instance, juridiction compétente. Ainsi, l'inertie d'un juge d'instruction qui, pendant plus de quatre ans, n'accomplit aucun des actes nécessaires au bon déroulement de son information conduit à la responsabilité de l'Etat pour faute lourde : civ. 1ère 13 mars 2007, D. 2007, p. 1929, note Pradel.

procès pénal en dehors du rôle exercé par le ministère public. Autrement dit, en sus de la maîtrise de l'action publique qu'il exerce par le biais du parquet, l'Etat pourrait-il être défendeur ou demandeur à l'action civile ? La question, en effet, se divise en deux aspects... tout comme les réponses apportées par la loi et la jurisprudence. L'Etat, au travers de ses agents, tout d'abord, peut se retrouver appelé en garantie lors d'un procès répressif afin d'assurer l'indemnisation de la victime puisque les fonctionnaires sont civilement irresponsables : il est alors défendeur à l'action civile (I). Mais ensuite, et de manière plus surprenante, la Cour de cassation a reconnu à l'Etat la qualité de victime et lui a donc permis de se constituer partie civile, tout comme n'importe quelle personne privée, et de demander réparation de tous chefs de dommages : l'Etat, en quelque sorte demandeur à l'action publique au travers de son représentant, le ministère public, se trouve dans le même temps demandeur à l'action civile (II).

I - L'ETAT DEFENDEUR A L'ACTION CIVILE

En raison du principe de séparation des pouvoirs, il semblerait *a priori* impossible d'assigner l'Etat en justice (civile ou pénale) afin qu'il assure la réparation des dommages causés par ses agents. En effet, l'article 13 de la loi des 16 et 24 août 1790 dispose que "*les fonctions judiciaires sont distinctes et demeureront toujours séparées des fonctions administratives ; les juges ne pourront, à peine de forfaiture, troubler, de quelque manière que ce soit, les opérations des corps administratifs, ni citer devant eux les administrateurs pour raison de leurs fonctions*". De plus, le décret du 16 fructidor An III[5] interdit aux tribunaux de l'ordre judiciaire de connaître des actes d'administration : "*Défenses itératives sont faites aux tribunaux de connaître des actes d'administration, de quelqu'espèce qu'ils soient, aux peines de droit*". Toutes procédures et jugements intervenus à cet égard sont, par conséquent, nuls. Et d'ailleurs, les arrêts de la Cour de cassation se prononçant sur la question commencent généralement par un visa mentionnant au moins un, si ce n'est les deux textes précités. La loi des 16-24 août 1790 et le décret du 16 fructidor An III constituent bien les normes fondamentales qui assoient les solutions

5 C'est-à-dire le 2 septembre 1795.

juridiques dégagées par les cours et tribunaux. Pour autant, les décisions rendues sont loin d'écarter l'Etat du prétoire pénal (B). Bien au contraire, sa place y est reconnue depuis des décennies et elle dépend de la nature de la faute imputée au fonctionnaire ou à l'agent public (A).

A- La responsabilité de l'Etat résultant de la nature de la faute de l'agent public

Que le dommage soit la résultante d'une faute civile dont la réparation est demandée devant le juge civil, ou d'une faute pénale, c'est-à-dire d'une infraction poursuivie devant les juridictions répressives, les règles d'indemnisation du préjudice subi par la victime ne sont guère éloignées. La présence de l'Etat y entraîne les mêmes conséquences, proches des règles de droit privé.

En droit civil, le commettant est toujours civilement responsable en cas de dommages causés par ses préposés (art. 1384, al. 5 du code civil)[6], excepté le cas de l'abus de fonction[7].

Lorsque l'employeur est l'Etat lui-même, il est également civilement responsable des dommages causés par ses fonctionnaires et agents sauf à démontrer que ces derniers ont commis une faute détachable de leurs fonctions, équivalent en droit public de l'abus de fonction du droit privé.

La présence de l'Etat au procès pénal comme défendeur à l'action civile va dépendre de la nature de la faute commise par ses

---

6 Cf. cass. Ass. plén. 25 fév. 2000 — arrêt dit Castedoat —, D. 2000, p. 673, note Brun, JCP 2000, II, n° 10245, concl. R. Kessous, note M. Billiau, et I, n° 241, n° 16 s., obs. G. Viney ; Ph. Delebecque, "L'immunité du préposé", D. 2000, p. 467. ; Ass. plén. 14 déc. 2001 — arrêt dit cousin — D. 2002, 1230, note Julien ; JCP 2002, I.124, n° 22, obs. Viney, JCP 2002, II, 10026, note Billiau ; H. Groutel, La responsabilité personnelle du préposé, Resp. civ. et assur. 2002, chron. 4

7 Ch. réun. 9 mars 1960, JCP 1960, II, 11559, note Rodière, D. 1960, p. 329, note Savatier ; Ass. plén. 10 juin 1977, D. 1977, p. 465, note Larroumet, JCP 1977, II, 18730, concl. Gulphe, Rev. trim. dr. civ. 1977, p. 74, obs. Durry, Defrénois 1977, p. 1517, obs. Aubert ; Ass. Plén . 17 juin 1983, Rev. trim. dr. civ. 1983, p. 749, obs. Durry, JCP 1983, II, 20120, concl. Sadon, note Chabas ; Ass. 17 nov. 1985 (arrêt dit "Eurorga") D. 1986, p. 81, note Aubert, JCP 1986, II, 20568, note Viney, Rev. trim. dr. civ. 1986, p. 128, obs. Huet ; Ass. plén. 19 mai 1988 (arrêt dit "Cie d'assurance La cité"), Bull. civ. n° 5, D. 1988, 513, note Larroumet, Defrénois 1988, 1097, obs. Aubert.

agents : soit une faute détachable de ses fonctions, qui l'exonère de toute prise en charge financière, soit une faute de service qui l'oblige à réparer le préjudice subi par la victime du fonctionnaire.

Le tribunal des conflits a interprété très largement le concept de fautes de services et la responsabilité civile de l'administration est donc presque toujours engagée[8]. En effet, pour que l'Etat évite la position de défendeur à l'action civile, il faut que le fonctionnaire ait commis une faute extrêmement lourde. Dans ce cas, l'infraction pénale est jugée tellement grave qu'elle échappe à la catégorie des fautes commises dans l'exercice des fonctions. La faute est alors jugée comme étant détachable et le fonctionnaire devra répondre à la fois des conséquences pénales et des conséquences civiles de ses actes. Il sera défendeur à l'action publique et à l'action civile[9]. L'Etat ne peut dans une telle situation être appelé en garantie.

Mais en principe, lorsqu'un fonctionnaire ou un agent public commet une infraction dans l'exercice et les limites de ses fonctions, sa faute est considérée comme étant de service.

Peu importe que la faute soit volontaire (à titre d'illustration, un professeur qui giflerait un élève, commettrait des violences aggravées) ou involontaire (par exemple, des blessures causées par imprudence lors d'une sortie scolaire). En effet, la jurisprudence a tendance à considérer que de nombreuses infractions intentionnelles commises par des agents publics et fonctionnaires relèvent bien de la catégorie des fautes de service, couvertes par l'Etat. Ainsi, quelque soit la nature de l'infraction, intentionnelle ou de simple imprudence, les conséquences civiles qu'elle entraîne doivent en principe être prises en charge par l'Etat. Bien évidemment, l'agent est quant à lui responsable pénalement : il encourt les peines d'emprisonnement, d'amende, les peines complémentaires, mais il ne répond pas des conséquences civiles de ses actes... pas plus qu'un préposé d'une

8 Ainsi, une infraction pénale peut être analysée en faute de service et permettre de retenir la responsabilité civile de l'Etat, substituée à celle de son agent : T. confl., 14 janvier 1935, S. 1935, 3, p. 17, note Alibert ; J. Pradel et A. Varinard, Grands arrêts de la procédure pénale, Dalloz, 4e éd., 2003, no 14, p. 165 et s.

9 Ainsi, un policier qui frappe très violemment un passant, à coups de matraque, et qui lui brise les dents commet une faute détachable de ses fonctions (crim. 16 nov. 2004, Bull. crim. n° 289, AJ pénal 2005, p. 76, obs. Coste). De même, l'infraction de non assistance à personne en péril commise par un médecin a été jugée comme détachable de ses fonctions en raison de sa gravité (crim. 2 avril 1992, Bull. crim. n° 140, Rev. sc. crim. 1993, p. 326, obs. Levasseur).

entreprise privé. Par exemples, des violences légères (coup de poing) commises par un policier sur une personne qu'il prenait, à tort, pour un malfaiteur, lors d'une opération administrative, ne sont pas jugées disproportionnées, malgré l'absence relevée d'agressivité de la victime : le policier ne peut donc être tenu responsable, d'un point de vue civil, de ses actes : "*Attendu que l'agent d'un service public n'est personnellement responsable des conséquences dommageables de l'acte délictueux qu'il a commis que si celui-ci constitue une faute détachable de sa fonction*"[10]. L'infraction étant qualifiée de faute de service, il revient à l'Etat de l'indemniser. Il en va de même en cas d'usage d'arme à feu : un policier qui tire sur un individu alors que celui-ci tente de s'emparer de son arme commet une faute de service dont l'Etat doit réparer les conséquences civiles. Cependant, à raison de la faute de la victime qui a concouru à son propre dommage, la réparation ne sera pas intégrale[11].

Il peut paraître surprenant que la plupart des infractions pénales entrent dans cette catégorie et soient bien considérées des fautes de services. Mais cette assimilation s'explique avant tout par des considérations financières, en faveur des victimes : l'Etat est toujours solvable et assuré.

Mais devant quelle juridiction devra-t-il être assigné ?

---

10 Crim. 29 janv. 1985, Bull. crim. n° 49.

11 Crim. 22 mai 2007, pourvoi n° 06-81259, publié au Bulletin, AJ pénal 2007, p. 380, obs. Royer : En l'espèce, un équipage de trois gardiens de la paix, était parvenu à immobiliser une automobile, dont le conducteur, avait, peu de temps avant, refusé d'obtempérer à une sommation de s'arrêter et pris la fuite. Ce conducteur était ensuite descendu de voiture, s'était dirigé vers un des policiers qui avait alors sorti son révolver de service. Le conducteur ayant saisi la main dans laquelle se trouvait l'arme, le gardien de la paix, en se dégageant, a involontairement appuyé sur la détente et qu'un coup est parti, blessant grièvement son agresseur. Les juges ont reconnu que le gardien de la paix avait commis une faute d'imprudence en sortant son arme et en posant le doigt sur la détente, mais que, en même temps, le conducteur, par son comportement, avait largement contribué à la réalisation de son propre dommage : l'accident ne se serait pas produit sans son refus de s'arrêter. La Cour de cassation, approuvant la décision des juges d'appel, a rappelé la responsabilité de l'Etat, ici partiellement retenue en raison de la contribution de la victime à la production de son propre dommage : "si l'Etat est responsable, en cas d'usage d'armes à feu, qui comporte des risques exceptionnels, des simples fautes de service commises par ses agents à l'occasion d'une opération de police judiciaire, cette responsabilité doit être partagée lorsque la victime, qui était visée par l'opération, a commis une faute qui a concouru à la réalisation de son propre dommage..."

B- La compétence de la juridiction pénale pour condamner l'Etat à réparation

Lorsque l'action publique est déclenchée (par le ministère public ou la victime[12]) contre l'agent public ou le fonctionnaire, l'Etat est appelé à réparer le préjudice subi par la victime. En raison de l'existence dans l'ordre juridique de la loi des 16 et 24 août 1790 et du décret du 16 fructidor An III, on aurait pu s'attendre à ce que seules les juridictions administratives soient compétentes pour prononcer une réparation civile à la charge de l'Etat. Cependant, cette compétence est en réalité partagée. Si, en principe, cette indemnisation ne peut être obtenue que devant les tribunaux administratifs[13], dans quelques domaines (peu nombreux mais où le contentieux est important), ce sont les juridictions de l'ordre judiciaire qui sont compétentes. Il en va ainsi des accidents de la circulation, des dommages causés par les enseignants de l'éducation nationale ou encore des atteintes à la liberté individuelle.

Ainsi, tout d'abord, en matière d'accidents de la circulation, depuis la loi n° 57-1424 du 31 décembre 1957 (dite Gilbert Jules) "attribuant compétence aux tribunaux judiciaires pour statuer sur les actions en responsabilité des dommages causes par tout véhicule et dirigés contre une personne de droit public", le juge pénal ou civil est toujours compétent. L'agent ou le fonctionnaire est donc pénalement responsable, l'Etat l'est civilement ; mais, pour éviter deux procédures

---

12 Malgré le fait que la victime n'ait pas la possibilité de demander une quelconque indemnisation au juge pénal, en raison de la compétence exclusive de la juridiction administrative pour réparer son préjudice, elle conserve la possibilité de déclencher l'action publique et de se constituer partie civile : c'est la dissociation de l'action civile. L'obtention d'une satisfaction morale est bien un intérêt à agir. En dépit de l'impossibilité d'indemnisation devant les juridictions de l'ordre judiciaire, la partie civile a sa place au procès pénal car l'intervention de celle-ci peut n'être motivée que par le souci de corroborer l'action publique et d'obtenir que soit établie la culpabilité du prévenu. Crim. 22 janv. 1953, arrêt dit "Randon", D. 1953, 109, rap. M. Patin, JCP 1953, II, 7444, RTD civ. 1953, 369 ; Crim. 17 oct. 1970, D. 1970, 733, note Costa, RTD civ. 1971, p. 190, obs. Hebraud ; crim. 30 avril 2002, Bull. crim. n° 89 : "même dans le cas où la réparation du dommage échapperait à la compétence de la juridiction pénale, la personne qui, conformément à l'article 2 du Code de procédure pénale, prétend avoir été lésée par un délit, est recevable à se constituer partie civile aux fins de faire établir l'existence de l'infraction et possède, par l'effet de sa constitution, tous les droits reconnus à la partie civile, au nombre desquels celui d'interjeter appel".

13 Tribunal des conflits, 19 oct. 1998, n° 3131 ; Préfet du Tarn c/ CA Toulouse, JCP 1999 II 10225, concl. Sainte-Rose, note du Cheyron du Pavillon

successives longues et lourdes, l'une devant le juge pénal, l'autre devant le juge administratif, la victime peut assigner l'Etat devant la juridiction de l'ordre judiciaire. Cette loi est toujours en vigueur[14].

Ensuite, en matière de dommages causés par des enseignants à leurs élèves, depuis la loi du 5 avril 1937 (article 2), aujourd'hui abrogée et codifiée[15] à l'article L. 911-4 du Code de l'éducation, les enseignants sont civilement irresponsables, comme l'affirme l'alinéa 1er dudit texte : "Dans tous les cas où la responsabilité des membres de l'enseignement public se trouve engagée à la suite ou à l'occasion d'un fait dommageable commis, soit par les élèves ou les étudiants qui leur sont confiés à raison de leurs fonctions, soit au détriment de ces élèves ou de ces étudiants dans les mêmes conditions, la responsabilité de l'Etat est substituée à celle desdits membres de l'enseignement qui ne peuvent jamais être mis en cause devant les tribunaux civils par la victime ou ses représentants". Par exception, le juge judiciaire a compétence pour réparer le préjudice subi par leurs victimes[16]. Celles-ci peuvent donc assigner, devant le juge pénal, le préfet, représentant de l'Etat, désigné par l'alinéa 5 de l'article L. 911-4 du code de l'éducation[17]. Bien évidemment, l'Etat conserve la faculté d'exercer un recours récursoire contre l'enseignant, dans les conditions du droit commun[18].

Enfin, quant aux atteintes aux libertés individuelles, l'article 136, alinéas 3 et 4, du Code de procédure pénale donne compétence exclusive aux juridictions de l'ordre judiciaire et interdit très

14 Selon l'alinéa 1er de la loi du 31 décembre 1957, «par dérogation à l'article 13 de la loi des 16-24 août 1790 sur l'organisation judiciaire, les tribunaux de l'ordre judiciaire sont seuls compétents pour statuer sur toute action en responsabilité tendant à la réparation des dommages de toute nature causés par un véhicule quelconque. L'alinéa 2 ajoute que "cette action sera jugée conformément aux règles du droit civil, la responsabilité de la personne morale de droit public étant, à l'égard des tiers, substituée à celle de son agent, auteur des dommages causés dans l'exercice de ses fonctions".

15 Ord. n° 2000-549 du 15 juin 2000, JO 22 juin.

16 Crim. 24 mai 1973, Bull. crim. n° 238, JCP 1974 II 17855, note Dupeyron ; crim. 8 juin 1971, D. 1971, p. 594, note Maury ; crim. 17 janv. 1991, comm. 122, obs. maron ; crim. 31 janv. 1995, Bull. crim. n° 38 ; crim. 20 sept. 2006, D. 2007 p. 187, note Ambroise-Castérot

17 Article L. 911-4, al. 5: "L'action en responsabilité exercée par la victime, ses parents ou ses ayants droit, intentée contre l'Etat, ainsi responsable du dommage, est portée devant le tribunal de l'ordre judiciaire du lieu où le dommage a été causé et dirigée contre le représentant de l'Etat dans le département".

18 Article L. 911-4, al. 3, du code de l'éducation.

explicitement à l'administration d'élever le conflit. Cette disposition s'applique principalement aux litiges relatifs aux rétentions administratives et reconduites à la frontière. Ce texte constitue une autre dérogation exceptionnelle au principe de séparation de l'ordre administratif et de l'ordre judiciaire[19].

Ces solutions, dérogatoires au principe de séparation des pouvoirs, sont strictement encadrées, limitées et s'expliquent par des considérations faisant prévaloir l'intérêt des victimes et le règlement simplifié du contentieux en évitant de multiplier les procédures devant les deux ordres de juridictions. L'Etat n'a donc ici, en tant que défendeur à l'action civile, qu'un rôle très secondaire de garant financier. Mais l'Etat peut-il être demandeur à l'action civile ? Peut-il, alors que le ministère public est déjà son représentant devant les juridictions pénales, se constitution de partie civile en tant que victime d'une infraction ? La réponse est assurément positive, la jurisprudence reconnaissant clairement ce droit à toute personne morale de droit public, Etat compris, en dépit des difficultés juridiques que cette solution soulève.

II - L'ETAT DEMANDEUR A L'ACTION CIVILE

La jurisprudence et le législateur ont toujours été, surtout depuis le début du XXème siècle, dans le sens de l'ouverture de plus en plus large du prétoire pénal aux victimes... mais pas seulement à elles[20]. L'évolution des décisions relatives aux "proches de la victime"[21] d'une part, et d'autre part, la reconnaissance à des associations[22] de plus en plus nombreuses du droit de se constituer partie civile sont deux illustrations de ce phénomène.

---

19 Trib. conflits, 25 avril 1994, D. 1994, p. 389, concl. Abraham, note Didier

20 Il faut encore ajouter la présence de divers fonds de garantie, assureurs, etc.

21 Cf. notamment crim. 9 février 1989, Bull. n° 63, D. 1989, p. 614, note Bruneau, D. 1989, somm. p. 389, obs. Pradel, Gaz. Pal. 1989, I, p. 392, note Doucet ; Crim. 4 févr. 1998, Bull. n° 43, Dr. pén. 1998, comm. n° 104, note Maron, D. 1999, p. 445, note Bourgault-Coudevylle, JCP 1999, II, 10178, note Moine-Dupuis, Rev. sc. crim. 1998, 579, obs. Dintilhac

22 La Cour de cassation a posé la règle selon laquelle "à la différence des syndicats professionnels, les associations ne représentent pas, de plein droit, la profession de ceux qui en font partie" ; leur action civile est donc en principe irrecevable (Cass. ch. réunies, 15 juin 1923, D. 1924, p. 153, concl. Mérillon). Mais à ce principe, le législateur est venu apporter de très nombreuses dérogations que l'on

Cette appréhension des parties civiles ne doit donc en rien se limiter à un cercle de personnes physiques ou de personnes privées. Les personnes morales de droit public sont donc admises à se constituer parties civiles et à demander réparation des préjudices qu'elles estiment avoir subi. Cette admission des personnes morales de droit public devant le prétoire pénal n'est pas toujours si naturelle que ça à concevoir, le département ou la commune, entre autres exemples, étant quelque part des émanations de l'Etat, à plus petite échelle. Quant à l'Etat lui-même, les solutions en sa faveur n'ont été dégagées par la chambre criminelle qu'assez tardivement, tant celles relatives à la recevabilité de la constitution de partie civile (A) que celles relatives à la nature des préjudices subis (B), ce qui souligne que les solutions étaient loin d'être si évidentes.

A- L'Etat, partie civile

L'Etat peut-il être personnellement et directement victime d'une infraction ? A priori, il importe peu que la victime soit une personne physique ou morale, du moment qu'elle subit un préjudice à la fois direct et personnel, seules exigences requises à l'article 2 du Code de procédure pénale[23]. Une société commerciale ou une association peuvent tout à fait être victime de vols ou d'abus de biens sociaux commis à leur détriment. De même, un parti politique peut être victime d'injures publiques[24] et ainsi se constituer partie civile.

---

trouve, entre autres, aux articles 2-1 à 2-21 du Code de procédure pénale. Ainsi, sont recevables à se constituer parties civiles toute une série d'associations diverses et variés : les associations de lutte contre le racisme ou de défense de l'enfance martyrisée côtoient celle des bailleurs ou des locataires en cas notamment de dégradations et détériorations ou encore les associations de défense de la langue française, ainsi que celles qui ont pour but l'étude et la protection archéologique. A ces textes contenus dans le Code de procédure pénale s'ajoutent des dispositions éparses, dans divers autres codes : sont ainsi recevables les actions des associations d'investisseurs en valeurs mobilières et en produits financiers (art. L. 452-1 du code monétaire et financier), les associations de défense de l'environnement (art. L 252-1 du Code rural) ou encore, entre autres, les associations de consommateurs (art. L. 421-1 du Code de la consommation).

23 Ce texte n'exclut nullement les personnes morales de droit public ou l'Etat du champ de ses dispositions.

24 Crim. 3 janv. 2006, Bull. crim. n° 1, Rev. pénit. 2006, p. 389, obs. Ambroise-Castérot. La Cour de cassation a même considéré qu'une commune subissait un préjudice moral en raison du délit de corruption commis par son maire : crim. 14 mars 2007, Rev. Pénit. 2007, p. 377, obs. Ambroise-Castérot.

La situation de l'Etat est *a priori* quelque peu ambiguë en raison des règles exorbitantes de droit commun auquel le Code pénal le soumet. En effet, l'article 121-2 du Code pénal consacre l'irresponsabilité de l'Etat, à la différence des autres collectivités territoriales qui voient leur responsabilité affirmée, quoique strictement encadrée[25]. L'Etat est en quelque sorte "hors champ judiciaire", ce qui ne paraît nullement choquant en ce que le ministère public est déjà son représentant.

Il semblerait donc qu'une distinction s'opère entre les personnes morales de droit public, l'Etat étant séparé de toutes les autres collectivités et établissements. D'ailleurs, la jurisprudence consacre aujourd'hui la recevabilité de la constitution de partie civile d'une commune[26], d'un département, d'un établissement public[27] ou encore d'une région. Ainsi, au détour d'une affirmation d'irrecevabilité de constitution de partie civile d'un collectif de citoyens, la Cour de cassation a pu affirmer très clairement que "*aux termes de l'article 2 du Code de procédure pénale, l'action civile en réparation du dommage causé directement par un crime ou un délit n'appartient qu'à ceux qui en ont personnellement souffert et que les délits d'ingérence, les escroqueries et les faux commis au préjudice d'une région ne causent de préjudice direct qu'à celle-ci...*"[28].
En revanche, aucune collectivité locale (préfet ou maire) ne peut exercer l'action civile en réparation des contraventions aux règlements locaux pris pour assurer l'ordre public[29]. Le ministère public poursuit déjà ce but. Pourtant, cette recevabilité de l'action civile de l'Etat personnellement victime a été clairement admise dans des décisions

25 En effet, les collectivités territoriales et leurs groupements ne sont responsables pénalement que des infractions commises dans l'exercice d'activités susceptibles de faire l'objet de conventions de délégations de service public (art. 121-2, al. 2 du Code pénal).

26 Ainsi, une commune victime d'un délit de prise illégale d'intérêts (ancien délit dit d'ingérence), peut se constituer partie civile lors de la poursuite de cette infraction (crim. 2 fév. 1988, Bull. crim. n° 51).

27 Crim. 8 mars 1995, Dr. pénal 1996, comm. 269 ; Crim. 7 avril 1999, Bull. Crim. n° 69, D. 1999, IR p. 127, Rev. sc. crim. 2000, p. 645, obs. Giudicelli.

28 Crim. 16 janv. 1990, Bull. crim. n° 24. Cf. également crim. 27 nov. 1996, Bull. crim. n° 431; Crim. 7 avril 1999, Bull. Crim. n° 69, D. 1999, IR p. 127, Rev. sc. crim. 2000, p. 645, obs. Giudicelli.

29 Crim. 27 juin 1956, Bull. crim. n° 493; crim. 2 nov. 1961, Bull. crim. n° 438 ; crim. 16 janv. 1975, Bull. crim. n° 20 ; crim. 24 mars 1992, Bull. crim. n° 126 (à propos de l'irrecevabilité de constitution de partie civile du CSA).

très claires, où la réparabilité de l'ensemble de ces préjudices a été consacré.

B- Les préjudices réparables

Une fois acquise la reconnaissance de la qualité de victime directe et personnelle d'une infraction de l'Etat, il restait à régler le problème des préjudices dont celui-ci pouvait demander la réparation. Les solutions ont été élaborées en deux temps.

Il a tout d'abord paru évident de permettre à l'Etat constitué partie civile de demander réparation du préjudice matériel. Ce préjudice est le plus simple à admettre, le plus facile à évaluer. Mais s'agissant ensuite d'un éventuel préjudice moral, le raisonnement fut plus long et plus laborieux.

En effet, dans un premier temps, la Cour de cassation, rompant avec sa jurisprudence antérieure[30], a dissocié le préjudice personnel du préjudice social, c'est-à-dire celui par les citoyens dans leur ensemble et que le ministère public entend poursuivre. Ainsi, un parc national s'est vu reconnaître le droit de se constituer partie civile dans des poursuites des chefs d'une contravention rurale (un chasseur avait tiré sur un chamois dans un parc national) ; sa qualité d'établissement public lui permet, contrairement à ce que soutenaient les juges du fond, de demander réparation d'un préjudice personnel[31]. Il en va de même lorsque, en ces mêmes lieux, deux chiens coursent un chamois :

30 Par exemple crim. 13 nov. 1979, Bull. crim. n° 316 : dans cette espèce, les juges d'appel avaient reconnu l'existence d'un préjudice moral au bénéfice de trois communes victimes de pollutions dans leurs cours d'eaux. Mais, à l'époque, la chambre criminelle avait cassé la décision des juridictions du fond au motif qu'une personne morale de droit public ne pouvait obtenir des réparations pour un préjudice moral que l'Etat, au travers du procureur de la République, poursuivait déjà : "attendu que, si les juges du fond sont souverains dans leur appréciation du montant de l'indemnisation du préjudice cause par l'infraction, dans la limite de la demande des parties civiles, ils ne peuvent toutefois assurer la réparation que du seul préjudice ayant sa source directe dans l'infraction elle-même ; attendu que, pour accorder des dommages-intérêts aux communes de Rethondes, Berneuil-sur-Aisne et Choisy-au-Bac, la cour d'appel énonce que lesdites communes, du fait de la pollution causée a la rivière qui les traverse, ont éprouvé un préjudice "moral d'ordre touristique" et une diminution de recettes résultant du fait que les pêcheurs et les visiteurs se sont abstenus de fréquenter les lieux pollués ; attendu que ces motifs ne caractérisent pas l'existence d'un préjudice découlant directement de l'infraction retenue et susceptible comme tel de donner lieu a indemnisation par la juridiction pénale; qu'ainsi l'arrêt encourt la cassation de ce chef; par ces motifs, casse et annule…".

31 Arrêt dit "Parc national de la Vanoise", Crim. 8 mars 1995, Dr. pénal 1996, comm. 269.

le propriétaire des deux bêtes, qui commet une contravention, doit réparations civiles au parc national pour un "préjudice social" qui, insiste la chambre criminelle, est bien distinct du trouble social[32]. De manière encore plus claire, la même solution fut affirmée dans un arrêt du 18 décembre 1996 dont les faits étaient révélateurs. Un fonctionnaire était poursuivi pour corruption passive et abus de confiance au détriment d'un office public d'HLM. Il fut condamné, en appel, à réparer le préjudice moral subi par ladite personne morale de droit public. La Cour de cassation approuva totalement le raisonnement des juges du fond : "*ce chef de réparation dudit préjudice moral] se trouve justifié par les infractions commises par le prévenu au détriment de l'OPDHLM qu'il dirigeait et représentait, lequel subissait de ce fait un préjudice moral personnel, distinct du préjudice matériel, non contesté en l'espèce, l'arrêt attaqué n'encourt pas le grief allégué ; Qu'en effet, si le préjudice moral d'une collectivité ou d'un établissement public peut se confondre avec le trouble social, que répare l'exercice de l'action publique lorsque l'infraction ne porte atteinte qu'à l'intérêt général, il n'en est pas de même lorsque cette infraction cause un préjudice direct à leurs intérêts personnels*"[33]. Il parait quelque peu compliqué, en l'espèce, de distinguer le préjudice moral d'une personne morale de droit public victime d'un fonctionnaire indélicat, du préjudice social dont le ministère public entend obtenir réparation par l'exercice de l'action publique.

Pourtant, malgré les difficultés juridiques soulevées, c'est cette solution que la Cour de cassation va étendre quelques années plus tard à l'Etat lui-même.

En effet, dans un second temps, par un arrêt très important rendu le 10 mars 2004 par la chambre criminelle[34], la réparabilité du préjudice moral subi par l'Etat a été explicitement reconnue. Dans cette affaire, un nombre importants de fonctionnaires et militaires de la Marine Nationale de Toulon avaient commis de multiples infractions au préjudice de l'Etat dans le cadre des marchés publics

---

32 Crim. 7 avril 1999, Bull. Crim. n° 69, D. 1999, IR p. 127, Rev. sc. crim. 2000, p. 645, obs. Giudicelli.

33 Crim. 18 déc. 1996, Bull. Crim. n° 474.

34 Crim. 10 mars 2004, Bull. crim. n° 64, RTD Com. 2004, p. 625, obs. Bouloc, D. 2005, p. 686, note Pradel ; Ph. Bonfils, "L'action civile de l'Etat contre ses fonctionnaires", LPA 2004, n° 237, p. 6.

(notamment trafic d'influence, favoritisme, usage de faux et recel) tandis que plusieurs chefs d'entreprise étaient poursuivis, entre autres, pour abus de biens sociaux, faux ou encore recel de diverses infractions. La fraude, systématique et généralisée, s'effectuait au détriment de l'Etat au moyen notamment de fausses factures, de surfacturations ou de commandes fictives dont les fonctionnaires, militaires et chefs d'entreprise profitaient. Le préjudice matériel subi par l'Etat était évident et sa réparation ne posait aucun problème. En revanche, la recevabilité de la demande en réparation du préjudice moral soulevait des difficultés. En effet, l'Etat est déjà représenté par le ministère public : toute atteinte à ses intérêts est avant tout un trouble à l'ordre public. Comment, dans ses conditions, séparer le préjudice social du préjudice moral ? C'est pourtant la solution à laquelle parvinrent juges du fond et juges suprêmes. En effet, le 10 mars 2004, la chambre criminelle approuva le raisonnement de la cour d'appel selon lequel *"l'Etat est fondé à demander réparation de son préjudice moral, résultant des délits de trafic passif d'influence et favoritisme commis par ses agents dans l'exercice de leurs fonctions, dès lors que ces agissements, détachables de la fonction à l'occasion de laquelle ils ont été commis, jettent le discrédit sur l'ensemble de la fonction publique, affaiblissent l'autorité de l'Etat dans l'opinion publique et lui causent un préjudice personnel direct. Selon la Cour de cassation, les juges du fond avaient donc bien "caractérisé l'existence d'un préjudice moral distinct de l'atteinte à l'intérêt social"*[35].

Même s'il paraît difficile, au-delà de l'affirmation, de distinguer concrètement ces deux préjudices, en revanche, il semble tout aussi épineux, une fois la recevabilité de l'action civile de l'Etat consacrée, de ne pas appliquer le Code de procédure pénale jusqu'au bout. En effet, selon l'article 2, "l'action civile en réparation du dommage causé par un crime, un délit ou une contravention appartient à tous ceux qui ont personnellement souffert du dommage directement causé par l'infraction". Mais l'article 3 ajoute, dans son alinéa second, que cette action sera recevable pour tous chefs de dommages, aussi bien matériels que corporels ou moraux, qui découleront des faits objets de la poursuite". Autrement dit, une fois la qualité de victime

35 Crim. 10 mars 2004 préc.

reconnue, toute réparation de toute nature doit être admise. Reconnaître l'Etat comme étant lui-même victime (article 2), c'est lui permettre de demander réparation de tout dommage qu'il estime avoir subi (article 3). L'un ne va pas sans l'autre, même si cette admission engendre forcément de multiples difficultés juridiques.

L'Etat, ainsi, dédouble sa présence au sein du prétoire pénal : à la fois source de la puissance publique dont émane le procureur de la République qui exerce l'action publique, et à la fois victime directe et personnelle, exerçant ainsi l'action civile dans toute sa plénitude. Une fois dans l'engrenage, il parait juridiquement difficile d'arrêter en cours l'application complète des textes du Code de procédure pénale.

Nice, le 22 février 2008

L'EVOLUTION DE LA RESPONSABILITE DU PRESIDENT DE LA REPUBLIQUE

par

Patrick AUVRET
Professeur à l'Université de Nice - Sophia Antipolis

Selon l'article 68 de la constitution du 4 octobre 1958, "*Le président de la République n'est pas responsables des actes accomplis en cette qualité*". Or un dictionnaire donne de la responsabilité, la définition suivante : est responsable celui "*qui doit accepter et subir les conséquences de ses actes, en répondre*". Faut-il en conclure que le chef de l'Etat est le seul citoyen, le seul justiciable, le seul dirigeant politique qui ne soit pas tenu d'accepter et de subir les conséquences de ses actes ? Cela est admissible pour un chef de l'Etat sans pouvoir. Mais qu'en est-il de celui qu'on présente depuis près de cinquante ans comme la clef de voûte des institutions et qui est aujourd'hui le moteur de l'Etat ?

Etrange situation dans une démocratie où "*la souveraineté nationale appartient au peuple*" selon l'article 2 de la Constitution. L'irresponsabilité des rois était liée à leur souveraineté. Sous la Vème République, le président usurperait-il sur la souveraineté du peuple ou celui-ci la lui déléguerait-il pendant cinq ans ?

La Vème République, décrié par les uns, louée par les autres, dont la Constitution ne cesse d'être remise sur le métier, s'inscrit dans un vaste mouvement constitutionnel que l'on doit faire remonter au-delà de la Révolution française. Héritière des régimes politiques qui l'ont précédée, elle emprunte aux uns et aux autres certaines règles et traditions. L'image du prince, père du peuple, revivifiée par le dynamisme napoléonien, place le chef de l'Etat au dessus du commun. Mais le président de la République, *"père Noël" et le "père* fouettard" ne se contente pas de régner dans l'Olympe. Il met aussi en œuvre une politique.

I - LE MYTHE DU PRESIDENT OLYMPIEN

Les traditions constitutionnelles européennes appellent à la tête de chaque nation un chef de l'Etat dont le statut garantit une position supérieure au commun des mortels. Cette personnification de l'Etat implique une irresponsabilité de la fonction. "*Les admirables dispositions de notre constitution [ont] mis le souverain entièrement à l'abri de toute responsabilité personnelle*" affirmait Gladstone, dans un article paru, en 1875, dans la Contempory Review. L'honneur est alors séparé du pouvoir. A l'inverse, lorsque l'on entend doter le chef de l'Etat d'un rôle politique effectif, il faut se départir du mythe du président olympien sauf à le considérer comme infaillible.

A- L'irresponsabilité du président honorifique

"*Le régime parlementaire est celui par lequel la direction des affaires publiques appartient au Parlement et au chef de l'Etat par l'intermédiaire d'un cabinet responsable devant le Parlement*" (cf. G. Burdeau, Le régime parlementaire dans les constitutions d'après-guerre, 1930). Plus précisément, cette forme de séparation souple des pouvoirs réduit le dialogue politique au Parlement et au gouvernement. Le chef de l'Etat n'a qu'un rôle honorifique lié à son irresponsabilité.

1°) Le chef de l'Etat dans la théorie du régime parlementaire

Le chef d'Etat parlementaire n'est pas un gouvernant, sa volonté n'intervient normalement pas dans l'administration des affaires de l'Etat. On organise donc son irresponsabilité. C'est un aspect essentiel de l'équilibre des pouvoirs. Un élément de l'indépendance de l'exécutif dont une branche échappe à l'emprise du Parlement. Si le gouvernement est responsable *ad nutum* devant le

Parlement ou plus exactement, aujourd'hui, devant l'assemblée élue au suffrage universel direct, le chef de l'Etat échappe, en principe, à toute responsabilité politique. Sa destitution ne peut être engagée qu'exceptionnellement. Rares sont les cas où le chef de l'Etat peut être révoqué par le Parlement ou avec l'assentiment du peuple qui l'a nommé. On en trouve quelques exemples dans des constitutions européennes. Ces procédures sont très rarement actionnées. La responsabilité juridique du chef de l'Etat est totalement écartée dans le système de l'inviolabilité dont bénéficient les monarques par tradition historique. Pour les régimes républicains, on distingue généralement l'irresponsabilité juridique pour les faits de la fonction, qui est totale, sauf cas exceptionnel, et la responsabilité de droit commun pour tous les faits extérieurs aux fonctions (Cf. G. Duguit, Traité de droit constitutionnel, tome IV, 1924, p. 475).

L'irresponsabilité du chef de l'Etat traduit la dualité des rôles qui caractérise l'exécutif. Le chef de l'Etat, irresponsable, assure la fonction de représentation de l'Etat. Le gouvernement, qui ne peut agir qu'avec l'assentiment du Parlement, met en œuvre la politique de la nation. Selon les propos du constitutionnaliste anglais Walter Bagehot, formulés au XIXème siècle : "*La Reine n'est à la tête que de la partie majestueuse de la Constitution. Le Premier ministre est responsable de sa partie effective*" (The English Constitution, 1867, réimp. coll. The World's Classics, Oxford University Press, 1968, p. 10). Le principe est simple, il est appliqué de façon diverse dans le cadre d'une évolution qui réduit progressivement les prérogatives du chef de l'Etat. Il peut être poussé jusqu'à l'extrême lorsque l'on veille à ce que le chef de l'Etat n'exerce seul aucune fonction. Ce qui ne veut pas dire qu'il ne puisse exercer un pouvoir d'influence (cf. Victoria, Edouard VIII, Poincaré). Sous la IVème République, le président Vincent Auriol a su, a maintes occasions, "*de façon discrète mais efficace /.../ jouer réellement son rôle d'arbitre et de gardien de la constitution*" (G. Berlia, La Présidence de la République, magistrature morale du régime : RPP 1948, p. 45 et s., spéc. p. 50).

Le contreseing ministériel initialement conçu comme un moyen d'authentification de la signature du chef de l'Etat, puis destiné à engager le ministre qui va appliquer la décision, devient un mécanisme juridique de transfert de responsabilité. Par le biais du contreseing, le ministre assure la responsabilité de l'acte, notamment devant la représentation nationale. La signature du chef de l'Etat n'engage pas politiquement ou juridiquement sa responsabilité, elle n'a qu'un caractère de solennité. Non seulement le chef de l'Etat ne doit pas être en situation de décider mais l'on doit aussi pouvoir imputer à un ministre ses actions comme ses paroles. Aussi, doit-il toujours être accompagné d'un ministre lorsqu'il s'exprime publiquement afin que celui-ci endosse la responsabilité des propos tenus. L'irresponsabilité du chef de l'Etat ne débouche pas sur un système de non droit ou de souveraineté non démocratique. Le ministre peut avoir à s'expliquer devant la représentation nationale et éventuellement sa responsabilité juridique sera engagée.

Peu importe, sous un régime parlementaire, que l'on rende le président irresponsable parce qu'il est impuissant où que l'on tienne cette impuissance pour une conséquence de son irresponsabilité puisque ses erreurs, s'il en commet, seront imputables aux ministres. Le chef de l'Etat est dans une situation de quasi tutelle. La fonction n'est pas politique au sens actif du terme. Comme l'hymne nationale ou le drapeau, le statut du chef de l'Etat apparaît comme un élément de la souveraineté nationale sans que les principes de la démocratie ou du droit aient à en souffrir.

2°) La pratique constitutionnelle

Bien entendu, cette théorie n'est pas sans accrocs. Il advient que le chef de l'Etat sorte de l'impartialité attachée à sa fonction (exemple de Cossiga en Italie). La difficulté politique trouve une solution de fait. On peut supporter les écarts d'un président de la République en attendant que son mandat prenne fin et en minimisant l'impact de son attitude. Lorsque la situation devient insupportable, il y a toujours des solutions politiques ou des pressions suffisamment fortes pour que le problème trouve une issue. Même un monarque traditionnel n'est pas à l'abri d'un choix entre sa liberté personnelle et les devoirs de sa fonction. On sait que des raisons personnelles ont contraint le roi d'Angleterre Edouard VIII à abdiquer.

Diverses constitutions françaises, relevant ou non de la théorie du régime parlementaire, ont établit une irresponsabilité du chef de l'Etat qui n'était pas sans limites et dont la nature n'était pas précisée. La constitution du 3 septembre 1791 jouait sur la confusion de la fonction du roi, représentant de la nation, chef de l'exécutif, dans un système de séparation stricte des pouvoirs, mais inviolable alors que ses ministres étaient responsables (voir not. M. Troper, La séparation des pouvoirs et l'histoire constitutionnelle française, LGDJ, 1980, p. 71 et s.). "*Le pouvoir exécutif est délégué au roi, pour être exercé par des ministres et autres agents responsables*" (Titre III, art. 4). La personne du roi est "*inviolable et sacrée*" (Titre III, Chap. II, sect. Première, art. 2). "*Aucun ordre du roi ne pourra être exécuté, s'il n'est signé par lui et contresigné par le ministre /.../. Les ministres sont responsables de tous les délits par eux commis. En aucun cas l'ordre du roi /.../ ne peut soustraire un ministre à la responsabilité*" (Titre III, Chap. II, sect. IV, art. 4, 5 et 6). La Restauration et la Monarchie de juillet ont amorcé progressivement les principes du régime parlementaire. Les Chartes du 4 juin 1814 et du 14 août1830 assurent, en effet, que "*La personne du roi est inviolable et sacrée. Ses ministres sont responsables. Au Roi seul appartient la puissance exécutive*" (art. 13, Charte de 1814 ; art.12, Charte de 1830). "*La Chambre des députés a le droit d'accuser les ministres, et de les traduire devant la Chambre des Pairs, qui seule a celui de les juger*" (art. 55, Charte de 1814 ; art. 47, Charte de 1830).

C'est sous les IIIème et IVème République que le statut du chef de l'Etat s'est stabilisé dans la tradition du régime parlementaire démocratique. La loi constitutionnelle du 25 février 1875 prévoyait que "*Chacun des actes du Président de la République doit être signé par un ministre*" (art. 3). Mais alors que les ministres devaient être "*solidairement responsables devant les Chambres de la politique générale du Gouvernement, et individuellement de leurs actes personnels. – Le Président de la république n'est responsable que dans le cadre de haute trahison*" (art. 6). L'article 12 de la loi du 1875 précisait : "*Le Président de la République ne put être mis en accusation que par la Chambre des Députés, et ne peut être jugé que par le Sénat*". L'article 38 de la constitution du 27 octobre1946 énonçait que "*Chacun des actes du Président de la république doit être contresigné par le Président du Conseil des Ministres et par un ministre*". Cependant l'article 42 reprenait le principe de l'irresponsabilité ministériel : "*Le président de la République n'est responsable que dans le cas de haute trahison. Il peut être mis en accusation par l'Assemblée nationale et renvoyé devant la Haute Cour de Justice /.../*".

3°) L'absence de destitution pour haute trahison

En régime parlementaire républicain, le chef de l'Etat est, en principe, irresponsables dans le cadre de ses fonctions mais sa responsabilité personnelle ne peut être envisagée que dans le cadre d'une procédure constitutionnelle spéciale dont la nature reste incertaine, a mi-chemin entre, d'une part, le droit pénal et la procédure pénale et, d'autre part, le droit politique. Ainsi, sous les IIIème et IVème République et même sous la Vème République jusqu'en 2007, la responsabilité d'exception du chef de l'Etat, reposait sur la notion de haute trahison. Déjà, la charte de 1814, évoquait cette notion à propos des ministres. Elle disposait que les ministres "*ne peuvent être accusé que pour le fait de trahison ou de concussion /.../*" (art. 56).Seul l'article 68 de la constitution de 1848 donne une définition partielle de la haute trahison "*Toute mesure par laquelle le Président de la République dissout l'Assemblée nationale la proroge ou met obstacle à l'exercice de son mandat, est un crime de haute trahison*" (art. 68).

La haute trahison visée par les textes de 1875, 1946 et 1958 a une connotation politique ou morale. La procédure de sanction de la haute trahison prévue par les anciens articles du titre IX de la Constitution de 1958 pouvait apparaître hybride en raison de sa dimension juridictionnelle. La Haute Cour de Justice aurait été compétente pour définir cette notion (P. Auvret, "*La responsabilité du chef de l'État sous la Vème République*", cette Revue 1988, p. 77, spéc. p. 86-87. - G. Carcasonne, La Constitution, Le Seuil, Ponts. 7° éd. 2005. p. 313). La loi organique, prévue par l'ancien article 67 de la constitution du 4 octobre 1958 accentuait le caractère juridictionnel de la procédure en instituant notamment une commission d'instruction composée de magistrats de la Cour de cassation et un Ministère public (LO n° 59-1 du 2 janv. 1959 portant loi organique sur la Haute Cour de Justice).

La responsabilité du chef de l'Etat n'a jamais été engagée en France dans le respect de ces procédures. Louis Capet, ci-devant Louis XVI, roi de France puis roi des Français, a été jugé par la Convention en dehors de tout cadre constitutionnel. Charles X ne fut pas jugé, même par contumace, mais ses ministres le furent par la Chambre de Pairs de la Monarchie de Juillet. Il n'y a pas de président de la République qui ait été jugé et destitué en France. Toutefois Albert Lebrun et René Coty ont vu leur mandat présidentiel interrompu par la révision-abrogation de la constitution dont ils détenaient leur titre. Le président Deschanel a dû démissionner pour des raisons de santé. Jules Grévy et Alexandre Millerand ont été contraints à la démission par ce que l'on appelé la " *grève du ministère* " : aucun homme politique de la majorité parlementaire n'acceptant d'être nommé ministre sous leur autorité. L'essai de résistance de Millerand en 1924, n'a fait qu'illustrer la faiblesse profonde de l'institution. Quant à la démission de Casimir Perrier, en 1895, elle ne saurait s'apparenter à un cas de responsabilité mais plutôt de dépression politique. "*Je ne me résigne pas à comparer le poids de la responsabilité morale qui pèse sur moi et l'impuissance à laquelle je suis condamné*" affirma le président avant de quitter l'Elysée.

B- L'irresponsabilité du président infaillible

Seules deux constitutions françaises prévoyaient la responsabilité du Chef de l'Etat, celles de 1848 et de 1852. Il s'agissait, en fait, de situations très différentes. La IIème République s'inscrit, pour partie, dans la logique du régime présidentiel, le Second Empire est un exemple de césarisme démocratique, préfiguration du présidentialisme. On passe ainsi du président citoyen au président infaillible avec tous les risques inhérents au pouvoir personnel.

1°) En régime présidentiel : un président juridiquement responsable

Dans le système présidentiel, le chef de l'Etat, qui ne procède pas du législatif, n'est pas politiquement responsable devant celui-ci, mais il peut être amené à répondre de ses actes. Le régime politique de la seconde République française s'en approchait sans pour autant adopter tous les mécanismes de la constitution américaine de 1787. Le président, élu au suffrage universel, était investi de la seule fonction exécutive. Il ne devait agir que par l'intermédiaire des ministres qui, dans une certaine mesure, pouvaient être renversés par l'Assemblée. L'article 68 de la constitution du 4 novembre 1848 disposait "*Le président de la République, les ministres /..., sont responsables, chacun en ce qui le concerne, de tous les actes du gouvernement et de l'administration*". Le chef de l'Etat n'était pas révocable mais l'inexécution des lois constituait un crime pour lequel l'Assemblée pouvait l'accuser. En réalité, le fonctionnement de la seconde République reposait sur une certaine collaboration entre les deux pouvoirs, dans le cadre d'une concurrence politique latente, qui se termina par le coup de force du président de la République le 2 décembre 1851. Le sort des armes empêcha que le président ne fût déchu pour haute trahison en application de l'article 68 de la constitution (voir supra).

L'exécutif aux Etats-Unis appartient à un président élu au suffrage universel indirect dont le collège reflète la composition fédérale de l'Etat. Dans la logique du régime présidentiel, chaque organe ne dispose que de la fonction pour laquelle il a été créé mais l'exerce dans sa plénitude, dans un cadre fédéral. L'exécutif assume le pouvoir réglementaire, la direction de l'administration civile et militaire et des affaires diplomatiques de la fédération. Le législatif adopte la loi fédérale et exerce les prérogatives financières. Il contrôle l'exécutif à travers les commissions du Congrès mais il ne peut le renverser. Il n'y a pas à proprement parler de gouvernement mais des collaborateurs du président. Les rapports constitutionnels entre les deux pouvoirs sont limités. L'absence de discipline des parties politiques, l'inexistence d'un droit de dissolution, la forme fédérale de l'Etat font des deux chambres du Congrès un véritable centre de décision. Même en cas de coïncidence entre les options politiques du président et celles de la majorité au sein des deux chambres, le chef de l'Etat n'est jamais certain de pouvoir faire prévaloir sa volonté au Congrès. "*Si la constitution disperse le pouvoir pour mieux assurer la liberté, elle veut aussi qu'en pratique les pouvoirs dispersés soient intégrés pour mieux assurer un gouvernement efficace. Elle veut que les différentes branches soient séparées mais interdépendantes, qu'il y ait autonomie mais aussi de la réciprocité*" (Cour suprême, juillet 1974, United States versus Richard Nixon).

Le président n'est pas responsable devant le Congrès mais celui-ci dispose de la procédure d'impeachment. L'irresponsabilité politique du président est le fondement d'un exécutif fort mais non pas omnipotent. Seule la procédure d'impeachment permet d'engager la responsabilité pénale du président. Elle permet de destituer le président, ou un fonctionnaire fédéral pour "*trahison, concussion ou autres crimes ou délits graves*". Cependant la qualification des faits dépend du Congrès avec un risque de dérive politique. L'inculpation est décidée par la Chambre des représentants et le jugement prononcé par le Sénat. L'échec des procédures engagées contre le président Taylor en 1842-1843 et surtout contre le président Andrew Johnson en 1868 a permis d'éviter une dérive de la responsabilité pénale vers la responsabilité politique.

Lorsque cette procédure a été mise en œuvre contre le président Nixon en 1974, l'aspect pénal était dominant. A défaut d'avoir aboutit sur le plan juridique du fait de la démission du président et du pardon accordé par son successeur, elle est réapparue dans l'arsenal politique. L'initiative de la majorité républicaine contre le président Clinton, en 1999, avait un caractère plus politique. Son but était de déstabiliser la présidence. Elle échoua devant le Sénat en 1999. La procédure d'impeachment reste un moyen extraordinaire de la vie constitutionnelle et n'a pas perdu son caractère pénal. En tout cas, la responsabilité même politico-juridique du président des Etats-Unis n'est pas de nature à renforcer son pourvoir mais, au contraire, à le limiter.

2°) Du césarisme démocratique au présidentialisme

La constitution du 14 janvier 1852 assurait, conformément au césarisme démocratique qui l'animait, que : "*Le Président de la République est responsable devant le peuple auquel il a toujours le droit de faire appel*". La pratique des plébiscites a été conforme à cette ligne politique. Dans le cadre d'une forte pression politique, les Français ont toujours donné raison à leur chef de l'Etat. On sait que le régime, devenu empire, s'est libéralisé sur la fin et aurait peut-être pu évoluer vers une sorte de parlementarisme si la défaite militaire n'avait mis fin à l'expérience. Napoléon III, en fuite à l'étranger, échappa à tout procès.

La Constitution du 4 octobre 1958 associe, depuis 1962, à des mécanismes classiques du régime parlementaire l'élection du président de la République au suffrage universel. Cette forme de désignation, redoutée par certains républicains des assemblées constituantes de 1848 et 1871, a conduit à ce que l'on appelle fréquemment le présidentialisme. L'article 68 garde le principe de l'irresponsabilité du fait de la fonction (V. P. Auvret, "*La responsabilité du chef de l'État sous la V° République*", cette Revue 1988, p. 77 ; Cl. Emeri. " *De l'irresponsabilité présidentielle* ", Pouvoirs, n°41, 1987, p. 140 ; J.-P. Rougeaux. "La Haute Cour de justice sous la V° République", RDP 1978, p. 1019) mais l'article 5 décrit la mission présidentielle dans un sens dynamique et l'article 19 lui attribue certains pouvoirs propres.

Ces bases juridiques ont permis au régime d'évoluer dans le sens du renforcement de l'autorité et du pouvoir du président de la République. Le chef de l'Etat est apparu rapidement comme partie prenante au pouvoir exécutif sans que son régime de responsabilité personnelle et politique ait été changé. A l'origine de cette dérive, des auteurs ont dénoncé le hiatus entre le pouvoir du chef de l'Etat et son irresponsabilité. Le général de Gaulle n'a pas hésité à mettre en balance son mandat lors de référendums et a démissionné lorsqu'il a été désavoué. Ses successeurs ont mieux respecté le jeu constitutionnel et ont accepté la "*cohabitation*" lorsqu'une majorité à l'Assemblée nationale leur a fait défaut.

Il n'en reste pas moins que dans l'esprit français, contrairement à ce qui se passe dans certains régimes parlementaires étrangers comme, par exemple, en Autriche, en Irlande, en Finlande, au Portugal et dans une moindre mesure en Pologne, le mode d'élection induit un certain pouvoir politique. Si l'élection au suffrage universel n'accroît pas les prérogatives juridiques du président de la République, sa forme de désignation lui confère une légitimité particulière. Paradoxalement, le président se faire élire sur un programme politique qui ne relève pas de sa compétence et dont les moyens juridiques de mise en œuvre lui échappent (CF. P. Auvret, La revanche du régime parlementaire : RDP 1997). L'application de son programme repose sur la majorité parlementaire. D'où, les pressions exercées sur les électeurs depuis le début de la V° République pour qu'ils alignent le choix d'une majorité parlementaire sur la désignation du titulaire de la fonction présidentielle. Les interventions des deux premiers présidents et, dans une moindre mesure, du troisième, à l'occasion des différentes élections législatives allaient dans ce sens. Les dissolutions opérées par François Mitterrand en 1981 et 1986 n'avaient pas d'autre but. Le quinquennat, associé à un calendrier faisant suivre les élections législatives de l'élection présidentiel, exprime le même dessein (voir infra).

3°) L'exercice personnel du pouvoir

Le présidentialisme est un système particulier destiné à renforcer le pouvoir de l'exécutif tout en préservant les avantages que présente pour lui le régime parlementaire. Il est longtemps apparu comme une spécificité française liée à l'interprétation de la constitution de 1958. C'est l'éclatement de l'URSS qui a permis de développer le modèle, notamment en Russie. Le présidentialisme de l'Europe de l'Est semblait différent de la Vème République car peu démocratique et trop lié aux circonstances locales. L'évolution politique montre cependant une indéniable parenté. Dans la pratique institutionnelle, mais pas dans l'exercice des libertés, la Vème République se rapproche plus du cas russe que celui-ci ne s'apparente à une certaine forme de parlementarisme. Il est vrai que le système parlementaire a toujours été un jeu d'apparences. Dans le régime parlementaire classique, le chef de l'Etat a l'apparence du pouvoir et non pas la réalité, dans le présidentialisme, c'est le gouvernement qui a l'apparence du pouvoir et non la réalité.

Il est difficile d'ébaucher une théorie du présidentialisme, à partir d'un modèle qui fluctue au fil des circonstances. Sur le plan de la responsabilité présidentielle, il emprunte des voies qui le rattachent initialement au régime parlementaire pour s'en éloigner de plus en plus. Comme en régime parlementaire, l'exécutif est bicéphale. L'existence de la fonction présidentielle n'est pas astreinte aux contingences politiques. Le président est élu pour un mandat à durée déterminée et nul en dehors de lui-même ou de circonstances extraordinaires comme un décès, un empêchement ou une procédure d'exception ne peut mettre fin à sa fonction. Au-dessus de la mêlée, il est cependant lié aux alternances politiques de la représentation nationale qui ne le met pas à l'abri d'une situation dite de cohabitation, où il doit laisser un gouvernement contraire à ses vues diriger le pays. Le gouvernement dépend du président de la République quant à son mode de nomination et celui-ci peut profiter de cette prérogative pour en influencer la composition surtout qu'il se sait suivi par la majorité parlementaire. Mais juridiquement le gouvernement reste responsable devant la représentation nationale. Loin d'être tombée en désuétude, cette responsabilité demeure une des clés de voûte du système. La responsabilité du gouvernement devant la majorité parlementaire peut, suivant les circonstances politiques, forcée l'adhésion de la majorité parlementaire à la politique présidentielle, les députés n'étant pas en situation de désavouer la ligne politique sur la quelle ils se sont fait élire, ou jouer sa fonction classique dans un régime parlementaire, en cas de cohabitation.

Le président n'est pas responsable devant le Parlement sauf procédure d'exception. Il se dit responsable devant la Nation. Cette responsabilité est extra juridique en ce sens qu'elle ne dépend pas d'une procédure fixée par la Constitution. Sa véritable responsabilité est de nature électorale. A la fin de son mandat, les électeurs peuvent renouveler leur confiance directement à sa personne, indirectement à un successeur désigné, ou choisir un infléchissement plus ou moins marqué de la politique nationale par l'élection d'un dirigeant de l'opposition ou d'une personnalité qui n'a pas les faveurs du président sortant. Le discours que tient le président sur sa responsabilité pendant son mandat est purement incantatoire. C'est une invocation qui n'a rien à voir avec la responsabilité politique dans un régime parlementaire. Elle s'apparente plutôt au discours du chef de l'Etat dans un régime présidentiel si ce n'est à la propagande d'un pouvoir autoritaire. Il y a toutefois une grande différence entre le présidentialisme et le régime présidentiel. Dans ce dernier cas, on est dans un système de séparation marquée des pouvoirs. En dehors d'un pouvoir d'influence sur le législatif et de la direction de l'exécutif, le chef de l'Etat ne peut rien contre les élus. Au contraire, le chef de l'Etat, en système présidentialiste, dispose de moyens de pression continus sur le législatif, issus de la tradition parlementariste. D'une part, il possède la clé de la dissolution. D'autre part, par le truchement d'un gouvernement responsable devant les délutés, il peut d'autant plus les influencer qu'ils se seront fait élire pour soutenir son action. En d'autres termes, le chef de l'Etat dispose, par l'intermédiaire du gouvernement de tous les mécanismes du régime parlementaire, y compris la conduite de la procédure législative, alors que sa responsabilité n'est qu'un leurre qu'il agite devant la représentation nationale et l'opinion publique pour justifier les choix politiques qu'il impose à tous.

II - LA REALITE DU PRESIDENT POLITIQUE

A la suite d'interrogations sur le statut pénal du chef de l'Etat, le Président Jacques Chirac confia à une Commission, présidée par le professeur Pierre Avril, le soin d'étudier la question de l'ensemble du régime de responsabilité du président de la République (Rapport au président de la République, remis le 12 décembre 2001. Doc. franç. Coll Rapp. off. 2003. AN). La révision constitutionnelle du 23 février 2007 consacre cette réflexion (Loi constitutionnelle portant modification du titre IX de la Constitution, n° 2007-238 du 23 février 2007 : JO n° -17 du 25 févr. 007. -. P. Houillon, Rapport fait au nom de la Commission des lois constitutionnelles, de la législation et l'administration générale de la République sur le projet de loi constitutionnelle, portant modification du titre IX de la constitution, Assemblée nationale, XII° législ.. 2006, n° 3537. - J.-J. Hyest, Rapport fait au nom de la Commission des lois constitutionnelles, de la législation, du suffrage universel, du règlement et l'administration générale sur le projet de loi Constitutionnelle portant modification du titre IX de la Constitution par. Sénat n°194 - 2006-2007). Le nouveau titre IX de la constitution du 4 octobre 1958 comporte les articles 67 et 68 dont la rédaction a été entièrement refondue (voir not. P. Auvret, La réforme de la responsabilité du président de la République, RDP 2007, n° 2, p. 409).

Cette réforme est-elle de nature à rétablir l'équilibre entre les pouvoirs effectifs du président de la République et son régime de responsabilité ? On peut en douter. L'ambiguïté reste entretenue entre, d'une part, l'idée d'un chef de l'Etat, père de la Nation, restant, en principe, politiquement irresponsable et dont la responsabilité juridique est au mieux différée et, d'autre part, la réalité d'un président se faisant élire sur un programme de gouvernement.

En régime présidentialiste, le chef de l'Etat n'est pas au-dessus de la mêlée, c'est un chef d'équipe qui entend faire gagner son camp en présentant son programme comme le meilleur pour le pays. Il cumule directement ou indirectement tous les pouvoirs. Il endosse les habits d'un chef de gouvernement. Mais il entend se présenter comme l'élu de tous les français. Seul hommage dérisoire à l'idéal démocratique, demeure l'illusion d'une responsabilité politique et juridique.

A- L'illusion de la responsabilité politique

La réforme de la responsabilité politique du président de la République opérée en 2007 ne modifie pas profondément son statut d'irresponsabilité. La procédure de destitution dorénavant prévue par la Constitution ne peut être que très exceptionnelle. Dès lors, ne reste que la règle d'un mandat à durée déterminée pour rattacher la fonction présidentielle à la légalité constitutionnelle.

1°) La procédure de destitution du président de la République selon la réforme de 2007

La révision constitutionnelle de 2007 inaugure en France un mécanisme purement politique de destitution du président de la République. Selon le nouvel article 68 : "*Le président de la République ne peut être destitué qu'en cas de manquement à ses devoirs manifestement incompatible avec l'exercice de son mandat. La destitution est prononcée par le parlement constitué en Haute Cour. /.../ La Haute Cour est présidée par le président de l'Assemblée nationale. Elle statue dans un délai d'un mois, à bulletins secrets, sur la destitution. Sa décision est d'effet immédiat. /.../*".

Le nouvel article 68 de la constitution de la Vème République écarte la référence à la "haute trahison". On reprochait à cette notion son imprécision. La "*Commission Avril*" (voir supra) proposa donc le critère d'un "*manquement*" du chef de l'État "*à ses devoirs manifestement incompatible avec l'exercice de son mandat*". Elle fut reprise par le premier alinéa du nouvel article 68. C'est une formule qui se veut moins hermétique que la notion de "*haute trahison*". Cependant, elle laisse subsister bien des incertitudes. Qu'est-ce qu'un "*manquement manifeste*" ? Comment qualifier les "*devoirs*" du chef de l'État dans "*l'exercice de son mandat*" ? On ne peut espérer une définition juridique de ces termes. Il appartiendra à l'organe chargé de la sanction d'en préciser la nature, au cas par cas. A vrai dire, il sera amené à apprécier une situation purement politique. Le nouvel article 68 ouvre la voie à une procédure politique et non juridictionnelle.

La nouvelle procédure de mise en cause de la responsabilité politique du président de la République manque au demeurant de clarté (voir not. P. Auvret, La réforme de la responsabilité du président de la République, op. cit.). Le constituant a gardé le terme de "*Haute Cour*" tout en retirant le qualificatif "*de justice*". Cette appellation est peu judicieuse dans la mesure où elle entretient la confusion entre la responsabilité politique et la responsabilité pénale. La "*Haute Cour*" n'a rien de juridictionnel. Il s'agit en réalité du Congrès du Parlement composé de tous les députés et sénateurs. La destitution du chef de l'État possède une portée bien plus grande que la censure du gouvernement. Néanmoins, la procédure est inspirée de l'article 49 de la Constitution par certains de ces éléments. "*Toute délégation de vote est interdite. Seuls sont recensés les votes favorables à la proposition de réunion de la Haute Cour ou à la destitution*". Comme pour la procédure de censure, l'indécision profite à l'autorité en place.

Le deuxième alinéa dispose : "*La proposition de réunion de la Haute Cour adoptée par une des assemblées du Parlement est aussitôt transmise à l'autre qui se prononce dans les quinze jours*". Comme pour l'ancien article 68, les deux assemblées du Parlement sont mises sur un pied d'égalité. Mais à la différence de celui-ci, le texte révisé organise une procédure politique et non plus d'inspiration pénale. On assiste donc à un renforcement du bicamérisme égalitaire. Cet aspect égalitaire se retrouve dans la phase finale de la procédure de destitution. Le Parlement, constitué en Haute Cour, comprend l'ensemble des députés et des sénateurs. Toutefois, la destitution doit être acquise à une majorité qualifiée. Les décisions sont prises "*à la majorité des deux tiers des membres composant l'assemblée concernée ou la Haute Cour*". Ces votes à la majorité des deux tiers apparaissent comme une garantie contre un emballement majoritaire.

La responsabilité politique du président de la République garde donc un caractère tout à fait exceptionnel. La majorité des deux tiers sera difficile à réunir. La destitution du chef de l'Etat ne pourra intervenir qu'en cas de scandale grave où lorsqu'une majorité politique large, concordante à l'assemblée nationale et au Sénat sera fermement décidée à se défaire du titulaire de la fonction présidentielle. Autrement dit, le principe de l'irresponsabilité demeure. Cela est d'autant plus vrai que la coïncidence voulue entre le terme du mandat présidentiel et celui des députés est destinée à écarter a priori toute cause de conflit politique entre un exécutif dominant et un législatif dominé.

2°) Un mandat à durée déterminé de cinq ans

Le mécanisme électoral comme le système de responsabilité politique de la V° République diffèrent fondamentalement des équilibres établis en régime présidentiel et dans le cadre du parlementarisme. Il faut d'abord relever la distinction entre le mandat d'un président irresponsable, dont la fonction est expressément limitée dans le temps et la situation du gouvernement, responsable devant la représentation nationale, dont l'existence est, par définition, indéterminée entre deux élections législatives. Comme le remarquait déjà Bagehot dans sa comparaison entre la constitution des Etats – Unis et les institutions britanniques : "*C'est une règle que le Premier ministre est choisi par la législature. /…/ nous avons en Angleterre un premier magistrat élu aussi vrai que les américains ont un premier magistrat élu*" (précité). Néanmoins, le mode d'élection et la responsabilité politique ne sont pas les mêmes. Aux Etats-Unis, la sanction politique du président existe devant le peuple dans le cadre d'un mandat court de quatre ans. Mais on est dans le cadre d'un régime présidentiel prévoyant une consultation générale, tous les deux ans, avec notamment le renouvellement de la Chambre des représentants au Congrès. En Grande-Bretagne, les pouvoirs du Premier ministre dépendent d'une chambre qui n'ira à son terme que si le chef du gouvernement n'en décide pas autrement.

Le système présidentialiste entend faire profiter des deux logiques le chef de l'Etat. Comme en régime présidentiel, il dispose d'un mandat à durée déterminée qui ne peut, en principe, être interrompu avant son terme. Comme en régime parlementaire, l'exécutif dispose du droit de dissolution et des mécanismes politiques qui fondent autant la responsabilité que l'autorité du gouvernement. Mais toutes ces règles ne sont établies qu'au profit du président. On pouvait faire croire à un certain équilibre, en France, entre les deux types consultations populaires, lorsque la durée des mandats respectifs du président de la République et des députés ainsi que le calendrier électoral, différaient. Mais la révision constitutionnelle du 2 octobre 2000 a tout remis en question (loi constitutionnelle n° 2000-964).

Face à l'accroissement de l'autorité politique du chef de l'Etat sous la Vème république, on a longtemps fait valoir que la durée de mandat présidentiel, initialement fixé à 7 ans, était trop longue. Sa limitation a été préconisée au nom de l'idéal démocratique. L'objectif est certainement louable, le but atteint est à son opposé. En réalité, la révision de 2000 visait à éviter les périodes de cohabitation, jugées contraires à l'esprit des institutions. C'est la raison pour laquelle on a modifié le calendrier électoral qui faisait coïncider l'élection présidentielle et les élections législatives. Cette solution, il est vrai aléatoire, conforte le déséquilibre des pouvoirs. Selon une tradition inauguré en 1962, à propos d'un référendum, et réitérée en 1981 et 1986, à l'occasion du début des deux mandats de François Mitterrand, la consultation jugée la plus importante a été placée avant celle destinée à en tirer les conséquences. La position subordonnée de l'Assemblée nationale se trouve ainsi pérennisée. Tout à l'euphorie de la victoire, la classe politique et les médias encensent le nouveau président et font ainsi pression sur le corps électoral pour lui donner une majorité à l'Assemblée. Celle-ci, élue sur le nom du président et pour appliquer son programme n'a plus aucune marge de manœuvre. L'image du "président législateur" forgée sous la présidence de François Mitterrand est plus que jamais d'actualité. Elle est cependant en totale contradiction avec la lettre de la Constitution, le principe de la séparation des pouvoirs et l'idée même de la démocratie.

Dans toute cette construction, le seul élément de démocratie qui subsiste est une élection relativement libre dans le cadre d'un mandat réduit à cinq ans. Le projet de limiter à deux mandats consécutifs l'exercice de la fonction présidentielle par le même individu va également dans le sens de la démocratie pourvu que le principe ne soit pas détourné par quelques subterfuges (cf. Avant-projet d'une révision constitutionnelle. Lettre d'orientation du Président de la République au Premier ministre, 12 novembre 2007, suite aux propositions formulées par le Comité présidé par M. E. Balladur).

3°) L'impact des réformes constitutionnelles sur les institutions de la Vème République

La procédure de destitution du président de la République n'est en soi pas contraire à l'esprit d'un régime parlementaire dès lors qu'elle est bien distincte de la censure du gouvernement et qu'elle est enserrée dans une procédure stricte. Elle constitue un moyen pour faire face à des dérives graves du chef de l'État sur le plan personnel ou politique (cf. P. Auvret, La réforme de la responsabilité du président de la République, op. cit.). La procédure de destitution se substitue aux moyens de pression officieux dont disposaient le Parlement sous les trois dernières Républiques, telle "*la grève du ministère*" (voir supra). Mais les effets de la révision sur l'équilibre propre à la Vème République paraissent plus incertains. La révision constitutionnelle n'ayant pas retenu l'empêchement du président de la République en cas de vote par les deux assemblées de la réunion de la Haute Cour, comme le proposait le projet de loi constitutionnelle, le conflit peut être porté devant le peuple par le Président lui-même en usant du droit de dissolution. Dans la mesure où le pouvoir est toujours lié à la responsabilité, la procédure est de nature à conforter la position du chef de l'État qui est habilité à demeurer en fonction tant qu'il n'a pas été expressément destitué.

L'existence de cette procédure est surtout destinée à faire illusion. Elle accrédite l'idée selon laquelle la responsabilité politique du président de la République assure l'équilibre avec le développement de ses pouvoirs et sa position de guide constitutionnellement incontesté pendant un délai de cinq ans. Mais la réalité est bien différente. Outre, le fait que la composition traditionnelle du Sénat n'assure pas une véritable parité politique entre la droite et la gauche, la lourdeur de la procédure n'en fait pas un instrument approprié pour sanctionner la responsabilité politique. L'autorité attachée à la fonction présidentielle, l'ambiguïté de la notion de Haute Cour, qui pourrait être accentuée par l'institution d'une commission d'instruction de nature quasi juridictionnelle mise en place par la loi organique fixant les conditions d'application de l'article 68, rendent ce texte distant de la responsabilité politique à laquelle il est censé donner corps. En réalité, la combinaison des révisons de 2000 et 2007 ancre la V° République dans sa version présidentialiste la plus dure. Le peuple est invité à investir un chef pour cinq ans, à lui donner tous les pouvoirs pour gouverner et légiférer par personnes interposées.

B- L'illusion de la responsabilité juridique

Le président n'est pas un roi, c'est un citoyen promu pour une durée déterminée à la fonction de chef de l'Etat. Citoyen, il reste justiciable pour ses faits personnel. On peut tout juste prévoir un infléchissement des conditions de sa responsabilité (C. Bigau, La responsabilité pénale des hommes politiques, LGDJ, 1996) dont la mise en œuvre sera différée comme cela est dorénavant prévu dans la Constitution française à la suite de la révision du 23 février 2007.

1°) L'idéal démocratique : la responsabilité pour les faits personnels

L'idéal démocratique fait du président de la République, un simple citoyen investi d'une fonction. Le président de la République est, en principe, juridiquement irresponsable dans le cadre de ses fonctions mais reste, par ailleurs, un justiciable comme un autre. Son statut officiel est distinct de sa situation personnelle. Toutefois, sa responsabilité pénale et civile, pour fait personnel, reste exceptionnelle. Certes, les infractions de droit commun commises par le président de la République, de son fait personnel, sont détachables de ses fonctions et peuvent relever des juridictions ordinaires. Mais il y a toujours la crainte que la mise en cause personnelle du citoyen président n'affecte l'exerce de la fonction et porte atteinte à la majesté de l'Etat.

Là encore, la situation politique réelle du président influe sur la pratique politique et juridique. Si le président n'a qu'un rôle honorifique, il y a peu de danger qu'on le mette en cause personnellement à des fins politiques. Dès lors, le risque d'un dérapage juridique tient à l'attitude même du titulaire de la fonction. S'il se comporte en honnête père de famille avant sa présidence comme durant celle-ci, sa responsabilité personnelle n'aura pas à être engagée dans des conditions particulièrement déshonorantes. Une éventuelle action pour la chasse illégale d'un perdreau (P.-H. Prélot, "Le perdreau mort. L'irresponsabilité du président de la République : inviolabilité personnelle, immunité fonctionnelle, privilège de juridiction ?" Dall. 2001, n° 12, chron. p. 949), une simple infraction routière vénielle ou la commission d'une imprudence ne porte pas atteinte à l'autorité de l'Etat et n'est pas incompatible avec l'exercice de la fonction présidentielle. En revanche, s'il appert que le président est poursuivi pour des faits déshonorants, il est certain que son maintien à la tête de l'Etat pose un problème même s'il est présumé innocent, comme tout justiciable, tant qu'il n'a pas été condamné (cf. la situation du président israélien).

En revanche, on ne peut exclure l'instrumentalisation à des fins politiques d'une action pénale voire civile contre un président doté d'un réel pouvoir politique. Paradoxalement, c'est parce qu'il a du pouvoir qu'il doit être infaillible ou considéré comme tel. C'est le pouvoir d'Etat qu'il s'agit de protéger. Le chef de l'Etat n'est plus un président citoyen mais un césar à l'origine démocratique posée comme postulat. Le régime présidentiel semble s'accommoder d'un président justiciable assorti d'une immunité juridictionnelle. La même solution devrait s'imposer dans tout système qui se veut démocratique et où le chef de l'Etat dispose de pouvoirs.

Avant 2007, une relative incertitude existait quant à l'engagement de la responsabilité personnelle du chef de l'État, en France. Dans la pratique, la question se posait peu mais on la traitait dans le respect de la fonction présidentielle. Sous la IIIème République, le Président Raymond Poincaré n'avait pas craint de témoigner devant le Premier président de la Cour d'appel de Paris, dans le cadre de l'affaire de l'assassinat du directeur du Figaro par Mme Caillaux en 1914, dès lors que la dignité de sa fonction était respectée. En 1974, le Président Valérie Giscard d'Estaing, cité devant le Tribunal correctionnel de Paris, avait accepté de témoigner de son propre chef. C'est sous la présidence de Monsieur Jacques Chirac que le statut pénal du chef de l'État a connu une évolution notable avec l'adoption, le

19 février 2007 du projet de modification de la Constitution par le Congrès. La mise en cause du président de la République, comme d'autres responsables politiques, dans le financement occulte des partis devait faire évoluer le droit.

2°) La réforme de la responsabilité personnelle du président de la République en 2007

Le nouvel article 67, 1er alinéa, de la Constitution conserve le principe d'une irresponsabilité limitée des chefs d'Etat républicain. Le président de la République française n'échappe à la justice ordinaire que pour les actes qui ne sont pas détachables de ses fonctions. "*Le président de la République n'est pas responsable des actes accomplis en cette qualité, sous réserve des dispositions des articles 53-2 et 68*". La formule qui ne vise que les actes accomplis en la qualité de président de la République entend éviter le risque de confusion entre l'exercice de ses fonctions et le temps où le chef de l'État est en fonction. Elle écarte l'ambiguïté liée à l'expression utilisée dans l'ancien article 68 : "*Le Président n'est responsable des actes accomplis dans l'exercice de ses fonction qu'en cas de haute trahison*". Le premier alinéa prévoit deux exceptions qui visent chacune une situation différente : les articles 53-2 et 68 de la Constitution.

L'article 53-2 visé par l'article 67 nouveau permet de "*reconnaître la juridiction de la Cour pénale internationale dans les conditions prévues par le traité signé le 18 juillet 1998*". Conformément aux engagements internationaux de la France, on réserve l'hypothèse d'un crime passible de la Cour pénale internationale, dont le président de la République pourrait être l'auteur ou le complice. Le statut de la Cour pénale internationale exclut expressément tout privilège d'irresponsabilité des chefs d'Etat.

La seconde exception renvoie à la responsabilité politique du président de la République qui peut dorénavant faire l'objet d'une destitution dans le cadre d'une procédure d'exception prévue par le nouvel article 68 (Voir supra). "*Il s'agit d'instituer un véritable choix entre les poursuites pénales, qui pourront être effectuées après la fin du mandat et la responsabilité politique du président...*" (Ph. Houillon, Rapp. préc. p. 75). Plus précisément, la rédaction du nouvel article 67 incite à penser que la responsabilité judiciaire d'un ancien président de la République ne pourrait jouer que pour les actes commis en cette qualité et qui ont provoqué sa destitution. Autrement dit, son irresponsabilité pénale ou civile du fait de ses fonctions demeure pleine et entière s'il ne fait pas l'objet d'une destitution. Et même dans ce cas, sa responsabilité ne saurait être engagée devant les juridictions pour des faits liés à sa qualité mais n'ayant pas motivé la destitution (cf. P. Auvret, La réforme de la responsabilité du président de la République, op. cit.).

Compte tenu de la difficulté de mise en œuvre de la responsabilité politique (voir supra), la responsabilité du fait de la fonction est illusoire. Cette situation n'est pas sans conséquence juridique et doit être reliée au problème du contreseing ministériel. Le problème n'est pas, comme on le pense souvent, lié à l'existence d'actes dispensés du contreseing ministériel. Finalement ceux-ci sont peu nombreux et exceptionnels. Mais pour tous les autres actes signés par le Président de la République, sa responsabilité est exonérée alors même qu'il en est souvent l'inspirateur, dans un système présidentialiste. Lorsque la responsabilité résultant de ces actes relève du droit administratif, c'est normalement l'Etat qui est engagé. Mais quand la responsabilité civile, pour faute personnelle, ou la responsabilité pénale est en cause l'exonération de la responsabilité du président de la République doté de pouvoirs tend à faire du ministre qui a contresigné l'homme de paille de la République. L'engagement de la responsabilité personnelle des ministres devant la Cour de justice de la République, ne les autorise pas à se défausser sur le chef de l'Etat au motif qu'ils n'ont fait qu'exécuter ses ordres même si c'est le cas. La justice y trouvera son compte en ce qui concerne les ministres mais pas pour le président de la République.

3°) La responsabilité personnelle différée

Le nouvel article 67 de la Constitution dispose "*Le président de la République /.../ ne peut, durant son mandat et devant aucune juridiction ou autorité administrative française, être requis de témoigner non plus que faire l'objet d'une action, d'un acte d'information ou de poursuite. Tout délai de prescription ou de forclusion sont suspendu. Les instances et procédures auxquelles il est fait ainsi obstacle peuvent être reprises ou engagées contre lui à l'expiration d'un délai d'un mois suivant la cessation des fonctions*".

Dans un système démocratique, un chef d'État républicain est responsable des faits personnels, détachables de ses fonctions. Pour autant, la responsabilité n'équivaut pas nécessairement à une soumission immédiate à un juge de droit commun. On peut admettre une inviolabilité temporaire ou certains privilèges de juridiction. Des exemples étrangers existent (Cf. J.-J. Hyest. Rapp. préc., p. 24). Dès lors, le principe de la responsabilité personnelle du chef de l'État ne dispense pas de se poser la question du moment où celle-ci est susceptible d'être engagée et de la juridiction compétente pour en connaître.

La "*Commission Avril*" (voir supra) a ainsi proposé de confirmer l'inviolabilité temporaire du chef de l'État pour les actes n'ayant pas de rapport avec sa fonction que le Conseil constitutionnel et la Cour de cassation avaient admise (Cons. Const., communiqué de presse du I0 octobre 2000, Cahiers du Conseil constitutionnel, n° 10, p. 7, et note publiée sur le site du Conseil note du CC, http:/conseil constitutionnel.fr/dossier/quarante/notes/resppr.htm ; C. cass. arrêt n°481, concl. R. de Gouttes, RFDC n° 49, 2002, p. 51). Elle a été largement suivie par le Parlement pour l'adoption des 2ème et 3ème alinéas du nouvel article 67.

Le président de la République est dispensé de comparaître devant toute juridiction ou autorité administrative françaises. Plus exactement, il ne peut pas être " *requis* " de comparaître. La formule du 2° alinéa du nouvel article 67 est extrêmement large et vise notamment les autorités administratives indépendantes. "*Le champ de l'inviolabilité temporaire /.../ couvre à la fois le champ civil et administratif et le champ pénal, la réparation et la punition*" (Ph. Houillon, Rapp. préc. p. 45).

On a relevé les inconvénients que cette dispense constitutionnelle pouvait occasionner aux plaideurs voulant mettre en cause le président de la République pendant son mandat ou requérir son témoignage. Mais les considérations pragmatiques et politiques l'ont emporté sur les principes de la démocratie et du droit. La forte "*judiciarisation*" à laquelle est désormais soumis tout pouvoir politique y compris la fonction présidentielle, en France comme à l'étranger a convaincu le pouvoir constituant qu'il fallait préserver le chef de l'État pendant son mandat. De surcroît, les poursuites contre des actes du chef de l'État détachables de ses fonctions, seront possibles dès la fin de son mandat (art. 67, 3° alinéa).

Les effets du nouvel article 67 n'ont pas tardés à se produire. On a pu relever que la disposition qui tend à faire du chef de l'Etat une personne momentanément de non droit n'empêche pas le titulaire de la fonction présidentielle de passer des actes juridiques personnels et d'agir en justice. A l'automne 2007, le président Sarkozy a divorcé (Communiqué de la Présidence de la République, 18 octobre 2007). Quant à l'ancien président Jacques Chirac, il a été mis en examen en novembre 2007, pour des faits antérieurs à ses fonctions présidentielles et pour lesquels les poursuites n'avaient pu être diligentées pendant sa présidence. Ces faits ne doivent-ils pas être considérés comme prescrits ? Indépendamment des actes de procédure mis en oeuvre pendant ce délai, se pose donc la question de l'application de la loi dans le temps. L'article 67, qui suspend les délais de procédure, peut-il être considéré comme ayant un effet rétroactif ? Sinon, dit-on admettre que la jurisprudence initiée par le Conseil constitutionnel et la Cour de cassation, en 2002, (voir supra) possède la valeur d'un droit prétorien (Voir, P. Avril. "A propos du statut du chef de l'Etat, présentation du rapport de la Commission chargée de mener une réflexion sur le statut pénal du président de la République institué par le décret du 4 juillet 2002 : RDP 2002, p 1874 ; T. Ablard. "Le statut pénal du chef de l'État". Revue française de droit constitutionnel, n° 52, 2002, p. 643 ; G. Carcassonne, "Le statut pénal du chef de l'État, Le point de vue du constitutionnaliste", Revue pénitentiaire et de droit pénal, n°1, mars 2004, p. 141- Le président de la République française et le juge pénal ", in Mélanges Philippe Ardant, Droit et politique à la croisée des cultures, " LGDJ 1999, p. 276 ; L. Favoreu, La Cour de cassation, le Conseil constitutionnel et la responsabilité pénale du président de la République Dall. 2001 chron. p. 3365 : X. Prélot, Quand la Cour de cassation donne une leçon de droit au Conseil constitutionnel : RDP 2001. p.1625 ; D. Chagnollaud, La Cour de cassation et la responsabilité pénale du chef de L'Etat ou les dominos constitutionnel : RDP 2001, p. 1619 ; Table-ronde : Immunités constitutionnelles et privilèges de juridiction, Aix-en-Provence, 21 et 22 sept. 2001, in Annuaire international de Justice constitutionnelle, 2001, t. XVII. Economica et PUAM. 2002) ?

D'un point de vue politique, cette vacuité juridique n'est pas sans conséquence. Si l'on met à part l'hypothèse de poursuites engagées à la suite de la destitution d'un président, les actions pénales postérieures aux fonctions ont nécessairement un petit goût d'hypocrisie voire de vengeance à froid. Les faits pénalement poursuivis et donc moralement reprochables ne paraissaient pas suffisamment importants pour être pris en considération pendant la présidence mais assez graves pour s'affranchir des aux règles habituelles de prescription. Le manteau de l'Etat couvre la turpitude, comme le manteau de Noé couvrait la nudité, mais sans la faire disparaître.

Conclusion

Le régime parlementaire dualiste a la sagesse de séparer les honneurs du pouvoir. Au chef de l'Etat, on rend les honneurs, au gouvernement, sous l'autorité d'un Premier ministre, on confie le pouvoir. Le premier ministre est tenu de s'expliquer devant deux instances différentes : la représentation nationale et le chef de l'Etat. Dans la réalité, ni l'un ni l'autre n'ont le loisir de le renverser. Le chef de l'Etat n'en a pas le pouvoir constitutionnel et la majorité parlementaire n'a pas, en principe, intérêt à se défaire de son chef, même elle peut être amenée à le faire. Il n'en reste pas moins que le chef du gouvernement est tenu de se "confesser" périodiquement au chef de l'Etat et qu'il doit rendre des comptes aux députés ainsi, à travers eux, à l'opinion publique. Dans un cas comme dans l'autre, il n'est pas totalement maître de son discours politique.

Le régime présidentiel sépare l'exécutif du législatif. Quelle que soit sa puissance, le président doit s'accommoder d'un législatif sur lequel il n'a pas de moyen de pression direct. Il ne peut pas engager sa responsabilité devant lui et il ne peut pas le dissoudre.

En régime présidentialiste, le chef de l'Etat dispose de tous les leviers. Intouchable juridiquement durant son mandat, pratiquement irresponsable politiquement, il n'a de compte à rendre à personne et ne connaît nulle limite à son action. Il peut profiter des honneurs et de sa position pour façonner son discours politique sans risque d'être contredit. Le projet d'un droit d'intervention directe du Président devant le parlement ne chance rien à l'affaire (cf. Avant-projet d'une révision constitutionnelle, précité). Le du chef de l'Etat s'adressera toujours à autrui du haut de son statut privilégié. Bien au contraire, il disposera d'un moyen de pression supplémentaire sur les parlementaires. Seul au sommet de l'Etat, omnipotent, le président de la République n'a de compte à rendre qu'aux électeurs une fois tous les cinq ans, à moins que ce soit la rue qui n'en vienne à l'interpeller. La démocratie est-elle gagnante dans ces conditions ?

L'ETAT MONEGASQUE : MODESTE ESSAI D'ANALYSE ET DE REFLEXION SUR LA PRINCIPAUTE DE MONACO A LA VEILLE DE SON ADHESION AU CONSEIL DE L'EUROPE

par

Jacques BASSO
Professeur émérite de l'Université de Nice - Sophia Antipolis
Professeur honoraire de l'Institut d'Etudes Politiques de Paris

CHAPITRE I : CONSIDERATIONS RELATIVES A L'ORDRE JURIDIQUE DE L'ETAT DE MONACO

Le concept d'ordre juridique ne concerne en aucune manière des règles ou des textes (obligations et droits), relatifs au maintien de la sécurité, au maintien de l'ordre au sens ordinaire du terme, l'ordre public, par exemple. L'essai de réflexion renvoie à un essai d'analyse des institutions étatiques publiques, qui contribuent à qualifier l'Etat ; cela reporte aussi à l'organisation de ces institutions, aux principes qui les gouvernent ; cela conduit à une constatation des fonctions ou des attributions qui leur reviennent, sans que pour autant soient avancées dans ce modeste effort d'analyse des propositions de changement ou de transformation.

Nous souhaitons simplement rappeler qu'à terme l'objectif poursuivi est la réflexion relative aux textes qui régissent l'organisation du législateur, c'est-à-dire du Conseil National. Cela peut s'organiser autour de deux pôles : cet ordre juridique est déterminé, gouverné par la Constitution ; cet ordre juridique est déterminé et gouverné par la loi.

SECTION 1 - L'ORDRE JURIDIQUE EST DETERMINE PAR LA NORME CONSTITUTIONNELLE

On se permettra simplement de rappeler que la Constitution est la loi fondamentale de l'Etat qui définit et organise les Pouvoirs Publics. Comme dans tout Etat de droit, la règle constitutionnelle est supérieure, dans la hiérarchie des normes, aux autres normes législatives et réglementaires.

Une illustration de cette prééminence de la Constitution sur les lois ordinaires réside dans le fait que ces dernières (ainsi que les textes pris pour leur application) peuvent être annulées par le Tribunal Suprême dans le cas où elles porteraient atteinte aux droits et libertés consacrés par la Constitution. Cette réminiscence présentera un intérêt, à notre sens, ultérieurement, au regard même de l'organisation du Conseil National.

Reste à évoquer dans cette brève introduction, la primauté du droit international (traités) au regard du droit constitutionnel (droit interne). Demeurant sans aucun doute marginale au regard de notre objectif principal, cette évocation mérite d'être faite car, d'une part, elle donne lieu, ou peut donner lieu, à des interprétations contradictoires et, d'autre part, elle peut avoir des conséquences au moins indirectes sur l'organisation du Conseil National et, au-delà, de son fonctionnement.

Nous ferons très brièvement, et de manière sans aucun doute incomplète, une analyse comparative entre le droit monégasque et le droit français et nous rappellerons quelques états de la doctrine.

Première proposition d'analyse : LE DROIT MONEGASQUE ET LA PRINCIPAUTE

D'une part, les textes (article 13, article 14de la Constitution) donnent au Prince Souverain l'exercice et la compétence de la représentation de la Principauté dans ses rapports avec les puissances étrangères. D'autre part, la signature et la ratification des traités lui incombent, sous une double réserve :

- porter à la connaissance du Conseil (et donc de sa Commission des Relations Extérieures) les traités signés et ratifiés ;
- soumettre à l'existence et l'adoption d'une loi, la ratification d'un traité qu'affecterait l'organisation constitutionnelle de l'Etat Monégasque.

Ce dispositif textuel, encore une fois parfaitement intégré dans la culture constitutionnelle monégasque, nous incite à faire quelques remarques très sommaires, mais qui peuvent s'incorporer aux réflexions relatives au Règlement Intérieur.

Dans le premier alinéa de l'article 14, la Constitution emploie les termes "*porte à la connaissance*", en évoquant l'acte du Prince à l'égard du Conseil National. S'agit-il d'une "notification" qui impliquerait par exemple un acte d'enregistrement officiel de la part de la Commission et du Conseil ? Nous manquons totalement de connaissance et d'appréciation sur ce point, mais nous ne pensons pas que cette interprétation soit exacte.

On pourrait donc considérer, dans la perspective d'une organisation du Conseil National, que ce dernier et la Commission des Relations Extérieures soient, de façon préalable à la signature et à la ratification, informés de ce qui serait alors un "projet de traité", mais naturellement à l'égard duquel ni la Commission, ni le Conseil n'auraient de pouvoirs de modification.

Cette légère inflexion irait dans le sens démocratique d'une meilleure information du législateur, sans pour autant porter atteinte aux prérogatives du Prince Souverain. Implique-t-elle une réforme grammaticale de l'article 14 (1er alinéa) ? Cela n'est peut-être pas certain. On peut s'appuyer sur les articles 24 et 28 du règlement intérieur en les complétant par exemple de la manière suivante : "*En conformité avec l'article 14 de la Constitution - 1er alinéa - le Prince qui signe et ratifie les traités, en donne préalablement connaissance à la Commission des Relations Extérieures et au Conseil National*". L'évolution de l'article 14 (alinéa 1er) pourrait simplement porter sur l'introduction de quelques termes : "*Après consultation du Conseil de la Couronne, le Prince signe et ratifie les traités, après en avoir préalablement informé la Commission des Relations Extérieures et le Conseil National" ou "le Conseil de la Couronne entendu, le Prince signe et ratifie les traités, après en avoir préalablement...etc.".*

Le deuxième alinéa de l'article 14 de la Constitution présente également, au regard de ces quelques réflexions, un vif intérêt.

Sachant donc que toute ratification d'un traité qui "affecte" l'organisation constitutionnelle ne peut l'être qu'en vertu d'une loi, un certain nombre de questions et de suppositions peuvent être avancées ; là encore et de manière très circonspecte, on peut considérer que les réponses pourraient contribuer à transformer l'organisation du Conseil National.

Première question : il faut une loi qui "*implique l'accord des volontés du prince et du Conseil National*" (alinéa 1 de l'article 66)

Dans l'ignorance où nous sommes de la pratique en ce domaine, on peut considérer que l'origine de la loi, (disons la saisine en terme juridique), pourrait relever soit du projet, soit de la proposition. En effet, juridiquement, il nous semble qu'on ne puisse ranger, ou plus exactement subordonner, l'élaboration de cette loi au seul pouvoir d'initiative du Prince (alinéa 2 de l'article 66); Cela tendrait à signifier au moins deux considérations : il appartient au Conseil, et toujours également à la Commission, en tant qu'organes, de déposer une proposition de la loi relative à cette ratification, indépendamment du pouvoir d'initiative du Prince. "*L'accord des volontés*" se réaliserait dans cet ordre : Conseil National puis Prince Souverain.

Deuxième question : elle se rapporte au contenu de la loi et à sa problématique ou son économie

Sera-t-elle une simple loi d'autorisation, ce qui paraît, compte tenu du texte, le plus vraisemblable ? Dans ce cas la loi et le Conseil joueraient organiquement un rôle d'évaluation ou de sanction.

Mais ne peut-on aller plus loin avec le Règlement Intérieur et sans dénaturer ni l'accord des volontés, ni le pouvoir d'initiative, ne pourrait-on, donc, considérer que l'autorisation de ratifier, implique un accord de volontés sur le contenu même du Traité dont la loi est l'Acte Fondateur ? Sans loi, pas de traité. Dans la mesure où le Conseil délibère et vote la loi, il pourrait lui appartenir (et cela à travers le Règlement Intérieur), de proposer, soit par le biais d'amendements (cela peut toutefois poser un problème juridique), soit par le biais d'observations ou de rapports, de suggérer donc des aménagements ou des modifications du Projet de traité. Gouvernement et Législateur seront-il alors en concurrence ?

Troisième question : l'article 14 – second alinéa – retient l'exigence d'une loi lorsque le Traité est susceptible *"d'affecter"* l'organisation constitutionnelle

Première remarque : les termes sont très généraux et susceptibles d'interprétations extensives. Où commence et où s'achève l'effet d'"affectation" ? Peut-on ou doit-on raisonner exclusivement sur le plan du droit ou aussi sur le plan politique ? Y a-t-il des "affectations" mal discernables ?

Certes, ces questions n'ont pas un sens très profond quand l'on sait que toutes les hautes autorités, du Gouvernement au Législateur, en passant par le Conseil de la Couronne, le Conseil d'Etat et le Tribunal Suprême, sont susceptibles d'évaluer, d'émettre des avis sur ces effets du Traité à l'égard de l'organisation Constitutionnelle[1].

On peut songer, par exemple, aux problèmes de sécurité intérieure et extérieure, aux problèmes posés par les infractions et la libre circulation[2], des personnes et des travailleurs.

Seconde remarque : le Conseil National – toujours en vertu de l'article 14 – est appelé à fonder juridiquement le traité par l'autorisation ou la sanction législative délivrée.

Etant concerné par les "effets d'affectations" à l'égard de l'organisation constitutionnelle, il paraîtrait possible que le Conseil et la Commission soient appelés à émettre au moins leur avis et leur

---

[1] Nous nous permettons de faire remarquer que le rôle, les fonctions, les compétences du Conseil d'Etat ont été très bien étudiées, analysées par le Président VIALATTE, le Président Jean-Charles SACOTTE et le Doyen Jean-Marie RAINAUD;

[2] Cf. le très intéressant article du Doyen Louis BALMOND : "*La libre circulation des personnes et les relations franco-monégasques : entre Schengen et la Convention de voisinage*" (Revue du Droit Monégasque, 2000, pages 159-173).

interprétation sur les effets de modification induits par le Traité[3]. Ces analyses sommaires tendent néanmoins à montrer de façon certes encore précaire, que dans les rapports ou relations ordre juridique international – ordre juridique interne, des modifications concernant l'organisation du Conseil National seraient susceptibles d'être proposées. Pour compléter ce bref tableau, on peut se tourner vers la doctrine et recenser quelques analyses qui s'interrogent sur le problème des relations entre droit international et droit interne, et donc l'incorporation d'éléments de l'ordre juridique international à l'ordre juridique interne. Faut-il écrire qu'il ne s'agit ici que de quelques allusions et non d'une étude approfondie. Mais la perspective de réflexion demeure toujours la même dans cette introduction : peut-on en tirer quelques déductions quant à l'organisation du Conseil National ?

1/ Le point de vue exprimé par Monsieur le Ministre Georges GRINDA dans son ouvrage de référence[4] est très net : "*Seuls les traités internationaux peuvent l'emporter sur la Constitution, en vertu de la primauté du droit international sur le droit interne*". Cette opinion paraît tout à fait souligner une autre primauté dont la Constitution est évidemment l'expression, mais qui va sans doute au-delà du texte : "*Le Prince incarne en sa personne l'Etat monégasque, aussi bien à l'extérieur qu'à l'intérieur du Pays*"[5].

2/ L'important article de Mademoiselle Virginie MARGOSSIAN-COTTA "*Droit européen et droit monégasque. La force du vecteur français*"[6], nous apporte en ce domaine une analyse et des réflexions de la plus haute importance, quant aux relations droit communautaire/droit monégasque. En résumant très sommairement

---

[3] Dans le cadre de cette rédaction, nous voudrions et souhaiterions solliciter l'indulgence des lecteurs dans la mesure où nous ne possédons pas encore une connaissance affirmée de la pratique en ces domaines de mise en œuvre de l'article 14.

[4] "*Les Institutions de la Principauté de Monaco*", page 15.

[5] "*Les Institutions de la Principauté de Monaco*", page 20.

[6] Revue de Droit Monégasque (2000, numéro 2, pages 137-155). On consultera avec profit, dans le même numéro (pages 157-158), la note de lecture consacrée à la thèse de Mademoiselle MARGOSSIAN-COTTA : "*La Principauté de Monaco : Etat protégé ?*" (1999 – 434 pages).

l'analyse doctrinale de Mlle MARGOSSIAN-COTTA, deux appréciations sont dégagées.

Avant de les évoquer il convient de citer une phrase d'introduction de l'auteur qui situe parfaitement la situation de la Principauté en qualité d'Etat tiers : "*Chaque Etat, au nom de l'exclusivité dans l'exercice de sa souveraineté territoriale met en œuvre traditionnellement, par l'unique intermédiaire de ses propres organes, les pouvoirs de législation, d'administration, de juridiction et de contrainte sur son propre territoire. Et si, admettant librement des limitations, il peut accepter de lier certaines de ses compétences, il ne saurait se trouver tenu par les dispositions d'un acte auquel il n'a pas consenti*"[7].

C'est la notion de consentement qui est au cœur du traité (cf. l'article 34 de la Convention de Vienne sur le droit des traités). Or, ce consentement est l'œuvre du prince Souverain mais, nous l'avons constaté, dans le cadre de l'article 14 de la Constitution, alinéa 2, le Conseil National est lui aussi appelé à exprimer son consentement. Le législateur contribuerait donc, dans ce cas spécifique, à l'exercice de la souveraineté dans le domaine du droit international, par la délibération et le vote d'une loi. Il acquiert une compétence internationale qui pourrait être reconnue et valorisée dans le cadre de l'organisation du Conseil National.

La démonstration soutenue par Mlle MARGOSSIAN-COTTA, est extrêmement intéressante et pertinente car elle propose, à propos des relations droit européen/droit monégasque, une lecture et une interprétation très fine des connexités ordre juridique international/ordre juridique national. Nous n'avons en aucune manière la prétention d'évoquer tous les arguments retenus par l'auteur ; nous exposerons les deux significations essentielles.

La première peut être résumée sous le terme d'intégration, ou mieux encore, pour reprendre le titre même de l'auteur : "*le vecteur d'introduction*". L'Etat monégasque, bien qu'Etat tiers, au regard de la Communauté Européenne, s'oblige à intégrer tout ou partie des dispositifs de traités communautaires, sans avoir été partie contractante, sur le fondement de deux vecteurs : la "continuité" des territoires franco-monégasques, l'union ou l'assimilation au territoire

---

[7] Virginie MARGOSSIAN-COTTA, article cité (page 137).

français en vertu de conventions (accord bilatéral) liée à la notion de voisinage. L'incorporation du droit communautaire (en l'occurrence, par exemple, du droit douanier émanant des institutions européennes) au droit national monégasque, se trouve réalisée.

La deuxième signification d'introduction repose, l'auteur en assure la démonstration[8], sur la base de "*relations entre les droits français et monégasque*" établies et développées à partir d'accords bilatéraux. Par exemple, en matière de réglementation des assurances, l'accord dispose que "*le Gouvernement Princier*" s'engage à maintenir sa législation en harmonie avec la législation française. Dans un autre exemple, rapporté par l'auteur (convention relative à la pharmacie), l'harmonisation des législations atteint un seuil beaucoup plus élevé puisqu'il s'agit "*d'adopter des dispositions similaires*".

Les effets sont donc variables en intensité. L'auteur de cette réflexion l'indique parfaitement : "*Ils peuvent être atténués par le relâchement du lien*". Dès lors, et selon notamment l'article 34 de la Convention de Vienne, la compétence du législateur ne pourrait-elle retrouver une autre plénitude, d'abord dans son organisation mais, bien entendu, aussi dans son fonctionnement, par la mise en place d'un organe interne (commission, groupe de travail) chargé, dans des cas similaires, de faire régulièrement une évaluation de l'harmonisation des législations ? Cette observation ne serait-elle par confortée par la deuxième partie de l'analyse de Mlle MARGOSSIAN-COTTA intitulée "La faiblesse juridique du fondement"[9] ?

Cette "*faiblesse*" ou cette "*précarité*" tiennent à deux considérations essentielles. La première considération est de confirmer que l'incorporation des dispositions communautaires au droit monégasque ne fait pas disparaître l'absence de consentement initial ; cette incorporation est ou a été, réalisée par "*un acte institutionnel de droit dérivé, qui revêt, pour l'Etat tiers, le caractère d'un acte unilatéral*". Dès lors, la portée juridique de l'acte unilatéral peut être discutée[10]. L'auteur de cet important article conclut sur ce premier

---

[8] Virginie MARGOSSIAN-COTTA, article cité (pages 143-146).

[9] Virginie MARGOSSIAN-COTTA, article cité (pages 147-154).

[10] La doctrine, et tout particulièrement les internationalistes français, ont très longtemps débattu du concept d'acte unilatéral et de ses effets. Il conviendrait de citer notamment, P.M. DUPUY, "*Précis de droit international public*" (Dalloz),

point très clairement : "*L'acte unilatéral – en l'occurrence par exemple un règlement communautaire – ne saurait, d'un point de vue strictement juridique, être opposable à l'Etat qui, en vertu de sa souveraineté, dispose de la possibilité de s'élever contre son application*"[11]. Mais peut-on tenter d'harmoniser ces deux souverainetés, celle du Prince Souverain et celle du Conseil National ?

La deuxième considération tient, ou plus exactement se rapporte, à l'influence déformante et importante du droit communautaire. L'intégration en droit français de normes et directives communautaires, par répercussion, "*conduit la Principauté à subir dans ses normes juridiques et son propre droit, des dispositions du droit français, telles qu'elles résultent de l'évolution que lui impose sa subordination au droit communautaire*"[12]. L'adaptation est-elle acceptable, est-elle conforme aux réalités et au vécu du droit monégasque ? L'auteur parle de l'altération de la compétence normative? Peut-on, là encore, avancer une hypothèse selon laquelle le Conseil National pourrait avoir en charge, par une organisation spécifique, la possibilité de suivre et d'émettre des propositions relatives à ces effets déformants et altérants du cycle : droit communautaire - droit français - droit monégasque ?[13].

3/ Enfin, pour nous en tenir à un troisième et dernier exemple ou référence de la doctrine, l'article du Professeur et Doyen Louis BALMOND met également avec clarté l'accent sur les effets particuliers de l'accord de Schengen et d'un processus qui est "*peu respectueux de la souveraineté monégasque*", conduisant à une

---

Serge SUR, Hubert THIERRY, Jean COMBACAU, Charles VALLEE, "*Droit international public*" (éditions Montchrestien), Jean TOUSCOZ, "*Précis de droit international public*" (PUF).

[11] Virginie MARGOSSIAN-COTTA, article cité (page 149).

[12] Virginie MARGOSSIAN-COTTA, article cité (page 153).

[13] Ces substantifs ou concepts d'ordre juridique et d'ordre politique ne sont jamais, ou très peu, définis par les précis ou manuels du Droit constitutionnel. Corps politique, société politique, systèmes politique et juridique, organisation institutionnelles, sont les termes qui s'en rapprochent le plus (cf. à cet égard les remarques éclairantes de Jacques MARITAIN dans "L'homme et l'Etat", chapitre 1er, par. 4, pages 9 à 11. P.U.F. 1953, 202 pages). Toutefois, les spécialistes du Droit International utilisent ces concepts en opposant Ordre Juridique et interne et Ordre Juridique international.

intégration de fait et non à une association de droit, dont les modalités de mise en œuvre recouvrent une "*stricte prise en compte des intérêts français et une coopération inégalitaire*"[14]. On peut donc le constater, ces quelques observations sommaires soulignent l'inégalité qu'entraîne la relation du droit international et notamment, plus précisément, celles du droit communautaire et du droit national monégasque. Ce problème prend sans doute une importance accrue dans le cas des Etats de dimensions plus restreintes et à l'égard desquels la convention de contiguïté territoriale est mise en œuvre (Principauté de Monaco, République de Saint-Marin, Liechtenstein, etc...).

Mais, selon l'opinion du Professeur DUBOUIS, rappelée dans un article de la Revue de droit monégasque[15] : "*La notion couramment admise et reçue de petits Etats est vague et inexacte. Il conviendrait de lui substituer une notion tout à fait différente de poids ou plutôt de densité de civilisation. Elle permettrait de dégager une sorte de participation de divers Etats à la civilisation humaine*". C'est incontestablement le cas de la Principauté de Monaco dont la volonté d'intégrer le Conseil de l'Europe traduit et exprime cette participation à la civilisation humaine.

Deuxième proposition d'analyse : LE DROIT FRANÇAIS ET LA REPUBLIQUE FRANÇAISE

Il appartient à chaque Etat de droit, selon les normes et règles qui le régissent et, pour l'essentiel, "*les constitutionnelles*", de régler le problème, soit de la primauté, soit de l'interdépendance, soit de la soumission des normes juridiques les unes par rapport aux autres. La

---

[14] Louis BALMOND, Professeur à l'Institut du Droit de la Paix et du Développement, "*Libre circulation des personnes et relations franco-monégasques : entre Schengen et la Convention de voisinage*" (Revue de droit monégasque, 2000, n°2, pages 159 à 174).

[15] Dans, Maurice TORRELLI, "*Chronique internationale*" (Revue de droit monégasque, 2000, n°1, pages 95-122) ; cf. également G. VANDERSANDEN, "*L'application du droit communautaire sur le territoire de la principauté de Monaco*" (Revue de droit monégasque, 2000, n°2, pages 175-192).

République Française et l'Etat de droit français sont naturellement concernés par ce vaste problème de l'application du droit international.

Deux conceptions relatives à l'application du droit international peuvent être très sommairement évoquées.

La première confirme la suprématie du droit des gens et s'accompagne de multiples solutions adaptées émanant soit de la Constitution, soit de la jurisprudence par l'intermédiaire des organes juridictionnels. En France, à cet égard, l'influence et les déterminations du Conseil d'Etat et du Conseil Constitutionnel sont totalement primordiales. Si on fait référence à la Constitution et à la pratique monégasque, ni l'article 68, ni l'article 90, ne permettent au Tribunal Suprême d'exercer un rôle comparable. En outre, faut-il rappeler que l'article 68 de cette même Constitution décide que "*le prince rend les ordonnances nécessaires pour l'exécution des lois et l'application des traités ou accords internationaux*". Cela prive, a priori, toute opportunité ou possibilité de contrôle exercé par le Tribunal Suprême de la Principauté. L'ordonnance d'application et d'exécution relève de l'autorité exclusive du Prince Souverain[16].

La seconde nous conduit à revenir, avec beaucoup de réserves, sur l'article 14, alinéa 2, de la Constitution. L'intervention du Conseil National est rendue nécessaire. Dès lors, ne pourrait-on imaginer qu'un organisme rattachable au Conseil National, sans porter atteinte à la compétence de l'autorité exécutive (le prince Souverain) puisse, à l'occasion d'un traité ou d'un acte de nature internationale, émettre un avis (exprimé antérieurement à celui du Conseil de la Couronne) sur le projet de traité ou d'acte ?

- Les membres du Conseil de la Couronne sont nommés par le Prince et expriment une autorité d'évaluation, d'appréciation qui est, en

[16] Les actes d'exécution et de mise en œuvre des traités internationaux, ou actes de nature internationale, sont considérés en tant qu'ordonnances, comme "*actes de Gouvernement*", donc insusceptibles de recours. Ils expriment et traduisent, d'une certaine manière, la substance de l'article 13 de la Constitution. Mais peut-être est-il possible de distinguer, en l'occurrence, entre la nature de l'acte (projet soumis à signature et ratification), et l'exécution et l'application de l'acte dont le Gouvernement, en l'occurrence le Prince Souverain, sera responsable ? La question mérite incontestablement de plus amples explications.

substance, proche du pouvoir exécutif, cela même si trois autres Membres sont nommés : "*sur présentation*" du Conseil National, mais hors de son sein.

- Les membres du Conseil National sont élus au suffrage universel et exercent donc une représentation du corps électoral monégasque.

Revenons quelques instants à l'exemple de l'Etat français pour constater qu'une autre conception existe, même si elle est incontestablement minoritaire : la conception souverainiste. Elle ne sera évoquée que pour "*anti-mémoire*", mais on en trouve des traces chez certains grands auteurs constitutionnalistes français tel Pierre PACTET : "*C'est ainsi qu'il n'est pas facile de classer les normes constitutionnelles françaises par rapport aux normes inscrites dans les traités et accords conclus par la France. En principe, ces derniers devraient l'emporter en raison, d'une part, de la primauté du droit international affirmée par le préambule de 1946, d'autre part, parce qu'en cas de contrariété, constatée par le Conseil Constitutionnel, l'article 54 envisage comme solution possible la révision de la Constitution. Il faut aussi faire état de l'article 27 de la Convention de Vienne, selon lequel "une partie ne peut invoquer les dispositions de son droit interne comme justifiant la non-exécution d'un traité*[17]. *Mais il faut bien dire qu'il s'agit là d'une vue peu réaliste. La supériorité des normes internationales demeure purement théorique*[18]. *Dans la pratique, il n'existe aucun moyen de faire céder la norme constitutionnelle devant quelque autre norme que ce soit, même internationale. La Constitution se situe incontestablement pour tout observateur lucide, dans l'ordre juridique français, au sommet de la hiérarchie des normes*"[19].

---

[17] C'est nous qui soulignons volontairement ce passage. Sur les effets de la Convention de Vienne, qu'il est hors de question d'analyser ici, on se reportera, entre autres multiples auteurs institutionnalistes (sans parler du texte lui-même qui comporte 85 articles), à Jean TOUSCOZ, "*Droit international*" (PUF, 1993, pages 217-224), à Hubert THIERRY, Serge SUR (ouvrage cité, éditions Montchrestien, 1979, pages 46-108, en notant plus particulièrement les pages 91 et suivantes, consacrées aux effets des Traités à l'égard des tiers).

[18] Même remarque, nous soulignons cette phrase du Professeur PACTET.

[19] Pierre PACTET, "Institutions politiques, droit constitutionnel", 17ème édition (Armand Colin éditeur, pages 564-567).

Cette évocation, trop longue sans aucun doute, des relations droit interne/droit international, n'avait qu'un seul but, celui de montrer les difficultés d'interprétation et d'analyse d'un ordre juridique dans lequel les diverses normes et les diverses règles cherchent leur rang. Ces difficultés ont naturellement des modes de résolution, dont le plus radical est la révision constitutionnelle, mais dont on sait, en régime de droit écrit, qu'elle est toujours soumise à des règles strictes. Finissons cette évocation sur une question : ne pourrait-on imaginer que le Tribunal Suprême de la Principauté soit organiquement compétent pour émettre un avis sur la compatibilité des normes internationales au regard des normes internes ? Il est certain que quelques réflexions relatives à la séparation des pouvoirs et à la séparation des fonctions, offriront des moyens de compréhension.

I - LA SEPARATION DES POUVOIRS : ELEMENT DE L'ORDRE JURIDIQUE CONSTITUTIONNEL MONEGASQUE

Il ne convient en aucun cas, dans cet essai, d'exposé des motifs, de débattre des configurations, nature ou limites du concept. Toutefois, et brièvement, il convient de constater que la séparation des pouvoirs, quelle que soit sa conception ou ses fondements dans les Etats modernes, suppose au moins un critère, celui de l'autonomie, de l'indépendance des pouvoirs constitués, mais suppose aussi, autre critère (très sommairement rappelé), soit l'absence rigide de relations entre les deux pouvoirs exécutif et législatif, soit la coopération – ce terme est souvent employé – entre ces deux pouvoirs.

La Constitution monégasque est extrêmement intéressante à cet égard car elle met en place, sur la base de la monarchie héréditaire constitutionnelle, les éléments d'une séparation des pouvoirs sans pour autant la réaliser de façon complète.

La séparation des pouvoirs, à travers la Constitution monégasque, présente des originalités dont on souhaiterait, très modestement et prudemment, tirer quelques constats et conséquences.

A/ - Peut-on proposer quelques éléments d'interprétation et d'explications de cette séparation des pouvoirs et en tirer des conséquences au regard du règlement intérieur du Conseil National ?[20]

Nous sommes en présence d'un Etat dont le principe de gouvernement est la "*monarchie héréditaire et constitutionnelle*". Ce principe se décline en trois pouvoirs dont on connaît la nature (articles 3, 4 et 5 de la Constitution).

Ces pouvoirs peuvent, ou pourraient, nous semble-t-il, être analysés de la manière suivante :

1°) – Chaque pouvoir s'incarne dans un (ou des) Institution(s) qui expriment, l'une le pouvoir d'action (le Gouvernement dans son ensemble mais dont le Prince Souverain est le chef), l'autre le pouvoir de délibération, mais qui partage aussi avec le pouvoir exécutif la capacité de décision puisque l'un et l'autre participent à l'élaboration et à la naissance de la loi ; enfin, le pouvoir de juger qui s'incarne dans les institutions judiciaires.

2°) – Chaque pouvoir exprime l'autorité : agir et exécuter, délibérer, juger. Mais l'autorité n'est pas également partagée. Il y a suprématie du pouvoir exécutif qui "*relève de la Haute autorité du Prince*". Cette hiérarchie exprimée de diverses manières et, entre autres expressions, dans le domaine de l'initiative des lois dénature, ou du moins transforme, les fondements et les règles de la séparation des pouvoirs.

Cette suprématie empêche, mais c'est évidemment la norme constitutionnelle qui l'a voulu, l'équilibre entre les pouvoirs et le jeu des contre-pouvoirs ("*checks ans balances*") que l'on met en œuvre

---

[20] La séparation des pouvoirs constitue est, il est nécessaire de le rappeler, un des fondements des régimes politiques contemporains et tout particulièrement des régimes parlementaires. On pourrait donc se demander s'il est utile de s'interroger sur la consistance de cette règle dans un régime, celui de la Principauté, qui n'est pas parlementaire. Humblement, de notre point de vue, notre réponse est oui.

dans une séparation dite souple : en résulte un modèle de régime politique qui présente une originalité certaine mais dont on peut relever les antécédents.

3°) – Chaque pouvoir exerce des compétences, des droits liés à l'institutionnalisation et à la répartition constitutionnelle et à la répartition législative de ces compétences. Mais ces trois corps constitués qui traduisent, expriment l'Etat ou, en d'autres termes, la puissance publique ont, à notre humble avis, un double trait commun: ils possèdent organiquement la personnalité morale et la personnalité juridique.

En tant que personnes morales, ils personnifient l'Etat[21], tout en soulignant naturellement que .A.S. le prince Souverain, en tant que Monarque, incarne l'Etat sans que cette représentation soit réduite à sa seule personne[22]. Selon l'expression de Maurice HAURIOU : "*La personnalité morale des corps constitués est une institution sociale et morale dans laquelle le phénomène moral de la responsabilité des organes envers les membres du groupe s'est traduit en des organisations formelles*"[23].

Ces corps constitués ont, en second aspect, la personnalité juridique qui peut être définie, soit comme "*la compétence des compétences*", soit, beaucoup plus simplement, comme "*l'aptitude à vitre la vie juridique*", et "*cette vie étant constituée par les actes juridiques, est donc une personne juridique, l'être pour le compte*

---

[21] La question de la personne morale et de l'attribution de la personnalité morale est une des plus complexes et redoutables de l'analyse juridique. En aucun cas nous n'aurons l'audace ou l'imprudence de la traiter. Mais il faut au moins en marquer l'importance car elle a permis de grands progrès dans la constitutionnalisation et les fonctions de l'Etat. Elle a été un des thèmes dans lequel la doctrine prestigieuse des juristes français ou allemands de la fin du XIXème siècle, s'est illustrée au profit des sociétés humaines (KELSEN, CARRE de MALBERG, DUGUIT, Maurice HAURIOU, pour ne citer d'abord que des juristes de droit public, mais aussi F. GENY pour le droit privé).

[22] C'est ce qui fait, notamment, la différence entre une monarchie constitutionnelle reposant sur l'idée de la Constitution octroyée et une monarchie absolue dans laquelle le Monarque n'est responsable directement que devant Dieu (Etat français du XVIIème siècle) et dans laquelle les principes électifs et d la représentation n'existent pas ; c'est du moins une interprétation possible.

[23] Maurice HAURIOU, "Précis de droit constitutionnel" (Sirey, 1923, page 715-II).

duquel peuvent être faits des actes juridiques, soit par lui-même, soit par ses représentants. La personnalité juridique permet donc à l'être à qui elle est reconnue, d'être titulaire de droits, d'assumer des obligations, d'exercer des compétences, d'agir en justice, de disposer d'un patrimoine. Cette notion est capitale. Elle est en même temps fort complexe. A la charnière des réalités du monde et des techniques juridiques, elle met en cause simultanément les fondements sociologiques et les éléments essentiels du droit"[24].

Ces remarques juridiques (qui, peut-être, paraissent beaucoup trop théoriques), nous conduisent à une conclusion concrète que nous souhaiterions formuler. Il paraîtrait utile de décliner dans le texte du Règlement intérieur et à propos de la présentation et de la définition du Conseil National, cette double qualification liée à la personnalité morale et à la personnalité juridique. S'agirait-il d'une nouvelle reconnaissance ? D'une complémentarité circonstancielle du Conseil National ? Non, nous ne le pensons pas. L'intérêt d'une pareille incorporation réside, essentiellement, dans la qualification de "*sujet de droit*", qui permet au Conseil d'exercer des fonctions liées à sa nature organique, d'apparaître, à l'instar des autres corps constitués, comme détenteur et acteur de compétences, enfin à la limite, de posséder un patrimoine qui constituerait un de ses moyens d'action.

Deux autres aspects méritent d'être rappelés à propos de cette conception de la séparation des pouvoirs : peut-on faire état de réactions de certains acteurs face à cette dernière ? Trouve-t-on, dans l'histoire politique et constitutionnelle d'Etats autres que la Principauté de Monaco, des exemples similaires ?

B/ - Comment la séparation des pouvoirs est-elle vécue ?

Il est bien évident que nous ne possédons pas, en aucune manière, une connaissance approfondie et pertinente de l'état de l'opinion, des réactions, des Conseillers Nationaux actuels ou antérieurs. De même l'opinion publique pourrait aussi être prise en compte mais ni les analyses de la presse, ni les entretiens ou enquêtes, ne peuvent nous apporter de réels éclaircissements.

---

[24] François-Paul BENOIT, "Le droit Administratif français" (Dalloz, 1968, pages 17-19).

La source des débats au Conseil National et leur connaissance interprétative par la doctrine[25] nous permettent de dégager sommairement quelques remarques qui n'ont sans doute pas d'intérêt immédiat, et évident quant à l'organisation du Conseil National à travers son Règlement intérieur. Mais à travers le temps, l'analyse de la séparation des pouvoirs est incontestablement une réflexion sur l'Etat monégasque et l'une de ses composantes, l'Assemblée élue. Nous souhaiterions simplement énumérer, sans détail superflu, ces remarques :

1°) Le prince Souverain est-il, en sa qualité de chef de l'Etat, la source exclusive des trois pouvoirs ?

C'est la thèse dominante fondée sur le principe de la monarchie héréditaire et constitutionnelle. On peut en déduire que la séparation des pouvoirs, au sens classique, n'existe pas. Toutefois, les corps constitués, eux, existent sur l base d'une création organique et sur la base d'une dévolution de compétences qui dérivent de la Constitution et de la loi. Dès lors, ne peut-on, au moins, soulever la question d'une autonomie de ces trois corps ? La séparation des fonctions (article 6 de la Constitution), paraît soutenir cet argument, sans pour autant considérer qu'une autonomie fonctionnelle des organes de l'Etat porterait atteinte à la suprématie monarchique. En effet, le Prince Souverain gouverne et les Conseillers de Gouvernement (à l'instar des Ministres des chartes constitutionnelles de 1814 et 1830, comparaison à relativiser), sont responsables devant S.A.S. le Prince de Monaco. Ce dernier peut empêcher l'aboutissement d'une proposition de loi, mais ce faisant, il ne met pas en cause l'existence organique d'une Assemblée qui pourra, sous d'autres formes, reprendre la proposition. La collaboration entre le prince et l'Assemblée cesserait avec

---

[25] Deux thèses de doctorat sont, en ce domaine, des éléments extrêmement précieux : celle de Georges LISIMACHIO, "La Principauté de Monaco, un Etat souverain" (1983, 360 pages), et celle de Mlle Jorri DUURSMA, "Autodétermination, statuts et relations internationales des micro-Etats, le cas du Liechtenstein, de Saint-Marin, de Monaco, d'Andorre et de la Cité du Vatican", Université de Leyde avec un jury prestigieux, 1994, 537).

l'exercice du droit de dissolution. Mais il s'agit d'une situation de crise qui doit être liée à des arguments conflictuels importants.

On se permet donc de souligner l'existence de multiples nuances entre deux thèses : l'une qui est celle de l'unité totale du pouvoir et de sa dévolution, s'exprimant par la suprématie complète du Prince Souverain ; l'autre, qui ne met pas en cause le principe du pouvoir souverain, mais qui tend à l'assouplir en considérant, d'une part, une autonomie plus ou moins accentuée des corps constitués, d'autre part, la force de la règle constitutionnelle qui ne permet pas au Prince Souverain seul, de bouleverser cette répartition et cette dévolution de compétences ; c'est, peut-on dire, la thèse des pouvoirs fractionnés.

Certes, l'argument de "l'autonomisation" de ces institutions implique d'autres démonstrations. En outre, convient-il de rappeler deux points :

a) l'article 93 interdit toute suspension de la Constitution ce qui, même en le soulignant avec prudence, démontre que la Souveraineté du Prince, d'une part, trouve une limite dans l'exercice du pouvoir originaire, qu'il a lui-même contribué à fonder (*"la Constitution qui règle le cours de notre vie politique a été promulguée par S.A.S. le Prince RAINIER III le 17 décembre 1962"*)[26], d'autre part, ce dispositif s'affirme comme un élément manifeste de démocratisation de l'Etat[27].

---

[26] Charles REY, Président du Conseil National (Préface à l'ouvrage: Constitution du 17 décembre 1962 et texte organique, 1982) ; cf. également l'ouvrage de Georges GRINDA, réédité par le Conseil National en 1999, avec une préface du Président Jean-Louis CAMPORA.

[27] Les thèmes de la démocratisation par la constitutionnalisation, et de la constitutionnalisation démocratique, sont au cœur des analyses doctrinales des constitutionnalistes (le substantif "*constitutionnalisme*" est assez récent). L'Etat de droit est tout particulièrement l'expression de ce phénomène (cf. article 2 de la Constitution monégasque). Tous les grands auteurs constitutionnalistes, français et étrangers, traitent de ce thème. Parmi des centaines de références, citons simplement : J. FRIEDRICH : La démocratie constitutionnelle et les Institutions Politiques (Montchrestien, 1967, pages 30 à 84) ; Olivier DUHAMEL – Yves MENY : Dictionnaire Constitutionnel (PUF, 1992), (cf. : Etat de droit, constitutionnalisme, démocratie, pages 415-418 ; 212-215 ; 283-288) ; Jacques CHEVALIER : L'Etat de droit (Ed. Montchrestien, Clefs 2ème édition, 158 pages).

b) l'article 94 ensuite associe, à notre avis, en ce qui concerne la révision de la constitution, ce que nous pensons être la souveraineté du Chef de l'Etat, et la souveraineté du Conseil National ; certes, il faut un "*commun accord*", mais précisément ce commun accord implique l'harmonisation des deux volontés. L'une, quelle que soit sa nature, ne peut ignorer l'autre. Et pourquoi ne pas remarquer que l'article 95 de la Constitution indique : "*En cas d'initiative du Conseil National... (etc)*". Ce n'est pas une simple stipulation de procédure de révision constitutionnelle, mais l'octroi au Conseil, assemblée représentative des électeurs, d'une compétence spécifique, dans le domaine de l'hypothèse d'une révision de la Constitution, norme supérieure d'organisation de l'Etat.

Ces quelques réflexions nous conduisent donc à émettre une hypothèse d'analyse qui serait différente de la précédente et qui considèrerait qu'indépendamment de l'autorité suprême du Prince Souverain (l'article 12 en est l'illustration), l'idée, non pas d'une Séparation des Pouvoirs, mais d'une division des Pouvoirs existe. Cela conduirait à accepter l'hypothèse du fractionnement du pouvoir. Achevons, si on le permet, cet essai limité de diagnostic de la Souveraineté de l'Etat et du Prince par deux observations, l'une de texte, l'autre de doctrine.

a) L'article 88 nous paraît être l'illustration assez évidente de la synthèse de ces deux conceptions du Pouvoir Souverain : "*Le Pouvoir Judiciaire appartient au Prince*" ce qui est, incontestablement, le signe d'une appropriation, d'un "*imperium*", en matière de Pouvoir Judiciaire. Mais le Prince "*par la présente constitution*", norme suprême qu'il ne peut réviser sans l'accord du Conseil National "*en délègue le plein exercice au Cours et Tribunaux qui rendent la justice au nom du Prince*". Mais rendre la justice "*au nom du Prince*" n'est-ce pas exercer une fonction, sinon un pouvoir, au nom de l'Etat ? Et précisément pour rendre cette justice "*l'indépendance des juges est assurée*".

Nous ignorons malheureusement l'état de la pratique judiciaire monégasque en l'état de nos connaissances, mais si la délégation de l'exercice du pouvoir judiciaire n'a jamais été remise en cause par le Chef de l'Etat (pas de justice retenue), alors on peut considérer qu'une véritable coutume constitutionnelle s'est élaborée et affirmée sur la base de l'article 88 qui va vers l'autonomie complète des institutions judiciaires que confirme, explicitement et implicitement, la séparation des fonctions (article 6 de la Constitution).

b) L'autre observation concerne une interprétation doctrinale qui, elle aussi, nous renvoie au problème de l'unité ou de la fractionnalité des pouvoirs. Celle de Monsieur Louis AUREGLIA qui, dans son riche ouvrage[28], posait le problème de la Souveraineté et écrivait que "*les caractères historiques particuliers de la Principauté, tenant à l'existence d'une monarchie, ont entraîné la nécessité de concilier la tradition du pouvoir personnel du prince avec les pouvoirs démocratiques. La souveraineté doit reposer sur le Prince et sur le peuple, les deux éléments de base de l'existence étatique*". Ne peut-on considérer qu'il y a dans cette analyse la conception de l'Etat de droit, consécration de l'antithèse du totalitarisme, "*attaché au respect des libertés et droit fondamentaux*" (alinéa 2 de l'article 2 de la Constitution) ?

On constatera simplement, pour en terminer avec cette analyse de la dévolution du pouvoir par le Prince, que si l'on peut admettre l'idée spécifique à la culture juridique monégasque de "*division*" et

---

28 Louis AUREGLIA : Contribution à l'histoire constitutionnelle de Monaco (Chambéry, 1960, pages 177 et 225-228), très précisément citée par Nathalie AUREGLIA : "Mini Etats et Intégrations Européennes" (Mémoire de doctorat de Droit International Public et Privé, D.E.A., Institut du Droit de la Paix et du Développement, 1997-1998, 113 pages). L'occasion nous est ici offerte de souligner, fortement, l'importance que les historiens et juristes monégasques ont prise dans la réflexion sur les problèmes juridiques et politiques de la Principauté. Les thèses de Monsieur LISIMACHIO, de Mademoiselle Virginie MARGOSSIAN-COTTA, le mémoire de Mademoiselle Nathalie AUREGLIA, tous les travaux de Messieurs CROVETTO, AUREGLIA, GRINDA, et nous en oublions ! en constituent une preuve évidente et importante. La thèse de Monsieur CROVETTO (Etude sur le droit administratif de la Principauté de Monaco, 1945, 147 pages, fournit une bibliographie de 20 titres sur la Principauté). Mais incontestablement la thèse (rééditée?) de Monsieur CROVETTO marque une étape fondamentale de la réflexion doctrinale sur cette question de la Séparation des Pouvoirs. Il l'a traitée tout particulièrement dans le chapitre V (pages 52 et suivantes).

"*d'autonomie*" des pouvoirs, cette idée doit trouver sa place dans le texte du Règlement Intérieur.

Mais, et c'est une transition vers une deuxième remarque propre au "vécu" de la séparation des pouvoirs, cette dernière a fait, ou fait encore, l'objet d'observations, de réactions, d'interprétations le plus souvent orales (débats ou messages, déclarations au sein du Conseil National).

2°) Les réactions et l'analyse des acteurs au regard du principe de séparation des pouvoirs

Dans cette perspective de la réflexion sur le thème de la séparation des pouvoirs, les acteurs ont une place privilégiée. On ne prétend pas en traduire l'expression exhaustive (impossible de la maîtriser), mais de suggérer une orientation. Ce n'est pas au sens propre les besoins de séparation qui sont revendiqués. De l'année 1946, et même avant, à nos jours, l'idée constitutionnelle est admise, sauf lorsque la critique individualisée touche par un, ou des, acteurs d'opposition, la forme de Suprématie souveraine du Chef de l'Etat. Mais cela demeure incontestablement une exception.

Par contre, c'est bien davantage le problème de la coopération, de la collaboration, entre le Gouvernement - et plus exactement le Ministre d'Etat - et les membres du gouvernement d'une part, et les Conseillers Nationaux d'autre part, qui est un aliment des débats.

Trois thèmes ont été souvent évoqués, soit par le Président du Conseil National, soit par des Conseillers, soit par un Ministre d'Etat. Ils concernent :

a) L'insuffisance plus ou moins nette de l'information en provenance du Gouvernement au profit et en direction du Conseil National, Assemblée délibérante. Cette constatation a concerné, à travers diverses déclarations ou prises de position, aussi bien des affaires d'ordre interne que des affaires d'ordre international

b) L'insuffisance de la coopération proprement dite entre instances exécutives et instances délibératives ; cette critique est, en soi, extrêmement intéressante, car elle touche de façon directe et indirecte la collaboration entre les pouvoirs même si le parlementarisme n'est pas le mode de gestion des pouvoirs publics. Ceci est une évidence tout à fait correcte.

Cette "revendication" (ce terme peut être utilisé), est très ancienne puisqu'on retrouve des traces à propos de la charte octroyée de 1911. Des Présidents, anciens Présidents du Conseil National, un Ministre d'Etat, des Conseillers Nationaux ont très manifestement regretté, entre 1962 et nos jours, ces carences, ou ces absences, de relations de coopération.

Une intervention récente, d'un Conseiller National à l'adresse du Ministre d'Etat résume parfaitement cet état d'esprit dont il ne nous appartient pas naturellement de relever s'il est partagé et approuvé par l'unanimité des conseillers. Mais, c'est un fait, cette revendication existe : "*Encore faudrait-il que les rapports Gouvernement-Conseil National soient sereins, c'est-à-dire que les Conseillers Nationaux soient régulièrement informés des actions menées par le Gouvernement tant au niveau externe qu'interne à la Principauté, informés au bon moment et non a posteriori, sur des sujets essentiels : (...) comment organiser les échanges d'informations entre représentants du Gouvernement et du Conseil National sur tous les sujets de relations extérieures afin que Monaco parle d'une seule et même voix et que sa présence soit remarquée, alors qu'à ce jour nous avons, en la matière, à mendier les informations*".

c) Enfin un troisième thème qui apparaît dans les débats du Conseil National et qui, sur une longue période, tient dans le souhait et la volonté de rechercher et de mettre en œuvre des progrès concernant l'exercice des compétences du Conseil National et, au-delà de cet exercice, de sa souveraineté. A ce titre, on peut peut-être considérer quel es élections du Conseil National revêtent et revêtiront une importance certaine.

Avec le recul, et le respect, qui s'impose à l'observation en cette matière, ne peut-on dire qu'il y a, dans la vie du Conseil National, une prise de conscience progressive des nécessités d'évolution dans l'exercice de sa souveraineté ? Les compétences législatives à propos desquelles de nombreuses avancées ont été souhaitées en sont un exemple remarquable. Mais les règles constitutionnelles, les principes fondamentaux de gestion que l'histoire de la Principauté a fait naître et a engendrée, ne s'accordent pas à l'évidence avec les souhaits. L'harmonisation pourra-t-elle être trouvée ? Très sincèrement on peut ici, et ce sera le dernier et très bref constat à faire, avoir recours à l'évocation de l'histoire pour comprendre ce phénomène de la séparation des pouvoirs. Mais nos remarques seront évidemment très allusives et dictées par la préoccupation de comprendre l'évolution de l'Etat monégasque[29].

C- Histoire et séparation des pouvoirs

Quelques dates, quelques références, montrent que, comme dans toute histoire et développement d'un Etat, le temps juridique et politique n'a jamais figé les institutions. Il y a des évolutions, des essais, des réussites et des difficultés ; tout cela est très sommairement résumé en trois points, sous des remarques pour la France et Monaco.

1°) Le "Pacte fondamental", ou Constitution, qui ne fût pas mis en œuvre de façon totale et claire en 1848, est un texte qui est une ébauche partielle du régime parlementaire, dont le principe de la représentation électorale sera en forme de nullité, malgré le suffrage universel masculin.

Pour mémoire, rappelons simplement que le suffrage universel (réduit aux électeurs masculins) après l'introduction de 1793, est rétabli sous la IIème République. Il faudra attendre l'année 1945 pour constater, en France, qu'électeurs et électrices gagnent ce droit politique et démocratique. Or, dans la Principauté, si les élections municipales permettent d'incorporer les ELECTEURS (1911), il faudra attendre la nouvelle constitution de 1962 (élaborée par des professeurs universitaires français éminents), pour aboutir à un suffrage universel offert aux électeurs et aux électrices. Le suffrage universel est une forme "symbolique" de la démocratie.

---

29 L'histoire politique et constitutionnelle de la principauté a été traitée par de multiples auteurs monégasques très compétents auxquels nous nous permettons à nouveau de faire référence : cf. les citations de la note 28. L'occasion nous est ici offerte de citer le très intéressant article du Professeur Louis BALMOND, membre du Conseil d'Etat de la Principauté de Monaco : "La coopération transfrontalière entre la France et la Principauté de Monaco" (Revue de droit monégasque, 2002, pages 7 à 26) (annexe).

2°) Après la cession du Comté de Nice et des départements de Savoie, le traité du 2 février 1861 organise une nouvelle territorialité de la Principauté.

On le sait, et il est tout à fait inutile d'insister, ce traité qui fait suite à celui de Turin, du 24 mars 1860, décide d'une nouvelle géographie territoriale. Que peut-on en retenir au regard de la répartition de pouvoirs ? L'unité des pouvoirs est consacrée, l'indépendance proclamée, l'autorité s'exprime dans la souveraineté personnelle du Prince qui lui permet de conclure avec les puissances étrangères tout traités, à condition que ceux-ci ne renferment aucune contradiction par des clauses contraires aux conventions signées avec la France. Mais, comme dans tout Etat, l'ordre constitutionnel est lié au temps historique qui le bâtit. Selon l'expression de Monsieur Georges Lisimachio, la Principauté de Monaco a connu "*une lente maturation du régime constitutionnel*" et nous ajouterions volontiers du constitutionnalisme. Cette évolution qui s'exprime nettement en 1911 connaît aujourd'hui une étape importante avec la requête en intégration au Conseil de l'Europe ; qu'en déduire ?[30]

3°) 1911-2002 : démocratisation et ouverture de l'Etat ?

S'il ne nous appartient pas de retracer l'évolution constitutionnelle de la Principauté de 1911 à nos jours, un aspect mérite d'être d'abord rappelé. La constitution de 1911, qui précédera de quelques années le traité franco-monégasque de 1918 et la constitution de 1962, ont puisé leurs sources et des arguments dans la charte constitutionnelle du 4 juin 1814, octroyée aux Français.

---

[30] Cf. Georges SCELLE : "La Principauté de Monaco, son statut international" (Paris, 1948).

Nous retiendrons quelques articles dont le libellé est repris dans la Constitution du 17 décembre 1962 :

CHARTE DU 4 JUIN 1814	CONSTITUTION DE LA PRINCIPAUTE DU 17 DECEMBRE 1962
Article 1er Les français sont égaux devant la loi, quels que soient d'ailleurs leurs titres et leurs rangs	Article 17 : Les Monégasques sont égaux devant la loi. Il n'y a pas, entre eux, de privilège
Article 13 (alinéa 1) : La personne du Roi est inviolable et sacré:	Article 3 (2ème alinéa) : La personne du Prince est inviolable.
Article 13 (alinéa 3) : Au Roi seul appartient la puissance exécutive	Article 3 (1er alinéa) : Le pouvoir exécutif relève de la Haute Autorité du Prince
Article 15 : La puissance législative s'exerce collectivement par le Roi, la chambre des Pairs et la chambre des députés des départements.	Article 4 : Le Pouvoir législatif est exercé par le Prince et le Conseil National.
Article 16 : Le Roi propose la loi.	Article 66 (2ème alinéa) : L'initiative des lois appartient au Prince.
Article 57 : Toute justice émane du Roi. Elle s'administre en son nom par des juges qu'il nomme et qu'il institue.	Article 88 : Le Pouvoir judiciaire appartient au Prince qui, par la présente constitution, en délègue le plein exercice aux cours et aux tribunaux. Les tribunaux rendent la justice au nom du Prince.

Relativement à nos essais d'analyses (Ordre juridique constitutionnel et Séparation des Pouvoirs), il est notable de remarquer que le terme de puissance est utilisé dans la Charte, sauf pour la Justice. Le terme de Pouvoir est inscrit dans la Constitution de 1962. Mais, dans un cas comme dans l'autre, la séparation des Pouvoirs s'inscrit comme un principe de gestion constitutionnelle, et non pas comme une règle de responsabilité, qui impliquerait sans aucun doute une collaboration et une coopération plus fortes et plus équilibrées. L'exercice du droit de dissolution en offre une illustration. La Charte de 1814 (article 50) dispose que le Roi peut proroger et dissoudre la chambre des députés des départements, mais doit, dans ce cas, en convoquer une nouvelle dans le délai de trois mois. L'article 74 de la Constitution de 1962 et l'article 24 de la loi du 23 Février 1968, retiennent des dispositions similaires, mais en y incorporant "l'obligation" faite au Prince de recueillir l'avis du Conseil de la Couronne. Mais, dans la mesure où le Prince exerce "son autorité souveraine en conformité avec les dispositions de la Constitution et des lois", est-il vraisemblable qu'un avis défavorable du Conseil de la Couronne n'empêcherait pas le Prince de prendre une décision, à répercussion politique, de dissolution ? Il suffit, de manière simpliste de notre part, de rappeler que cette possibilité de dissolution pourrait se produire à la suite de désaccords sérieux entre organe législatif et organe exécutif. Mais, en aucun cas ce dernier n'est sanctionné politiquement ou juridiquement. La voie d'une évolution très modérée vers le parlementarisme reste-t-elle cependant ouverte ?

Telles sont les quelques réflexions, souvent sommaires, que nous inspire le principe de la séparation des Pouvoirs dans l'Ordre constitutionnel Monégasque. De nouvelles avancées dans la mise en œuvre de ce pouvoir sont certainement possibles, particulièrement au regard des considérations émises par le Conseil de l'Europe. Comment achever ce modeste panorama, sinon en reproduisant une partie du message de S.A.S. le Prince RAINIER III adressé au Conseil National le 22 Juin 1999, à l'occasion du cinquantième anniversaire de son accession au Trône : "*Par delà vos prérogatives constitutionnelles, inspirées du principe de la séparation des pouvoirs, qui caractérisent les régimes démocratiques, vous exprimez vos vues à propos de l'avenir de la Principauté aussi bien sur le plan extérieur que sur le plan interne (...) ; c'est pourquoi Je souhaite que le Conseil National soit périodiquement informé par le Gouvernement de toutes les orientations politiques qui pourraient ne pas entrer dans les attributions strictement définies*[31]*, c'est ainsi que votre Assemblée peut apprécier l'opportunité des évolutions auxquelles nous sommes confrontés, notamment à l'extérieur de nos frontières et qu'elle pourra juger de la difficulté de Mon Gouvernement de concilier les impératifs avec les équilibres internes que, comme vous-même, Je tiens à préserver*".

Le principe de la dissociation des pouvoirs paraît ici bien reconnu. Il s'inscrit dans "les équilibres internes". Peut-on maintenant s'interroger sur la nature de la séparation des fonctions, sur la place qu'elle occupe dans l'organisation constitutionnelle, sur les interprétations qu'on peut lui accorder, sur ses conséquences ? Tout cela toujours au regard de nos préoccupations : autonomie du Conseil National et Règlement Intérieur de l'Assemblée.

II - LA SEPARATION DES FONCTIONS, ELEMENT DE L'ORDRE JURIDIQUE CONSTITUTIONNEL MONEGASQUE[32]

Remarque préalable tout à fait banale ! L'article 6 est inscrit dans la Constitution après les articles 3, 4 et 5 qui ont identifié, énuméré et précisé ce que l'on pourrait appeler les fonctions de chaque pouvoir :

- Le pouvoir exécutif relève de la haute autorité du Prince.
- Le pouvoir législatif est exercé par le Prince et le Conseil National.
- Le pouvoir judiciaire est exercé par les cours et les tribunaux.

---

[31] Nous soulignons, à dessein, ces deux phrases importantes du message de Son Altesse Sérénissime le Prince RAINIER (22 Juin 1999).

[32] Dans l'édition de 1999, "les Institutions de la Principauté de Monaco", préfacée par le Président M. J.L. CAMPORA, M. G. GRINDA, consacre une analyse de la séparation des fonctions (page 16). Il constate que le système politique monégasque présente un équilibre fondé sur le principe de la séparation des grandes fonctions de l'Etat. Et il écrit : "le Système est plus pondéré encore que la séparation classique des pouvoirs en ce sens qu'ils instaurent un équilibre à l'intérieur de chacun de ces pouvoirs". Ce terme d'équilibre suggère beaucoup de réflexion.

L'héritage idéologique et juridique propre à la séparation des pouvoirs, qui s'est transmis du XVIIIème siècle à nos jours, se retrouve dans la Constitution de la Principauté. Mais revenons sur une affirmation déjà énoncée. On peut estimer qu'il y a individualisation et dissociation de pouvoirs et non séparation. La séparation des pouvoirs suppose au moins deux éléments : même si, effectivement, autonomie et indépendance peuvent connaître des limites, et ensuite un pouvoir de transaction et de collaboration entre chacun d'eux, même si le pouvoir judiciaire n'est pas investi d'une fonction de collaboration ou de transaction directes avec les deux autres pouvoirs. Mais il coopère incontestablement avec eux puisque, par ces décisions, il met en application et interprète la loi et les règlements. Dès lors, on tient à soulever l'hypothèse selon laquelle la séparation des fonctions, exécutive, juridictionnelle, délibérante, constitutionnalisées par l'article 6, vient en partie corriger cette restriction, ou ces restrictions, à la séparation des pouvoirs.

La séparation des fonctions est organique, matérielle, elle présuppose une autonomie au moins institutionnelle ? Il faut multiplier les analyses pour en dégager des conséquences au regard du Règlement Intérieur. L'article 6 de la Constitution énonce un principe qui apparaît sous la forme d'une affirmation à la fois précise et nuancée : "*La séparation des fonctions* (...) *est assurée*". Le texte, en effet, n'apporte pas de précisions sur les voies et moyens à partir desquels cette séparation sera mise en œuvre. Au regard du Conseil National, c'est sans doute cet aspect qui mérite attention. Mais avant d'aborder cette question, peut-être est-il utile de nous interroger sur les termes "*fonction administrative*".

Les termes de "*fonction administrative*" requièrent au moins une brève attention car ils sont susceptibles de recueillir, et de recevoir, des significations variées. En régime parlementaire, et sans faire référence à un Etat particulier en Europe, il apparaît que trois interprétations au moins peuvent être proposées.

1/ La <u>première</u> (sans respecter aucune hiérarchie ou ordre chronologique), s'attache à l'idée de l'action ministérielle, action des ministres en leur qualité de chefs et responsables d'un département ministériel. L'action de chaque ministre est individualisée. Cette individualisation conduit à une responsabilité (du ministre et de ses agents) qui pourra être mise en jeu devant les organes juridictionnels compétents. "*La fonction administrative commence au niveau de l'exercice par chaque ministre, des compétences et attributions qui lui sont personnellement conférées par les lois et les règlements. Administrer, c'est donc exercer des compétences et des attributions subordonnées*"[33].

Cette conception amène à distinguer, du moins est-ce l'analyse d'une partie de la doctrine, entre "fonction gouvernementale", qui est l'expression d'une action politique générale, conduite de façon globale par le Pouvoir Exécutif et "fonction administrative", qui regrouperait toutes les missions d'administration générale, organisées et réalisées selon un découpage ministériel qui peut naturellement varier. Entre autres intérêts cette distinction met l'accent sur deux séries de tâches liées à l'ACTION PUBLIQUE que conduit un ministre en régime parlementaire.

2/ La deuxième interprétation[34] est synthétique et ne fait pas de distinction entre "fonction gouvernementale" et "fonction administrative". Cette dernière est "considérée traditionnellement comme l'une des trois fonctions de l'Etat, les deux autres étant la fonction législative et la fonction juridictionnelle. On s'accorde à entendre cette notion des fonctions de l'Etat au sens des fonctions juridiques, et non au sens commun des tâches ou attributions. Les

---

33 Francis-Paul BENOIT : le Droit administratif français (Paris, librairie Dalloz, 1968, livre II, pages 27-52, et plus particulièrement pages 49-51).

34 Il faudrait sans doute nuancer beaucoup les analyses ; constitutionnalistes et administrativistes n'ont pas toujours la même conception du POUVOIR et des trois fonctions. Mais ces nuances n'ont pas un intérêt supérieur ici. Nous nous appuyons en l'occurrence sur l'interprétation d'un très grand administrativiste français, André DE LAUBADERE : Traité de Droit Administratif (sixième édition, L.G.D.J. 1973, pages 217 et suivantes). Un autre grand fondateur du droit public français, André HAURIOU, en 1927, donnait cette interprétation qui, en étant peut-être désuète, garde intérêt : "La fonction administrative consiste à faire les affaires courantes du public, la fonction gouvernementale consiste à solutionner les affaires exceptionnelles qui intéressent l'unité politique et à veiller aux grands intérêts nationaux" (Précis de droit administratif et de droit public, Ed. Sirey, 1927, page 15).

fonctions de l'Etat sont ainsi définies d'après la nature juridique des actes accomplis pour les réaliser, c'est-à-dire respectivement les actes législatifs, administratifs, juridictionnels. La définition de l'acte administratif commande donc celle de la fonction administrative"[35].

Ces quelques développements relatifs à la notion de "*fonction* administrative", dont nous avons essayé de souligner les divers fondements et expressions, puissent parfaitement expliquer l'article 6 de la Constitution Monégasque, mais cela montre au moins que, d'une manière générale "la fonction administrative" présente des caractères de polymorphisme. Si nous nous tournons vers cette Constitution (tout particulièrement son Titre I – La Principauté – Les pouvoirs publics) nous constaterons que l'énonciation de la "*fonction administrative*" est précédée par l'affirmation d'un principe fondamental de gouvernance et de "*Gouvernement*", (la Monarchie héréditaire et constitutionnelle), dont est déduite une autre règle fondamentale : le Pouvoir Exécutif relève de la Haute Autorité du Prince qui exerce aussi le pouvoir législatif, mais cela est, ou sera, en transformation pour accorder au Conseil National des compétences nouvelles au regard de ses pouvoirs. Nous nous permettons d'émettre, ou de retenir, deux hypothèses : la première nous renvoie à l'idée d'une protection, et aussi d'un certain progrès, par rapport à la précédente Constitution. La seconde hypothèse essaie d'aller encore plus loin et d'interpréter la séparation des fonctions comme une pièce maîtresse de la démocratisation et de l'autonomisation des pouvoirs.

A- La séparation des fonctions confirme la volonté constitutionnelle d'empêcher la confusion des pouvoirs

La confusion des pouvoirs exécutif et législatif tout particulièrement, a été une des causes premières des difficultés d'application et même de l'échec de la Constitution de 1911. Il faudrait reprendre la minutieuse étude de M. Louis-Constant CROVETTO

[35] A. De LAUBADERE : Traité de droit administratif (ouvrage cité, pages 217, 218).

dans sa thèse de doctorat[36], sur la séparation des Pouvoirs et la distinction de la loi et de l'Ordonnance.

Citant la thèse de M. GAYOT[37], M. CROVETTO analyse les éléments et les conditions de cette confusion des Pouvoirs : Exécutif, (Administratif), Législatif, Judiciaire : "*C'est la confusion des pouvoirs qui fut la cause de principales difficultés que rencontrera le pays. D'abord la Constitution n'avait pas assez nettement délimité le pouvoir exécutif et le pouvoir législatif. On n'arriva pas à trancher la question du domaine respectif de la loi et de l'ordonnance. De même, la confusion des pouvoirs administratif et judiciaire donna lieu à de graves incidents dont les Monégasques s'émeuvent légitimement*"[38].

En reprenant ce thème, M. CROVETTO précise : "*La Constitution de 1911 ne s'était préoccupée que d'assurer la séparation du pouvoir législatif et du pouvoir exécutif. Nous avons constaté qu'en fait cette séparation n'avait pas été respectée et que la participation de l'Assemblée populaire à la confection de la loi était restée inopérante. L'Assemblée ne tarda pas à s'apercevoir que dans la pensée du Ministre d'Etat, qui se considérait, malgré la Charte, comme le représentant d'un Souverain absolu, elle n'était qu'un organe consultatif, non une véritable assemblée délibérante ayant un pouvoir propre de décision. Aussi, des mesures générales ressortissant du domaine de la loi, ou purement législatives, étaient prises par voie d'ordonnance, sous le concours du Conseil National. Il n'y avait donc pas, malgré les apparences constitutionnelles, de séparation réelle entre le pouvoir législatif et l'autorité exécutive. Le rôle conféré par la Charte au Conseil National était donc illusoire*"[39].

L'énonciation, l'individualisation des trois Pouvoirs met un terme à ces difficultés et aux risques de confusion. L'énoncé succinct des conditions d'exercice des compétences va aussi dans ce sens. Mais la séparation des Pouvoirs, qui repose à la fois sur des critères formels

---

[36] L.C. CROVETTO : ouvrage cité (Etude sur le droit administratif de la Principauté de Monaco, pages 52-79).

[37] André GAYOT : La Constitution monégasque de 1911 et sa Révision de 1917 (Paris-Jouve 1919).

[38] L.C. CROVETTO (ouvrage cité, page 52).

[39] M. Louis-Constant CROVETTO : ouvrage cité (chapitre V, pages 53 et suivantes).

(institutions, organes qui prennent les décisions) et matériels (contenu, substance de l'acte) est cependant précisément transformée et adoptée sur la base de fondements historiques, dans la constitution de 1962, par l'attribution au Pouvoir Exécutif d'une capacité de décision dans le domaine de la création de la norme législative : initiative et sanction. La coopération entre les deux pouvoirs existe, mais sur une base inégalitaire. Il y a, en ce sens, notons-le simplement au passage, une continuité déterminante à partir de la Charte de 1814 et de la Charte de 1962 : son article 4 est la reproduction intégrale, à un mot près, de l'article 21 de la Constitution de 1911[40].

Dans cette perspective, la séparation des fonctions apparaît comme une modernisation et une garantie dans la réalisation des actes gouvernementaux, législatifs, judiciaires par des organes spécifiques.

Dès lors, peut-on aller plus loin et découvrir d'autres effets ?

B- La séparation des fonctions confirme la volonté constitutionnelle d'octroyer aux institutions et organes de gestion de l'Etat une spécificité et une autonomie

C'est une évidence en ce qui concerne le Pouvoir Exécutif, dont "la Haute Autorité est le Prince" et cette suprématie est notamment renforcée par l'article 50 (responsabilité du Ministre d'Etat et des Conseillers de Gouvernement). Mais l'existence de fonctions législatives conduit-elle aussi à soutenir la thèse de l'autonomie ? Nous nous permettons de penser que oui et ceci pour plusieurs raisons :

---

[40] L'article 4 (1962) énonce : "le" Conseil National ; l'article 21 (1911) énonçait "un" Conseil National. Notons simplement que dans le domaine de la confection de la loi des progrès certains ont été réalisés, malgré tout, par rapport à 1911. En vertu de l'article 31, le Conseil avait la faculté de demander au Prince de proposer une loi sur un sujet déterminé mais en indiquant, sous forme d'avant-projet, les dispositions qui pourraient y trouver place".

1°) La source du pourvoir et de l'institution présente des spécificités

Bien que le fondement de l'Etat réside dans la Monarchie, la dévolution du pouvoir au législateur est fondée sur le suffrage universel. Le législateur est un pouvoir à la fois dérivé par les actes constitutionnels qui ont élaboré ses compétences en 1911 et en 1962. Mai le législateur est aussi un pouvoir originaire puisque seul le corps électoral, dans le cadre d'une consultation définie par les textes constitutionnels et législatifs, peut donner naissance, sans intermédiaire, à ce pouvoir. Sauf à provoquer sa dissolution, le Prince Souverain ne peut limiter la durée du mandat du Conseil National : disposition à portée démocratique qui souligne la continuité constitutionnelle et politique de "l'Assemblée", ce terme étant proposé sans qu'on le complète par l'adjectif "parlementaire".

2°) Le pouvoir législatif, ainsi originairement défini, devient un "corps constitué"...

... qui peut naturellement prétendre à une indépendance organique que de très nombreux articles de la Constitution, de la loi du 25 Juillet 1964 sur l'Organisation et le fonctionnement du Conseil National, enfin du Règlement Intérieur, ont consacrée[41]. Certes, on ne peut pas déduire de ces divers éléments l'autonomie fonctionnelle complète du Conseil puisque le Pouvoir Exécutif dispose de compétences législatives. Mais séparer des fonctions n'est-ce pas déjà reconnaître la possibilité d'une évolution ? Le temps historique ne paraît pas plaider en faveur de cette orientation. Mais on peut évoquer deux arguments : l'un monégasque, l'autre français.

---

[41] Nous nous en tenons certes, dans ce chapitre, à l'Ordre constitutionnel. Il y a naturellement <u>hiérarchie</u> des normes (et ce qui est énoncé dans la Constitution ne peut être contredit par la loi) mais aussi, nous semble-t-il, <u>harmonisation</u> des normes. A cet égard, on pourra résoudre, ce qui serait hors de notre compétence, <u>le problème de l'harmonisation entre l'article 6 de la Constitution monégasque et l'article 9 de la loi du 25 juillet 1964 portant statut des fonctionnaires du Conseil National</u>.

La Constitution de 1911 n'avait pas assuré la séparation des Autorités administratives (entendons gouvernementales) et judiciaires. Il y avait confusion des pouvoirs. La séparation fut réalisée par l'Ordonnance révisionnelle de la Constitution de 1917, dans son article 1er : "*Sont assurés : la séparation de l'autorité administrative et de l'autorité judiciaire, le fonctionnement d'un Conseil de Gouvernement délibératif et la participation du Conseil National à la confection de la loi*".

Cette reconnaissance de la séparation entre l'Administrateur et le Juge est, pour la Principauté, de la plus haute importance et se concrétise, à cette époque, par la création de Services judiciaires et d'une Direction de ces Services organiquement indépendants. La Constitution de 1962 confirme donc ces principes, par la dissociation des trois pouvoirs et la séparation des trois fonctions. Mais, bien évidemment, et nous faisons là une constatation d'une grande banalité : le constituant ne conduit pas jusqu'à son terme séparation des pouvoirs et séparation des fonctions. Il n'y a certes pas contradiction puisque cette conception résulte de la volonté du Prince et aussi des précédents historiques ; il y a spécificité d'un régime.

Mais, rien n'est figé, et la reconnaissance plus manifeste de la séparation des pouvoirs et de l'indépendance fonctionnelle du Conseil est une éventualité. Organiquement cette évolution serait aussi justifiée par les voies et moyens du Conseil : tous les agents fonctionnaires, du grade le plus élevé au grade le moins élevé, remplissent des tâches, des fonctions qui relèvent de l'Administration spécifique d'un Organe délibératif. Ils contribuent, par leur action, leur présence et leurs interventions au fonctionnement de l'organe législatif ; leur autonomie n'est pas statutaire mais elle est substantielle[42], c'est-à-dire que cela renvoie à des actes administratifs spécifiques. L'autre illustration, tirée de la pratique française, est secondaire mais peut être rappelée. Une décision du Conseil Constitutionnel du 22 Juillet 1980 a élevé, au rang de Principe général du Droit, ayant valeur constitutionnelle, la séparation des fonctions administrative et judiciaire.

---

42 La question du statut et des fonctions des administrateurs du Conseil National sera en effet posée à plusieurs reprises par le Président de l'Assemblée (Conseil National).

3°) Les présupposés de l'autonomie organique, mais aussi fonctionnelle, existent pour le Conseil National dans plusieurs articles de la Constitution, très succinctement évoqués

Article 56 (irresponsabilité et immunité) ; 57 (le droit de réunion du Conseil National est fondé par l'élection au suffrage universel, élargi aux électrices en 1962) ; 58 (l'ordre du jour des réunions est déterminé par le Conseil) ; 63 (les séances du Conseil National sont publiques et comparables, par exemple, en ce sens, à celles des communes, de l'Assemblée Nationale, du Sénat Français. Toutefois, en vertu de cet article de la Constitution, le Conseil peut décider, à la majorité des deux tiers des membres présents, de siéger à huis clos) ; 70 (modifié par la loi n° 1.249 du 2 avril 2002 : le Conseil National vote le budget)[43] et [44].

---

[43] Sur ce point, le lecteur pourra lire et consulter, avec beaucoup d'intérêt, les analyses de S.E. le Ministre Georges GRINDA : "La Principauté de Monaco, l'Etat, son statut international, ses institutions" (Ed. Pedone 2005, Préface de M. le Professeur Prosper WEIL, membre de l'Institut de France, pages 89-90, pages 101-109, 111-114).

[44] Monsieur le Docteur LISIMACHIO, dans sa thèse précitée (pages 248 et suivantes), rappelle une déclaration de maître REY, Président du Conseil National, le 1er Mars 1968, qui nous affirme que "le pouvoir de l'Assemblée en matière budgétaire est plus large qu'en matière législative : en effet, l'article 39 précise que le Budget est une loi par la forme. Il ne se prononce pas sur sa nature qui apparaît distincte de la loi. Lorsque l'article 70 précise que le Conseil National vote le budget, il ne peut à nouveau viser la procédure formelle d'élaboration qui a déjà été réglée sur l'article 39 : il ne peut qu'affirmer au fond le pouvoir propre au Conseil National de fixer toutes les recettes et toutes les dépenses de la Principauté (article 37). Il faut en conclure que toute décision portant sur la fixation de ces recettes et de ces dépenses doit relever de sa compétence et que son exécution par le Gouvernement doit être évidemment conforme à cette décision faute de quoi le vote prévu par l'article 70 n'aurait aucun sens" (fin de citation).

SECTION 2. L'ORDRE JURIDIQUE EST DETERMINE PARLA NORME LEGISLATIVE

La loi est, en effet, créatrice de l'ETAT DE DROIT. Elle en est l'architecte et elle contribue à le développer.

En Principauté Monégasque, les Ordonnances Souveraines constituent (article 45 de la Constitution) un ensemble de normes et de règles juridiques, d'actes gouvernementaux qui concourent aussi à l'établissement et à la continuité de l'Etat de droit. Pouvoir Législatif et Pouvoir Exécutif sont, en complémentarité, ou parfois en opposition, créateurs et gardiens de cet Ordre juridique ; tout le Titre III de la Constitution consacré aux libertés et droits fondamentaux est, par exemple, un des socles essentiels à partir duquel Pouvoir Législatif et Pouvoir Exécutif vont défendre l'Etat de Droit.

Mais cette contribution des deux autorités, ce point est naturellement connu et accepté, ne se réalise pas dans l'égalité d'organisation et de fonctionnement. Deux questions, à notre avis, peuvent être posées : les limites de la Loi ont-elles des conséquences, des effets sur le Règlement Intérieur du Conseil National et de son organisation : premier point ?

Mais peut-on, par ailleurs, envisager, sans bouleverser les principes fondamentaux du Régime monarchique, des évolutions et des transformations qui auraient pour effet de modifier le Règlement Intérieur du Conseil et son organisation : second point ?

I - LIMITES DE LA LOI ET DU LEGISLATEUR : CONSEQUENCES SUR L'ORGANISATION DU CONSEIL NATIONAL A TRAVERS SON REGLEMENT INTERIEUR

A- Distinction de la Loi et de l'Ordonnance ?

La Constitution et la pratique juridique, ainsi que les fondements mêmes du Régime, ont fixé les usages de cette répartition entre la Loi et l'Ordonnance. Le paradoxe tient cependant au fait que, par exemple, contrairement à la Constitution française, la Constitution, le Gouvernement, les textes de régulation du Régime Monégasque, ne fixent pas (sauf dans le cas de l'article 68 de la Constitution), des moyens et des modes impératifs pour déterminer d'éventuels conflits entre les deux NORMES fondamentales. Mais c'est bien évidemment un produit de la conception de la Monarchie Constitutionnelle.

Pourtant, rien n'est totalement figé et une évolution de cette problématique ne serait-elle pas possible ? Il faut en effet simplement rappeler que la question de la distinction entre la loi et l'Ordonnance a été posée dès l'avènement de l'Etat de droit et, notamment, au lendemain de l'adoption de la Constitution de 1911. L'ouvrage de M. Louis-Constant CROVETTO (1946) analyse remarquablement, à notre avis, ce problème. Peut-être convient-il, si on le permet de rappeler à cet égard, quelques passages ou citations très significatives. Ainsi[45] : "*La Constitution de 1911 propose, pour distinguer la loi de l'ordonnance, un critérium de forme. Ce dont on tient compte, c'est la nature de l'organe duquel émane régulièrement des organes constitutionnellement appelés à jouer le rôle d'organe législatif. C'est ce CRITERIUM DE FORME qui servit à distinguer ce qu'était une loi. Dans la pratique il s'est révélé insuffisant*"[46].

Louis-Constant CROVETTO poursuit son analyse très fouillée en citant une intervention de Monsieur Louis AUREGLIA[47] : "*Des explications fournies par le Ministre d'Etat, il résultait que, dans son*

---

[45] L.C. CROVETTO (ouvrage cité : Etude sur le droit administratif de la Principauté de Monaco).

[46] Nous soulignons ces termes. La question de la définition de la loi mériterait naturellement, à elle seule, des pages entières de développement. La distinction entre critères formels et critères matériels, est de la plus grande importance. Maurice HAURIOU, auquel nous empruntons beaucoup, définissait ainsi la loi "une règle générale écrite exprimant une volonté de la nation, rendue obligatoire par une opération législative". Il distinguait les éléments formels de la loi (règle écrite promulguée comme un ordre de l'autorité ; opération à procédure mettant en mouvement plusieurs pouvoirs publics principalement le pouvoir législatif), et les éléments matériels qui sont : l'expression de la volonté de la nation, le caractère de règle générale ("la loi est une règle générale exprimant une volonté de la nation") (A. HAURIOU : Droit Administratif et Droit Public, Sirey 1927, pages 458-459).

[47] L.C. CROVETTO (ouvrage cité, page 56) et Louis AUREGLIA : La politique monégasque de 1911 à 1926 (Girard, 1927).

interprétation, la frontière entre la loi et l'ordonnance était singulièrement mobile. Le Gouvernement n'avait d'ailleurs aucune conception juridique stable de la délimitation entre les deux domaines. Une première thèse était la suivante : la loi concerne les droits publics du titre II de la Constitution ; l'Ordonnance régit toutes les autres matières. Puis, à cette conception arbitraire en fut substituée une nouvelle émise à la suite d'une interpellation de M. Raymond SUFFREN : c'est en fonction de l'avis du Conseil d'Etat que le Souverain décide de procéder par ordonnance ou par voie législative[48]. *Troisième conception, plus arbitraire encore six jours après, à la suite d'une nouvelle interpellation : ce sont des actes de Souveraineté et il appartient au Prince seul de dire si dans tel ou tel cas il convient de décider par ordonnance ou par une loi*". Monsieur Louis-Constant CROVETTO poursuit sa recherche : "*En 1917, lors de la révision constitutionnelle, on a résolu le problème des domaines respectifs de la loi et de l'ordonnance. On n'a fait que reproduire le critérium (si critérium il y a) que Monsieur AUREGLIA qualifiait "d'aussi peu justifié", c'est-à-dire d'arbitraire*". L'article 8 de l'ordonnance constitutionnelle de 1917, joint à l'article 21 de la Constitution de 1911, fixe les dispositions suivantes : "*Le Prince rend les ordonnances nécessaires pour l'exécution des lois et pour l'application des traités ou accords internationaux. En cas de divergence d'interprétation sur le point de savoir si, aux termes des dispositions constitutionnelles il y a lieu de recourir à une loi ou à une ordonnance, le Prince décide par Ordonnance Souveraine, après avis du Conseil d'Etat*"[49]. Il est peut-être souhaitable de remarquer que, sous "l'empire" de la Constitution de 1911 et de sa mise en œuvre, la

---

[48] Cette procédure, à quelques nuances près, est reconduite par l'article 52 de la Constitution de 1962 (alinéa 1er). Toutefois, il semble que la Constitution de 1911 conférait au Conseil d'Etat une compétence plus nette (?).

[49] Ordonnance du 3 Juin 1922 portant réorganisation du Conseil d'Etat ; Cf. l'Ordonnance Souveraine du 29 Mai 1964 sur l'organisation et le fonctionnement du Conseil d'Etat (particulièrement l'article 1). Nous ne pouvons malheureusement proposer une analyse synthétique des avis MOTIVES du Conseil d'Etat, mais il est incontestable qu'elle serait intéressante. Qu'on nous permette d'écrire qu'il suffira de prendre contact avec Monsieur le Doyen Jean-Marie RAINAUD, qui nous a fait l'honneur et l'amitié de nous faire participer à la réalisation de ses MELANGES, pour avoir de précieuses réponses sur ce point : le Doyen Jean-Marie RAINAUD est membre ultra compétent du Conseil d'Etat.

répartition des Pouvoirs, gouvernemental et législatif, reposait sur l'idée de l'affectation et de la détermination des domaines : à la Loi, tout ce qui concernait les Droits fondamentaux (droits publics) et Libertés, au Pouvoir Souverain, Exécutif gouvernemental, tout le reste. Cette conception monégasque dont nous ne saurions ici développer l'application avait peut-être pour intérêt de catégoriser des pouvoirs sur la base de compétences d'action et de contribuer à l'établissement des sources de droit.

Les sources de droit s'établissent dans chaque Etat, dans une perspective historique, dans une perspective d'évolution et de relations politiques, administratives et constitutionnelles[50]. L'identité n'existe pas entre Etat, mais l'évocation actuelle si riche et si complexe des Etats de l'Union Européenne pourrait, mais nous exprimons cette réflexion avec une très grande prudence, pourrait enrichir une compréhension dans ces domaines entre l'Union Européenne et la Principauté de Monaco[51]. Dans la constitution monégasque de 1962,

---

50 Monsieur L.C. CROVETTO rappelle (page 57, note 2 de son ouvrage), la définition de la loi de PORTALIS : "L'office de la loi est de fixer par des grandes vues les maximes générales du droit, d'établir des principes féconds en conséquence, et non de descendre dans le détail des questions qui peuvent naître sur chaque matière". L'opinion, pourtant ancienne, de Mme BALECHOWSKI-PETIT : ("La loi et l'Ordonnance dans les pays qui ne connaissent pas la séparation des Pouvoirs") est également intéressante : "La séparation des pouvoirs apparaît comme un mode de réaliser et de garantir la distinction entre la loi et l'ordonnance, mais cette distinction préexiste et son existence est indépendante de ce mode particulier de réalisation. C'est notamment parce qu'une différence de nature existe entre la loi et l'ordonnance qu'il y a lieu de se demander si on ne doit pas confier à des pouvoirs distincts le soin d'élaborer les deux actes". Sur la question des articles 34, 37, 38 de la Constitution française de 1958, une des meilleures analyses nous paraît être celle de Dimitri LAVROFF : Le droit constitutionnel de la Vème République (Dalloz, 2ème édition 1997, pages 654-691).

51 D'excellentes explications sont données par Monsieur Jean VAN RAEPENBUSCH : Droit Institutionnel de l'Union et des Communautés européennes (De Boeck Université, 2001, pages 214 et suivantes), sur ces dispositifs. On se reportera aussi à l'ouvrage exhaustif du Professeur Louis DUBOUIS (Aix-Marseille III) et Claude GUEYDAN (enseignant à la même université) : "Grands textes de droit de l'Union Européenne (5ème édition, Dalloz, 1999, 1149 pages) et à l' "Union Européenne", commentaire des traités modifiés par le Traité de Nice du 26 Février 2001, sous la direction de Joël RIDEAU (CEDORE, LGDJ; 2001, 511 pages).

cette thèse de la répartition des normes ne sera pas reconduite. Son titre III énonce d'une part tous les droits fondamentaux et libertés, d'autre part confirme la compétence attribuée à la loi dans la protection et les garanties de ces droits (nationalité monégasque, liberté et sûreté, établissement des peines, respect de la personne, de la propriété, etc...) sans pour autant soumettre le pouvoir Souverain au Conseil National. La loi demeure (article 66) le résultat d'un accord des volontés du Prince et du Conseil National. Formellement, la loi du 25 Juillet 1964 sur l'organisation et le fonctionnement du Conseil National et le Règlement Intérieur de ce même Conseil ne reprennent pas dans leurs textes l'obligation de cet accord de volontés, mais il est naturellement évident qu'il s'impose et conditionne toute tentative de modification de Règlement Intérieur. Comment peut-on alors définir le pouvoir et la compétence juridique du Conseil National ? Quels sont, ou quels peuvent être, leurs degrés d'autonomie ?

B- Le Conseil National est co-auteur de la loi

Compte tenu de la précédente remarque, nous souhaiterions suggérer une analyse comparative qui n'est certes pas originale mais qui, au moment où la Principauté sollicite son entrée dans le Conseil de l'Europe, invite à la réflexion. Il s'agit du Parlement Européen qui a conduit, et conduit encore, une vraie "lutte pour le pouvoir" et dispose aujourd'hui de trois ensembles de compétences : la participation au processus d'élaboration du droit communautaire, le pouvoir de contrôle politique, le pouvoir de décision en matière budgétaire.

Or, comment se présente ce que nous appellerons par commodité, mais le terme doit être pris avec précaution, "la compétence législative" ou participation au processus d'élaboration du droit communautaire ? Cette participation s'est développée avant et après les traités de Maastricht et d'Amsterdam, de la manière suivante : la consultation, obligatoire ou facultative, du Parlement par le Conseil et la Commission (on note toutefois que c'est le Conseil qui est l'organe consultant) ; la concertation qui implique, pour certains actes communautaires qui ont des implications financières importantes, l'établissement d'une convergence entre le Conseil, la Commission et le Parlement ; la coopération, qui résulte du projet de

Traité SPINELLI de l'Union Européenne et qui visait à démocratiser l'action et les compétences du Parlement et qui sera régie par l'article 252 du Traité. Cette procédure ce coopération est intéressante car d'une part elle donne au Parlement un droit d'amendement par rapport au texte de règlement ou de directive proposé par la Commission, sur présentation du Conseil, d'autre part elle peut conduite sinon à un droit de VETO du Parlement Européen, du moins à un droit de BLOCAGE, dans la mesure où le Parlement peut rejeter la position commune du Conseil en imposant au Conseil une nouvelle adoption à l'unanimité. Pour écarter la position du Parlement (exprimée par l'amendement ou les amendements)[52] ; la procédure de l'avis conforme (à la majorité des membres du Parlement) est un acte prévu dans deux matières : l'adhésion de nouveaux Etats Membres, les accords d'association. Or, dans cette hypothèse, le Parlement a progressivement obtenu le droit d'être informé tout au long du processus de négociation. Indépendamment de ces deux matières fondamentales, l'avis conforme est prévu par le Traité dans d'autres domaines (articles 161, 190, 310). Certes, il s'agit du Parlement Européen, dont le nombre de membres, en vertu du Traité de Nice (26 février 2001) atteint le chiffre de 732 et le dépassera en vertu de l'arrivée de nouveaux Etats. Par comparaison, l'Assemblée Parlementaire du Conseil de l'Europe (la Grande Europe) compte, sauf erreur, 582 membres. Le Parlement Monégasque ne saurait évidemment tirer des enseignements qualitatifs de ces Institutions!!! Mais il nous semble qu'au regard de la consultation, de la coopération, qui ressemblent à des formes de négociation entre Exécutif et Législatif, de véritables comparaisons entre cette Assemblée "multinationale" et celle d'un Etat géographiquement restreint, peuvent être suggérées. L'identité entre les Institutions n'existe pas, l'identité des problèmes et des possibles solutions peut être, avec précaution, partiellement retenue.

---

[52] La procédure de coopération ne subsiste plus aujourd'hui qu'à l'intérieur de l'Union Economique et Monétaire (cf. article 106, § 12, CE); D'excellentes explications sont données par Monsieur Jean VAN RAEPENBUSCH : "Droit Institutionnel de l'Union et des Communautés Européennes" (De Boeck Université, 2001, pages 214 et suivantes), sur ces dispositifs. On se reportera aussi à l'ouvrage exhaustif du Professeur Louis DUBOUIS (Aix-Marseille III) et Claude GUEYDAN (enseignant à la même université) : Grands textes de Droit de l'Union Européenne (5ème édition, Dalloz, 1999, 1149 pages).

Et n'est-ce pas encore plus significatif de mentionner quelques remarques à propos de la procédure législative de "co-décision" qui a été introduite par le Traité de Maastricht (article 251). Cette procédure que le Traité d'Amsterdam a renforcée peut s'analyser de la manière suivante, très sommairement :

1- Elle est définie par un champ d'application qui se décompose en co-décision, et majorité qualifiée au Conseil (par exemple : non discrimination en matière de nationalité, libre circulation des travailleurs, transports, formation professionnelle, égalité de traitement entre les hommes et les femmes, etc...) et co-décision et unanimité au Conseil (droits des citoyens européens, sécurité sociale des travailleurs migrants, culture, principes législatifs concernant l'accès aux activités non salariées en exercice de celles-ci).

2- La procédure met en place deux entités indépendantes qui vont se partager, de façon sensiblement égalitaire, le pouvoir de décision. C'est une procédure fort complexe mais qui, d'une part repose sur l'idée de la recherche d'un ACCORD DE VOLONTES (à cet égard, le comité de conciliation joue un rôle important) et, d'autre part, donne au Parlement compétence d'un refus si l'accord n'est pas réalisé. Dans ce cas en effet, la proposition de la Commission qui a été également soumise au Conseil sera "réputée non adoptée"[53].

---

[53] La procédure de co-décision est d'une grande complexité et nous ne saurions dire combien notre présentation est ici très sommaire. Dans l'ouvrage précité de M. Jean VAN RAEPENBUSCH, on pourra recueillir des explications plus complètes (pages 220-226). On pourra se reporter aussi à l'excellent ouvrage collectif consacré à "l'Union Européenne, Commentaires des traités modifiés par le Traité de Nice du 26 Février 23001" (L.G.D.J. Paris, 2001, 511 pages). Mais, indiquons que le Ministre d'Etat a envisagé, à propos du droit de proposition du Conseil et du droit d'amendement des aménagements dans la "déclaration gouvernementale concernant le processus d'adhésion de la Principauté de Monaco au Conseil de l'Europe" (600ème séance du lundi 25 Juin 2001 des Débats du Conseil National, annexe au Journal de Monaco du 27 Juillet 2001, n° 7.505, pages 1095-1100).

Nous n'aurons en aucune manière la prétention d'écrire que le système européen ainsi élaboré dans l'exercice des compétences du Parlement, pourrait être transcrit dans la situation de la Principauté et de son Conseil National, mais qu'il s'agisse de la consultation, de la concertation, de la coopération et de la co-décision, des similarités apparaissent, des leçons pourraient être déduites de ces similarités. Ces remarques n'ont qu'une valeur purement descriptive. Par contre, en demeurant dans le domaine de l'Organisation du Conseil, il convient de proposer quelques remarques sur le dépassement des contraintes et des limitations des Pouvoirs du Conseil National.

II - DEPASSEMENT DES LIMITES IMPOSEES AU LEGISLATEUR ET A LA LOI

La coopération, et au-delà la conciliation entre le Pouvoir Exécutif et tout particulièrement S.A.S. le Prince RAINIER d'une part, et le Pouvoir Législatif, le Conseil National d'autre part, paraissent évidentes, en particulier lorsqu'on considère la longue durée. Mais certains événements, le rôle de certaines personnalités, soulignent la volonté ou le souhait d'une évolution en ce domaine. Ainsi, par exemple, le 25 Juin 1973, à l'occasion d'un débat public au Conseil, Maître Henry REY faisait-il remarquer : "Si la proposition de loi sur la réglementation de la grève était venue, il y a quelque temps, sur la table du Conseil National, je pense que nous aurions pu éviter un affrontement de ce genre[54]. Il en va de cette proposition de loi comme

---

Mais le schéma proposé, qu'il ne nous appartient pas de juger ou d'évaluer, ne transforme pas profondément la capacité d'initiative du Conseil. Par exemple, l'alinéa 2 (page 1097, supra) est, on se permet de le remarquer, assez significatif : "à défaut de réponse du Gouvernement - à l'égard d'une proposition de loi dans le délai de six mois) - la proposition serait transformée de plein droit au terme de ce délai de six mois, en projet de loi". Il paraît clair, sauf erreur de notre part, que la proposition de loi ne s'impose pas au Gouvernement (ce qui aurait pu être envisagé) et que la nécessité de l'ACCORD de VOLONTES n'est que retardée et subsiste en intégralité. Les observations de Maître REY d'il y a quarante ans peuvent être ici évoquées (cf. cette citation, page 26, notre infrapaginale n° 44).

[54] Il s'agissait du conflit et des grèves liés à la Société des Bains de Mer de la Principauté, conflit sur fond de luttes quant à la gestion et à la répartition du pouvoir au sein de la Société et naturellement de la situation des personnels.

de toutes celles qui ont été déposées par le Conseil National auprès du Gouvernement et qui ne sont jamais revenues devant le Conseil National en projets de lois. Je ne rappellerai, comme autre exemple frappant, que celui de la nationalité (descendance féminine). Je pense qu'il y aurait lieu que le Gouvernement prenne davantage en considération, dorénavant, les propositions de loi que nous déposons. Sinon, on peut se demander quelle est la signification de cette procédure, même si nous n'avons pas l'initiative des lois (...). Je pense qu'à l'avenir, vous ne négligerez pas d'une façon aussi caractérisée les propositions de loi déposées par le Conseil National". Selon l'expression très significative de Monsieur Georges LISIMACHIO, le Conseil National est "un artisan de la loi" ; cette formule montre bien les caractéristiques du rôle du Conseil National[55]. Il paraît évident, en l'état actuel des principes fondamentaux qui gouvernent ce régime de la Principauté et donc, en l'état des règles Constitutionnelles, qu'aucune modification fondamentale dans les domaines de l'initiative, de l'élaboration de la loi ne saurait être réalisée sans le recours à la révision constitutionnelle. Toutefois, sans toucher à ces principes d'équilibre interne que le Prince RAINIER évoquait dans sa déclaration du 22 Juin 1999, ne peut-on envisager certaines avancées, certaines propositions qui, peut-être, répondraient à de multiples préoccupations qui se manifestent de 1911 à 2002 ?

Nous souhaiterions simplement, à ce state d'un essai de réflexion, peut-être lancer quelques appels qui concernent aussi bien, il faut le noter, l'organisation que le fonctionnement du Conseil National.

A- L'interpellation

En régime parlementaire, ce terme désigne la procédure exercée par l'organe délibérant qui prend la forme d'un débat, précédé d'une question orale (qui au sens courant du terme constitue

---

[55] "Bien que le Conseil National ne bénéficie pas d'une compétence législative exclusive, sa vocation d'Assemblée Législative l'appelle à défendre ses prérogatives d'artisan de la loi" (ouvrage cité, page 248). Nous soulignons ces termes "l'appel à la défense".

"l'interpellation"), débat généralement conclu par un vote. Cette procédure a été inaugurée en France, sous la Monarchie de Juillet, et a connu une très grande utilisation sous les IIIème et IVème Républiques. La constitution de 1958, constatant les désordres engendrés par cette procédure –instabilité ministérielle), mit fin à l'interpellation. Ce mode relationnel entre Législatif et Exécutif subsiste dans bien des Etats Européens. Le régime politique de la Principauté n'est pas un régime de nature parlementaire et la constitution ne prévoit en aucun cas l'interpellation : Impasse, absence d'intérêt ? Peut-être pas tout à fait. On peut concevoir qu'"interpeller" ne conduit ni à la reconnaissance de la responsabilité d'un partenaire, ni à une stratégie politique visant à mettre fin à un accord de volontés, ni à provoquer des conflits. En effet, elle pourrait être conçue non pas comme une mise en cause d'un Pouvoir (ce qui était le cas sous les régimes politiques français jusqu'à la Vème République), mais comme une procédure d'explication rationnelle, organisée qui vise à satisfaire dans toute la mesure du possible, les demandes d'information émanant des Membres du Conseil National auprès des Membres du Gouvernement ; mais, tout autant, une demande d'information des membres du Gouvernement auprès des Membres du Conseil National. Interpeller signifierait l'établissement d'un dialogue constructif. Certes, on pourra tout à fait trouver cette proposition absurde puisque aussi bien les articles 62 de la Constitution, 20 de la loi du 25 Juillet 1964, que l'article 38 du Règlement Intérieur prévoient un "Ordre du Jour" des débats arrêté par le bureau du Conseil National. Mais le débat dont la qualité peut être certaine, ne fournira peut-être, parfois, pas les réponses ou les informations suffisantes pour préparer un accord de volonté sur une proposition ou un projet de loi. Indépendamment même du débat sur un texte, on peut concevoir que l'interpellation s'exerce et soit mise en œuvre sans qu'un projet ou une proposition de texte soit l'objet d'un débat. Un schéma très sommaire (qui supposerait bien entendu bien d'autres explications), pourrait être le suivant :

1°) Sur la base de l'article 38 du Règlement Intérieur : détermination des points de l'Ordre du Jour qui peuvent donner lieu, de la part des Conseillers, à des demandes d'explications et d'information fournies par le Gouvernement. Dans ce même Ordre du Jour, le Gouvernement peut, de son côté, demander en retour des informations qu'il considère nécessaires.

2°) L'organisation des "interpellations" qui s'appuie sur l'article 41 du Règlement Intérieur, présuppose l'initiative d'un ou plusieurs Conseillers. Le Ministre d'Etat, informé de cet état des interpellations, confirme son intention d'y répondre, mais peut aussi proposer ses propres demandes. Les Commissions (article 29 notamment, 40, 41 du Règlement Intérieur) sont appelées soit obligatoirement, soit facultativement, à exprimer un avis sur ces demandes d'interpellation.

3°) Le Gouvernement ne peut refuser de répondre (sauf à demander l'inscription à l'Ordre du Jour ultérieur d'une autre séance, sans que le délai de report ne puisse dépasser huit jours francs) ; la même obligation s'applique aux membres du Conseil sollicités.

4°) Compte tenu de la nature du régime et des principes d'équilibre sus mentionnés, il est évident que la clôture de ce type d'information et de dialogue n'est pas sanctionnée par un vote ou par un acte quelconque qui pourrait correspondre à une sanction positive ou négative. On pourrait par contre imaginer, si cette procédure n'apparaît pas trop compliquée, que les réponses, ou la réponse, à l'interpellation du Conseil et du Gouvernement soient consignées dans un procès verbal spécifique qui aurait une valeur, sans doute informelle, d'un pouvoir institutionnel à l'égard de l'autre et pourrait revêtir la forme d'une notification.

5°) Si l'on considère maintenant, en fin d'évocation, les relations et les débats à l'intérieur du Conseil National et entre les Conseillers, il ne nous paraît pas souhaitable que cette procédure soit appliquée, ou du moins envisagée, car elle peut avoir un effet de "crispation" entre membres du Conseil. S'il y a des désaccords, ou des divergences de points de vue entre Conseillers, le débat interne, guidé et régulé par le Président et le Bureau du Conseil, doit être le support des explications. D'ailleurs il est clair et avéré que le processus de l'interpellation classique, en France comme dans d'autres Etats Européens, relève toujours d'un modèle d'organisation de relations entre Législatif et Exécutif et en aucune manière d'une procédure spécifique aux Assemblées seules[56].

B- Un nouveau statut pour les fonctionnaires
et agents du Conseil National ?

Une autre voie ou une autre direction qui nous paraît susceptible d'être envisagée et étudiée est, en effet, celle-ci : conférer aux Administrateurs et Agents du Conseil National un statut juridique qui consacrerait leur autonomie institutionnelle et fonctionnelle au regard du Pouvoir Exécutif. Trois points nous paraissent mériter une brève analyse : quelle situation juridique actuellement pour ces fonctionnaires ? Pourquoi envisager un changement et un statut spécifique ? Comment rédiger ce changement ?

1°) L'ordre juridique

La situation juridique des Administrateurs du Conseil National est régie par trois textes à valeur normative et hiérarchiquement instaurés :

a) article 51 de la Constitution : "Les obligations, droits et garanties fondamentaux des fonctionnaires, ainsi que leur responsabilité civile et pénale, sont fixés par la loi" ;

b) article 9 de la loi n° 771 du 25 Juillet 1964 sur l'Organisation et le fonctionnement du Conseil National (J.O. Monaco n° 5582 et n° 5574) :

alinéa 1 : "Le secrétaire général et les fonctionnaires ou agents des services administratifs de l'Assemblée sont, sous les réserves ci après, régis par les dispositions du statut général des fonctionnaires"..

[56] Nous avons retenu, dans cette courte présentation, le terme d'INTERPELLATION car il est connu et renvoie à une dérogation et un fonctionnement des systèmes parlementaires. Mais il est bien évident que d'autres termes pourraient être envisagés afin de ne pas introduire de confusion avec ce qui était en cours ou qui l'est encore, dans ces régimes : "procédure réciproque d'information, appel procédural spécifique, débat propre aux informations, etc...". Ces exemples ne sont que des exemples.

alinéa 4 : En matière disciplinaire, les attributions exercées aux termes du statut général des fonctionnaires, par le Ministre d'Etat, ou le Chef d'un département ministériel, le Conseil de Gouvernement et le chef de service sont respectivement dévolues au Président, au bureau de l'Assemblée et au Secrétaire Général".

c) article 11 du Règlement Intérieur du Conseil National : "Le statut du personnel et du Conseil National est régi conformément aux dispositions de l'article 9 de la loi n° 771 du 25 Juillet 1964".

On remarquera que, dans ces trois textes, la terminologie est nuancée ; la Constitution retient le terme de "fonctionnaire", la loi, ceux de "fonctionnaires ou agents des Services Administratifs de l'Assemblée", le règlement intérieur ceux de "personnel du Conseil National". L'élargissement du critère qui conduit à reconnaître celui qui accomplit des actes administratifs, ou des tâches administratives, est assez net : fonctionnaires ou Agents des Services Administratifs de l'Assemblée, personnel du Conseil National. La qualité juridique de fonctionnaire de l'Etat s'applique donc à l'ensemble du Personnel du Conseil National, et il est notable de constater[57], que la loi précitée consacre, dans son titre X, un article (l'article 74) au rappel de cette application : "Sous réserve des dispositions de l'article 9 de la loi 71 du 25 Juillet 1964, sur l'organisation et le fonctionnement du Conseil National, les fonctionnaires de ses services administratifs sont régis par le présent statut".

Dès lors est-il fondé, est-il juridiquement raisonnable, de réfléchir à des raisons qui pourraient justifier, contribuer à faire admettre des règles différentes (naturellement conçues comme des normes législatives nouvelles), pour les fonctionnaires des services administratifs du Conseil National et qui les placeraient dans un statut d'autonomie ?

---

[57] Loi du 12 Juillet 1975 portant Statut des fonctionnaires de l'Etat.

2°) Les raisons éventuelles d'un changement

Reportons-nous d'abord à l'article 6 de la Constitution qui met en place la séparation des fonctions et en assure donc l'existence et la continuité. La portée de ce principe et son effectivité peuvent être certes appréciées de différentes manières.

a) Soit on est amené à considérer que la distinction entre fonctions administratives et fonctions législatives conduit à des dissociations institutionnelles et fonctionnelles. Ce n'est donc pas seulement les Pouvoirs" qui sont séparés dans leur exercice mais la différence, la dissociation concerne les ACTES et les ACTEURS. Un administrateur gouvernemental, haut fonctionnaire, ou de grade moins élevé, est placé sous l'autorité du Chef du Gouvernement, et accomplit des actes administratifs matériels et juridiques susceptibles de produire des effets de droit. L'acte administratif émane d'un organe, le Gouvernement, représenté par ses divers agents, qui ont en effet le statut et la qualité de fonctionnaire "dit d'Etat". Les actes matériels et juridiques qui émanent des gestionnaires d'une Assemblée, c'est-à-dire d'organes internes propres à cette Assemblée (Présidence, Bureau, Secrétaires, Administrateurs), sont des actes et des décisions d'administration intérieure qui ont pour finalité des opérations qui sont totalement différentes d'opérations de l'Administration gouvernementale, tout en étant étatiques. Organiquement, ces administrateurs relèvent de l'Assemblée et ne sont pas soumis, ou ne devraient pas être soumis, à une hiérarchie dépendant du pouvoir exécutif (dans le cas de la Principauté de Monaco, il convient de reconnaître que ces fonctionnaires échappent, en matière disciplinaire, au pouvoir ministériel – article 9 de la loi du 25 Juillet 1964) ; par ailleurs, la nature spécifique de leurs fonctions conduit à s'interroger sur l'uniformisation de règles relatives à la Fonction Publique.

b) Soit on admet, ou on soutient, que le principe de séparation des fonctions ne peut avoir pour effet de dissocier les Pouvoirs Administratif et Législatif dans leur existence, et leurs actes puisque la Constitution associe (accord de volontés) Pouvoir Exécutif et Pouvoir Législatif dans la naissance et l'adoption de la loi. Mais la collaboration de pouvoirs distincts à propos de la réalisation d'un acte qui est la loi ne fait pas disparaître une distinction organique et les conséquences qui peuvent y être attachées. Activités, finalités, gestion de ces deux Institutions Exécutives et Législatives demeurent bien distinguables.

Dès lors, il apparaîtrait normal qu'un même ensemble de règles statutaires et étatiques ne puisse diriger de la même manière, même sous le label d'Etat, des fonctionnaires gouvernementaux et des fonctionnaires d'une Assemblée élue au suffrage universel.

Cette autonomie administrative est, dans la plupart des cas, liée à la souveraineté de l'Assemblée ; elle sera prévue soit dans un texte constitutionnel - ce qui est assez rare -, soit dans les textes à valeur organique, soit dans des ordonnances, soit dans des arrêtés. Il en est ainsi, simple illustration, du Québec, du Cambodge, de la Suisse, du Val d'Aoste et de l'Afrique par exemple, au Gabon et au Mali. Pour en terminer, remarquons que l'Assemblée Parlementaire de la Francophonie a adopté[58] une résolution sur l'autonomie administrative des Assemblées (document n°69) et avait, lors d'une précédente session[59], adopté une résolution sur l'autonomie financière de l'Assemblée[60]. Quelles seraient dès lors les analyses acceptables et possibles d'un "projet" d'autonomie ?

---

58 Assemblée Parlementaire de la Francophonie, XXVIIème session ordinaire, Québec du 8 au 10 Juillet 2001.

59 Assemblée Parlementaire de la Francophonie, XXVIème session ordinaire, Yaoundé du 6 au 8 Juillet 2000, document n°71.

60 On retiendra aussi le rapport fait au nom de la Commission des Affaires Parlementaires par Monsieur Guy PENNE, sur l'autonomie administrative des Parlements (Assemblée Parlementaire de la Francophonie, Québec du 8 au 10 Juillet 2001).

3°) Le projet de l'autonomie administrative des fonctionnaires du Conseil National

Le projet de l'autonomie administrative du Conseil National peut-il être envisagé ?

A notre humble avis, il prend sa source dans deux fondements : l'un, essentiellement juridique, l'autre davantage politique.

a) Le fondement juridique repose sur la séparation, ou la distinction, des pouvoirs et des fonctions et donc la personnalité morale et juridique qui peut être reconnue au Conseil National. Si cette personnalité morale était contestée, il n'en demeure pas moins que l'Assemblée de la Principauté doit, ou devrait, disposer de la capacité juridique d'action administrative ; cette dernière paraît nécessaire sans être, il est vrai aujourd'hui, reconnue comme évidente.

b) Le second fondement nous renvoie à la différenciation, non plus seulement juridiquement fonctionnelle, mais politique. Le Conseil National tient sa souveraineté de l'élection au suffrage universel, dans le cadre d'un fondement d'Etat qui est la monarchie héréditaire et constitutionnelle. Dès lors, certaines des transformations, qui pourraient être envisagées, ne sauraient l'être que sur la base d'une proposition de loi, d'après les textes de l'article 67 de la Constitution et, peut-on ajouter, des articles 68, 69, 70, 71 du Règlement Intérieur du Conseil National.

Cette réalisation pourrait concerner au moins trois points :
- Statut des fonctionnaires et des agents du Conseil National,
- Compétences financières et budgétaires du Conseil, particulièrement au regard de la gestion de l'Assemblée (autonomie de gestion),
- Consécration de l'autonomie administrative et financière du Conseil National au regard de ses agents gestionnaires.

Nous arrivons ainsi au terme de cette trop longue mise en place d'un argumentaire qui doit se concrétiser par plusieurs avant-projets ou projets de textes. Il convient seulement d'évoquer, très brièvement, quelques considérations de fond relatives à l'Ordre Politique dont les natures et les effets peuvent offrir quelques informations supplémentaires.

CHAPITRE II : CONSIDERATIONS RELATIVES A L'ORDRE POLITIQUE DE LA PRINCIPAUTE DE MONACO

Aborder des considérations relatives à l'Ordre Politique de la Principauté peut, incontestablement, apparaître totalement hors sujet par rapport à ce qui peut être l'essentiel de nos préoccupations : réflexions sur l'organisation du Conseil National et recherche d'une amélioration organique de ce même Conseil. Nous en sommes très conscients et il est hors de question de reprendre des observations ou analyses qui ont été remarquablement conduites par de multiples auteurs, d'origines très diverses, sur la nature politique de l'Etat Monégasque ou sur son caractère international par exemple. Nous souhaiterions rappeler brièvement les conclusions de deux remarquables juristes qui ont toutes deux établi, dans leur thèse respective, un constat particulièrement riche et qui offrent une grande réflexion.

Jorri DUURSMA, dans son ouvrage déjà cité[61], développe clairement la thèse de la souveraineté et, à notre sens, de l'INDEPENDANCE : "*On peut inférer de l'admission de la Principauté aux Nations Unies, qu'elle a été fermement reconnue en tant qu'Etat par les autres Etats membres. Comme elle possède tous les éléments constitutifs d'un Etat, la Principauté de Monaco est un Etat en droit international* <u>*indépendamment de la reconnaissance internationale*</u>". Elle ajoute, dans des conclusions très précises :

1. "*La France ne dispose donc pas de droit discrétionnaire d'intervenir dans les relations internes et extérieures de Monaco. la Principauté est un Etat de droit international et reconnue en tant que tel par un grand nombre d'Etat avec effet déclaratoire*"[62].

---

[61] Jorri DUURSMA : "Autodéterminations, statuts et relations internationales des micro-Etats" (Université de Leyde, Chapitre VII, pages 211-261).

[62] L'auteur développe un argument : "Des raisons historiques, politiques et pratiques ont poussé le Prince S.A.S. RAINIER à établir des rapports contractuels avec la

2. "*L'étendue des obligations de Monaco envers la France doit être déterminé selon les règles générales du droit international relative au degré minimal requis afin de constituer un Etat. Par conséquent, l'obligation de Monaco de respecter les intérêts politiques, militaires, navals et économiques de la France est de nature EXCEPTIONNELLE et ne concerne que les intérêts nationaux français primordiaux et d'une valeur essentielle et tout autant que les intérêts nationaux monégasques ne sont pas concernés*"[63].

3. "*En vertu du droit à l'autodétermination du peuple monégasque, le statut étatique de la Principauté est garanti, même en cas de vacance de la Couronne*"[64].

4. "*Le statut étatique de la Principauté ne serait pas compromis dans le cas où, après avoir élevé des protestations fondées sur des arguments juridiques, elle serait contrainte à faire des concessions affectant son indépendance*".

Une des thèses, au sens argumentaire, développée par Mlle Virginie MARGOSSIAN-COTTA, très attractive, est celle des effets politiques de la volonté d'adhésion de la Principauté au Conseil de l'Europe. Elle retient, en effet, de cette adhésion[65], deux conséquences fondamentales : la consécration du statut d'Etat qui serait le résultat d'une adhésion en tant que membre à part entière, et la consécration

---

France. Mais les relations franco-monégasques sont basées sur le respect et la défense de l'indépendance de la Principauté".

[63] Mlle Virginie MARGOSSIAN-COTTA, dans sa thèse précitée, développe des arguments qui sont proches de ceux de Jorri DUURSMA. Mais elle est, peut-être, dans cette analyse, à la fois plus réaliste et plus pessimiste. Elle envisage un risque de "glissement" vers le protectorat, sous une double menace en droit et en fait (cf. pages 166-184). L'opposition que fait Mlle Jorri DUURSMA, entre "intérêts nationaux français" et "intérêts nationaux monégasques", est particulièrement intéressante mais délicate à discerner avec certitude, même en s'appuyant sur le traité de 1918, les conventions et les accords ou les lettres diplomatiques.

[64] Ce problème de l'autodétermination du peuple monégasque est développé par les deux auteurs ; cette thèse de l'autodétermination peut paraître, en l'état, "hors sujet" mais elle mériterait d'être examinée dans ses fondements.

[65] Virginie MARGOSSIAN-COTTA : La Principauté de Monaco : un Etat protégé ? (1999, pages 356 à 361).

d'une démocratie par le pluralisme[66] et la protection accrue des droits fondamentaux. Il est vrai que l'entrée au Conseil de l'Europe donnera à la Principauté un supplément d'âme et de label démocratiques, mais aussi pourrait entraîner des conséquences importantes. Suivons notre analyste : "*Plus largement, il mérite enfin d'être relevé que l'adhésion au Conseil de l'Europe pourrait à tout moment apparaître comme l'instrument d'une remise en cause tant du régime politique que du statut de la Principauté dans ses rapports avec la France, dans la mesure où les accords bilatéraux pourraient être considérés comme ne permettant pas à la Principauté de répondre aux exigences requises pour l'adhésion*"[67].

Certes, ces divers points de vue, ces analyses sont des expressions doctrinales, et non de droit positif, mais c'est une doctrine solide, remarquable dans ses développements. Cela nous conduit à penser que le facteur politique ne peut pas être totalement absent d'une appréciation, même limitée, qui vise le pouvoir législatif et son organisation. Cette appréciation peut être conduite en retenant des facteurs politiques que l'on peut qualifier de "négatifs" d'une part, des facteurs "positifs" d'autre part.

SECTION 1 - SOURCES ET EFFECTIVITE DU POUVOIR MONARCHIQUE

Le Pouvoir de son Altesse Sérénissime le Prince RAINIER III, et aujourd'hui de S.A.S. le Prince ALBERT II, est-il un pouvoir politique ? Oui, incontestablement, parce qu'en vertu de la source même du Régime, en vertu du texte de la Constitution, il détient, exerce et assure un ensemble de compétences et de pouvoirs exclusifs

[66] Le pluralisme peut être réalisé par plusieurs facteurs mais l'évolution technique du mode de scrutin, introduisant notamment pour partie la représentation proportionnelle, en est un.

[67] C'est nous qui soulignons les extraits particulièrement importants dans la prise en considération des effets éventuels de l'entrée ou adhésion de la Principauté au Conseil de l'Europe; Notons que cette hypothèse (Mlle MARGOSSIAN-COTTA paraît avoir devancé largement les analyses des rapporteurs), fut retenue et mise en avant par Mesdames et Messieurs les rapporteurs et les juges du Conseil de l'Europe (le rapporteur des juges à la Cour Européenne, point II, le Traité franco-monégasque de 1918 et le traité franco-monégasque de 1930 – pages 5 à 10).

dans un grand nombre de cas qui l'appellent à gérer l'Etat. Il incarne l'Etat, c'est-à-dire une institution qui exerce son contrôle politique sur son territoire et sur une population déterminée. L'accomplissement de ce contrôle ne renvoie certes pas à des critères liés à l'existence d'une politique partisane, ou par référence à des formations politiques. L'exclusivité du pouvoir souverain, développé dans les trois premiers articles du Titre I, le Titre II, l'article 34 du Titre IV, le Titre V de la Constitution, est fondée sur le MONARQUE et la famille souveraine. Les limites à la prépondérance de ce pouvoir politique sont celles de la Sagesse du Souverain et de sa conception de l'intérêt public de la Principauté, mais aussi celles qui dérivent de la Constitution puisque la Monarchie est constitutionnelle, sur la base de l'octroi au peuple monégasque du texte constitutionnel. Mais de la même manière que le firent les chartes de 1814 et de 1830 (à des degrés beaucoup moins avancés), le Chef souverain exerce ce pouvoir politique dans le respect de l'Etat de droit[68], et le respect des libertés et droits fondamentaux qui marquent les limites de ce pouvoir souverain.

Cependant, les conceptions et les applications de la lettre et de l'esprit, constitutionnels, vont incontestablement (n'oublions pas le rôle et les fonctions du Ministère d'Etat) dans le sens d'une suprématie effective du Souverain et des institutions ou organes placés sous son autorité. On peut, on pourrait, dès lors admettre qu'hormis les

---

[68] Nous ne nous attarderons pas ici sur le concept d'Etat et d'Etat monarchique divin. Il est peut-être, par contre, intéressant de souligner la coexistence parfaite de l'Etat monarchique, ou monarchie héréditaire et constitutionnelle, et de l'Etat de droit. Dans son ouvrage (collection Clefs, Politique, Montchrestien, 1994), Jacques CHEVALIER souligne dès les premières pages l'importance du concept. L'expression Etat de droit met d'abord en évidence le lien étroit, structurel, constitutif qui unit le droit à l'Etat, au point que les deux notions paraissent adhérer l'une à l'autre en formant un couple indissociable. Jacques CHEVALLIER rappelle aussi (page 8) que l'expression qualifie une forme singulière de Constitution étatique ; et cette analyse nous paraît correspondre à l'évolution de l'Etat de la Principauté des origines à nos jours : en Europe occidentale serait apparu, sous la Monarchie absolue, un type particulier d'Etat reposant sur la soumission au droit ; à la différence de l'Etat "despotique" fonctionnant "à la foi" et fondé sur un principe d'assujettissement total un pouvoir, l'Etat monarchique fonctionne "à la loi" et vise à la protection de libertés individuelles et à la limitation du pouvoir ; et l'Etat de droit ainsi fondé aurait ensuite conforté ses assises avec le développement du libéralisme et le progrès de l'idéal démocratique. Cf. aussi "L'Etat de droit", Mélanges en l'honneur de Guy BRAIBANT (Dalloz 1996, 800 pages).

tribunaux qui exercent leur pouvoir en toute indépendance, les autres éléments de l'Etat se trouvent dans des situations de subordination. Nous nous permettons de penser que non, en retenant quelques idées qui tiennent à l'évolution de l'Etat monarchique de 1911 à 2002, qui tiennent à des fondements peut-être ignorés ou qui n'avaient pas acquis une originalité et une spécificité assez évidentes. Essayons de les aborder et de les défendre brièvement dans la perspective de l'autonomie et du pouvoir du Conseil National.

SECTION 2 - VERS DES FORMES D'AUTONOMIE POLITIQUE ET ORGANIQUE ?

Nous n'avons aucune prétention de faire preuve de pédantisme universitaire en utilisant l'ouvrage de Guglielmo FERRERO : "Pouvoir ; les génies invisibles de la Cité"[69]. Pourquoi ? Parce qu'il va développer, à travers l'histoire européenne, une idée centrale : celle de double légitimité politique : la légitimité monarchique et la légitimité démocratique. Les idées politiques de Guglielmo FERRERO, dans son ouvrage, sont multiples, riches et difficiles à résumer. Mais l'objectif n'est pas là. Nous trouvons dans ce livre tout un ensemble de considérations qui justifieraient une évolution sage et prudente du régime de cette même Principauté.

La première remarquable observation que l'on peut retenir tient à la coexistence et à l'épanouissement, parfois difficile, des deux principes de LEGITIMITE : la monarchie, en principe monarchique, et la démocratie.

Pour développer son analyse, G. FERRERO s'appuie sur la charte de 1814 et le Roi Louis XVIII qui, faut-il le rappeler, seront en 1911 et même avant cette date, des sources d'inspiration de l'ordonnance constitutionnelle. Il écrit : "*En 1814, un grand roi entre aux Tuileries en y ramenant les deux génies que la Révolution avait mis en fuite après les avoir brouillés à mort : le droit divin et la*

---

[69] Plon éditeur (1945), publié en raison de la guerre par les éditions Bremtano à New York en 1943 ; réédité en Livre de Poche (essais), 1988 (texte intégral, 316 pages).

charte. Et il tente, lui aussi, de les accoupler, cette fois au service non pas d'une ambition, mais de l'ordre et de la paix (...). Comment se ferait la conciliation qui ramènerait en France et réconcilierait les deux génies invisibles, protecteurs contre la peur : par un partage des deux pouvoirs, exécutif et législatif. Délégué par Dieu au gouvernement des hommes, le Roi garderait le pouvoir exécutif : il choisirait et nommerait les ministres qui à leur tour nommeraient et dirigeraient les fonctionnaires. De l'ancien pouvoir législatif, le roi garderait l'initiative de proposer les lois et les droits de les promulguer : le droit de les discuter et de les approuver avec le droit d'établir les budgets serait reconnu au Parlement". "*Mais, à un Parlement véritable qui représenterait, dans une certaine mesure, l'autre génie invisible, le principe démocratique, parce qu'il admettrait une chambre élue électorale restreinte, mais libre*"[70].

De tels principes mis en œuvre dans un Etat généré par le principe monarchique héréditaire et une tradition historique très forte, paraissent tout à fait sages et conformes. Mais G. FERRERO va nous apporter d'autres occasions de réflexion.

La deuxième observation porte sur la valeur de ces deux principes : "*Nous avons vu que ces deux principes de légitimité en lutte depuis deux siècles – hérédité ou élection, démocratie ou monarchie – ne sont rationnelles et justes que d'une manière partielle et qu'il peuvent être l'objet de critiques équivalentes. Nous avons vu qu'il est impossible d'établir une comparaison entre des démocraties et des aristocraties, entre des républiques et des monarchies, pour savoir quel est le MEILLEUR GOUVERNEMENT quand le degré de civilisation est le même*"[71]. Et dans le chapitre X, consacré à "Légitimité et Pré-légitimité", il écrivait : "*Un républicain protestera toujours qu'il est irraisonnable de n'attacher rien moins que des droits de Souveraineté à un accident aussi capricieux que l'hérédité ; un monarchiste aura toujours beau jeu en dénonçant l'incompétence encyclopédique du Suffrage Universel*".

---

[70] Ouvrage cité (édition 1943, pages 98 et 99).

[71] Ouvrage cité, page 44.

La principauté de Monaco, dans sa constitution de 1962 et après une longue période (1911-1944) qui fut marquée par des incertitudes, n'a-t-elle pas réalisé d'une manière qui lui est propre, un essai de synthèse des deux légitimités ? On peut en déduire particulièrement que la démocratie, ou les principes démocratiques, se trouvent insérés dans l'affirmation et l défense des Droits et Libertés fondamentaux, mais surtout dans la source du Pouvoir législatif, le Suffrage Universel détenu par la communauté nationale monégasque, de dimension restreinte quantitativement, mais libre.

La troisième observation de FERRERO renvoie précisément à la nature du Pouvoir Législatif, à son organisation et, au-delà, à son fonctionnement : "*La gloire immortelle de Louis XVIII est d'avoir compris qu'un Parlement est une Institution sérieuse et ne peut assurer à un Etat les sécurités inhérentes au principe démocratique que dans la mesure où il possède et exerce le droit d'opposition. Après toutes les sottises que la peur avait fait commettre à la Révolution, dans l'Etat presque désespéré où se trouvait la France en 1814, il fallait du génie pour discerner cette vérité et avoir le courage de l'appliquer*"[72]. Or, on peut proposer au moins deux approches, deux interprétations du droit d'opposition. Celle qui, tout en caractérisant l'unité du Pouvoir Législatif, en démontrer la liberté. L'assemblée, le Parlement peuvent être le siège d'opinions différentes qui vont s'exprimer de façon différente : la dimension de la liberté réside dans ce droit à la différence. C'est le Suffrage Universel, le corps électoral, expression de la communauté nationale, qui donnent naissance à ce couple Majorité-Opposition et satisfait, ainsi, une exigence démocratique[73]. Mais le droit d'opposition peut aussi être conçu non

---

[72] FERRERO, ouvrage cité, page 99

[73] Nous nous permettons de rappeler ici certaines remarques ou observations du Rapport (9 Octobre 2000), de Madame Kristina OJULAND et de Lord KIRKHILL, membres de l'Assemblée du Conseil de l'Europe. Tous les problèmes divers, propres à la démocratie parlementaire, avaient été abordés par ces rapporteurs (cf. notamment les pages 5 à 8). Indépendamment des remarques générales, ils écrivaient que : "Toute révision du système électoral devrait s'accompagner d'un certain nombre de réponses discutées ci-dessus, qui remplaceraient le pouvoir du Conseil National". On peut rappeler aussi le rapport de conformité de l'ordre juridique de la Principauté de Monaco avec les principes fondamentaux du Conseil de l'Europe, des Juges à la Cour Européenne, José

plus seulement comme le droit d'être différent, mais comme le droit à la divergence et à la mise en cause de la responsabilité. Pou le pouvoir législatif c'est, en l'occurrence, le droit de faire valoir, par diverses procédures, son désaccord à l'égard du Pouvoir Exécutif ; pour le Pouvoir Exécutif, c'est le droit de renvoyer les élus devant ceux qui leur ont accordé le privilège de la représentation. Le Pouvoir Exécutif dissout le Pouvoir Législatif. Il est bien évident que cet équilibre, dans l'exercice de l'opposition, n'existe pas dans la Constitution monégasque. Une telle évolution serait-elle totalement impossible ? Elle bouleverserait incontestablement les principes fondamentaux actuels du régime de la Principauté, les principes dits "d'équilibre" exprimés par S.A.S. le Prince RAINIER[74].

Peut-on enfin tirer quelques conclusions, quelques projets de ces remarques succinctes à propos de l'Ordre politique :

1°) La coexistence de deux principes fondamentaux de gouvernement apparaît tout à fait clairement à travers les textes et la pratique constitutionnelles : monarchie héréditaire, démocratie. Cinquante années d'application vont en ce sens, mais cette stabilité n'est pas un obstacle à des changements et à des révisions (elles ont été largement envisagées dans les rapports Ministre d'Etat – Conseil National et nous n'avons pas à en juger). Une révision peut en cacher une autre.

2°) La source fondamentale du Pouvoir Législatif est le corps électoral qui, par l'exercice du Suffrage Universel et de l'élection, délègue à ses représentants le pouvoir d'actions législatives, certes limitées par cette restriction spécifique du droit d'initiative. Peut-on ou ne peut-on pas considérer, comme d'ailleurs le soulignaient des

---

PASTOR RIDRUEJO et Goerg RESS, accompagnés de Mme Despina CHATZIVASSILIOU (cf. notamment "Le concept de double Souveraineté interne", pages 10 à 15 et page s 33 et suivantes, 21 Juin 1999).

74 Cf. le message de S.A.S. le Prince Souverain au Conseil National, concernant le processus d'adhésion de la Principauté de Monaco au Conseil de l'Europe (Débats du Conseil National, séance publique du lundi 25 Juin 2001, annexe au Journal de Monaco du 27 Juillet 2001, n° 7505, pages 1094-1095).

Présidents du Conseil National, que cette altération du pouvoir est une atteinte au pouvoir originaire ? Le Suffrage Universel participe d'une délégation de volonté et de représentation incomplètes. Mais, répondra-t-on, la Constitution le veut ainsi ; elle est la norme suprême.

3°) Cette norme suprême incontournable, sans révision, ne fait pas obstacle à la réalisation d'une autonomie organique et ultérieurement fonctionnelle du Conseil National. Cette autonomie, qui sera traduite dans le Règlement Intérieur, par une proposition de loi relative au statut (droits, devoirs, obligations) des fonctionnaires du Conseil, doit aussi trouver son expression dans l'exercice des compétences financières et budgétaires. L'organisation doit s'accompagner d'une autonomie interne à caractère financier. Dans un exposé des motifs propre à cette autonomie, on peut d'ailleurs se demander si l'article 9 de la loi du 25 Juillet 1964 est en harmonie avec l'article 6 de la Constitution qui pose le principe de la séparation des fonctions "et l'assure".

4°) Enfin, on peut avancer, en se fondant sur les analyses historiques antérieures, sur les doctrines de Jorri DUURSMA et de Virginie MARGOSSIAN-COTTA, que l'Etat Monégasque s'incarne, outre son Prince Souverain, dans l'existence d'une communauté qui s'est fondée historiquement, culturellement, économiquement. Elle traduit une continuité et une permanence (n'est-il pas significatif que l'on parle, en langage courant des "familles" de Monaco) et il serait donc naturel que dans telle ou telle circonstance, en particulier de nature internationale, elles puissent être consultées par référendum. Certes cette procédure juridique et politique n'existe pas constitutionnellement. Ne serait-elle pas, si l'idée était envisagée, un processus de consolidation et d'affirmation de la démocratie ? L'adhésion au Conseil de l'Europe n'est certainement pas à ce prix, mais n'est-ce pas une réponse à certaines interrogations ?

CONSTITUTION ET PRIVATISATION : SUR L'EXISTENCE DE LIMITES CONSTITUTIONNELLES AU TRANSFERT AU SECTEUR PRIVE

par

Sébastien BERNARD
Professeur de Droit Public
Doyen de la Faculté de Droit de Grenoble

Depuis vingt-cinq ans, le Conseil constitutionnel a été à plusieurs reprises saisi de la constitutionnalité de textes législatifs autorisant le transfert au secteur privé de la propriété d'entreprises publiques. En dépit des multiples sources constitutionnelles invoquées, il n'a pourtant jamais jugé qu'une privatisation était contraire à la Constitution. Cette absence constante de censure, même s'agissant du transfert au secteur privé d'entreprises gérant des missions de service public, a parfois provoqué de vives critiques doctrinales[1] : ne faut-il pas y voir en effet une nouvelle manifestation de la "crise du service public" à laquelle le Doyen Rainaud a consacré un ouvrage[2] ?

Parmi les sources constitutionnelles couramment invoquées par les auteurs des saisines du Conseil constitutionnel dans le domaine des privatisations figurent une disposition du texte même de la Constitution - son article 34 - ainsi que plusieurs principes issus de son Préambule. Le Conseil constitutionnel a en premier lieu limité la

---

[1] Voir notamment Quiot (G), La révision de l'alinéa 9 du Préambule de la Constitution de 1946, *LPA*, 7 mars 2007, p. 4.

[2] Rainaud (J-M), *La crise du service public,* PUF, Que sais je ?, 1999.

portée de la compétence donnée au législateur par l'article 34 de la Constitution. Alors que ce dernier dispose que "la loi fixe les règles concernant (...) les transferts de propriété d'entreprises du secteur public au secteur privé", le Conseil constitutionnel a considéré dès 1982 que cette compétence du législateur n'impose pas que toute opération impliquant un transfert du secteur public soit directement décidée par le législateur. Il appartient à ce dernier de poser pour de telles opérations des règles dont l'application incombera aux autorités ou organes désignés par lui, ce qui interdit seulement qu'il laisse aux organes d'exécution "un pouvoir discrétionnaire d'appréciation et de décision soustrait à tout contrôle et d'une telle étendue qu'il méconnaîtrait sa propre compétence"[3]. En l'occurrence, le système mis en place en 1986[4] qui réserve au législateur le soin d'autoriser lui-même le transfert de deux catégories d'entreprises - celles qui sont entrées dans le secteur public en application d'une disposition législative et celles dont l'Etat détient directement plus de la moitié du capital social et qui ont un effectif, filiales majoritaires comprises, égal ou supérieur à mille personnes ou un chiffre d'affaires consolidé égal ou supérieur à 150 millions d'euros - a été jugé conforme à la Constitution. Toutes les autres entreprises publiques sont donc transférées au secteur privé par un acte administratif. Cette interprétation de la compétence donnée au législateur par l'article 34 de la Constitution témoigne d'un souci de réalisme consistant à éviter que le législateur ait à se prononcer directement sur la privatisation de chaque entreprises publique, y compris si elle est de très petite taille ; elle n'en constitue pas moins une première manifestation de la faiblesse de l'encadrement constitutionnel des privatisations.

Dans sa décision des 25 et 26 juin 1986, le Conseil constitutionnel précise toutefois que si l'article 34 laisse au législateur "l'appréciation de l'opportunité des transferts du secteur public au secteur privé et la détermination des biens ou des entreprises sur lesquels ces transferts doivent porter, elle ne saurait le dispenser, dans l'exercice de sa compétence, du respect des principes et des règles de valeur constitutionnelle qui s'imposent à tous les organes de l'Etat"[5].

---

[3] *Cons. const. 81–132 DC, 16 janvier 1982.*

[4] Loi du 2 juillet 1986 modifiée par la loi du 12 avril 1996.

[5] *Cons. const. 86–207 DC, 25–26 juin 1986.*

Dès lors que le transfert au secteur privé est autorisé dans son principe, la question qui se pose est celle de la portée des "principes et règles de valeur constitutionnelle" dans l'encadrement de ce transfert. Service public national, monopole de fait, liberté d'entreprendre, droit de propriété, égalité et continuité du service public : c'est dans le Préambule de la Constitution que résident la plupart des sources constitutionnelles opposables aux privatisations.

La lecture des décisions rendues par le Conseil constitutionnel depuis une vingtaine d'années sur les différentes lois ayant trait aux privatisations fait sens : le rapprochement de toutes les interprétations restrictives auxquelles s'est livré le juge constitutionnel permet de mesurer, au-delà de la proclamation de leur nécessaire respect, l'effectivité - limitée - de ces principes et règles constitutionnelles. Depuis une vingtaine d'années, ces sources constitutionnelles ont été invoquées à la fois pour tenter d'empêcher un transfert au secteur privé mais aussi pour aménager les conditions de ce transfert. L'analyse montre qu'à la neutralisation des limites constitutionnelles relatives au champ des privatisations (I) s'ajoute l'atténuation de celles ayant trait aux modalités du transfert au secteur privé (II).

I - La neutralisation des limites constitutionnelles relatives au champ des privatisations

En disposant que "tout bien, toute entreprise dont l'exploitation a ou acquiert les caractères d'un service public national ou d'un monopole de fait, doit devenir la propriété de la collectivité", c'est bien à une véritable restriction du champ des privatisations que procède le neuvième alinéa du Préambule de 1946. Dans sa décision des 25 et 26 juin 1986, le Conseil constitutionnel a ainsi déclaré que "serait contraire à la Constitution le transfert du secteur public au secteur privé de certaines entreprises (...) dont l'exploitation revêt les caractères d'un service public national ou d'un monopole de fait"[6]. Les notions de "service public national" et de "monopole de fait" qui, comme l'écrit le commissaire du gouvernement Emmanuel Glaser dans ses conclusions sur l'arrêt *Bayrou* du 27 septembre 2006 "ne se

---

[6] *Cons. const. 86–207 DC, 25–26 juin 1986.*

laissent pas facilement cerner"[7] ont été appréciées de manière restrictive, au point de susciter de fortes critiques, notamment par Gérard Quiot sur la jurisprudence relative à la notion de service public national[8] et par Martine Lombard sur celle ayant trait au monopole de fait[9]. Le Conseil constitutionnel n'a jusqu'à présent jamais censuré une disposition législative sur ces fondements, donnant l'impression de vider, au fil du temps, les notions de service public national et de monopole d'une grande partie de leur substance.

Dès 1986, une première distinction a été faite parmi les services publics nationaux. Le juge constitutionnel a en effet considéré que certains services publics nationaux étaient exigés par la Constitution mais que d'autres activités pouvaient être érigées en service public national par le législateur ou l'autorité réglementaire. Appliquant à cette seconde catégorie le principe du parallélisme des compétences, le Conseil en déduit que "que le fait qu'une activité ait été érigée en service public par le législateur sans que la Constitution l'ait exigé ne fait pas obstacle à ce que cette activité fasse, comme l'entreprise qui en est chargée, l'objet d'un transfert au secteur privé"[10]. Seuls ne peuvent être privatisés les services publics nationaux relevant de la première catégorie, c'est-à-dire "ceux dont la nécessité découle de principes ou de règles de valeur constitutionnelle" ou "dont l'existence et le fonctionnement et le fonctionnement seraient exigés par la Constitution". Pour le Conseil constitutionnel, n'appartiennent à cette catégorie ni les entreprises énumérées par la loi du 2 juillet 1986[11], ni TF1[12], ni la Caisse nationale de Crédit agricole[13].

---

[7] Concl. sur CE Sect., 27 septembre 2006, *M. Bayrou et autres*, *RJEP/CJEG*, février 2007, p. 55.

[8] QUIOT (G) - La révision de l'alinéa 9 du Préambule de la Constitution de 1946 par le Conseil constitutionnel - *LPA*, 7 mars 2007, pp. 4-13. Voir aussi DE BELLESCIZE (R) - Grandeur et servitude de la notion de service public constitutionnel - *RFDA*, 2006, pp. 1163- 1171.

[9] LOMBARD (M), Les limites constitutionnelles à la privatisation des entreprises dont l'activité a le caractère d'un monopole : Mélanges Moderne, Dalloz, 2004, p. 673.

[10] *Cons. const. 86–207 DC, 25–26 juin 1986.*

[11] *Cons. const. 86–207 DC, 25–26 juin 1986.*

[12] *Cons. const. 86–217 DC, 18 septembre 1986.*

[13] *Cons. const. 87–232 DC, 7 janvier 1988.*

Saisi de lois permettant l'ouverture minoritaire du capital et attribuant le statut de société à France Télécom en 1996 puis à GDF et EDF en 2004, le Conseil constitutionnel a estimé que les exigences constitutionnelles étaient respectées[14]. Dans les deux cas en effet, le législateur réaffirmait la qualité de service public national des entreprises concernées et garantissait le maintien d'une participation majoritaire publique : l'obligation faite par le neuvième alinéa du Préambule de 1946 aux services publics nationaux de rester la propriété de la Nation était ainsi respectée.

Persuadés de son inconstitutionnalité, beaucoup de commentateurs ont déploré que la loi du 31 décembre 2003 relative aux obligations de service public des télécommunications et à France Télécom[15] qui autorisait la privatisation de l'opérateur historique n'ait pas été soumise au contrôle du Conseil constitutionnel. Comme son appellation le met en valeur, cette loi confirmait les missions de

---

[14] Pour France Télécom : "Considérant qu'en maintenant à France Télécom sous la forme d'entreprise nationale, les missions de service public antérieurement dévolues à la personne morale de droit public France Télécom dans les conditions prévues par la loi susvisée de réglementation des télécommunications, le législateur a confirmé sa qualité de service public national ; qu'il a garanti conformément au neuvième alinéa du Préambule de la Constitution de 1946 la participation majoritaire de l'Etat dans le capital de l'entreprise nationale ; que l'abandon de cette participation majoritaire ne pourrait résulter que d'une loi ultérieure ; que par suite le moyen tiré de la méconnaissance des prescriptions constitutionnelles précitées ne saurait être accueilli" (Cons. Const. 23 juillet 1996, n°96-380 DC, loi relative à l'entreprise nationale France Télécom). Pour EDF-GDF : "Considérant qu'en maintenant aux sociétés nouvellement créées les missions de service public antérieurement dévolues aux personnes morales de droit public Electricité de France et Gaz de France dans les conditions prévues par les lois du 8 avril 1946, du 10 février 2000 et du 3 janvier 2003 susvisées, le législateur a confirmé leur qualité de services publics nationaux ; qu'il a garanti, conformément au neuvième alinéa du Préambule de la Constitution de 1946, la participation majoritaire de l'Etat ou d'autres entreprises ou organismes appartenant au secteur public dans le capital de ces sociétés ; que l'abandon de cette participation majoritaire ne pourrait résulter que d'une loi ultérieure ; que, par suite, le moyen tiré de la méconnaissance des prescriptions constitutionnelles précitées ne saurait être accueilli" (Cons. Const. 2004-501 DC *Loi relative au service public de l'électricité et du gaz et aux entreprises électriques et gazières*).

[15] Loi n° 2003-1365.

service public confiées à France Télécom tout en l'inscrivant dans la liste des entreprises privatisables établie par la loi du 13 juillet 1993. *A priori* contraire au neuvième aliéna du Préambule de 1946, ce double choix simultané semblait voué à une censure si le Conseil constitutionnel avait été saisi.

Quelques années plus tard, un scénario similaire paraissait devoir se produire pour Gaz de France. Alors que la loi du 9 août 2004 avait confirmé les missions de service public confiées à GDF et garanti une participation publique supérieure à 70%, la perspective de la fusion avec Suez conduisit le Parlement deux ans plus tard à autoriser son transfert au secteur privé. A la surprise de nombreux commentateurs, le Conseil constitutionnel ne censura pas cette autorisation de transfert au terme d'un raisonnement complexe dans lequel il modifie son considérant de principe de 1986 en indiquant que "si la nécessité de certains services publics nationaux découle de principes ou de règles de valeur constitutionnelle, il appartient au législateur ou à l'autorité réglementaire, selon les cas, de déterminer les autres activités qui doivent être ainsi qualifiées, *en fixant leur organisation au niveau national et en les confiant à une seule entreprise*"[16].

Ces deux précisions - la nécessité de fixer l'organisation au niveau national et le fait de confier l'activité à une seule entreprise - sont nouvelles[17] dans la jurisprudence constitutionnelle et critiquables[18] car elles entretiennent la confusion entre la qualité de service public national et l'entreprise qui l'exerce - adoptant une approche organique des services publics - et réduisent la notion de service public national à l'exercice exclusif d'une activité alors que, dans la logique du Préambule de 1946, le monopole de propriété

---

[16] Cons. Const. 30 novembre 2006 DC, n° 2006-543 DC, *Loi relative au secteur de l'énergie*.

[17] La première reprend la position adoptée par le Conseil d'Etat dans un avis rendu le 11 mai 2006, v. *AJDA* 2006, p. 1603.

[18] Elles entretiennent en outre la confusion entre la qualité de service public national et l'entreprise qui l'exerce : v. QUIOT (G) - La révision de l'alinéa 9 du Préambule de la Constitution de 1946 par le Conseil constitutionnel - *LPA*, 7 mars 2007, pp. 4 -13.

publique doit être une conséquence et non la cause de la qualité de service public national.

Reprenant ensuite la distinction entre les deux catégories de services publics nationaux, le Conseil constitutionnel affirme "que le fait qu'une activité ait été érigée en service public national sans que la Constitution l'ait exigé ne fait pas obstacle au transfert au secteur privé de l'entreprise qui en est chargée" mais "ce transfert suppose que le législateur prive ladite entreprise des caractéristiques qui en faisaient un service public national". Le Conseil rappelle également avoir constaté, par sa décision du 5 août 2004, que Gaz de France conservait la qualité d'un service public national par détermination de la loi car "le législateur avait maintenu à cette seule entreprise les missions de service public qui lui étaient antérieurement dévolues en ce qui concerne la fourniture de gaz naturel aux particuliers". Mais le Conseil considère alors que GDF perd au 1er juillet 2007 son caractère de service public national - d'où une décision de conformité sous la réserve que le transfert au secteur privé n'intervienne qu'après cette date - dans la mesure où, d'une part, il est mis fin à cette date à l'exclusivité dont bénéficiait Gaz de France pour la fourniture de gaz naturel aux particuliers et où, d'autre part, aucun des autres moyens soulevés ne lui semble donner la qualité de service public national à GDF, soit qu'il s'agisse d'obligations de service s'imposant à différentes entreprises[19], soit en raison de la censure de l'obligation faite à GDF de proposer le tarif réglementé[20].

---

19 "Considérant, en deuxième lieu, que les obligations de service public définies par l'article 16 de la loi du 3 janvier 2003 susvisée s'imposent non seulement à Gaz de France, mais encore à l'ensemble des entreprises concurrentes intervenant dans le secteur du gaz naturel ; qu'il en est ainsi en ce qui concerne les obligations de service public fixées par la loi, au niveau national, sur chacun des segments de ce secteur d'activité ; Considérant que, si l'article 29 de la loi déférée impose à Gaz de France des sujétions en termes de péréquation, en ce qui concerne les tarifs d'utilisation des réseaux publics de distribution, l'activité de distribution du gaz naturel constitue un service public local et non national ; qu'en outre, en vertu du même article, l'obligation de péréquation des tarifs d'utilisation des réseaux publics de distribution "à l'intérieur de la zone de desserte de chaque gestionnaire" s'impose non seulement à Gaz de France, mais aussi aux distributeurs non nationalisés".

20 "Considérant, enfin, que le grief tiré de ce que le législateur aurait conservé à Gaz de France son caractère de service public national en obligeant cette société à

La perplexité soulevée par cette décision s'explique en partie par le fait qu'il a toujours existé une pluralité d'acteurs sur certains segments du marché de la distribution du gaz[21] ; elle crée de surcroît un risque de confusion avec l'autre notion imposant le maintien dans le secteur public d'après le neuvième alinéa du Préambule de 1946, celle de monopole de fait bien que cette dernière puisse s'appliquer à des activités qui ne sont pas des services publics.

Dès 1986, le Conseil constitutionnel avait limité la portée de la notion de monopole de fait en déclarant quelle devait "s'entendre compte tenu de l'ensemble du marché à l'intérieur duquel s'exercent les activités des entreprises ainsi que la concurrence qu'elles affrontent dans ce marché de la part de l'ensemble des autres entreprises ; qu'on ne saurait prendre en compte les positions privilégiées que telle ou telle entreprise détient momentanément ou à l'égard d'une production qui ne représente qu'une partie de ses activités". Martine Lombard a souligné le caractère peu cohérent sur le plan économique des analyses auxquelles il fut procédé, relevant en particulier que le considérant de principe précédent pourrait aboutir, en théorie, à ce qu'il suffise de "systématiquement doter toute entreprise publique d'une activité complémentaire à caractère concurrentiel pour vider de toute portée" la notion de monopole de fait[22].

Cette interprétation restrictive de la notion de "monopole de fait" qui a conduit à ce qu'aucune censure n'intervienne[23] sur ce

---

proposer à titre permanent un tarif réglementé de vente doit être écarté compte tenu de la censure des dispositions précitées de l'article 66-1 inséré dans la loi du 13 juillet 2005 susvisée par l'article 17 de la loi déférée".

21 V. MOLINA (P-A) - Le Conseil constitutionnel précise les conditions de privatisation des services publics - *RJEP/CJEG*, février 2007, pp. 41-49.

22 LOMBARD (M), Les limites constitutionnelles à la privatisation des entreprises dont l'activité a le caractère d'un monopole : Mélanges Moderne, Dalloz, 2004, p. 682.

23 Ainsi, à propos de GDF, le Conseil constitutionnel déclare dans sa décision du 30 novembre 2006 : "Considérant que les activités de transport de gaz naturel ont été exclues de la nationalisation et ouvertes à tout opérateur par la loi du 2 août 1949 portant modification de la loi du 8 avril 1946 susvisée ; Considérant que les

fondement a été fidèlement reprise par le Conseil d'Etat lorsqu'il fut saisi pour avis du transfert au secteur privé des sociétés d'autoroutes. D'après la Haute juridiction administrative, les autoroutes ne constituent pas des monopoles de fait "dès lors qu'il existe, pour chaque itinéraire autoroutier, un autre itinéraire permettant de relier les deux points desservis (...) la circonstance que l'exploitation des autoroutes prend la forme d'une concession exclusive ne saurait conférer aux sociétés concessionnaires le caractère d'un monopole de fait au sens de l'alinéa [9 du Préambule de la Constitution du 27 octobre 1946]"[24]. On peut relever que cette vision fondée sur la substituabilité des trajets par autoroute ou route contredit celle du Conseil de la concurrence selon lequel "compte tenu des spécificités du trajet par autoroute et de sa faible substituabilité par rapport à d'autres modes de transport, la plupart des parcours autoroutiers constitueront des monopoles privés"[25].

D'une manière générale, le Conseil d'Etat adopte lui aussi les interprétations restrictives des notions constitutionnelles de service public national et de monopole de fait. S'agissant par exemple des sociétés d'autoroutes, il admet la légalité du décret les transférant au

---

activités de distribution ont été confiées non seulement à Gaz de France, mais aussi à des distributeurs non nationalisés par la loi du 8 avril 1946 ; que, depuis la loi du 13 juillet 2005 susvisée, ces activités sont ouvertes, en dehors des zones de desserte historique de ces opérateurs, à la concurrence de l'ensemble des entreprises agréées ; Considérant, par ailleurs, qu'ont également été exclues de la nationalisation en 1949 les activités de production de gaz naturel ainsi que celles de stockage et d'exploitation d'installations de gaz naturel liquéfié ; que les monopoles d'importation et d'exportation du gaz naturel ont été supprimés par la loi du 3 janvier 2003 susvisée ; que, depuis le 1er juillet 2004, les utilisateurs de gaz autres que les clients domestiques peuvent s'adresser au fournisseur de leur choix ; que la loi déférée met fin, à compter du 1er juillet 2007, à tout monopole de fourniture de gaz, y compris pour les clients domestiques ; qu'enfin, le gaz naturel constitue une énergie substituable ; Considérant, dans ces conditions, que la société Gaz de France ne peut être regardée comme une entreprise dont l'exploitation constitue un monopole de fait au sens du neuvième alinéa du Préambule de 1946".

24 Avis n° 372-147 des 25 et 29 août 2005, Rapport public 2006, La Documentation française, p. 202

25 Avis n° 05-A-22 du 2 décembre 2005 sur les problèmes de concurrence pouvant résulter de la privatisation annoncée des sociétés d'économie mixte concessionnaires d'autoroutes, Rapport d'activité 2005, p. 40).

secteur privé au motif "que l'exploitation d'une entreprise ne peut avoir les caractères d'un service public national ou d'un monopole de fait au sens de ces textes que si elle est exercée à l'échelon national ; qu'en l'espèce, aucune des sociétés dont s'agit, chargées de la construction et de l'exploitation de réseaux autoroutiers selon le régime prévu à l'article L. 122-4 du code de la voirie routière, ne s'est vu attribuer de concession, à l'échelon national, pour l'ensemble des autoroutes ; qu'il ne résulte d'aucun principe, d'aucune règle de valeur constitutionnelle, ni d'aucune loi que l'exploitation des concessions autoroutières doive être érigée en service public national" [26].

En outre, saisi d'un recours à l'encontre du décret transférant Air-France au secteur privé, le Conseil d'Etat a, dans un arrêt *Demas* du 11février 2004, refusé de se prononcer sur les notions de service public constitutionnel et de monopole en se bornant à constater que "la Compagnie nationale Air France figure sur la liste annexée à la loi du 19 juillet 1993 ; que c'est sur le fondement de cette autorisation donnée sans limitation de durée par la loi que le décret du 3 octobre 2003 décide le transfert du secteur public au secteur privé de la participation majoritaire détenue par l'Etat dans la société Air France". Cette application très stricte du principe de la loi-écran a été regrettée par une partie de la doctrine[27] car l'écoulement d'une dizaine d'années entre l'inscription d'une société sur la liste des entreprises privatisables et la réalisation effective de son transfert au secteur privé était de nature à modifier sa situation à l'égard de la concurrence.

II - L'atténuation des limites constitutionnelles applicables aux modalités des privatisations

A défaut d'avoir depuis vingt ans fait obstacle au transfert au secteur privé des entreprises publiques, les sources constitutionnelles n'ont-elles pas encadré les modalités de ce transfert ? Saisi à plusieurs reprises de lois portant transfert d'une ou plusieurs entreprises publiques au secteur privé, le Conseil constitutionnel a vérifié le respect des principes d'égalité et de propriété qui imposent notamment

---

[26] CE Sect., 27 septembre 2006, *M. Bayrou et autres*.

[27] CE 11 février 2004, *Demas*, note Lombard : *DA*, avril 2004, p. 23.

de respecter l'obligation de ne pas brader le patrimoine public en cédant les actions d'une entreprise du secteur public à un prix inférieur à celui correspondant à la valeur réelle de l'entreprise privatisée. L'analyse de la jurisprudence constitutionnelle révèle toutefois une tendance du juge à limiter l'impact de ces sources constitutionnelles sur les modalités de la privatisation.

Cette atténuation s'est débord vérifiée en 1986 lorsque le Conseil constitutionnel, tout en reconnaissant un risque d'atteinte au principe d'égalité et au droit de propriété, préféra recourir à la technique des réserves d'interprétation plutôt que de déclarer contraires à la Constitution les dispositions législatives en cause. Dans sa décision des 25 et 26 juin 1986, le Conseil constitutionnel a considéré que la règle selon laquelle des biens ou des entreprises faisant partie de patrimoines publics ne pouvaient être cédés à des personnes poursuivant des fins d'intérêt privé pour des prix inférieurs à leur valeur reposait sur un double fondement. Elle découle naturellement, ainsi que les auteurs de la saisine l'avaient invoqué, du principe d'égalité. Mais, de manière plus audacieuse compte tenu de l'inspiration libérale de la Déclaration des Droits de l'Homme de 1789, le Conseil déclare "qu'elle ne trouve pas moins un fondement dans les dispositions de la Déclaration des Droits de l'Homme de 1789 relatives au droit de propriété et à la protection qui lui est due" car "cette protection ne concerne pas seulement la propriété privée des particuliers mais aussi, à un titre égal, la propriété de l'Etat et des autres personnes publiques"[28].

En dépit de cette consécration constitutionnelle de l'interdiction de céder à vil prix une entreprise publique, le Conseil constitutionnel n'a pas censuré le dispositif prévu par le Parlement qui se contentait pourtant de prévoir la fixation, par voie d'ordonnance, des règles d'évaluation des entreprises et de détermination des prix d'offre. D'après les auteurs de la saisine, le risque de brader le patrimoine public était d'autant plus élevé qu'il était prévu - contrairement au dispositif retenu sept ans plus tard dans la loi du 19 juillet 1993 - une limite temporelle de cinq ans pour la réalisation

---

28 *Cons. const. 86–207 DC, 25–26 juin 1986.*

du transfert au secteur privé des soixante-cinq entreprises énumérées en annexe. Remarquant que les travaux préparatoires révélaient l'intention du Gouvernement de faire procéder à des évaluations par des experts indépendants et de ne pas céder les entreprises concernées à un prix inférieur à leur valeur, le Conseil s'est borné à formuler deux réserves d'interprétation.

La première réserve visait à écarter tout risque de transfert précipité et à un prix bradé dans l'hypothèse - qui s'est effectivement produite - où l'ensemble des entreprises publiques visées par la loi du 2 juillet 1986 n'aurait pas été privatisé dans les cinq ans. Selon le Conseil constitutionnel, "la loi doit se comprendre comme ne prévoyant la date limite du 1er mars 1991 que pour la réalisation des transferts à un prix conforme aux intérêts patrimoniaux de l'Etat, et dans le respect de l'indépendance nationale, étant entendu que les transferts qui, à cette date, n'auraient pas été engagés ou terminés ne pourraient avoir lieu ou s'achever qu'en vertu d'une nouvelle disposition législative".

La seconde réserve d'interprétation formulée par le Conseil constitutionnel avait pour objet d'encadrer la rédaction de l'ordonnance prévue pour la fixation des règles d'évaluation de la valeur des entreprises publiques. Le juge constitutionnel déclara ainsi que le Gouvernement devait "prendre par voie d'ordonnance des dispositions selon lesquelles l'évaluation de la valeur des entreprises à transférer sera faite par des experts compétents totalement indépendants des acquéreurs éventuels ; qu'elle sera conduite selon les méthodes objectives couramment pratiquées en matière de cession totale ou partielle d'actifs de sociétés en tenant compte, selon une pondération appropriée à chaque cas, de la valeur boursière des titres, de la valeur des actifs, des bénéfices réalisés, de l'existence des filiales et des perspectives d'avenir ; que, de même, l'ordonnance devra interdire le transfert dans le cas où le prix proposé par les acquéreurs ne serait pas supérieur ou au moins égal à cette évaluation ; que le choix des acquéreurs ne devra procéder d'aucun privilège". La précision des termes utilisés pour guider le pouvoir réglementaire montre *a contrario* combien il n'était pas évident que le dispositif envisagé respecte le principe d'interdiction de cession à vil prix du patrimoine public : il est intéressant de constater comment le juge se satisfait de réserves permettant de s'y conformer au lieu de sanctionner une atteinte à ce principe.

Une autre manifestation de l'atténuation des limites constitutionnelles applicables aux modalités des privatisations consiste à identifier une atteinte à un principe constitutionnel tout en considérant que cette atteinte n'est pas d'une gravité telle qu'elle soit contraire à la Constitution. La jurisprudence constitutionnelle relative aux privatisations contient plusieurs exemples de ce type.

Suite aux critiques adressées aux groupes d'actionnaires stables, couramment appelés "noyaux durs", institués lors des privatisations de 1986 et 1987, la nouvelle majorité décida en 1989 de libérer les actionnaires de ces "noyaux durs" de leur engagement consistant à conserver leurs titres pour une certaine durée[29]. Les députés ayant saisi le Conseil constitutionnel estimaient qu'une telle disposition portait atteinte au droit de propriété, notamment parc que la loi rendait caducs les pactes conclus par des actionnaires qui avaient entendu limiter contractuellement leur droit de disposer librement de leurs titres - alors que la possibilité de s'empêcher de disposer suppose le droit de disposer, élément fondamental du droit de propriété - et qu'elle confiait au ministre chargé de l'économie le pouvoir de s'opposer à une acquisition d'actions. Dans sa décision du 4 juillet 1989, le Conseil constitutionnel considère que "la loi, sans remettre en cause le droit de propriété, définit une limitation à certaines modalités de son exercice qui n'a pas un caractère de gravité tel que l'atteinte qui en résulte en dénature le sens et la portée et soit, par suite, contraire à la Constitution"[30].

Le raisonnement du juge constitutionnel est similaire à propos de l'atteinte à la liberté d'entreprendre que constituerait la soumission à déclaration des acquisitions d'actions des sociétés privatisées lorsqu'elles ont pour conséquence de porter la participation d'une ou plusieurs personnes agissant de concert au-delà du seuil de 10% du

---

[29] V. J–P. Camby et P. Vincent, La loi relative au "dénoyautage" des entreprises privatisées, *AJDA*, 1990, p. 347

[30] Décision n°89-254 DC du 4 juillet 1989, *Loi modifiant la loi n° 86-912 du 6 août 1986 relative aux modalités d'application des privatisations.*

capital de la société concernée. Considérant que la liberté d'entreprendre n'est ni générale, ni absolue, le juge indique d'abord qu'il est "loisible au législateur d'y apporter des limitations exigées par l'intérêt général à la condition que celles-ci n'aient pas pour conséquence d'en dénaturer la portée". Après avoir relevé que la procédure de contrôle par l'autorité administrative est instituée pour une durée limitée (un peu plus de trois ans), il en conclut que ce contrôle a pour but d'assurer la sauvegarde des intérêts nationaux et est assujetti à des modalités d'exercice temporaires et de portée limitée qui ne méconnaissent pas la liberté d'entreprendre.

Le caractère limité de l'encadrement constitutionnel des conditions du transfert au secteur privé s'illustre enfin à travers le rejet de certaines atteintes à des principes constitutionnels invoquées par les requérants. Le Conseil constitutionnel n'a ainsi jamais sanctionné d'atteinte au principe d'égalité entre les entreprises privatisées sur lesquelles peuvent peser certaines sujétions - notamment lorsque la privatisation est accompagnée de l'institution d'une action spécifique - et les autres entreprises privées, considérant que "les sociétés appartenant antérieurement au secteur public dont la privatisation a obéi à des règles particulières destinées à assurer la protection des intérêts nationaux se trouvent par là même placées, à titre transitoire, dans une situation différente par rapport aux autres sociétés appartenant au secteur privé"[31]. Dans le cadre de sa décision de 1989 concernant le "dénoyautage" des groupes d'actionnaires stables, il a simplement rappelé que pour le cas où l'application de la loi occasionnerait à certains membres des groupes d'actionnaires stables "un préjudice anormal et spécial", ils pouvaient en demander réparation sur le fondement du principe constitutionnel d'égalité de tous devant les charges publiques.

Lorsque les privatisations affectent des entreprises gérant des missions de service public, le Conseil constitutionnel a aussi été mené à se prononcer sur le respect du principe de continuité du service public. Dans le cas du transfert au secteur privé de Gaz de France, les requérants soutenaient qu'en s'abstenant de prévoir les mécanismes de

---

[31] Décision n°89-254 DC du 4 juillet 1989, *Loi modifiant la loi n° 86-912 du 6 août 1986 relative aux modalités d'application des privatisations.*

nature à empêcher Gaz de France, après son transfert au secteur privé, de céder les actifs stratégiques affectés à ses missions de service public, le législateur n'avait pas garanti le respect des exigences constitutionnelles s'attachant à la continuité du service public. Le Conseil a rejeté cette affirmation en s'appuyant sur trois éléments. Il a en premier lieu considéré que certaines obligations de service public, notamment relatives à la "continuité de la fourniture de gaz" s'imposent à Gaz de France comme à l'ensemble des autres opérateurs du secteur gazier en application de dispositions non abrogées de la loi du 3 janvier 2003 relative aux marchés du gaz et de l'électricité et au service public de l'énergie. Il a ensuite relevé qu'afin de préserver les intérêts essentiels de la France dans le secteur de l'énergie, et notamment "la continuité et la sécurité d'approvisionnement en énergie", la loi contestée prévoyait l'institution par décret d'une action spécifique. Enfin, le juge a rappelé qu'en cas de circonstances exceptionnelles, les autorités compétentes de l'État peuvent procéder, dans le cadre de leurs pouvoirs de police administrative ou en vertu des dispositions du code de la défense, à toute réquisition de personnes, de biens et de services[32].

Outre la neutralisation des limites constitutionnelles relatives au champ des privatisation et l'atténuation des effets de celles applicables aux modalités du transfert au secteur privé, la liberté d'action du législateur en matière de privatisation a encore été renforcée par la souplesse dont le Conseil constitutionnel a fait preuve lors de son contrôle de l'institution d'un compte d'affectation spéciale auquel étaient versés les produits provenant des privatisations par la loi de finances pour 2006 dans la mesure où, tout en affirmant son incompatibilité avec la loi organique relative aux lois de finances du 1er août 2001, il permit au législateur de ne s'y conformer qu'un an plus tard[33]. Enfin, il convient de rappeler que la faiblesse de cet

[32] Cons. Const. 30 novembre 2006 DC, n° 2006-543 DC, *Loi relative au secteur de l'énergie*.

[33] Ce compte d'affectation spéciale était contesté à la fois pour sa structure "mono-programme" - le compte ne comportant qu'un seul programme contrairement à ce que prévoit l'article 20 de la loi organique relative aux lois de finances du 1er août 2001 - et pour la nature de certaines dépenses qu'il retraçait, le compte pouvant financer de multiples dépenses relevant de la gestion des participations de l'Etat (augmentations de capital ou avances d'actionnaires à des entreprises publiques,

encadrement constitutionnel des privatisations est aussi accentuée par les lacunes résultant du système français de contrôle de constitutionnalité. A plusieurs reprises, le Conseil constitutionnel n'a pas été saisi de textes législatifs transférant une ou plusieurs entreprises publiques au secteur privé alors que leur conformité à la Constitution était susceptible de soulever des difficultés. La proposition du comité présidé par M. Edouard Balladur tendant à instaurer une procédure d'exception d'inconstitutionnalité devant les juges ordinaires permet d'espérer que soient limitées à l'avenir les conséquences de telles lacunes. Elle ne sera pas en elle-même suffisante pour remettre en cause le diagnostic d'une grande faiblesse de l'encadrement constitutionnel que la lecture des décisions rendues conduit à déplorer. A moins qu'il ne faille voir, dans la faiblesse de cet encadrement constitutionnel des privatisations, qu'une manifestation normale de la neutralité économique de la Constitution[34].

achats de titres, parts ou droits de société). Le Conseil constitutionnel considéra "qu'en l'état actuel de la législation, les comptes spéciaux ne devraient pas comporter un programme unique" mais admit qu'"afin de laisser aux autorités compétentes le temps de procéder aux adaptations nécessaires et de surmonter les difficultés inhérentes à l'application d'une telle réforme, la mise en conformité des missions "mono-programme" et des nouvelles règles organiques pourra n'être effective qu'à compter de l'année 2007". *Cons. Const. 29 décembre 2005, n° 2005-530 DC, Loi de finances pour 2006, JO 31 décembre 2005, p. 20705.*

34 Chérot (J-Y) - *Droit public économique*, Economica, 2002, p. 24.

A. A. I. : AÏE ! AÏE ! AÏE !
DE LA DIFFICULTE D'ETRE UNE AUTORITE ADMINISTRATIVE INDEPENDANTE : LA COMMISSION DES SONDAGES.

par

Christian BIDEGARAY
Professeur de Science Politique à l'Université de Nice - Sophia Antipolis
Membre de la Commission des sondages

"A la question : faites-vous encore confiance aux instituts de sondage ? 64% des Français répondent NON et 59% répondent OUI".

Philippe Geluck
Le Chat à Malibu

Depuis leur apparition en France à la veille du second conflit mondial et leur croissance exponentielle à partir de la première élection présidentielle au suffrage universel en 1965, les sondages électoraux suscitent un curieux mélange de fascination et de répulsion. Candidats, citoyens, journalistes se prétendent immunisés contre l'illusion sondagière, et pourtant, en période électorale, qui ne se laisse prendre à l'illusion des prédictions des enquêtes d'opinion ? Même s'ils prétendent le contraire, tous les candidats sont à l'affût du moindre décollage de leur cote de popularité. Et comment ne le seraient-ils pas puisque les sondages les aident à imposer leur candidature à des appareils partisans réticents, à déterminer leurs thèmes de campagne et à ajuster leur stratégie pour convaincre un électorat de plus en plus volatil et sceptique. Les citoyens n'échappent pas davantage à ce travers, même s'ils affichent un scepticisme de bon aloi et prétendent se défier des manipulations. Quant aux journalistes et aux médias, comment n'useraient-ils pas des sondages qui leur fournissent matière à "scoops" et à commentaires réguliers tout en les dispensant d'enquêtes plus coûteuses ? C'est pourquoi nombreux sont ceux qui reprennent, non sans talent et pertinence, l'idée séminale de Pierre Bourdieu pour qui "l'opinion publique n'existe pas"[1] mais est un artefact. Aussi mettent-ils en garde contre ce "triangle de la domination"[2] qui unit dans une même connivence sondeurs, journalistes et politiques. Ils devraient pourtant être rassurés, puisque le législateur, inquiet des influences néfastes que pourraient avoir les sondages sur le libre choix des électeurs, a créé en 1977 un organisme chargé "d'étudier et de proposer des règles tendant à assurer dans le domaine de la prévision électorale l'objectivité et la qualité des sondages publiés ou diffusés tels que définis par la loi à son article 1er"[3]. Mais il n'en est rien et la Commission des sondages ainsi créée se voit souvent accusée d'apathie sinon de duplicité par certains adeptes de la sociologie du soupçon. Ainsi pendant la campagne électorale de 2007 pouvait-on lire sous la plume de Daniel Schneidermann les propos suivants : "Les sondages sont habituellement d'efficaces machines à produire des prophéties auto réalisatrices mais avec l'invention de toutes pièces d'un scénario [une hypothèse de second tour F. Bayrou-S. Royal], le sondeur grisé par sa puissance, choisit délibérément de s'affranchir de toute réalité et franchit un palier [...] Pourtant la commission des sondages, dont l'objectif consiste à veiller à ce que "la publication des sondages électoraux portant sur des intentions de vote ne vienne pas influencer ou perturber la libre

---

[1] Pierre BOURDIEU, in *Les Temps modernes* 23 (318) janvier 1973, p.1292-1309, repris in *Questions de sociologie,* Ed.de Minuit, Paris, 1980.

[2] Parmi tant d'autres et avec des jugements variables selon chacun : Frédéric BON, *Les sondages peuvent-ils se tromper ?,* Calmann-Levy, Paris 1974 ; Patrick CHAMPAGNE, *Faire l'opinion. Le nouveau jeu politique*, Ed. de Minuit, Paris, 1991 ; Loïc BLONDIAU *La fabrique de l'opinion. Une histoire sociale des sondages.* Seuil, Paris 1998 ; Emmanuel KESSLER *La folie des sondeurs,* Denoël Paris 2002 ; Alain GARRIGOU *L'ivresse des sondages,* La Découverte, Paris 2006 ; Patrick LEHINGUE, *Subunda. Coups de sonde dans l'océan des sondages,* Éditions du croquant, 2007, Roland CAYROL, Pascal DELANNOY *La revanche de l'opinion,* Ed. Jacob Duvernet, Paris, 2007.

[3] Il s'agit de "tout sondage d'opinion ayant un rapport direct ou indirect avec un référendum, une élection présidentielle ou l'une des élections réglementées par le code électoral ainsi qu'avec l'élection des représentants au Parlement européen. Les opérations de simulation de vote réalisées à partir de sondages d'opinion sont assimilés à des sondages d'opinion pour l'application de la présente loi" (Loi 77-808 du 19 juillet 1977 art 1).

détermination du corps électoral" n'y a rien trouvé à redire. Elle devait regarder ailleurs". Et le journaliste d'ajouter que pour éviter de telles dérives, il faudrait une fois pour toutes interdire les sondages par une loi, solution impossible selon lui, car les parlementaires et les partis politiques, gros consommateurs de sondages, sont les premiers clients des instituts. Et de conclure : "Voilà pourquoi le triangle opaque des sondeurs des partis et des médias s'accorde et s'accordera, à autoriser la Commission des sondages à poursuivre son paisible somme"[4].

Dont acte ! Mais que M. Schneidermann ne s'en est-il pris au législateur qui n'a doté la Commission que de faibles moyens pour contrôler un instrument, nécessairement approximatif, d'appréhension de l'opinion ! Déjà, en 1961, Valdimer Orlando Key reconnaissait que "parler avec précision de l'opinion publique est une tâche qui n'est pas très différente de celle de rencontrer l'esprit saint !"[5]. La chose est tout aussi complexe aujourd'hui, car si les sondages ne relèvent pas de la prophétie, ils ne constituent pas pour autant une science exacte. Les instituts ne nient pas qu'une certaine marge d'erreur affecte leurs analyses. Et comment n'en irait-il pas autrement, vu la complexité, la réactivité et l'instabilité d'une opinion que les sondés répugnent de plus en plus à dévoiler ? Dès lors, comme le répètent régulièrement les instituts, loin de faire des prédictions de résultats, ils se bornent à donner "une photographie" de l'opinion à un moment donné. Or plus que l'instantané, c'est le film qui est significatif et encore tout dépend de l'angle de vue, du cadrage, bref des redressements et des interprétations qui en sont donnés. D'où la mission impossible de la Commission des sondages. Elle ne peut s'immiscer dans la confection des sondages ni en divulguer les secrets de fabrication, sans porter atteinte à la liberté d'entreprise. Mais elle ne peut non plus, sans faillir à sa mission, laisser publier des enquêtes qui manqueraient aux règles élémentaires de l'honnêteté scientifique. Telle est la quadrature du cercle que doit réaliser cette Autorité Administrative Indépendante qui, conçue initialement comme un gendarme des sondages, ne peut en fait qu'en assurer la régulation.

---

[4] Daniel SCHNEIDERMANN, "Sondages, le putsch inaperçu", *Libération*, vendredi 23 mars 2007.

[5] Valdimer Orlando KEY *Public Opinion and American Democracy,* Alfred A. Knopf, New York 1961.

LA COMMISSION : EN APPARENCE, UN GENDARME DES SONDAGES

Conçus par certains comme une pollution de la démocratie, les sondages ont fait l'objet de nombreuses tentatives de réglementation. A défaut de pouvoir les interdire totalement, il a été demandé en 1972, d'en prohiber la publicité et la diffusion pendant la durée légale des campagnes électorales. A l'occasion de l'élection présidentielle de 1974, les directeurs de campagne de Valéry Giscard d'Estaing et de François Mitterrand ont obtenu du président de la République par intérim qu'un sondage ne soit pas publié par *France-Soir* à la veille du second tour.

Finalement la loi n° 77-708 du 19 juillet 1977 "relative à la publication et à la diffusion de certains sondages d'opinion"[6] a créé une Commission des sondages chargée d'en assurer la police et de veiller à ce qu'ils ne soient pas publiés et diffusés dans la semaine précédant les élections. Or, avec le développement des nouvelles techniques d'information et de communication et notamment d'*internet*, les interdictions de la loi française sont apparues dépassées et de surcroît contraires à la Convention européenne des droits de l'homme. Aussi a-t-il fallu la modifier à la veille des présidentielles de 2002, assouplissant par là même le contrôle initialement prévu.

UN ORGANE CHARGE DE LA POLICE DES SONDAGES : LA LOI DU 19 JUILLET 1977

Selon la Loi du 19 juillet 1977 la Commission des sondages devait être composée de membres désignés par décret en conseil des ministres en nombre égal et impair, parmi les membres du Conseil d'Etat, de la Cour de Cassation et de la Cour des Comptes. Le décret n°78-79 du 25 janvier 1978 a fixé à neuf l'effectif de la commission à raison de trois membres pour chaque corps, nommés pour trois ans et doublés d'autant de suppléants. Quant au président, il est choisi parmi

---

[6] *J.O.* du 20 juillet p. 3387.

les membres du Conseil d'Etat et doit être président de section ou conseiller d'Etat.

La Commission a pour mission "de contrôler tout le processus de fabrication d'un sondage, les modalités de sa présentation dans un organe de presse, et d'exiger l'insertion publiée d'une rectification lorsqu'elle l'estime nécessaire". En conséquence, tout sondage doit indiquer le nom de l'organe qui l'effectue, les noms et qualités de l'acheteur, le nombre de personnes interrogées, la ou les dates auxquelles il a été procédé aux questions. L'institut doit ainsi remettre à la Commission une notice indiquant l'objet du sondage, la méthode de choix des interviewés, le choix et la composition de l'échantillon, les conditions d'interrogation, le texte intégral des questions posées, le pourcentage des personnes n'ayant pas répondu à chacune des questions, les limites d'interprétation des résultats et, s'il y a lieu, la méthode utilisée pour en déduire les leçons de caractère indirect qui sont publiées.

Pour assurer le respect de la législation, la Commission peut ordonner la publication des indications de la notice. Elle a tout pouvoir pour vérifier que les sondages ont été réalisés et leur vente effectuée conformément aux lois et règlements. Les organes d'information qui publieraient ou diffuseraient un sondage électoral *en violation* des dispositions légales et réglementaires applicables, ou qui méconnaîtraient les clauses obligatoires des contrats de vente, ou altèreraient la portée des résultats obtenus, sont tenus de publier sans délai *les mises au point* demandées par la Commission. De surcroît, celle-ci peut "faire programmer et diffuser à tout moment ces mises au point par les Sociétés nationales de radio et de télévision".

Selon des textes réglementaires ultérieurs, toute personne interrogée a le droit d'être informée du nom de l'organisme qui la sonde. On doit lui indiquer qu'elle peut refuser de répondre ou mettre un terme à l'entretien. Quant à l'institut, il doit conserver ses documents pendant deux mois pour que la Commission exerce son contrôle - délai qui peut être prolongé en cas d'action en justice. Appel peut être interjeté contre les décisions de la Commission devant le Conseil d'État par recours pour excès de pouvoir, dans les cinq jours de la notification. Enfin et surtout, selon l'article 11 de la loi, il est interdit de publier, diffuser et commenter, par quelque moyen que ce soit, tout sondage électoral dans la semaine précédant chaque tour de scrutin ainsi que pendant le déroulement de celui-ci, interdiction sanctionnée pénalement d'une amende de 500 000 frs, aujourd'hui 75 000 €.

Ainsi a fonctionné la Commission pendant vingt ans, sans trop de problèmes. Cependant l'interdiction de publication pendant la semaine précédant le vote s'est avérée peu à peu inutile puisque les médias étrangers pouvaient librement publier des sondages relatifs aux élections françaises. De surcroît, si pendant un temps, les requérants qui invoquaient la contrariété de la loi française de 1977 avec les articles 10 et 14 de la Convention européenne de sauvegarde des droits de l'homme et des libertés fondamentales se voyaient déboutés[7], cette jurisprudence a été stoppée net par la Cour de cassation dans son arrêt Amaury du 4 septembre 2001. Sur plainte de la Commission des sondages, le premier juge avait sanctionné le groupe Amaury pour avoir publié une enquête dans *Le Parisien*, en violation de l'interdiction légale. La Cour de cassation a annulé cette condamnation en déclarant les dispositions de la loi française incompatibles avec la Convention européenne des droits de l'homme. Aussi, à l'approche des élections de 2002, le CSA a-t-il adressé aux services de radio et de télévision une recommandation[8] les informant que les condamnations pénales prononcées sur le fondement de la Loi de 1977 risquaient d'être annulées par la Cour de Cassation. A son tour, le Conseil constitutionnel, saisi d'un recours contre cette recommandation, a mis en garde contre les risques de perturbation du bon déroulement des opérations électorales qui pourraient résulter de l'application de la nouvelle jurisprudence de la Cour de cassation par

---

[7] Ces articles garantissent la liberté de l'information et de la communication et n'ont pour seules limites que des motifs de sécurité et de sûreté de l'Etat ou un besoin social impérieux. Voir la confirmation de a loi française par le Conseil d'Etat qui dans un arrêt Meyet du 13 décembre 2001 a rejeté un recours invoquant la contrariété de la loi française à la CEDH pour faire annuler la recommandation du CSA du 23 octobre 2001 et le communiqué de la Commission des sondages du 29 avril 1999 qui demandaient application des sanctions pour violation de l'embargo légal sur les sondages.

[8] Le 23 octobre 2001.

les juridictions du premier degré[9]. Quant à la Commission des sondages, elle observa que la nouvelle jurisprudence ne permettait pas de savoir si l'interdiction de publication était incompatible avec la Convention européenne dans son principe ou simplement du fait de la durée excessive de l'interdiction de publier diffuser et commenter les sondages. Plusieurs propositions de loi furent alors déposées au Parlement et le gouvernement poursuivit ces efforts en faisant modifier et compléter le texte de 1977 par la loi du 19 février 2002.

UN ORGANE AU CONTRÔLE ASSOUPLI : LA LOI DU 19 FEVRIER 2002

Aux neuf membres de la Commission s'ajoutent deux personnalités compétentes en matière de sondages. La notice d'information que les instituts de sondage doivent fournir à la Commission doit être désormais communiquée *avant* la publication du sondage et non *à l'occasion* de celui-ci. Toute personne a le droit de consulter la notice déposée à la Commission et comportant le texte intégral des questions et des réponses. Enfin et surtout l'interdiction de publication, diffusion et commentaire des sondages est désormais limitée à la période allant du *Vendredi minuit précédant le scrutin jusqu'à la fermeture des bureaux de vote*[10]. Cette interdiction concerne tous les sondages électoraux, *y compris* ceux qui auraient fait l'objet d'une publication, diffusion ou commentaire avant la veille de chaque tour de scrutin. Elle ne fait pas obstacle à la poursuite de la diffusion des publications parues ou des données mises en ligne avant cette date.

Le dispositif légal a donc été amélioré pour tenir compte des nouvelles conditions de l'information contemporaine sans modifier

---

[9] Le 12 décembre 2001

[10] Cette date butoir correspond à la date de clôture de la campagne audiovisuelle car selon l'article 49 du Code applicable à l'ensemble des élections politiques "à partir de la veille du scrutin à 0 h, il est interdit de diffuser ou de faire diffuser par tout moyen de communication audiovisuelle tout message ayant le caractère de propagande électorale". Il aurait été paradoxal qu'en publiant des sondages au-delà de cette date, les journalistes puissent intervenir encore dans la campagne électorale, alors que les candidats n'avaient plus le droit de réponse.

fondamentalement la nature de l'organe de contrôle ni accroître en quelque manière ses moyens. Contrairement aux apparences donc la Commission n'est en rien un gendarme doté de moyens puissants pour sanctionner la violation des dispositions légales. Structure légère et généraliste puisque composée de magistrats et de hauts fonctionnaires, la Commission est une autorité administrative indépendante[11]. Elle dépend budgétairement du Ministère de la justice car, bien que contrôlant des faits relatifs aux élections, la rattacher au Ministère de l'intérieur aurait pu paraître contestable. Vu la nécessité dans une économie libérale de préserver la liberté d'entreprise et le degré d'approximation qui accompagne la technique même des sondages, la Commission ne peut pas être un juge inflexible. Elle ne peut être qu'un simple organe de régulation.

LA COMMISSION : UN SIMPLE ORGANE DE RÉGULATION

Si l'intervention de la commission a favorisé une intériorisation réciproque des règles applicables, son intervention se réduit en définitive à un pouvoir d'influence.

UN CONTRÔLE QUI A FAVORISÉ L'INTÉRIORISATION DES RÈGLES

- Au fur et à mesure de sa pratique, la Commission a été amenée à préciser les différentes règles de fond et de forme que devaient respecter les instituts. La Commission a précisé les notions de sondages, de moyens de diffusion (médias audiovisuels) et de publication (organes de presse) de ces sondages. Elle a défini ce qu'il fallait entendre par "rapport direct ou indirect" avec une élection ou un référendum. Elle a apporté des précisions sur la période pendant laquelle la Commission peut intervenir en exerçant un contrôle souple (entre deux consultations seuls sont contrôlés les sondages portant sur les intentions de vote), et à l'approche des échéances électorales, (soit environ deux ou trois mois avant celle-ci) un contrôle renforcé (sont alors contrôlés tous les sondages ayant un rapport direct ou indirect avec l'élection en cause). A chaque scrutin, elle a diffusé un

---

[11] Ainsi en jugé le Conseil d'Etat dans une étude de 2001

communiqué annonçant l'entrée en application de son contrôle maximum. Elle a été également amenée à préciser la portée de l'interdiction de publier diffuser ou commenter les sondages dans la période légale précédant chaque tour. Il en est allé ainsi en 2007, du fait de la tenue des élections présidentielles outre-mer et sur le continent américain un jour avant la métropole. Pour exercer son contrôle la commission a donc utilisé les moyens que la loi met à sa disposition :

- Elle a ainsi formulé des remarques sous forme de lettres adressées personnellement au responsable de la réalisation du sondage ou de sa publication.

- Elle a publié périodiquement, notamment à l'approche d'élections, des avis ou des communiqués rappelant les grandes lignes de la réglementation des sondages et de sa pratique. En outre, en 2006, à l'occasion de la primaire organisée au Parti socialiste pour départager les candidats à l'investiture du parti, et vu l'incidence des sondages dans cette opération a-t-elle dû inciter les citoyens à la prudence en faisant remarquer que les sondages portaient sur des *sympathisants* du PS ou de la gauche, alors que les challengers ne seraient départagés que par le *adhérents* au Parti socialiste.

- Elle a également effectué des mises au point à destination des instituts de sondages et des organes d'information pour sanctionner des irrégularités comme, par exemple, le défaut d'identification de l'origine du sondage - une simple omission matérielle pouvant être corrigée tandis qu'un refus entraînerait une mise au point exprimant "les plus expresses réserves".

- De même, en cas d'irrégularités relatives aux conditions de réalisation du sondage, a-t-elle pu regretter les faiblesses entachant la constitution de l'échantillon (notamment en cas de "sondages omnibus"[12]), le type de questions posées, les modalités de passation

---

12 Le coût d'une question fermée dans un sondage réalisé auprès d'un millier de personnes représentatives de la population française est d'environ 1000 €HT. Le coût d'une enquête d'opinion sera moins élevé si elle est réalisée en même temps que d'autres enquêtes. C'est ce que l'on appelle les enquêtes "omnibus". Les sondages réalisés pour la presse sont souvent vendus moins cher que ceux qui n'ont pas vocation à être publiés. Le prix des sondages peut enfin être moins élevé si le client s'abonne à toute une série d'enquêtes.

des questions, l'absence de documents permettant de contrôler le travail des enquêteurs etc.

- Quand les sondages publiés n'avaient pas d'origine identifiable, elle a effectué des mises au point en agitant la menace de poursuites pénales par le Garde des sceaux, ce qui a permis le plus souvent de corriger ces lacunes.

- Il en est allé de même des redressements affectant la sincérité des résultats des sondages. La Commission a été amenée à vérifier les modalités selon lesquelles ces redressements avaient été faits. L'absence de justification des redressements opérés ou leur ampleur trop importante ont pu donner lieu à des mises au point.

Tous ces moyens ont permis de moraliser les usages de la profession et depuis 1977, les instituts amateurs ou peu sérieux ont disparu du paysage. Il faut bien reconnaître que si les sondages politiques ne constituent qu'une infime partie des bénéfices des instituts de sondages, ils leur servent de vitrine. C'est pourquoi un mauvais sondage porte atteinte à leur image de marque ce qui se traduit par une perte sèche sanctionnée par les actionnaires et par la Bourse. Le contrôle de la Commission a donc assaini l'exercice des sondages par la profession. Toutefois, sauf aberration manifeste, elle ne peut aller très loin dans ses investigations, notamment en matière de redressements car, vu la complexité de cette opération et la spécificité des méthodes propres à chaque institut, la Commission ne saurait substituer son interprétation à celle des sondeurs sous peine de violer la liberté du commerce et de l'industrie, ce qui limite singulièrement la portée de son intervention

UN CONTRÔLE QUI SE REDUIT A UN SIMPLE POUVOIR D'INFLUENCE

La commission souffre de la faiblesse de ses moyens coercitifs mais aussi des limites de ses moyens d'investigation, aussi plutôt que de sanctionner préfère-t-elle convaincre.

Des moyens coercitifs insuffisants

Un certain nombre des améliorations apportées par la loi de 2002 reste lettre morte. Les médias ne respectent pas souvent l'obligation de publier le texte intégral des questions posées lors du sondage. Il en va de même pour les notices qui ne doivent plus être communiquées à la Commission *à l'occasion* du sondage, mais *avant* la publication de celui-ci. En outre, la presse indique rarement que les notices peuvent être consultées par les citoyens au siège de la Commission. Au reste très rares sont ceux qui demandent à exercer ce droit et ceux qui le font sont le plus souvent des chercheurs universitaires. Cependant la création du site *internet*[13] a suscité dans le public un réel intérêt et une multiplication des questions sur ses activités.

Pour autant, elle se trouve dépourvue d'armes efficaces pour faire respecter ses positions. A titre d'exemple devant la multiplicité des candidatures à l'élection présidentielle de 2002[14], l'étroitesse des marges séparant les candidats et l'accent mis par les médias sur des scores précis[15], la Commission a cru devoir alerter l'opinion en se fondant sur l'article 9 de la loi de 1977 qui dispose qu'elle peut "à tout moment faire programmer et diffuser des mises au point par les société nationales de radiodiffusion et de télévision". Aussi a-t-elle rédigé un communiqué argumenté pour qu'il soit publié le 16 avril 2002. Pour "*souligner les limites de fiabilité des sondages*", elle insistait sur "*la prudence avec laquelle [ils] doivent être interprétés*". Elle mettait aussi l'accent sur "*les modalités de constitution des échantillons, la proportion élevée des personnes sondées n'exprimant*

---

[13] http://www.commission-des-sondages.fr/commun/mention.htm.

[14] Les candidats au premier tour de l'élection présidentielle étaient 6 en 1965, 7 en 1969, 12 en 1974, 10 en 1981, 9 en 1988 et 1995, 16 en 2002 et 12 à nouveau en 2007.

[15] Ainsi quand un journal fait sa "une" en titrant : "le candidat X l'emporterait sur le candidat Y par 52 % contre 48 % !", ces chiffres sont sans signification car dans une enquête portant sur un échantillon de 1000 sondés (effectifs le plus souvent retenus par les instituts) la marge d'erreur statistique est d'un maximum de plus ou moins 3,2%. Autrement dit les intentions de vote en faveur de X se situent entre 48, 8 et 55, 2 % et celles en faveur d'Y entre 47, 8 et 53, 2 % - ce qui empêche de savoir qui l 'emporte véritablement de X ou Y.

aucun choix [ou] "*n'étaient pas sûres de leurs choix*". Enfin, regrettant "*certains procédés de redressement auxquels ont recours les instituts de sondage*", elle rappelait que les sondages "*ne sont qu'un instrument d'analyse de l'opinion publique et non pas un outil de prévision des résultats électoraux*". Les chaînes publiques de télévision n'ont pas daigné diffuser ce communiqué jugé trop long pour passer à l'antenne et la Commission n'a pu les y contraindre car, selon l'article 9 de la loi, l'obligation de publication immédiate des mises au point de la Commission ne concerne que "les organes d'information qui auraient publié ou diffusé un sondage [...] en violation des dispositions de la présente loi etc." ce qui, en effet, n'était pas le cas.

Plus significatives encore sont les dispositions de l'article 11 de la loi de 1977, modifiée en 2002, selon lesquelles ne peuvent être diffusés ou commentés les sondages "ayant fait l'objet d'une publication, d'une diffusion ou d'un commentaire avant la veille de chaque tour de scrutin" tandis que peuvent continuer d'être diffusées les "publications parues ou les données mises en ligne avant cette date".La loi établit donc ainsi une discrimination discutable entre les hebdomadaires qui sont distribués toute la semaine, les quotidiens qui ne peuvent diffuser ou commenter un sondage au-delà du vendredi minuit, et les sites *internet* des instituts de sondages. Contestant ce traitement discriminatoire quelques organes de presse ont sciemment enfreint la loi, risquant ainsi les peines contraventionnelles de l'article L 90-1 du code électoral. Invoquant ces dispositions, la Commission a donc saisi la justice ... mais on ne saura jamais si les contrevenants auraient pu être condamnés car les poursuites ont été stoppées par la loi d'amnistie adoptée peu après les élections présidentielles. En toute hypothèse le recours aux poursuites pénales est de peu d'intérêt en raison du temps mis par la justice à prendre sa décision juridictionnelle[16]. Il en va ainsi des mises au point adressées aux journaux. Elles ne sont efficaces que si elles sont publiées très rapidement, quand les lecteurs ont encore en mémoire le sondage incriminé et son commentaire. Si les journaux refusent de publier cette mise au point, la décision de justice les y contraignant sera de nul effet si elle intervient plusieurs mois après les élections en cause. Faute de pouvoir bénéficier d'un pouvoir de sanction administrative plus large

---

[16] Entre un an et dix-huit mois le plus souvent.

que le seul prononcé de mises au point, la Commission se trouve désarmée à l'égard d'une technique qui trouve aujourd'hui ses limites.

Des moyens d'investigation limités

A partir du moment où chaque Institut est propriétaire de ses méthodes qui font partie de ses secrets de fabrication, la Commission des sondages ne peut en faire état publiquement, mais simplement inciter le lecteur à la prudence. Ceci est particulièrement vrai en ce qui concerne les redressements. Si les résultats bruts de l'enquête conduisent à disposer d'un échantillon qui diffère quelque peu de la population française (âge, sexe, localisation, catégorie socio-professionnelle, etc.) il sera redressé pour que les proportions de chaque catégorie de l'échantillon soient conformes à ce qu'elles sont dans la population française. Mais à côté de cette opération dénommée familièrement "redressement socio-démo" qui ne suscite pas de réelle difficulté c'est l'appréhension des attitudes politiques des sondés qui pose problème. Elle oblige alors à passer de méthodes purement statistiques dont l'usage peut être aisément contrôlé par les experts de la Commission[17], à des appréciations politologiques, plus subjectives et relevant en définitive du savoir faire et du flair du sondeur[18]. Cependant les instituts cherchent à limiter au maximum cet appel à la subjectivité. Ils essaient donc de trouver des moyens fiables d'appréhension d'une opinion souvent fuyante. De nombreux sondés, en effet, répugnent à répondre aux questions ou, le plus souvent dissimulent leurs intentions de vote. Ce fut, pendant longtemps le cas des électeurs communistes et aujourd'hui de ceux du Front national, alors que d'autres, en revanche, répondent plus souvent que la moyenne (c'est le cas notamment des personnes ayant un niveau d'études élevé). Ces différences de comportements biaisent les résultats bruts de l'enquête : la gauche modérée est ainsi généralement

---

[17] Des statisticiens expérimentés étudient tous les sondages soumis au contrôle de la Commission. De deux, leur nombre est passé à trois en 2007. Ce sont eux qui alertent la Commission dès qu'ils découvrent des aberrations statistiques dans les notices qui leur sont obligatoirement déférées.

[18] Cf. Roland CAYROL *Sondages, mode d'emploi,* Presses de Sciences Po, la Bibliothèque du citoyen, Paris, 2000.

sur-représentée tandis que les extrêmes de l'échiquier politique sont sous-représentés. Ajoutées à une indécision généralisée et à la volatilité de l'opinion, toutes ces raisons conduisent les instituts à se défier des résultats bruts et à redresser leurs échantillons, notamment en s'intéressant tout particulièrement aux personnes "sûres d'aller voter" et "sûres de leur choix"[19]. Pour apporter remède à ces nombreux biais, les instituts font alors appel aux souvenirs de vote des personnes interrogées. Il s'agit de corriger les chiffres bruts de l'enquête en utilisant des clefs de "reconstitution du vote". Si par exemple l'enquête dénombre 7% d'électeurs déclarant avoir voté pour le Front national aux dernières élections alors que l'on sait que ce parti a obtenu, en réalité, 14% des suffrages, on en déduit que le score du FN est sous-estimé de moitié dans ce sondage. Dès lors, si le pourcentage brut de ce parti dans le sondage est de 8%, son chiffre “redressé“ sera de 16%. Une telle méthode n'est pas sans danger car l'électeur peut se tromper sur ses votes antérieurs surtout si ses souvenirs sont contaminés par le contexte du vote actuel. Si l'institut n'y prend garde, le résultat obtenu sera la combinaison d'erreurs sur le passé et de mensonges sur le vote à venir. De surcroît l'appel aux souvenirs de vote peut s'avérer difficile voire impossible. Comment apprécier en 2007 les déclarations d'intentions de vote en faveur de M. Bayrou par rapport à sa candidature de 2002 vu son évolution entre ces deux élections ? De même, en 2007, comment évaluer les voix favorables à M. Sarkozy qui n'était pas candidat à la présidentielle précédente ? Faut-il se référer aux votes en faveur de M. Chirac et de Madame Boutin en 2002 ou - ajouter à celles ci, les voix de M. Madelin ? Et comment débusquer les intentions de vote en faveur de Jean-Marie Le Pen parmi ceux qui déclarent s'abstenir ou vouloir choisir M. Sarkozy ? Pour surmonter ces nombreux écueils les instituts vont alors multiplier leurs indices et, partant, allonger la liste des colonnes récapitulant ces différents résultats. A côté des colonnes recensant les réponses brutes, s'ajoutent celles retraçant le redressement socio-démographique, puis vient une série de colonnes fondées sur les souvenirs de vote. Or ici, chaque institut est libre du nombre de références qu'il veut utiliser. Par exemple, afin d'évaluer les intentions de vote pour le premier tour de l'élection présidentielle

---

[19] Un biais souvent souligné tient à ce que les sondages ne tiennent pas assez compte des personnes qui ne savent pas répondre ou qui s'y refusent.

un institut pourra se référer aux souvenirs de vote du premier tour de la présidentielle de 2002 et au premier tour des législatives de cette même année, puis pourra combiner ces diverses colonnes. Mais un autre institut, plus exigeant, ajoutera à ces colonnes là, celles concernant les souvenirs de vote du premier tour des élections régionales de 2004, et du référendum sur le traité constitutionnel de 2005. Il pourra alors combiner deux à deux ces résultats : une colonne pour le binôme 1er tour des présidentielles et 1er tour de régionales par exemple, une autre pour le binôme : 1er tour des présidentielles et référendum de 2005 etc. Ces calculs pourront être de surcroît déclinés pour les électeurs "sûrs d'aller voter" et pour les électeurs "sûrs de leur choix". En outre, pour affiner leur analyse et privilégier tel chiffre plutôt que tel autre, les sondeurs pourront s'aider de données qualitatives résultant de sondages non publiés qui sont leur propriété. Aussi les notices comportent-elles un très grand nombre d'indicateurs à partir desquels l'institut retient les résultats qui lui semblent les plus pertinents mais qui rendent le contrôle de la Commission de plus en plus difficile.

Face à cette profusion de données, en effet, la tache de la Commission s'avère délicate. Elle ne peut statuer sur les techniques adoptées par chaque institut pour affiner ses analyses, du moment qu'elles répondent aux exigences scientifiques en la matière. Même si elle le souhaite, elle ne peut imposer une normalisation des pratiques en exigeant par exemple que l'Institut utilise à chaque vague la même méthode de redressement, ou qu'il effectue chaque fois ses redressements par rapport aux mêmes colonnes de références. C'est pourquoi, quand bien même éprouverait-elle quelques réticences à l'égard de certains des résultats d'une enquête, elle ne peut les contester du moment où l'enquête s'est conformée aux usages statistiques en la matière. Au mieux peut-elle tenter d'assurer l'intelligibilité et la transparence du sondage. Tenue de respecter la liberté du commerce et de l'industrie, elle ne peut intervenir sur le choix éditorial de l'institut ainsi que celui des organes de presse qui ont commandité les enquêtes – sauf évidemment en cas d'analyses biaisées ou de titres mensongers. Dans ce contexte, la Commission a adopté une doctrine assez souple. Elle analyse la cohérence de chaque sondage et vérifie que les résultats retenus se situent entre le niveau le plus bas et le niveau le plus haut des réponses recueillies dans les différentes colonnes de l'enquête – espace appelé "fourchette" dans le vocabulaire de la commission. Seule une sortie de fourchette, par le haut ou par le bas, amènera la Commission à exiger des éclaircissements à l'institut et, en cas de désaccord avec lui, à faire publier une mise au point. Mais cette doctrine pose aujourd'hui problème du fait de la multiplicité des variables retenues par les instituts et donc de l'étendue de la "fourchette" de chiffres entre lesquels les instituts peuvent privilégier tel ou tel résultat. Aussi, plutôt que de menacer les instituts de ses foudres, la Commission préfère-t-elle débattre avec eux et les amener à plus de cohérence ou d'explications dans leurs enquêtes Les voix de la concertation sont ici préférables à la coercition.

Un palliatif : le recours à la concertation

Plutôt que de sanctionner, la Commission s'efforce de convaincre. Ceci suppose de développer des relations de confiance entre contrôleur et contrôlé. Certes des rapports formels régissent les relations de la Commission avec les instituts lorsqu'il s'agit d'effectuer des mises au point. Toutefois, dans de nombreuses autres occasions, les contacts peuvent s'établir par des moyens moins officiels et solennels. Correspondance écrite, coups de téléphone, échanges de mails, permettent d'obtenir des éclaircissements rapides lorsqu'un élément d'un sondage demande explication ou prête à discussion, sans qu'il soit nécessaire de recourir au formalisme de la mise au point. Ces relations s'établissent d'ailleurs entre un nombre restreint de personnes : président et secrétaire de la Commission en poste depuis longtemps, spécialistes renommés appartenant à un petit nombre d'instituts : BVA, CSA, IFOP, IPSOS, LH2, TNS-SOFRES pour l'essentiel. Ainsi se développe une connaissance mutuelle qui permet à chacun de comprendre les contraintes de l'autre, sans que pour autant cette relation de confiance professionnelle ne se transforme en connivence. Le contrôleur n'oublie pas sa mission, ni le contrôlé sa légitime prévention, comme en atteste la sévère passe d'armes qui a opposé la Commission à l'institut CSA pour ses enquêtes publiées dans *le Parisien-Aujourd'hui* les 8 et 15 mars et dont la presse s'est fait l'écho[20].

Cette interconnaissance conduit ainsi les instituts à répondre d'assez bonne grâce aux demandes d'éclaircissement de la Commission, mais aussi à lui fournir des renseignements plus complets et détaillés que ceux qu'exige la loi pour les notices qu'ils doivent lui adresser, notamment en matière de redressements. Inversement, la Commission a toujours attaché le plus grand soin à ne pas divulguer les secrets de fabrication de chaque institut et a cherché à débattre avec les intéressés des questions méthodologiques qui pouvaient concerner tel ou tel résultat *a priori* aberrant. Il faut dire que les déconvenues des sondeurs en 1995 mais surtout en 2002, combinées avec la difficulté grandissante d'exercice de leur profession[21], ont incité les instituts à dialoguer plus volontiers avec la Commission et à s'expliquer sur leurs méthodes dans plusieurs articles de presse, ou dans des "foires aux questions" mises en ligne sur leurs sites[22]. Dans le même temps, des rencontres entre instituts et

---

[20] Voir notamment *Le Monde* du 21 mars 2007 et les explications de Stéphane Rozès après la mise au point de la Commission, *Le Monde* du 21 mars. Voir également les multiples *blogs* et débats sur différents sites *internet*.

[21] Conséquence du marketing commercial par téléphone, Les personnes qui refusent de répondre aux enquêteurs sont de plus en plus nombreuses. De même l'explosion du recours au téléphone mobile accroît la difficulté de confection des échantillons (sans pour autant l'empêcher). L'insécurité de certains quartiers, fait également obstacle aux enquêtes en face à face. En outre et de manière générale la méfiance à l'égard du politique, voire son rejet, l'abstentionnisme, l'indécision, le développement d'un public consommateur peu attaché à une orientation politique stable et donc capable de changer de bord pendant une campagne électorale rendent les sondages de plus en plus difficiles. Le taux de participation élevé à l'élection présidentielle de 2007 qui aurait pu laisser croire à un retour d'intérêt pour le politique a été peu après démenti par le taux d'abstention calamiteux d'environ 40 % aux élections législatives du mois de juin.

[22] Cf. par exemple les analyses de Brice TEINTURIER sur le site de TNS-SOFRES,, de Stéphane ROZES sur le site du CSA, de Pierre GIACOMETTI sur celui d'IPSOS ou encore les interviews multiples et les ouvrages de nos collègues Roland CAYROL pour BVA et Jean-Luc PARODI pour l'IFOP. A titre d'exemple citons sur Canal Ipsos FAQ : "les questions que vous vous posez sur les sondages", http://www.ipsos.fr/Canalipsos/cnlstaticcontent.asp?rubld=35#09. Voir également 27 février 2007 *Libération*, tirage papier "Sondages la grande méfiance et sur le site *internet* du journal Libération.fr : "Présidentielle l'élection dans le miroir des

Commission ont permis à chacun de confronter ses pratiques professionnelles et d'inventorier les difficultés actuelles des enquêtes d'opinion. Elles ont aussi permis de mettre en lumière la délicate question du traitement journalistique des sondages. Ce sont les journaux et non les instituts qui tentent de faire un scoop médiatique en faisant leur une sur tel ou tel rebondissement de l'opinion ou sur l'émergence d'un "troisième homme" attestée par un pic ou une chute des courbes des sondages[23]. Mais les journaux achètent les sondages aux instituts et ceux-ci ne peuvent pas se permettre de perdre leurs clients pour de simples précautions méthodologiques. C'est pourquoi la Commission a organisé des rencontres avec les organes de presse écrite et télévisuelle pour que les sondages et leur contrôle soient mieux évalués et compris. Ces rencontres seront renouvelées car la pédagogie suppose la répétition.

Alors, diront les sceptiques, tout ceci est bien la preuve de l'existence du "triangle de la domination" et de sa collusion avec la Commission des sondages. "Haro sur les sondages et la Commission qui joue la Belle au bois dormant !" Ce marronnier journalistique perd ses feuilles à chaque élection, sans que diminuent pour autant les sondages, au contraire, ils ne cessent de proliférer. De 111 sondages contrôlés par la Commission pour l'élection présidentielle de 1981, ils sont passés à 153 en 1988, 157 en 1995, 193 en 2002 et 293 en 2007. Et plus spectaculaire encore a été leur progression pour les élections législatives puisqu'elles ont donné lieu cette année à 53 sondages contre 42 en 2002. Ainsi, plus se développe la "démocratie d'opinion"

---

sondages : le yo-yo de l'enquête d'opinion sur les intentions de vote au premier tour accroît la suspicion depuis le 21 avril 2002", http///www.liberation.fr/actualite/evenement/evenement1/237695.FR.php ?mode=PRINTERFRIENDLY.

[23] C'est pour éviter ces à-coups que les instituts effectuent des vagues de sondages publiés à intervalle régulier. Certains divisent leur échantillon de 1000 personnes par exemple en sous groupes consultés à intervalle régulier tout au long de la semaine (par exemple 300 le lundi, 250 le mercredi 200 le jeudi et 250 le Samedi et ainsi de suite la semaine suivante), ce qui permet de suivre une évolution de l'opinion qui lisse les courbes en évitant les à emballement temporaires liés à une nouveauté de la campagne comme, par exemple, le 2 mars 2007 le bond de 19 points de la cote de popularité de François Bayrou selon le baromètre TNS-Sofres-*Le Figaro Magazine*/i-Télé ,après son passage à l'émission "j'ai une question à vous poser".

et plus les sondages se multiplient, tant ils servent à la fois aux électeurs, aux partis politiques, mais aussi et surtout aux candidats. Dans un contexte aussi changeant et devant un matériau aussi fugitif que l'opinion publique, la régulation qu'assure la Commission suffira-t-elle à l'avenir, vu ses moyens limités et le développement de nouvelles technologies comme les enquêtes par *internet* ? L'appareil législatif inauguré en 1977, même complété en 2002, ne semble plus répondre de manière satisfaisante à ces nouveaux défis. Seul le législateur pourra tenter d'améliorer le traitement de cette question et il y a intérêt, puisque les parlementaires qui font la loi sont également des élus pour lesquels les sondages sont un instrument désormais usuel de leur profession. Encore devront-ils garder en mémoire cet avertissement de l'un des leurs : "Les sondages, c'est comme la mini-jupe, ça fait rêver, mais ça cache l'essentiel"[24].

---

[24] Alexandre Sanguinetti.

LE CREUSET HISTORIQUE DU DOUTE SCIENTIQUE

par

André BOYER
Professeur en Sciences de Gestion
à l'Université de Nice - Sophia Antipolis

La recherche de la vérité n'est pas une démarche moderne. Elle s'ancre dans l'histoire. Après l'Empire Romain, l'Europe de la pensée commence par rechercher la sécurité avant de construire la démarche collective qui la conduira aux principes scientifiques qui fondent son expansion, puis au doute qui l'emprisonne aujourd'hui.

Il nous faut donc survoler le parcours de l'histoire, et en particulier de l'histoire européenne, pour saisir l'enchaînement des modes de pensée depuis un "An Mil" qui symbolise les angoisses collectives d'un monde coupé de ses racines antiques au monde d'aujourd'hui dans lequel le doute saisit une réflexion qui s'efforce d'embrasser une évolution qui lui échappe.

I - Un processus historique fertile

Rien n'arrête l'évolution de la pensée, la catastrophe même la stimule.

A- L'évolution, malgré l'adversité

En l'an Mil, la Cité antique est morte étouffée, le monde romain est déchu. Aucune structure ne l'a remplacé, laissant l'impression d'un piétinement, d'un échec, d'un recul. Les dix siècles précédents ont vu la population mondiale décroître légèrement, passant de 250 à 220 millions d'habitants.

La régression collective se traduit par l'affaiblissement du langage, et en particulier de l'écrit. Seules, isolées, l'Irlande et la Grande-Bretagne parviennent à conserver un latin non abâtardi.Mais l'effondrement de l'Empire laisse déjà apparaître des indices de renouveau : la coupure des réseaux de communication a plongé les campagnes dans une léthargie réparatrice, tandis que la reconstruction sociale de l'Europe s'effectue autour des trois liens de vassalité, de seigneurie et de fief, élaborés entre le VIème et le XIIIème siècle.

Toute la problématique de l'Europe post-romaine est centrée sur le besoin de protection. Le lien seigneurial s'est imposé comme un substitut à celui de la famille étendue. Le seigneur attend la fidélité et le service tandis que le vassal sollicite la protection. Le roi ajoute l'impôt à l'hommage et au fief, en échange d'une paix élargie. L'Eglise limite la violence comme moyen de règlement des conflits en la bornant aux combats entre les chevaliers et leurs auxiliaires.

À la chute de l'Empire Romain, l'Église se trouve mêlée à un tissu social et politique complètement bouleversé. Elle prêche désormais à des peuples désemparés, ayant perdu leurs anciennes références païennes. Dès quatre cent trente après JC, Saint Augustin avait donné l'exemple d'un évêque priant, écrivant, enseignant et visitant les réfugiés dans Hippone assiégée par les Vandales.

Une nouvelle Église monastique et missionnaire émerge, à l'image de l'église irlandaise. Saint Benoît rend la lecture obligatoire dans son ordre monastique. L'Eglise enseigne la morale du Décalogue, auquel elle ajoute un message de force pour rassurer une population inquiète : Dieu est tout puissant, il protège son peuple. Le christianisme exorcise l'angoisse, notamment par le symbole du cimetière associé à l'Église. Dans la nécropole proche de la maison de Dieu, les morts chrétiens partagent avec les vivants l'attente de la Résurrection. L'Eglise offre de plus un enseignement qui maintient les règles de vie en société au sein d'une population éclatée et traumatisée. Elle fournit au peuple des raisons d'espérer.

Au XIème siècle, le danger collectif s'éloigne ; les raisons de vivre et de croire dépendent plus de ses actes personnels que des aléas de la guerre, de la famine et des maladies. Il faut donc que l'homme se sente responsable de ses actes. L'Eglise se consacre à arracher les âmes au désespoir et à l'absurde. La Croix cesse d'être le signe de la gloire de Dieu, elle devient, ou redevient, le symbole du martyre du Christ. Le christianisme s'attaque au drame humain fondamental, celui de devoir assumer la certitude de sa propre mort, en glorifiant la mort du Christ sur la Croix, et elle relie la qualité des actes accomplis au cours de la vie avec la perspective de la mort inéluctable, mais acceptée et glorifiée.

C'est sur ces bases religieuses que se renoue le fil du progrès matériel. Au XIIème siècle, la population s'accroît à nouveau. Au début du siècle, on compte trois cent millions d'habitants sur la Terre puis quatre cents millions un siècle plus tard. Le rythme des innovations s'accélère : on invente le gouvernail et la boussole, on attelle les chevaux. Les paysans réussissent à doubler les rendements, grâce au joug frontal des bœufs, aux colliers d'épaule du cheval et à la multiplication des moulins à eau et à vent. Les villages deviennent des bourgs, les villes se développent, artisanales, commerçantes, autour du vaisseau de pierre de la cathédrale. Elles se peuplent d'immigrants, et débordent hors les vieilles fortifications. Les hommes réussissent à vivre plus vieux.

Sous l'influence de l'Église, la famille étroite, nucléaire et matrimoniale domine désormais en Europe. L'âge de plus en plus tardif du mariage paysan joue un rôle de régulateur démographique. Tout se passe comme si, après toutes ces épreuves, les hommes étaient à nouveau redevenus maîtres et responsables d'eux-mêmes, comme au temps de l'âge d'or.

À partir du XIIème siècle aussi, le papier de chiffon parvient en Europe venant de Chine. Les écoliers peuvent s'initier à cette langue inconnue qu'est le latin médiéval, seule langue alors écrite en Europe. L'Université multiplie les copies, "l'exemplaire" que l'on recopie en rond autour d'un pupitre. C'est le temps où les hommes cherchent l'information dans les vieux livres, avant que la Scholastique n'ébauche les prémisses d'une science indépendante. À côté de ces latins, d'autres commencent à écrire en langue germanique, franque, anglaise ou toscane pour aboutir à la prose. Un enchaînement de débats, d'études et de progrès se met en mouvement. Dans toute l'Europe, les échanges se multiplient, qui seront aussi les vecteurs de la peste.

L'année 1348 est celle du plus grand cataclysme de l'histoire de l'humanité. À cette date, quatre cent cinquante millions d'hommes vivaient sur Terre. La peste provoqua une baisse de moitié de la population européenne, une perte qui sera effacée au bout d'un siècle.

Au XIVème siècle, la peste est la conséquence d'échanges accrus entre l'Europe et l'Asie, qui résultaient de la paix mongole. Tout part du lac Baïkal vers 1338. Au cœur de l'empire mongol, des rats cohabitent de trop près avec des hommes privés d'eau. La peste surgit. Elle accompagne les caravanes, atteint Samarcande puis touche l'Iran vers 1346. En Crimée, les Mongols font le siège d'une ville contrôlée par Gênes. Ils transmettent la peste aux bateaux génois, qui la portent à Marseille en 1347 où elle y prend la forme pulmonaire. Dès lors elle élimine toute vie sur son passage. Il faut vivre en ermite pour y échapper. Petit à petit des contre-mesures sont prises, par l'isolement des zones contaminées et la protection des ports.

Si cette énorme crise n'empêcha pas la reprise de la croissance de la population européenne, elle provoqua en retour un choc moral, qui annonçait les bouleversements de la Réforme et de la Renaissance.

B- De la science à la mondialisation

À partir du XVe siècle, les Européens s'efforcent d'accroître leur espace d'action, alors qu'à l'autre bout du monde, les Chinois s'affairent à mettre au point la technique complexe des rizières.

En Europe, les échanges entre les lettrés s'accroissent. L'imprimerie surgit autour de 1450 en Rhénanie, où Gutenberg applique les techniques qui permettront de mettre l'écrit à la disposition des quatre cent mille européens capables de lire en latin. Presque instantanément, les livres se multiplient et s'échangent.

Le Moyen Âge commence par s'emparer de l'acquis culturel laissé par les générations précédentes. Puis la révolution scientifique élargit le cercle de la pensée au-delà du culte du savoir antique. Progressivement, les érudits prendront conscience de la nécessité de dépasser les textes anciens, comme l'expriment les neuf cents thèses de Pic de La Mirandole. La notion de réalité devient centrale. En Italie, on se passionne pour la peinture réaliste de Giotto Di Bondone qui montre des misérables soignés par les franciscains. En donnant à voir la "réalité", la peinture prépare la révolution scientifique.

En 1543 le système dynamique de Copernic sonne le début de la révolution scientifique, parce qu'il propose une nouvelle vision de l'Univers, confirmée 66 ans plus tard par les observations de Galilée. En effet, en juin 1609 ce dernier construit une lunette, la tourne vers le ciel et découvre avec émotion les merveilles de la nature annoncées par Copernic.

Il y eut alors un véritable bouleversement dans la pensée, **le nouveau principe étant que tout ce qui n'était pas vérifié par l'observation pouvait être mis en cause**. Pour s'appuyer solidement sur l'observation, la révolution scientifique avait besoin d'outils de mesure. Elle les obtint grâce à son alliance avec les mathématiques. Les principes de l'analyse mathématique furent élaborés par Descartes et par Fermat au début du XVIIème siècle qui devinrent, avec la logique formelle, le nouveau langage universel. La première loi scientifique de Kepler date de 1609. En 1686, Newton fait tenir tout l'Univers dans sa formule de gravitation universelle. Ce dernier croit que l'observation, vérifiée par les sens, permettra à terme de découvrir tous les secrets de l'Univers. Pierre Laplace en profite pour réduire Dieu à une hypothèse inutile et John Locke pour décréter que la métaphysique est futile. Désormais tout fait scientifique semble vrai, et inversement ce qui n'est pas scientifique perd toute consistance.

Le retentissement considérable de l'observation de Galilée résulte de ses conséquences sur la nouvelle vision de l'homme qu'elle implique. Ce dernier y perdait la place centrale qu'il s'était octroyé dans l'Univers, ainsi que le cadre qu'il s'était donné pour expliquer le monde. Dès cet ébranlement initial, toutes les idées furent mises en mouvement. Pour comprendre le monde, pas d'autre méthode que l'empirisme. On sait qu'il a suffi à Newton d'observer une pomme tombant de l'arbre pour qu'il en induise son modèle d'attraction universelle.

Inévitablement la science a fini par nier l'existence de Dieu, après avoir prétendu se construire à côté de lui. Le conflit entre la démarche scientifique et la foi religieuse devint flagrant lorsque l'évolutionnisme fit disparaître l'homme en tant que sujet de l'histoire. Au XIXème siècle, Darwin posa la notion de sélection naturelle comme principe d'évolution des êtres vivants. Il en résulte que l'homme n'est plus l'acteur de sa propre condition, puisqu'il est remplacé par le milieu naturel qui détermine les transformations de la vie des êtres et des objets. L'évolutionnisme propose donc de remplacer l'homme par la nature en tant que sujet de l'histoire. **La création du Monde par Dieu est directement niée**, et cette négation est le pivot des changements qui ont affecté les sociétés occidentales ces trois derniers siècles.

En attendant, les découvertes rassemblent tous les peuples de la Terre qui ne s'étaient pratiquement jamais rencontrés sur une planète jusque-là trop vaste pour eux. L'Amérique ignorait aussi bien l'Europe que l'Asie. L'information mettait en moyenne deux siècles pour passer de la Chine à l'Europe. Les Européens vont utiliser leurs connaissances acquises pour accroître leur emprise sur le monde.

Comment expliquer le dynamisme de l'Europe, face aux civilisations arabes, africaines, asiatiques et américaines ? Les autres civilisations sont puissantes, parfois menaçantes comme l'Empire turc, qui est le dernier à menacer l'Europe jusqu'au cœur du XVIIème siècle, mais l'initiative leur échappe presque toujours. **On peut avancer qu'une sorte d'optimisme habite les sociétés européennes**, qui trouve ses racines dans les religions chrétiennes qui ne voient aucun danger dans l'action. Au contraire, la religion chrétienne appelle le croyant à agir sur le monde, à convertir l'incroyant, et non à le tuer. Il en résulte que les Européens sont des travailleurs résolus.

L'expansion européenne commence avec le contrôle de la Méditerranée par les puissances chrétiennes, à la suite de l'ouverture du détroit de Gibraltar en 1291. Pour se repérer à partir des côtes, les explorateurs européens utilisent la trigonométrie et la boussole, cette dernière étant bien connue des chinois qui en négligent les applications pratiques. La pêche et la quête du sel fournissent l'expérience maritime nécessaire. Comme la pression musulmane surgit à l'Est du fait des Turcs, les Européens tournent leurs regards vers le Sud et vers l'Ouest, qui doivent permettre d'atteindre l'Inde. Au confluent des deux espaces maritimes, le Portugal et la Castille disposent des techniques maritimes les plus avancées. Les bateaux descendent le long des côtes de l'Afrique, où une enclave chrétienne est installée à Ceuta en 1415. Les îles sont occupées les premières, et c'est ainsi qu'une navigation lointaine s'élance, touchant le Cap-Vert en 1444, croisant jusqu'en Sierra Leone, atteignant le Congo (1446-1472). Sur les côtes de l'Afrique naissent les rêves de rejoindre l'Asie par une liaison directe. L'or du Ghana finance l'exploration qui conduit à la découverte de la route du Cap de 1482 à 1488, puis du tour de la Terre de 1488 à 1497 par Vasco de Gama. L'accélération des échanges entre 1475 et 1492 puis entre 1550 et 1565 est foudroyante. La nouvelle est connue partout en Europe dans les cinq années suivantes. **Elle ouvre une nouvelle période, celle de l'homme unifiant la planète**. La Terre ne sera cependant complètement sillonnée qu'à la fin du XVIIIème siècle par voie maritime et à la fin du XIXème siècle par voie terrestre.

L'Amérique est le fruit inattendu d'une série d'erreurs. Dans le climat de la reconquête de Grenade, Christophe Colomb se croit investi d'une mission mystique. Il en obtient les moyens grâce à Isabelle de Castille. Personne n'avait prévu l'existence de l'Amérique, ce quart supplémentaire des terres émergées qui se transforme en piége mortel pour les soixante à quatre-vingts millions d'Amérindiens. Ce sixième de l'humanité avait franchi les mêmes étapes que les habitants du grand continent euro-asiatique, avec de remarquables performances en astronomie et dans le calcul, une écriture quasiment idéographique, mais ni roue ni routes, pas d'animal de trait ou de bât, à l'exception du fragile lama.

Les densités de population maya atteignaient jusqu'à cinquante habitants par kilomètre carré, grâce à la culture du manioc et du maïs. Mais les Amérindiens n'étaient pas en mesure de résister aux envahisseurs européens, car leurs moyens de communication réduits ne facilitaient pas la concentration des forces et leur système politique complexe freinait la mobilisation de la défense. Il suffira de vingt années aux conquérants pour s'emparer des îles américaines, et d'à peine vingt années de plus pour maîtriser les quatre-vingt-dix pour cent de la population de l'Amérique concentrée sur deux des quarante-deux millions de kilomètres carrés du continent.

Mais la main d'œuvre captive fondra comme neige au soleil sous le choc microbien et viral. **Évènement unique dans l'histoire de l'humanité, la population totale de l'Amérique chutera brutalement, passant de soixante-dix à quatre-vingts millions d'habitants en 1492 à douze ou quinze millions d'habitants en 1550**. Le reste de la population sera sauvé par les missionnaires et par la sélection naturelle.

Sous la pression de ces chamboulements, la pensée européenne évolue fortement.

II - Le bouleversement de la pensée

Au Moyen Âge, la menace du Jugement Dernier qui planait sur chaque personne était encadrée par l'Église, institution rassurante. La catastrophe de la peste provoqua une montée de l'angoisse individuelle face à la mort, tandis que l'Église commençait à être perçue comme une institution envahissant de manière excessive le champ du pouvoir terrestre. Le débat entre les tenants de l'institution ecclésiastique et les doctrinaires de la liberté individuelle face à Dieu déboucha sur un conflit violent lorsque Luther voulut revenir aux Écritures Saintes et à la gratuité du rapport entre l'homme et Dieu.

A- Le réexamen des fondements de la pensée

L'Ecriture, le rôle des prêtres, l'organisation de la connaissance, tout fut examiné. Les manières de raisonner furent bouleversées, sans que la clef de voûte de la croyance en Dieu ne soit ébranlée. Ni l'évidence d'un Dieu transcendant, ni son apparition dans l'histoire, ni les Écritures Saintes ne furent remises en cause. Il fallut l'ébranlement des certitudes au cours du XVIème siècle pour entraîner l'émergence d'une nouvelle manière de penser, d'un nouveau paradigme.

Avec la science, on crut que la vérité "vraie", pour utiliser ce pléonasme, était à portée de main. La confiance dans les pouvoirs de la science était solidement adossée à l'expérimentation et à la raison et elle était démontrée par les changements de la vie matérielle de chacun. Elle l'est toujours. Les maladies étaient identifiées, des méthodes de soin plus efficaces étaient inventées ; le fléau de la famine concernait une proportion de plus en plus faible de l'humanité, la quantité d'énergie utilisable par l'homme s'accroissait régulièrement. En outre les maîtres de la science se donnaient la satisfaction de dominer tous les peuples du monde.

La science avait changé la condition humaine, dans une proportion et d'une manière à première vue radicalement différente de tous les lents changements qui avaient auparavant affecté l'histoire de l'humanité. Il était assez naturel de croire qu'elle détenait, enfin, les clefs de la vérité. On pouvait au moins penser que si la science ne les détenait pas, aucune autre méthode ne permettrait de les détenir, car **la**

méthode scientifique semblait indépassable par quelque autre méthode que ce soit.

Le nombre des êtres humains suivit l'accroissement des moyens matériels. De 1500 à 1750 on passa de quatre cent soixante à sept cent soixante-dix millions d'hommes sur Terre. Auparavant, il avait fallu quinze siècles pour que la population doublât, de 250 à 460 millions d'habitants entre l'époque du Christ et la découverte de l'Amérique. L'accroissement de population s'accélèrera encore, puisque de 1750 à 2000 la population s'est accrue de sept cent soixante-dix millions à six milliards, soit une multiplication par huit en 250 ans.

Cette croissance est directement liée à la révolution industrielle qui se traduisit par une succession ininterrompue d'innovations techniques, substituant des machines à l'habileté humaine et remplaçant la force humaine et animale par l'énergie mécanique. Dans le prolongement direct du premier outil, le galet éclaté, l'humanité élaborait l'économie moderne en passant de l'artisanat à l'industrie.

La révolution industrielle fut la poursuite continue d'une série de phénomènes qui ont assuré la croissance de l'Europe et du monde. Elle s'est appuyée sur la croissance démographique, résultat des progrès de l'agriculture. Plusieurs facteurs semblent converger qui caractérisent la révolution industrielle, comme la croissance de l'information, l'investissement continu dans l'éducation ou l'utilisation du langage mathématique.

Les innovations sont le fait d'un petit nombre d'hommes, qui sont aussitôt mis en pratique par le plus grand nombre. Aux côtés des grands savants qui cherchent à travailler pour le bien de l'humanité, les Pasteur, Maxwell, Einstein, Say, Schumpeter, on trouve les interprètes des attentes de la société. Le muscle a été remplacé par le moteur, la main par la machine, la mémoire par le papier. La multiplication des biens est liée à celle de l'information. La machine à écrire est inventée en 1873, le télégraphe, le téléphone le sont en 1885, la radio en 1912, la télévision en 1930. Depuis, l'ordinateur s'est substitué à nombre de processus de la pensée humaine.

Les mutations déracinèrent les paysans et bouleversèrent les modes de vie. Quitter son village pour gagner plus impliquait souvent de vivre dans un taudis, d'effectuer un travail répétitif et pénible et de risquer de se retrouver au chômage, sans ressources. Ces déracinés n'avaient pas le sentiment d'être plus heureux en ville qu'au pays.

Cependant les prix des matières premières et de la nourriture baissèrent, l'école fut ouverte à tous, les médecins ne furent plus réservés aux privilégiés. **De toute façon, avec l'arrivée du chemin de fer, on était sommé de choisir entre monter dans le train ou rester à quai.**

La réaction face au coût élevé de la révolution industrielle dans sa phase de décollage était prévisible. Elle a engendré l'idée de casser le marché et de contrôler les flux par un système bureaucratique centralisé. L'application pratique de ce dogme autocratique a été réalisée aux marges de l'Europe par le système soviétique. Il a connu sa fin en 1989 puisqu'il n'était qu'une conséquence du système occidental, encore que la nostalgie d'un système contrôlé demeure chez les perdants du système capitaliste.

B- Les risques d'entropie

Partie de l'Europe, la vague de mutation est désormais sortie de son giron occidental pour toucher toutes les sociétés du monde. Un processus d'unification culturelle et d'égalisation matérielle est en cours, dont on ne peut qu'observer le développement sans pouvoir en imaginer les conséquences. Le monde entier se trouve désormais dans un système condamné à la surenchère : toujours plus de produits, de croissance, de nouveauté, sans que la direction religieuse, philosophique ou politique de cette course ne soit clairement définie par quiconque. Un large mais vague consensus semble exister autour de quatre orientations générales :

1. L'impossibilité d'imaginer une autre direction que celle de l'économie de marché,
2. La nécessité d'intégrer tous les peuples dans un processus de mondialisation,
3. La validité du système politique démocratique,
4. L'universalité de la notion de droits de l'homme.

L'implosion démographique semble une menace potentielle qui aboutirait à la disparition de l'humanité au cours du XXVème siècle si elle se prolongeait jusque-là. De même, en matière écologique, l'inquiétude réside dans l'épuisement de la biosphère par une surexploitation de ses ressources. Actuellement l'humanité se rapproche de ses limites de survie définie par sa capacité d'utilisation de l'écorce terrestre. C'est une situation qui s'est déjà produite à la fin de la période de chasse et de cueillette, et à plusieurs reprises durant la période agricole.

Mais il reste présomptueux de vouloir saisir la direction de l'histoire. Les hommes semblent aveuglés, comme malgré eux, par un mouvement qui leur paraît aussi irrésistible qu'arbitraire. Pourra t-on échapper dans le futur aux maladies, à la guerre et surtout à l'impéritie ? Pourquoi y échapperait-on ? Dans l'avenir, l'homme sera t-il à la fois plus puissant et plus sage ? Personne ne sait, mais on observe une logique de croissance de la consommation qui conduit l'humanité à l'épuisement des ressources, une logique de l'individualisme qui entraîne la baisse de la natalité et une logique de l'échange qui améliore la transmission des innovations, des informations, mais qui accroît les conflits et la propagation des maladies.

Le long de cet incertain chemin, l'homme n'a pas cessé de chercher les voies pour s'approcher de la vérité.

III - Les chemins de la vérité

Depuis le début de son parcours, l'homme a fait progresser ses outils et a cherché à améliorer son organisation. Il a pris le pouvoir sur la nature grâce à ses capacités d'analyse et d'adaptation. Comme pour toute espèce vivante, il existe au fond de la nature humaine une logique d'espèce qui est de survivre, avec l'aide consciente ou non de chacun de ses membres. Cette logique se traduit par la nécessité dans laquelle se trouve l'homme de rechercher sans cesse sa vérité.

À cet égard, il a procédé par tâtonnements successifs, qui lui ont fait appeler "vérité" les différentes manières qu'il a trouvées pour expliquer les évènements. Or il lui faut comprendre non seulement ce que signifie le monde dans lequel il se trouve plongé, mais aussi le rôle qu'il est supposé y jouer. Puisqu'il a acquis la conscience et perdu en contrepartie le confort des comportements instinctifs, il lui appartient de décider lui-même quelle est la place qu'il s'attribue dans l'Univers. Cette recherche de la vérité est aussi bien une nécessité individuelle que collective. Que ce soit au temps de la préhistoire ou aujourd'hui, tout être humain s'est trouvé et se trouve toujours dans l'obligation de justifier ce qu'il dit et ce qu'il fait, aussi bien vis-à-vis de lui-même que des autres. Il lui faut chasser en permanence le mensonge, la mystification, la contrevérité, la fable, l'artifice, l'invention, l'illusion ou la tromperie pour ne citer que quelques-uns de ces antonymes de la vérité.

Au plan collectif, l'humanité a mis au point des techniques de recherche de la vérité qui constituent l'essence de son patrimoine culturel. Or la recherche collective de la vérité s'est progressivement heurtée au mur de l'incommunicabilité, à l'abyme de l'incertain et au brouillard du doute, jusqu'à modifier la manière dont l'homme voit et comprend le monde.

La vérité cherche sa voie en s'appuyant alternativement sur la raison et sur le doute.

A- La vérité guidée par la raison

La raison ne date pas d'hier. En Égypte comme dans les civilisations les plus anciennes, on observe des formes spécifiques de logique à partir desquelles les hommes s'efforçaient d'établir des vérités qui leur paraissaient raisonnables. Les Égyptiens avaient pour but d'atteindre un monde parfait et transcendant, mais ils savaient aussi procéder à partir de l'observation de la nature. On ne peut pas oublier qu'ils ont construit une centaine de gigantesques pyramides qui demeurent toujours les plus grandes constructions jamais réalisées par l'homme. Ils témoignent ainsi d'une capacité de raisonnement extraordinaire qu'ils ont eu la volonté d'appliquer à la construction monumentale pour honorer leur vision de la vie et de la mort.

En matière de raison, les Grecs restent les maîtres. Le premier problème auquel se sont attelés les logiciens grecs fut de distinguer les faits de leur représentation. Parménide pensait qu'il existait un monde réel au-delà des sens et donc que les figures géométriques avaient une existence concrète. Puis vint la pensée d'Aristote qui nous influence toujours, aussi ardente, moderne et limpide que s'il était encore vivant. Aristote ne voulait laisser aucun interstice entre le vrai et le faux. Ce faisant, il fut sans doute le premier à s'affranchir de la vision holistique du monde qui empêchait les hommes de pratiquer une analyse approfondie des situations qu'ils observaient. Aristote est ainsi le premier d'une chaîne ininterrompue de logiciens et de philosophes comme Boèce, Abélard, Descartes, Spinoza ou Leibniz. Même si les Grecs n'ont pas toujours eu l'amour de l'expérimentation concrète, il reste que la raison grecque n'ignorait ni l'observation ni l'expérience. On aura garde d'oublier que, dès le IVe siècle avant JC, Démocrite pensait déjà que la vérité devait être recherchée au travers de l'expérience.

Les Grecs et leurs successeurs n'ont pas été les seuls à forger les règles du raisonnement logique. Ils ont été largement concurrencés par les logiciens chinois et indiens. La science chinoise construisit ses raisonnements à partir des doctrines taoïstes de la nature. Cette forme de pensée poussa les savants chinois à observer, à décrire, à classifier et à expérimenter. Cependant ces approches scientifiques restèrent prisonnières des approches traditionnelles de la vérité, à rebours de la démarche scientifique occidentale qui a pour ambition de s'en libérer.

C'est ainsi que la raison s'imposa à la Renaissance en s'opposant à la métaphysique et au dogmatisme. Par définition, la raison de la Renaissance se voulait à la fois riche de l'expérience acquise et libérée de toute trace de passion. Galilée en est le symbole, qui a remplacé la réalité ressentie par une réalité observée, décomposée et reconstruite. Avec lui, la pensée et l'épreuve par les faits se rejoignaient, la seconde confirmant la première, et plus rien ne pouvait être scientifiquement avancé, qui ne soit attesté par l'expérimentation. À la limite, **on en viendra à penser qu'aucune vérité ne peut être reconnue, en dehors des vérités scientifiques.**

En mettant en avant sa méthode inductive, Francis Bacon plaçait l'observation au-dessus de tout. Newton affirmait sa foi dans les possibilités illimitées de l'observation vérifiable par les sens. L'empirisme faisait fureur jusqu'à la passion. L'incroyable expédition arctique de Pierre Moreau de Maupertuis en 1736 en témoigne. L'enjeu était de déterminer la courbure de la Terre. Un projet gigantesque d'expédition en Arctique débuta en 1669 à l'Observatoire de l'Académie Royale des Sciences, où Louis XIV en personne venait contrôler le relèvement des coordonnées terrestres. Le directeur de l'Académie, Jacques Cassini, avait des doutes : il lui semblait que le relevé des coordonnées montrait que la Terre n'était qu'un sphéroïde aplati plutôt qu'une sphère. On pouvait craindre une erreur de l'ordre d'un degré dans le calcul de la latitude, erreur insupportable pour tout scientifique digne de ce nom. Il fallait en avoir le cœur net ! Deux expéditions particulièrement complexes et coûteuses furent organisées à l'Équateur et au Pôle Nord. La première demanda dix ans. La seconde fut conduite par Maupertuis dans des conditions de survie extrêmement périlleuses. Toutes deux permirent conjointement d'obtenir une mesure de la sphère terrestre proche de la perfection.

Ces efforts héroïques, ces travaux inouïs, ces mesures méticuleuses manifestaient l'ambition d'une science qui voulait s'imposer face aux traditionalistes et aux sceptiques, en leur assénant les résultats indiscutables de l'expérimentation, quel qu'en soit le prix. **L'observation et la mesure étaient alors l'alpha et l'oméga de toute théorie scientifique, et à bien des égards, elles le restent.** La confiance dans les pouvoirs de la science donnait foi en la capacité humaine de s'approcher infiniment près de la vérité. Cette confiance était solidement adossée à l'expérimentation et à la raison ; elle était démontrée par les changements de la vie matérielle de chacun.

B- Changement de regard, changement de monde

Tandis que les changements matériels modifiaient le regard que les hommes portaient sur l'ordre du monde, **les philosophes se chargeaient en contrepoint d'ébranler les certitudes scientifiques.** Ils disposaient pour cela d'une arme secrète, l'ego. Déjà David Hume avait commencé les hostilités en postulant que toute pensée commence par des impressions. Il critiqua la causalité qui ne trouvait vraiment son fondement que dans le sujet. Or, si les sensations sont les seuls faits vérifiables, la cause d'un évènement n'est pas observée, mais seulement induite de la contiguïté de deux faits constatés. On ne peut plus se référer à des relations de cause à effet objectives. De son côté, Descartes avait identifié la nature du sujet. Son "je pense donc je suis" impliquait que les affirmations du sujet devenaient par définition subjectives. La philosophie s'en est trouvé recentrée sur le moi, et ses effets ont modifié toute notre vision du monde.

A contrario, dans un Univers voué à la réalisation de soi, les doctrines déterministes élaborées par Leibniz et surtout par Spinoza devinrent hérétiques et donc marginales. En publiant son Traité théologico-politique, Spinoza mettait la métaphysique au service de l'éthique, identifiait Dieu à la nature, niait la possibilité profonde d'une liberté de la volonté et définissait l'action morale comme simplement guidée par la raison.

De son côté, Kant posait qu'il existait une réalité inaccessible, transcendante, idéale qui était le fruit de l'intuition, plutôt que de la raison. Il suffisait de découvrir les moyens d'acquérir une connaissance indépendante des points de vue individuels. Il ne prenait donc pas l'individu comme sujet créateur de la vérité. Après lui, les philosophes abandonnèrent toute tentative d'atteindre la vérité objective. Ils forgèrent leurs systèmes à partir de la conscience du "moi". Arthur Schopenhauer montra les limites de la pensée de Kant, en cherchant la source de la vérité dans la volonté. Pour sa part, Nietzsche résolut radicalement la question de la vérité objective en niant qu'elle puisse seulement exister.

Le subjectivisme trouvait également ses racines dans les travaux linguistiques. Il a fallu se résigner à perdre confiance dans le langage comme moyen d'expression, lorsque Saussure a montré qu'aucun langage ne peut contenir de formulation assurée de quoi que ce soit, sauf celle de contenir ses propres termes.

Wittgenstein essaya de lutter contre les démons du scepticisme en posant que "le doute n'existe que lorsqu'une question se pose, qu'il n'y a une question que lorsqu'il y a une réponse, et seulement lorsque quelque chose peut être dit". Les "Investigations Philosophiques" furent pour lui l'occasion d'examiner ce que signifiait "dire la vérité". Wittgenstein reconnaissait que le langage ne pouvait rien "dire" sur les objets. Il observa que nous comprenions le langage, non parce qu'il correspondait à la réalité, mais parce qu'il obéissait à des règles d'usage que nous connaissions. Quand nous croyons comprendre, nous comprenons simplement les termes qu'il contient, mais ni le sens de ce que l'on veut nous dire, ni les éléments "objectifs" qu'il contient. Si le langage précède l'expérience, nous construisons simplement le monde afin de le rendre conforme à notre langage : Wittgenstein avait fini par douter que quelque chose de vrai puisse jamais être dit.

Or en pratique, la vérité ne peut être représentée que par le langage, l'art ou la logique n'étant que des langages particuliers. L'idée que nos perceptions soient emprisonnées par le langage implique que l'homme renonce à toute prétention à une connaissance objective des faits et des choses. Après avoir pris conscience de notre enfermement linguistique, il restait à mesurer les limites du pouvoir de la logique.

C- L'incertain scientifique

Les peintres ont souvent l'intuition des changements de paradigme. Ils étaient en phase avec les ébranlements scientifiques et philosophiques au temps de la Renaissance. Ils l'étaient encore lorsque le Cubisme fragmenta la réalité, le Dadaïsme barbouilla les espaces ou le Surréalisme abolit la différence entre le rêve et la réalité.

C'est à cette période que l'incertitude s'introduisit dans la pensée scientifique. La science avait commencé par élaborer un Univers ordonné. Elle commençait à y découvrir des failles, des éléments de désordre, qui la contraignirent, malgré sa répugnance à rendre compte d'un monde chaotique, contradictoire, où se déroulaient des évènements non observables, et où circulaient des particules indétectables dont les causes étaient indéterminées et les effets imprévisibles.

En physique, ce fut Einstein qui décrivit un Univers où la masse et l'énergie n'étaient que deux aspects d'une même réalité insaisissable et où les parallèles se rencontraient. Puis l'incertitude se mêla au chaos avec la théorie du même nom, qui se fondait sur l'observation des phénomènes météorologiques. Le battement d'aile du papillon devint le symbole universel du désordre qui peut pervertir n'importe quel système. Vint le principe d'incertitude de Bohr et Heisenberg appliqué aux électrons : on y apprenait que l'observateur était partie prenante dans l'expérience qu'il menait, si bien qu'**aucune expérience et donc aucune découverte ne pouvaient être considérées comme objectives**.

Dès 1902, Henri Poincaré avait remis en question le postulat central de la logique scientifique dans "La Science et L'Hypothèse". Il montrait que n'importe quel ensemble d'hypothèses pouvait être organisé pour s'ajuster formellement au résultat de l'expérience. Il en résultait que les scientifiques choisissent par convention les hypothèses qui leur conviennent et donc les résultats qui en découlent.

En montrant que le lien entre l'hypothèse et la preuve était construit artificiellement, Poincaré introduisait le doute dans la notion de démonstration. Il signifiait que les mathématiques et la logique n'étaient que des systèmes forgés pour organiser ingénieusement notre perception du monde. Plus tard, Poincaré reçut le soutien de Kuhn, qui décrivit les révolutions scientifiques comme des changements de paradigme, les découvertes scientifiques devenant dépendantes de la perspective choisie par le chercheur.

À la même époque que Poincaré, Frege définissait les mathématiques comme une simple création du cerveau, et non comme un Univers objectif à découvrir. Pour lui les nombres ne sont pas issus de l'observation, mais résultent d'une procédure engendrée par la logique. La raison ne fournit plus qu'une vérité contingente, car elle se contente de confirmer ce que l'esprit sait déjà par l'induction, l'intuition ou l'observation. Il faut ajouter à l'analyse de Frege les apports de Gödel, qui a découvert que les nombres ne viennent pas de la mesure des objets, mais ne sont que de simples hypothèses. Gödel a finalement démontré qu'il n'existe aucune logique qui permette d'affirmer que les propositions mathématiques sont justes ou fausses.

De moyen central et conquérant de découverte de la réalité du monde, **la science était ramenée à un incertain, à un subjectivisme et à une auto-justification qui lui ôtait sa légitimité.**

D- Le poison du doute et ses effets

Il s'est donc progressivement créé une contradiction entre le doute engendré par le raisonnement scientifique et le besoin fondamental de vérité, vérité du monde, vérité de la vie, vérité du moi, qui habite les hommes. Ce besoin explique que l'homme soit toujours à la recherche de chemins de vérité. Il ne demande qu'à avoir la foi. Il s'accroche à ce qu'il peut saisir, à la religion, à la tradition, à la science, à la raison. Il le fait comme il peut, au hasard des circonstances et des révélations, par instinct, isolément ou collectivement.

Le point faible des tenants de la vérité scientifique se niche dans la preuve. Avant la science, on pouvait croire sans preuve. La science s'est fait au contraire une gloire d'apporter les preuves de ce qu'elle avançait. Mais elle ne les a jamais apportées, car elles se sont évanouies au moment précis où les scientifiques croyaient les saisir. Le doute s'est tout d'abord niché dans la vision subjectiviste du monde qu'implique la suprématie de la raison. Le langage a subi le même traitement : il ne dit rien sur le monde et tout sur son interprète. La logique s'est démontrée à elle-même qu'elle se trouvait dans l'incapacité de prouver quoi que ce soit qu'elle ne connaissait auparavant. Pour achever de faire douter l'homme de tout, les scientifiques ont mis un point d'honneur à révéler l'immense incertitude dont leur savoir était affecté.

Il nous reste à choisir ce que nous appelons "vérité". Chacun est libre de voir la vérité là où il le souhaite. Mais si personne n'est en mesure de faire état d'une vérité qui le dépasse, en d'autres termes d'une vérité transcendantale, il n'est pas question non plus d'accepter d'être dépossédé de sa vérité particulière. La vérité émerge de l'individu, et elle y reste. En attendant l'éventuelle résurgence d'une vérité qui nous transcende, il reste le conflit permanent entre des vérités locales. Tant que la vérité venait du haut, de Dieu, et de l'éternité, l'être s'y insérait et y casait ses petites vérités personnelles qu'il cachait ou affichait, à son goût et à ses risques. Mais si la source de vérité est individuelle, personne n'est prêt à accepter une vérité collective sauf si elle est compatible avec la sienne propre. Une contradiction majeure s'est donc nichée au cœur de l'humanité : **le besoin de vérité individuel, confronté à la nécessité d'organiser une vie collective privée de vérité globale**. Or nous savons d'expérience que l'homme ne peut pas se résoudre à vivre dans un monde hermétique, où ses actions seraient vides de sens.

Conclusion : La fin d'un cycle ?

L'humanité a grossi en taille jusqu'à atteindre plusieurs milliards d'individus en six millions d'années. D'autres indicateurs vont dans le même sens, comme l'accroissement de la taille moyenne et du volume du cerveau des hominiens ou l'allongement de la durée moyenne de la vie humaine. Depuis cinq mille ans, une durée terriblement courte par rapport à l'ancienneté de l'espèce humaine, l'agriculture a permis de nourrir de plus en plus d'individus. Les écritures ont fait faire un pas décisif à la communication entre les êtres humains. L'individu a émergé et s'est armé de moyens matériels démesurés par rapport à ses besoins vitaux.

L'humanité se situe à la fin d'une course qui a commencé avec l'invention de l'agriculture. Depuis, l'homme s'est consacré à la recherche opiniâtre, systématique et rationnelle des moyens de contrôler le monde. En même temps, la science s'est imposée comme LE chemin de la vérité. Tant qu'il ne s'agit que de vérités matérielles, la science a pu les quadriller de ses certitudes. Lorsqu'elle s'est aventurée à les transposer dans l'espace des vérités absolues, elle s'est heurtée au subjectivisme, à l'incommunicabilité, à l'inexistence de la preuve et au doute.

Moins de force, moins de conviction annoncent la fin d'un cycle. On peut être certain que l'homme cherchera toujours à survivre. Mais où ira l'humanité et dans quel délai ? Nous ne pouvons pas le prévoir. Nous ne pouvons en rien, non plus, modifier sa course. Il nous reste à l'accepter et à choisir notre voie dans ce monde. Nous conservons les moyens d'agir sur notre propre destin, grâce à notre conscience.

Ce que l'être humain appelle "vivre".

REFLEXIONS SUR LA CRISE DU SERVICE PUBLIC FRANÇAIS

par

Hubert CHARLES
Professeur honoraire à l'Université de Nice - Sophia Antipolis
Président du Tribunal Suprême de la Principauté de Monaco

Evoquer Jean-Marie RAINAUD ramène pour moi à un souvenir maintenant ancien ; il m'avait convaincu de prendre place dans l'équipe de football de notre Faculté à l'occasion d'une rencontre corporative et amicale avec un adversaire de l'éducation nationale. J'avais accepté de participer au mieux pour la moitié du temps réglementaire, pressé qu'il me remplace. Cette mi-temps fut difficile à tenir car le souffle et la résistance manquèrent vite. Ayant rejoint plus justement le banc de touche, je revois, toujours avec le même enthousiasme, mon ami et remplaçant récupérer le ballon dans le rond central et partir droit vers le but adverse ; les rideaux défensifs successifs paraissaient transpercés par sa fougue et il a fini par pousser le ballon au fond du but, avec le temps je crois qu'il enfonce également le gardien ... Si l'image persiste des années après, c'est qu'elle caractérise parfaitement celui qui fut notre Doyen : la volonté, l'énergie, le courage, le talent.

Mais il n'y pas que le sport, car il touche à tout cet étonnant personnage : avec son frère il se fait conteur (*Les poulpes du Paillon*) ou romancier (*Jeanne-Baptiste de Luynes*) ; musicien, il devient librettiste pour assurer le support de la partition d'Albert Tosan et célébrer le héros niçois Joseph Garibaldi avec un opéra qui connaît le beau succès. Enseignant, chercheur, administrateur, désormais Conseiller d'Etat de la Principauté de Monaco, que de facettes à son activité. Lorsqu'il quitte la charge si difficile en ce temps là du décanat, à la recherche d'un bureau il me demande de partager le mien. Déjà les rayonnages ployaient, chaque mur, chaque recoin abritaient feuilles blanches ou roses, livres, répertoires, codes, revues, mémoires, thèses, rapports. Avec son arrivée, qui plus que doublait les dépôts, il devenait malaisé de se frayer un passage jusqu'à l'unique bureau ; mais là, face à face, avant-cours, inter-cours ou après-cours offraient une occasion de délicieuses discussions. Lorsqu'il a entrepris de traiter des grandes conclusions des commissaires du Gouvernement, chaque entrevue constituait pour moi un enrichissement car il parvenait à dégoter une idée avancée à l'occasion d'une lointaine affaire qui prenait subitement un relief et une actualité saisissants.

Aussi me suis-je trouvé bien embarrassé lorsque, sollicité de participer à ces mélanges, il m'a fallu choisir un sujet. Et cette fois encore le souvenir tient sa place : lorsqu'il m'avait remis le *Que sais-je* sur la crise du service public français, j'avais conçu quelques réserves concernant l'espoir que le droit communautaire ou le droit européen ouvrent la voie à une refondation, comme on dit aujourd'hui, de la notion de service public. Formé au lendemain de la seconde guerre, ayant vécu le renouveau du "*Lazare juridique*", convaincu par la lecture de Léon Duguit, de Gaston Jèze, de Maurice Hauriou, celui de l'opuscule sur la gestion administrative bien sûr, j'acceptais difficilement, non pas les critiques de ce service accusé de n'être plus *"au service du public"*, mais l'espérance d'un retour à l'esprit de la conception initiale par le truchement de l'Europe. "*Prendre en compte directement l'intérêt général communautaire en lui assignant pour finalité le bien être du citoyen européen et en s'orientant vers une approche sociale des relations économiques*" ne m'apparaissait pas alors comme la nouvelle tendance reconnue par mon ami.

Et voilà un sujet tout trouvé pour saluer Jean-Marie Rainaud : relire son ouvrage et procéder à un examen de conscience avec le recul du temps. Force est de constater que mes réserves se sont émoussées et que, sans admettre intégralement les orientations de l'auteur, je suis contraint d'écrire que je m'en rapproche.

I. Des insuffisances du service public à la française

La partie critique d'une notion, que j'ai moi-même présentée comme "*dévoyée*" dans les *Mélanges Farjat*, n'appelle plus guère de commentaire. Les fameuses lois de Rolland, socle de la conception classique, ont perdu l'essentiel de leur signification.

La **continuité** prête à sourire lorsque tout devient prétexte à arrêter plus ou moins longtemps les prestations aux usagers, c'est-à-dire avant tout aux plus modestes, à ceux qui doivent mener les enfants à l'école, gagner leur lieu de travail ou en revenir, rendre visite au médecin, conserver le lien social parce qu'ils ne peuvent plus se déplacer aisément. Les motifs de protestation des personnels ne sont certes pas illégitimes, enfin pas toujours, mais une habitude de la grève survenant parfois pour des revendications purement catégorielles ou une volonté exclusivement conservatrice de se recroqueviller sur les "acquis sociaux" et de s'opposer au changement, porte atteinte à l'idée même de service public. C'est bien Maurice Hauriou qui écrivait que ce service doit fonctionner envers et contre tout ; or en arrêter le fonctionnement pour prétendre qu'on veut le défendre est troublant...

L'**égalité** conçue de manière sectorielle n'assure pas non plus que tous puissent accéder pareillement aux prestations d'intérêt général. Le débat sur la gratuité, qui ne prend pas clairement place dans les lois fondamentales, en est la marque. Qui du contribuable ou de l'usager doit supporter le coût des prestations ? L'égalité implique-t-elle que, quel que soit le poids pour la collectivité, celle-ci soit tenue de desservir la ferme la plus isolée en milieu rural aussi bien que l'habitant du centre d'une grande agglomération ? La question de l'eau montre bien aujourd'hui les conflits aigus qui naissent sans cesse du côté des usagers : l'autorisation de prise d'eau sur une retenue, un lac, un canal, un cours d'eau, au bénéfice de l'exploitant d'un golf est-elle acceptable dans les régions où les restrictions frappent aussi bien l'agriculteur et l'éleveur que le simple particulier comme cela se produit actuellement en Provence. Et puis la conception sectorielle de l'égalité pousse à savoir à quoi on peut distinguer une catégorie, puisque ne doivent être égaux que ceux placés dans une même situation. Et voilà le juge appelé à trancher de délicats litiges pour déterminer subtilement quel taux de matière grasse permet de déterminer les variétés de fromage (*CE 26 mars 1965, S.A. fromagerie Delisse, n° 62.263*) ou traiter la situation respective au regard de leurs déplacements des habitants d'une île, de ceux du département voisin et des autres continentaux (*CE sect., 10 mai 1974, Denoyez et Chorques, rec. p. 274*). N'oublions pas non plus ces *beati possidentes,* chers à Madame Francine Batailler (*Les beati possidentes du droit administratif ; les actes unilatéraux créateurs de privilèges, Rev. Dr. publ., 1965, p. 1051 s.*), qui sous couvert de l'exploitation d'un service public se trouvent investis d'une épatante rente de situation. Mais aussi le *"détournement du profit"* analysé par le Professeur Gallais-Hamonno (*Le comportement des entreprises publiques, Libertés économiques et progrès social, n° 31, juillet 1981*) montrant que les syndicats sont parvenus à faire triompher l'intérêt des personnels sur celui des usagers, l'affaire des œuvres sociales d'EDF venant depuis, parmi d'autres, renforcer avec netteté la démonstration.

Quant à l'adaptation aux circonstances, certains l'appellent la **qualité** du service public, elle est assurément le trait le plus saillant pour démontrer la faiblesse, ou plutôt l'irréalisme des grands principes. L'école, parangon du modèle républicain, ne va décidément plus ; l'hôpital craque ; la recherche s'exerce dans des conditions déplorables ; et il ne faut pas parler du secteur social ou pis encore de la justice. J'ai fait cours dans un grand et bel amphithéâtre qui, par temps de pluie, était plus arrosé que l'extérieur, les étudiants se disposant alors en cercles autour de la cascade pour se serrer dans les zones sèches. Il est vrai que les bénéficiaires du service public sont de plus en plus nombreux et qu'ils attendent des prestations de plus en plus sophistiquées, donc de plus en plus chères. Le contribuable se plaint, l'usager aussi. L'Etat, les collectivités locales, les gestionnaires invoquent des moyens financiers limités.

Ici prend place le thème de la **décentralisation** : et si l'Etat confiait aux collectivités locales ou à des établissements publics le soin de gérer divers services publics ? Solution alléchante, que les réformes Defferre depuis 1982 entendaient précisément régler, il est vrai après le rapport Guichard et le projet Bonnet qui préparaient le terrain, mais toujours de saison avec l'arrivée de l'acte II de la décentralisation. Or précisément dans le rapport Guichard figurait une mise en garde capitale : le contribuable d'Etat, le contribuable local et le cotisant à la sécurité sociale ne sont pas trois personnes différentes, mais une seule et même personne trois fois appelée à verser la contribution commune. Dès lors déplacer celui qui ordonne la dépense ne change pas le poids qui pèse sur les épaules, ou plutôt sur les ressources, de chacun d'entre nous et même souvent l'aggrave. Et puis la géographie administrative française enfonce ses racines à la fin de l'Empire romain (*civitas, municipium*) avant la multiplication des paroisses dès l'essor du christianisme nous léguant un parcellaire communal à peine modifié en l'an III et si peu depuis. Le département naît en 1789 dans une France rurale et sa circonscription a peu changé ; la région devenu en 1982 collectivité territoriale de plein exercice peine à trouver une vraie place comme l'avait si bien montré l'échange entre le Sénateur Schiele et le Ministre Gaston Defferre lors du débat devant la Haute assemblée. Les regroupements continuent d'être menés sans que jamais les collectivités anciennes s'effacent multipliant du même coup les appareils et les charges. Pierre Lalumière l'avait excellemment souligné pour le regroupement communal, aujourd'hui la Cour des Comptes le dénonce pour le nombre des fonctionnaires et agents territoriaux.

Et c'est précisément ici que je veux placer le cœur de ma réflexion à partir, non plus de l'expérience du fonctionnaire d'Etat ou de l'ancien élu local, mais de l'administrateur-doyen d'une fondation agissant dans le cadre du service public.

II. Service public, personnes publiques et personnes privées

Le 10 mars 1894, le Baron de Lenval, en mémoire de son fils mort à Nice en 1883 à l'âge de 11 ans, donne un immeuble qu'il avait acquis quartier Barri Masson, aujourd'hui Promenade des Anglais, pour être employé à l'installation et au fonctionnement d'un établissement destiné à soigner les enfants malades pauvres. Depuis un décret du Président Sadi Carnot du 8 mai 1893, le dispensaire qu'il avait créé était reconnu comme établissement d'utilité publique ; voilà donc une personne morale de droit privé qui rejoint le cercle de l'intérêt général.

Pour passer de *"l'hôpital-asile au centre de soins"* (*L'organisation hospitalière en France, NED n° 2330 du 26 septembre 1957*), la réforme Debré de 1958 entendait constituer clairement deux secteurs pour se partager les activités de santé : l'hôpital public d'un côté, la médecine libérale de l'autre. Le premier tend à occuper une place majestueuse avec évidemment les professeurs et leurs équipes, la recherche et l'enseignement le disputant aux techniques sanitaires les plus performantes pour s'adresser à tous les malades et rompre avec le thème de l'accueil des indigents (Les vieux dictionnaires mentionnent encore l'expression *"réduire à l'hôpital"* pour signifier la ruine d'une personne). Le second répond à l'activité commerciale des cliniques et à la proximité de l'éventail des praticiens.

La frontière est certes loin d'être hermétique. Elle l'est d'autant moins qu'un secteur privé peut être constitué dans l'hôpital public pour permettre de recevoir des patients tant en consultation qu'en soins à des tarifs différents de ceux de l'administration, l'idée étant de fixer dans le secteur public les praticiens chevronnés. De même des cliniques ouvertes peuvent être instituées dans des établissements hospitaliers pour permettre à des médecins libéraux de tirer parti des équipements sanitaires publics ; cette fois il s'agit de favoriser le service de santé en milieu rural. Mieux encore par le biais de **conventions**, facultés ou écoles et établissements hospitaliers d'un côté, organismes publics ou privés d'un autre, peuvent s'associer pour remplir les missions de soin, d'enseignement et de recherche (*Ordonnance n° 58-1373 du 30 décembre 1958 relative à la création des CHU, à la réforme de l'enseignement médical et au développement de la recherche médicale, article 6*) ; ainsi la Fondation Lenval gère pleinement une partie du service public de pédopsychiatrie dans le département des Alpes-Maritimes et notamment s'appuie sur le professeur d'Université spécialiste de la matière et plusieurs praticiens hospitaliers. La réforme de 1970 va plus loin et entend instituer un véritable *"service public hospitalier"* unissant, il est vrai sous certaines conditions, les efforts des deux secteurs. Des techniques proposées pour cette coopération, la concession n'a guère connu le succès, en revanche la participation s'est développée. C'est ainsi que la Fondation Lenval, par un décret du 3 novembre 1976, a été admise en sa qualité d'établissement privé à but non lucratif à **participer à l'exécution du service public hospitalier**.

Il devient vite évident que les deux secteurs doivent s'épauler pour faire face aux besoins sanitaires illustrés récemment par la crise des urgences, les effets catastrophiques de la canicule, les grandes maladies ou l'état des personnes âgées. Il est désormais clair que le service public a pour objet la protection de la santé et qu'il ne peut être cantonné au seul périmètre de l'hôpital public. Il ne l'a d'ailleurs jamais été. Dans le cas étudié, il est manifeste que la personne morale de droit privé reconnue d'utilité publique est bien entrée dans le cercle du service public. Une note de présentation de 2006 explique les données du problème en rappelant que l'hôpital Lenval fonctionne depuis la fin du XIXème siècle et qu'il a, au fil du temps, développé toutes les activités de pédiatrie avant d'être admis à participer au service public hospitalier alors que le Centre Hospitalier Universitaire issu de la création de l'Université de Nice au début des années 60 était à son tour autorisé par l'administration à créer des services de même nature, donc concurrents, dans toutes les disciplines sauf la psychiatrie.

Aussi pour promouvoir la coopération au lieu de la compétition, l'idée d'un regroupement des deux organismes a conduit les établissements à rechercher le travail en commun pour le plus grand intérêt des jeunes malades comme l'efficacité du service de la santé publique. Au prix de longues et difficiles négociations, que le Ministre Jean-François Mattei avait encouragées inscrivant le projet au plan Hôpital 2007, les deux parties ont fini par signer à la fin 2006 la convention constitutive d'un **Groupement de coopération sanitaire (GCS)**, saluée dans Nice-Matin par le titre "*un grand pôle pédiatrie est né*" (*29 décembre 2006*), l'Etat acceptant par la suite une expérimentation en matière tarifaire.

De ce rappel, je tire une première observation concernant la Fondation. Il s'agit, on l'a souligné, d'une **personne morale de droit privé à but non lucratif**. Elle fait donc partie de ce tiers secteur regroupant mutuelles, coopératives, associations, fondations dont le rapport Pierret à l'Assemblée Nationale le 20 avril 1982 mentionne l'importance. Ainsi s'explique l'institution d'un délégué interministériel à l'économie sociale par le Conseil des Ministres du 25 novembre 1981, suivie moins de deux ans plus tard d'un Institut de développement de l'économie sociale et d'une série de textes pour favoriser l'essor de ce secteur particulier. Force est de constater que cette troisième voie entre capitalisme et socialisme, libéralisme et interventionnisme, ne s'est guère affirmée. Dans le domaine étudié, plusieurs associations ou fondations n'ont pu persister et ont été absorbées par l'hôpital public, notamment dans le Comté de Nice où existaient de nombreuses institutions souvent religieuses et de petite taille. Mais surtout l'attractivité du modèle marchand est vite devenue telle que même les entreprises publiques, les unes après les autres, le rejoignent ; il en va encore plus fort de ces institutions d'économie sociale obligées de s'adapter souvent loin de leur esprit d'origine pour conserver une place.

La formule du GCS devrait offrir une solution acceptable dans le cas étudié puisque Lenval, dans le cercle de l'utilité publique dès l'origine, est déjà entré dans celui du service public, que l'organisation rationnelle de la pédiatrie dans l'agglomération niçoise est l'objectif poursuivi, que la complémentarité des moyens des établissements justifie le choix. On lit dans les *Echos du 23 juin 1998* qu'"*Hôpitaux et cliniques (sont) condamnés à s'entendre*" et le Directeur juridique d'une association s'adressant à des malades, Maxence Cormier, décrit récemment la recomposition de l'offre de soins hospitalière reposant dorénavant sur l'entente des différents acteurs concernés (*Mutations et enjeux des coopérations hospitalières, AJDA du 27 février 2006, p. 416 s.*).

Or, au moment où j'écris, la convention constitutive du GCS signée par les deux parties, CHU de Nice et Fondation Lenval après délibérations concordantes de leurs conseils respectifs, n'est toujours pas approuvée par le directeur de l'Agence Régionale de l'Hospitalisation. Les résistances à l'évolution manifestées par certains syndicats du personnel, les prises de position de quelques médecins, l'hésitation de l'administration devant une organisation nouvelle, l'inquiétude devant tout changement des deux côtés, traduisent la difficulté qu'il y a à faire collaborer un établissement public et un établissement privé à but non lucratif qui se partagent pourtant la mission du même service public de la pédiatrie.

L'expérience niçoise conduit à une réflexion générale : la **conception traditionnelle des deux secteurs**, public et privé, distingués par leur mission, leur régime juridique et leur juge, a certainement vécu, et on peut même se demander si elle a connu des périodes de réalité. Il n'en demeure pas moins que l'administration française reposait sur des hommes, les fonctionnaires régis par un statut loin du contrat de travail ; dans certaines entreprises publiques s'étaient même développés des statuts du personnel qui tendaient à accorder aux salariés les éléments favorables tirés du droit public et ceux venant du droit privé, écartant en revanche dans toute la mesure du possible les éléments défavorables des deux. De là les régimes spéciaux qui font aujourd'hui problème. Les biens de l'administration se ventilaient entre ceux qui intégraient le domaine public, dominé par l'idée de protection car nécessaires au public usager ou affectés au service public, et ceux qui appartenaient au domaine privé, soumis à des règles proches du droit privé des biens. Quant à l'activité de l'administration elle relevait par principe d'une gestion publique devant assurer la primauté de l'intérêt général permettant notamment l'usage de moyens de puissance publique comme la soumission à des règles dérogatoires au droit commun.

Toutefois, le cloisonnement des deux secteurs ne se révélait pas absolu : n'employait-t-on pas des salariés de droit privé dans les administrations, n'utilisait-on pas des biens privés pour la bonne marche des services publics, ne recourrait-on pas à des contrats de droit privé pour leur gestion courante, avant d'admettre qu'un service puisse être régi en principe par le droit privé en raison de son caractère industriel et commercial ? Le mouvement vient de s'amplifier du côté des personnels, lié aux privatisations mais aussi aux pratiques des personnes publiques ; le domaine public est dorénavant considéré comme une richesse qu'il faut faire fructifier autorisant du coup des utilisations privatives naguère encore condamnées de manière à permettre l'amortissement des investissements consentis et justifiant l'établissement d'un Code général de la propriété des personnes publiques ; la gestion déléguée devient un mécanisme favorisé et mieux encore le partenariat public-privé fait l'objet d'une soigneuse organisation.

L'administration a toujours eu recours au contrat avec des entrepreneurs privés pour assurer fournitures, travaux ou services ; elle a admis de charger un particulier du soin de gérer un ouvrage ou un service public par le moyen de l'affermage lorsqu'elle réalisait les premiers investissements ou de la concession lorsqu'elle laissait ceux-ci à la charge de son cocontractant, sans omettre quelques mécanismes dérivés. Mais elle allait plus loin avec le marché d'entreprise et de travaux publics avant de reconnaître que les charges étaient trop lourdes pour elle et qu'il convenait de s'appuyer sur un véritable partenaire privé.

Mais alors la conception classique des deux secteurs est vidée de sens. L'idée de service public se détache de la vision organique confiant à l'administration le soin de la mission.

III. D'une refondation de la notion de service public

L'affirmation du préambule de la Constitution du 27 octobre 1946 selon laquelle tout bien, toute entreprise qui a ou acquiert les caractères d'un service public national doit devenir propriété de la collectivité ne répond plus aux données du monde contemporain, le Conseil constitutionnel en a tiré les conséquences. Lorsque François Mitterand déclare le 26 novembre 1978 à la convention nationale du PS "*quelle que soit la technique employée pour réaliser les nationalisations, toutes doivent s'inspirer de ce principe : le pouvoir passe par la propriété, la propriété c'est le pouvoir. Manquer à cette loi reviendrait à renoncer à la construction*", il restait fidèle à l'idée selon laquelle le secteur public, donc les **organismes d'Etat** ou dépendant de lui, sont toujours à même de garantir la satisfaction des besoins d'intérêt général. Le thème des nationalisations, donc d'une extension du secteur public, est encore fort et aboutira aux réalisations de 1981 à 1983. Très vite cependant le besoin de respiration du secteur public prépare le glissement vers les privatisations. Et depuis l'évolution s'amplifie faisant craquer le socle sur lequel la conception classique était établie.

A regarder d'ailleurs vers le **contentieux**, la justice judiciaire cherche à récupérer les litiges concernant l'Administration que la loi des 16 et 24 août 1790 d'abord, le décret du 5 fructidor de l'an III ensuite avaient écarté avec force de leur compétence. La belle thèse du Professeur Gérard Quiot sur la recherche des "*origines du couple gestion publique/gestion privée*" (Nice 1992) reconstitue avec soin les étapes de cette reconquête, à la marge d'abord, en récupérant le sort de la personne publique qui se comporte en simple propriétaire, plus tard mais avec le concours du Conseil d'Etat ou du Tribunal des Conflits en gagnant la gestion privée, ou encore avec l'aide du législateur atteignant les accidents causés par des véhicules. Très récemment, une astucieuse utilisation de la **voie de fait,** appuyée sur le rôle du juge judiciaire garant de la liberté et de la propriété, connaissait le succès devant l'absence d'efficaces procédures d'urgence en droit administratif. Le Code de justice administrative recueille aujourd'hui une réforme de taille qui introduit une culture de l'urgence, pour reprendre la formule du Professeur Franck Moderne, ouvrant de belles perspectives.

Mais il est un autre aspect de la situation qui, grâce au législateur, semble en partie, mais en partie seulement, contenu : la volonté du **juge judiciaire répressif** de se libérer de la jurisprudence Avranches et Desmarets (*Trib. Concl. 5 juillet 1951, rec. p. 638*) en vérité peu mise en œuvre, et d'estimer que les actes administratifs même individuels qui servent de fondement à la poursuite peuvent être appréciés et interprétés par lui. Sur ce point le Code pénal (*article L. 111-5*) a été mis en accord avec ce souhait. Mais il y a plus : responsables administratifs, élus ou nommés, étaient certes soumis au respect de la loi pénale ; cependant les poursuites étaient rares et les condamnations exceptionnelles au point d'évoquer *"la caste des intouchables"*. Si bien que, amené avec le Doyen Roger Bernardini à rédiger pour le répertoire Dalloz de droit pénal l'article "fonctionnaires publics", nous avions alors eu le plus grand mal à trouver, pour illustrer nos commentaires, des décisions récentes. Que n'avions-nous attendu quelques années de plus pour bénéficier non plus du vide, mais selon l'expression gaullienne, du trop plein ! Les décisions se succèdent affectant aussi bien les plus hauts personnages de l'Etat que les plus modestes des fonctionnaires ou agents publics, si bien que la question peut être posée de savoir si le juge pénal ne devient pas *"le juge ordinaire de l'administration*" avec toutes les conséquences que cela entraîne sur le plan des principes (*J. Hermann, chronique, D. 1998, p. 195 s.*).

Si la juridiction administrative perd ses grands domaines de compétence, donc toute signification, si le droit public gagné par les préoccupations économiques et les exigences de la concurrence en vient à céder la place au droit privé, notamment celui des affaires, si les activités gérées par l'administration révèlent un coût sensiblement supérieur à celui des entrepreneurs privées, alors l'idée même de service public n'aura plus de justification. Jean-Marie Rainaud montre parfaitement qu'il est difficile de déterminer les activités susceptibles d'acquérir par leur nature la qualité de service public ; même les missions régaliennes comme l'ordre public interne ou externe, la justice, peuvent être assumées par des mercenaires, des sociétés privées de gardiennage ou de sécurité, des arbitres. Ainsi la notion ne connaît pas de frontières claires et tranchées.

Comme lui, je crois que le service public s'oppose à l'idéologie dominante du moment et qu'il défend devant celle-ci la valeur de ce qui fait l'être humain. Je pense pour ma part que le droit européen ou le droit communautaire aussi bien que les bienfaits de la concurrence et l'esprit du monde des affaires peuvent et doivent rendre à l'action administrative un souffle qu'elle a perdu, et "les privilégiés de la République" sont mal venus à s'ériger en défenseurs outragés d'une administration qu'il convient de transformer (*Y. Stéfanovitch, Aux frais de la princesse, J.Cl. Lattès 2007*). Mais je ne vois toujours pas, peut-être suis-je mauvais philosophe, le "*scandale primaire*" là où l'auteur le place. Au fond le système des *public utilities* aux Etats-Unis assortis de mécanisme de régulation pour éviter le plus possible le trouble dans les prestations fournies aux usagers répond à nos principes du service public. Il convient d'établir pourquoi un certain nombre de prestations s'avèrent moins chères fournies par un contractant du secteur privé alors qu'elles sont plus coûteuses prises en charge par la collectivité publique ou ses démembrements. La fondation Lenval n'a-t-elle pas raison de solliciter un tableau comparatif du coût de l'hospitalisation dans l'hôpital public et dans l'établissement privé à but non lucratif ? En réalité je crois moins au "scandale primaire" que dénonce l'auteur qu'au "scandale secondaire" qui donne du service public à la française en raison de ses dysfonctionnements, malgré souvent des dévouements exemplaires et de belles réussites, une image tellement éloignée de ceux qui ont œuvré pour son développement avec le sens de l'effort, voire du sacrifice. Le retour de l'esprit des *hussards noirs de la République* changerait assurément l'approche du problème. Ainsi à partir d'une vision "nationale" dont le fondement est le retour aux sources de l'exception française, je rejoins Jean-Marie Rainaud sans m'appuyer sur la brillante synthèse qu'il nous livre du droit communautaire auquel désormais j'ajoute volontiers les droits européens de l'homme. Mais au fond, à partir de deux cheminements différents, nous sommes probablement d'accord.

LA RESISTANCE DANS LE PUGETOIS
1942-1944

NOTES CRITIQUES SUR LA RESISTANCE "D'EN BAS" ET LA FABRICATION DE L'HISTOIRE

par

Robert CHARVIN
Professeur émérite de l'Université de Nice - Sophia Antipolis
Doyen honoraire de la Faculté de Droit, des Sciences Politiques, Economiques et de Gestion

En politique, les cadavres gisent dans la mémoire
qui les habille selon l'heure et la circonstance
Pier Albert Jourdan

Les mécontents, ce sont des pauvres qui réfléchissent
Talleyrand

Août 1941 : Puget-Théniers accueille un grand rassemblement de la Légion Française des Combattants, en présence du maire F. Boyer, du commandant Reyjal, maire de Massoins, chef de la Section Montagne de la L.F.C. des Alpes-Maritimes et des responsables des sections communales des villages voisins[1]. A Puget-Théniers, comme à Nice, "fille aînée de la Révolution Nationale", règne l'ordre vichyssois, assuré par les forces d'encadrement traditionnelles de la société[2].

Le 16 août 1944, quelques jours après l'insurrection (6 juillet), déclenchée depuis Beuil, et la libération de Péone et Guillaumes (9 juillet), premières communes du département à chasser l'occupant, Puget-Théniers se libère seule, bien avant Nice[3] qui fera de même le 28 août : les derniers soldats de la Wermacht (27 exactement à Puget-Théniers) se rendent à la Résistance locale, commandée par le Lieutenant Gabriel Mazier, alias "Maurice" ou "Capitaine François".

---

[1] L'Almanach de la Légion des Combattants, édition nationale 1942, dans son supplément départemental, publie la liste exhaustive des responsables de la L.F.C., commune par commune. Ce sont des élus ou des notables, déjà installés sous la IIIème République, membres des grandes familles locales. Pour Puget-Théniers, les responsables sont : Conil, président, Brouchier Pierre, vice-président.

[2] De manière significative, le siège du P.P.F est situé au cœur de la ville, au 52 avenue de la Victoire. Le Service d'Ordre Légionnaire, créé tardivement à l'approche de la fin du régime de Vichy, de plus en plus répressif, n'est installé qu'à la rue Trachel, au 14.

[3] L'insurrection à Nice date en effet du 28 août à partir de 6 heures du matin. Au sein de l'état-major dirigeant cette insurrection, on note les avocats parisiens P. Brandon (responsable du Front National et durant quelques numéros responsable du Patriote clandestin) et Denise Delmont (responsable du bulletin clandestin "l'Action" diffusé dans les milieux intellectuels), Roland Claudel (l'un des initiateurs de l'aviation de tourisme populaire en 1936), le Dr Sapir, Sénèque Brunet, René Houart et Charles Andrieu (de la CGT), l'abbé Daumas. C'est P. Brandon qui fait évacuer le Secrétaire Général de la Préfecture, préfet intérimaire de Vichy, Lauvel, et le Dr Vidal-Revel, Premier adjoint faisant fonction de maire. Curieusement, bon nombre de ces Résistants précités ne font pas partie de l'historiographie locale. – Cf. Pierre Brandon. Coulisses de la Résistance, à Toulouse, Lyon, Marseille et Nice. L'Harmattan 1994.

I – ACADEMISME ET METHODE CRITIQUE

A- Rupture et continuité

La période vichyssoise qui sépare ces deux événements de 1941 et 1944 n'est pas plus une "parenthèse" dans l'histoire de Puget-Théniers qu'elle ne l'est pour celle de la France tout entière. L'Etat Français est un héritage de la IIIème République : le personnel politique dirigeant (à quelques exceptions près), les grands corps de l'Etat, notamment la Cour des Comptes, le Conseil d'Etat et l'Inspection des Finances, mais aussi de larges secteurs de l'Université, en particulier les Facultés de Droit[4] assurent la continuité. Il en est de même au plan local où notables et administrations se rallient sans réticence visible à Vichy.

Quant aux Résistants, ils ne naissent pas de génération spontanée. C'est l'histoire politique des Pugétois de 1934 à la veille de la guerre qui en est la source.

Malgré la capacité de Léon Barety, député de la circonscription de Nice II, englobant Puget-Théniers, à amortir par son engagement de "Républicain de Gauche", forme spécifique de la droite modérée, les chocs politiques qui se produisent dans le pays niçois et en France, la croissance des forces locales de contestation débute dès 1934.

Au plan national, se constitue le Comité de Lutte contre la Guerre et le Fascisme (Amsterdam-Pleyel), auquel le P.C.F. prend une part majeure[5]. Des grèves et des manifestations multiples ont lieu. Lors des Municipales de 1935, le P.C.F. n'est présent que dans

---

[4] R. Cassin fait le récit du climat antirépublicain et antisémite régnant à la Faculté de Droit de Paris et du traitement qu'il y subit, sous l'égide du Doyen Ripert, le conduisant à Londres ralliant une Résistance au sein de laquelle les professeurs de droit sont extrêmement peu nombreux ! Au contraire ils fournissent à Vichy de très nombreux cadres convaincus.

[5] Dans le département des Alpes-Maritimes, son responsable est le professeur Marcel Lob, du Lycée Félix Faure, secrétaire départemental de la Fédération de l'enseignement de la CGT, membre de la Ligue des Droits de l'Homme, décrit en 1934 par la police comme "socialiste communisant".

28 communes. Dans le pugétois, Rigaud est l'une des cinq seules communes du département où les communistes constituent une liste complète, obtenant pour la première fois 1 élu. A Puget-Théniers, une candidature "antifasciste" (Corporandy) PC-SFIO se manifeste. Les élections législatives de 1936 qui intègrent pleinement les Alpes-Maritimes, selon J. Basso, dans la vie politique nationale, renforcent cette émergence : le candidat communiste Jacques Pruja obtient 24,5 % dans la circonscription malgré la violente campagne de "l'Eclaireur" et certaines irrégularités liées à la corruption chronique régnant dans le département[6].

Puget-Théniers devient, dans le Moyen Pays, une place forte pour les communistes (avec l'Escarène), malgré le maintien de la toute puissance de la droite. Aux élections cantonales de 1937, la S.F.I.O., avec F. Belleudy, maire de La Croix (27,8%) et le P.C.F. (avec 20,6%) obtiennent ensemble sur le canton de Puget-Théniers 48,7% des voix. A Guillaume, la S.F.I.O. passe de 10,3% en 1936 à 36% en 1937.

Dans tout le département, en particulier là où les communistes peuvent relayer l'information, comme dans le Pugétois, le meurtre de Espaltero Rossi, militant communiste d'origine italienne, assassiné par des agents électoraux cannois le 18 avril 1937, bénéficie d'un grand retentissement. Désormais, par le relais d'un certain nombre de familles locales, la contestation communiste est solidement implantée : ces contestataires fourniront à la Résistance l'essentiel de ses troupes[7].

---

[6] J. Pruja est un fonctionnaire des impôts, secrétaire départemental de la Fédération Autonome des Fonctionnaires, membre du PCF, sanctionné et déplacé d'office à la Roche-sur-Yon pour raisons politiques en novembre 1935, malgré les protestations de la Gauche. Aux élections de 1936, où il est présenté dans la circonscription Nice II, il est battu par L. Barety, mais l'emporte largement sur le candidat SFIO (8,4%). Si L. Barety n'a pas mené une campagne virulente, selon son style habituel, le climat départemental est quant à lui très anti "Front Commun", anticommuniste, et même antisémite, ouvrant ainsi la voie au vichysme.

[7] Le communisme et l'anticommunisme sont au cœur de l'histoire de la période 1940-1945. R. Rémond, Président de la Fondation Nationale de Science Politique, après avoir été très "discret" sur l'antisémitisme de Vichy dans son ouvrage classique sur "Les Droites en France" commet un anachronisme voyant (dans sa controverse avec l'historien israélien Zeev Sternhall. Le Monde. 5 octobre 1994)

Au sortir de la guerre, et contrairement à l'imagerie communément entretenue, la IVème République n'est pas essentiellement rupture avec le passé politique. Au contraire, si elle mêle les valeurs inédites nées du Programme du Conseil National de la Résistance[8], elle prolonge surtout la tradition, faite d'anticommunisme et de méfiance vis-à-vis du mouvement social, héritée de la IIIème République et de Vichy. "La Libération et ses lendemains n'ont pas été le printemps annoncé", écrit l'historien P. Laborie[9].

La Résistance, en effet, n'est pas restée au pouvoir, ni au niveau de l'Etat, ni au niveau des collectivités locales, ni même à l'intérieur des partis résistancialistes[10].

Dans le département des Alpes-Maritimes, les premières personnalités désignées pour se substituer à l'administration vichyste aux lendemains de l'insurrection niçoise du 28 août 1944 sont remplacées très rapidement : il en est ainsi de Sattegna, délégué du Comité Directeur du Front National qui avait succédé à Lauvel, Secrétaire Général de la Préfecture faisant fonction de Préfet et expulsé, et de Brunet, président du Comité Départemental de Libération ; le Dr Vidal-Revel, adjoint de J. Médecin, faisant fonction de Maire de Nice, cède immédiatement la place à Hector Cendo qui n'occupe cette responsabilité que très brièvement. Le nouveau Préfet Moyon, désigné par de Gaulle, souhaitait aller encore plus vite, mais sa demande précipitée de dissolution du C.D.L. suscite la venue à Nice de Aubrac, Commissaire du gouvernement qui le fait remplacer par le Préfet Escande, plus proche des Résistants. Très vite aussi,

---

en ne mentionnant pas, parmi les traits caractéristiques du régime de Vichy, l'anticommunisme. R. Rémond, dans ce même long article, conteste le fait que les historiens français n'aient jamais escamoté cette période de l'histoire de France, tout en ne citant que des travaux datant des années 70 (soit 25 ans après la fin de la guerre). En tout état de cause, les juristes et les politologues, quant à eux, ont incontestablement été d'une grande discrétion !

[8] Cf. R. Charvin. Les différentes morts du Programme du CNR, in Mélanges P. Isoart. Editions Pédone. 1996.

[9] Cf. P. Laborie. L'opinion française sous Vichy. Ed. Seuil. 1990, p. 334.

[10] Cf. Philip Williams. La vie politique sous la IVème République. Paris. 1971.

Charles Isnardy, membre du Comité départemental de la Libération, placé à la tête de la Délégation de Puget-Théniers (comme V. Barel l'est à Nice) issu de la Résistance, ainsi que le Front National qui contrôle la vie locale, doivent céder la place.

Dès 1947, la Municipalité Bailet (réélue 5 fois jusqu'en 1977[11]) réinsère Puget-Théniers dans la majorité départementale traditionnelle très éloignée des idéaux de la Résistance. De même, le canton qui avait élu Marius Castel (PCF) en 1945, avec 43% des voix, est perdu pour la gauche dès les élections suivantes. Les membres les plus actifs de la Résistance dans le Pugétois n'exercent plus de responsabilité dans la vie politique locale.

Pour beaucoup, désormais, au niveau national, comme à Nice et à Puget-Théniers, un devoir d'amnésie s'impose[12] : il convient de gommer cette période "difficile" de l'histoire et de procéder à sa "reconstruction" à l'aide de célébrations au contenu et aux frontières soigneusement délimitées. Un ritualisme commémoratif se substitue, en effet, à une réelle prise en considération de l'héritage : on s'efforce de ne pas savoir pour rendre anodin ce qui ne l'était pas. Pour éviter les désagréments politiques et sociaux d'une suite logique. Pour ne tirer aucune leçon et ne pas mettre à mal les croyances traditionnelles auxquelles on tient[13].

B- L'évacuation de l'histoire

L'histoire de Vichy et celle de la Résistance sont une illustration forte des France qui ne cessent de s'affronter sous des

---

[11] En 1977, la municipalité Gilbert Laugier succède avec une toute autre conception de l'histoire locale à la municipalité Bailet, mais le souvenir populaire de la Résistance et de la Libération est déjà loin.

[12] Cf. A. Mornet. 4 années à rayer de notre histoire. Paris. 1949.

[13] Cf. G. Bronner (L'empire des croyances. PUF. 2003) fait la démonstration de l'extrême stabilité des croyances en dépit de l'expérience historique et des pratiques sociales. L'individu est attaché à ses croyances dont il assure subjectivement la permanence en y introduisant une "rationalité" qui défie l'environnement social pourtant défavorable.

formes périodiquement renouvelées[14], alors qu'une sorte d'union sacrée officielle sur le passé est politiquement cultivée pour ne pas accroître les fractures présentes[15].

Les cérémonies officielles se veulent édifiantes et unanimistes : on tait ce qui pourrait être source de déstabilisation et on conforte l'existant au détriment de la réalité politique.

On constate qu'il en est de même pour les sciences sociales lorsqu'elles ont pour objet cette période. Les rapports de plus en plus étroits (comme aux Etats-Unis) qui se sont établis entre les historiens et les détenteurs du pouvoir (public et privé)[16], dans le cadre de "Commissions ou Comités" fondés par des entreprises ou par certains ministères, conduisent à une rupture dans la culture universitaire naguère plus éloignée de la sphère de l'argent et des pouvoirs. Les historiens (sélectionnés) produisent (selon des méthodes scientifiquement incertaines) une histoire "apaisante" et consensuelle[17]. Chez les juristes et les politistes, longtemps silencieux ou complaisants, l'histoire en général, celle de Vichy et de la

---

[14] Voir notamment Claude Bourdet. L'aventure incertaine. Stock. 1975.
Voir aussi G. Duquesne. Les catholiques français sous l'occupation. Grasset. 1966.

[15] La célébration du Soixantième anniversaire du débarquement américain sur les côtes de Normandie en juin 2004 en est une illustration. L'"amitié" officielle franco-américaine retrouvée occulte le profond contentieux entre de Gaulle et les Etats-Unis en 1944 sur les suites de la Libération (à propos du protectorat envisagé sur la France) et gomme pour partie au moins la question de l'occupation américaine de l'Irak et les pratiques de l'armée américaine attentatoires aux droits de l'homme.

[16] Cf. A. Lacroix-Riz. L'histoire contemporaine sous influence. Le Temps des Cerises. 2004.

[17] Le financement d'un certain nombre d'universitaires et de leurs activités de recherches dans des organismes initiés par la Banque de France, Seita (Altadis), SNCF, RATP, Caisse des Dépôts, ... (comme en Allemagne, la Deutsche Bank, Volskwagen, la société "fur European Business History", etc.) tend à remettre en cause la notion de "collaboration économique", par exemple, et à aligner les analyses historiques sur les "besoins" du moment.
Il en est de même avec la Commission R. Rémond (mandaté par l'Eglise) sur Touvier ou sur la Mission Mattéoli sur le fichier juif (mise en place par le Premier Ministre en 1992) dont l'objet semble avoir été davantage de sauver l'honneur des institutions concernées plutôt que de faire avancer la connaissance historique.

Résistance en particulier, se meurt doucement[18]. Pourquoi, en effet, selon certains, faire ressortir le caractère daté et relatif de notions, valeurs et normes constitutives de l'ordre social et juridique dans lequel nous vivons ? Pourquoi, aussi, révéler la désuétude pratique de valeurs alors qu'elles légitiment encore, grâce au discours officiel, l'ordre existant ?

Point n'est besoin d'avoir entendu parler des légistes de Philippe le Bel, encore moins de la signification de la Résistance pour "réussir" dans les affaires : il serait inutile "d'alourdir les programmes" par l'examen des "évolutions historiques" précédant le droit positif. Seul compte l'immédiat, l'utilitaire, l'Existant toujours plus sacralisé ! Les Facultés de Droit semblent ainsi aspirer toujours davantage à s'identifier aux écoles de commerce ![19].

Pour la Science Politique "à l'américaine" dont les objets de recherche sont très restreints, qui privilégient l'analyse sur la synthèse et dont les séquences historiques prises en compte sont extrêmement brèves, collectionner les faits historiques pour intégrer dans une synthèse nécessairement philosophique évidemment discutable, et se voulant significative, c'est "introduire l'idéologie" dans une discipline obsédée avant tout par les incertitudes de sa scientificité !![20].

---

[18] C'est un paradoxe à l'heure où se multiplient les associations d'historiens (amateurs et professionnels) se donnant pour tâche la connaissance de l'histoire régionale, même si elles cultivent souvent les vieux poncifs de l'infinie diversité du réel, du caractère irréductible de l'"identité" de telle ville, vallée ou village, au lieu d'insister sur la réalisation locale d'un mouvement d'ensemble et sur la dialectique des parties et du tout. En dépit des mérites de l'approfondissement de la connaissance de terrain, toute vision synthétique se résorbe et tend à passer pour triviale.

[19] Voir A. Demichel. Plaidoyer pour l'histoire, in Mélanges L. Falleti. Annales de la Faculté de Droit de Lyon. 1971, p. 99 et s.

Il faut ici rendre hommage à Jacques Basso qui n'a jamais sacrifié à cette mode "négligente" pour une histoire quel qu'ait été l'objet de ses recherches. J. Basso s'est même fait une spécialité de travailler à la connaissance historique du pays niçois, sans négliger de le rattacher aux questions les plus amples.

[20] Il est paradoxal que ce soit un historien américain (Robert Paxton) qui a provoqué de profonds remous en publiant une étude iconoclaste sur la France de Vichy. Le renouvellement ainsi provoqué des études historiques sur l'Etat Français n'a pas

Pour l'historien Alain Guerreau[21], il y a là un phénomène de "myopie conjoncturelle", c'est-à-dire une attitude consistant "à limiter l'horizon rétrospectif à quelques années" en oubliant que "replacer les évolutions récentes dans un temps plus long est la seule manière de faire qui laisse espérer une évaluation plausible" des réalités actuelles[22].

C- L'option méthodologique

L'immersion dans l'histoire des réalités juridiques et politiques ouvre la voie à la critique du temps présent dans une époque où l'université est fondamentalement "a-critique"[23]. A propos de Vichy et de la Résistance, il est clair, comme le souligne P. Ricoeur[24], que "c'est au

---

pour autant entamé la stabilité des brefs paragraphes consacrés à ce régime par les constitutionnalistes.

[21] Cf. A. Guerreau. L'avenir d'un passé incertain. Seuil. 2001, p. 11.

[22] La Science Politique est aussi, comme l'histoire, orientée non seulement par les "exigences-mode" de la carrière, mais par les réseaux claniques et les dotations qui irriguent plus ou moins la recherche et l'enseignement. C'est ainsi que les instances européennes (en particulier la Commission) ont lourdement investi dans les enseignements et les recherches (par exemple sur les "pères fondateurs" de l'Europe) politiquement correctes sur l'Europe, excluant toute contribution des eurosceptiques. L'objectif est de former des élites administratives, politiques et économiques et non de réaliser des avancées scientifiques. Cf., dans cette orientation, le bréviaire de la Constitution européenne de P. Gerbert, professeur à l'I.E.P. de Paris (La Constitution de l'Europe. Imprimerie Nationale. 1983).

[23] L'historien médiéviste J. Le Goff note : "Le monde universitaire est pris dans un tel réseau de relations, d'intérêts et de compromis réciproques, qu'on ne critique plus que sous le manteau, dans les conversations de couloir ou dans les entretiens téléphoniques. Les comptes rendus sont presque toujours bénissants, les soutenances de thèse idylliques. Les mauvais coups se font sous la table. Le débat d'idées s'étiole", cité par A. Guerreau, op. cit. p. 286. S'il y a, exceptionnellement, mise en doute du bien fondé de telle allégation, celle-ci est considérée comme une attaque ad hominem. Ainsi, par exemple, par prudence, les seuls comptes rendus contenant encore quelques critiques ne touchent que les auteurs parmi les plus jeunes dans les grades les moins élevés ou les étrangers. Aujourd'hui, Galilée ne ferait plus l'objet d'un procès, on ferait silence sur lui.

[24] Cf. P. Ricoeur. L'écriture de l'histoire et la représentation du passé. Le Monde. 15 juin 2000.

juge de condamner, au citoyen de militer contre l'oubli et pour l'équité de la mémoire - il importe de ne pas tomber dans le piège du devoir de mémoire[25] -, à l'historien reste la tâche de comprendre sans inculper ni disculper". Toutefois, cette "compréhension" ne peut être innocente. Le travail de mémoire suppose une interrogation du chercheur (qu'il soit juriste, politiste, historien ou sociologue) fondée sur une hypothèse d'explication et de compréhension : un fait n'est pas donné ; il est cherché ; il n'est question qu'à partir de référents culturels, notamment idéologiques. Asher Cohen[26] souligne, à propos de l'antisémitisme entre 1940 et 1944, qu'il n'y a dans la population "aucun signe d'un antisémitisme actif et répandu, aucune preuve que la politique anti-juive eut été activement ou passivement soutenue". Il s'agit seulement d'un antisémitisme institutionnalisé, après avoir été largement présent sous la IIIème République, dans une certaine "France d'en-haut" bien davantage que dans la conscience des Français ordinaires. P. Laborie[27] corrobore l'enquête d'A. Cohen : l'histoire de la culpabilité en matière d'antisémitisme doit être transportée vers d'autres voies que celles du petit peuple français, mais vers les forces d'encadrement et les classes dirigeantes[28].

---

[25] P. Ricoeur précise (Le Monde 15 juin 2000) que le "devoir de mémoire" n'est pas exempt d'esprit de manipulation. Il est "aujourd'hui volontiers convoqué dans le dessein de court-circuiter le travail critique de l'histoire".

[26] A. Cohen. Persécutions et sauvetages. Juifs et Français sous l'occupation et sous Vichy. Ed du Cerf. 1993.

[27] Cf. P. Laborie, in Présence du passé, lenteur de l'histoire. Vichy, l'occupation et les Juifs. Revue des Annales, mai-juin 1993.

[28] P. Laborie dans l'Opinion Française sous Vichy. Le Seuil. 1990, p. 331 précise que la notion de "crise morale" communément admise pour la France toute entière de la fin de la IIIème République vise seulement à "escamoter des défaillances trop évidentes des classes dirigeantes". Marc Bloch disait en 1940 des cadres de l'armée, par exemple, "qu'ils étaient prêts, au fond de leur cœur, d'avance, à désespérer du pays qu'ils avaient à défendre et du peuple qui leur fournissait leurs soldats", in L'étrange défaite. Témoignage écrit en 1940. A. Colin. 1957, p. 164-165.

Il est vrai que les études d'opinion sont incertaines, bien qu'il soit possible d'écrire n'importe quoi lorsqu'on atteint un certain rang dans l'Université ou le CNRS permettant de bénéficier de la qualité d'auteur légitime. P. Laborie, cependant, émet lui-même, après de multiples précautions méthodologiques, toutes les réserves qui s'imposent.

Ces analyses générales sont confortées par l'histoire du Pugétois : si certains notables et les institutions apportaient leur caution à la politique d'antisémitisme, nombre d'actes de "justes" dans les villages de la Roudoule, par exemple, au nord de Puget-Théniers, à St-Léger ou à Rigaud qui accueillent des familles juives réfugiées, sans qu'il se produise la moindre dénonciation des populations locales, attestent d'un refus du racisme officiel. Est-il concevable de s'interroger aussi sur l'antisémitisme sans référent idéologique ? Et ce référent est-il incompatible avec un travail scientifique ? Le positivisme strict de nombre de juristes parmi les plus éminents durant le régime de l'Etat Français n'est-il pas aussi le résultat d'une option idéologique évidente, particulièrement à la Faculté de Droit de Paris, même si elle se conjuguait, par prudence, avec certains non-dits ?[29].

La mise à l'écart de l'histoire n'est cependant parfois que partielle. C'est la "France d'en bas" qui est négligeable, à l'exception de quelques monographies locales[30] : le peuple n'est pas traité en sujet. Les études et ouvrages sur la Résistance, en particulier, ont pour objet essentiellement les "états-majors"[31]. Dans les sciences sociales, comme en politique, le peuple est impopulaire[32]. Il l'est d'autant plus que les éléments qui s'engagent dans les mouvements de résistance sont ceux qui l'étaient déjà avant-guerre, particulièrement dans les rangs du parti communiste. Or, si Vichy a été, comme l'écrit Stanley Hoffmann dans sa préface de l'ouvrage clé de R. Paxton[33], "la revanche des notables… des experts, des technocrates, des hauts

---

[29] Cf. par exemple, la thèse de Science Politique (dactylo) de Marc Millet. Les professeurs de droit citoyens. Paris II. 2003, qui décrit l'engagement attesté de nombre de professeurs de droit aux côtés de Vichy, non seulement au plan idéologique, mais dans les diverses institutions (ministères, commissions, Centre de formation des cadres d'Uriage, etc.).

[30] Par exemple, M. Baudot. L'opinion publique sous l'occupation : l'exemple du département de l'Eure. PUF. 1960. ou J-L. Panicacci. Les Alpes Maritimes. 1939-1945. Un département dans la tourmente. Ed. Serre. 1989 ; J-L. Panicacci (sous la direction de). La résistance azuréenne. Ed. Serre. 1994.

[31] Cf. par exemple, H. Michel. Histoire de la Résistance. Que sais-je ? PUF. 1958.

[32] On peut rappeler ici la définition de la démocratie par Socrate très rarement citée : "La démocratie, c'est le pouvoir des pauvres pour les pauvres", qui met l'accent sur la condition concrète de la majorité du peuple et non sur un concept à contenu indéfini.

[33] Cf. R. Paxton. La France de Vichy. 1940-1944. Seuil. 1973.

fonctionnaires sur les idéologues", l'après-guerre a été presque aussitôt la continuité du pouvoir "des grands corps de l'Etat et des hommes d'affaires" et donc d'un anticommunisme tout aussi virulent que sous Vichy. D'où la tendance dans les études (par exemple, celle d'H. Michel[34]) à user de formules indéfinies et abstraites, "La Résistance" (la majuscule en assurant sa sacralité et son unité), "les opposants" à la Révolution nationale, ou les "groupes d'opposants" animés d'un "idéal politique" (dont on ne sait jamais rien), et lorsque "les communistes" sont mentionnés, dotés "d'une aptitude (?) à souffrir qui leur permit souvent de l'emporter" sur les autres mouvements, ils sont vite abandonnés pour céder la place au "Parti" et aux péripéties de son état-major professionnalisé, particulièrement dans les relations avec les états-majors des autres organisations.

L'étude de la Résistance dans le Pugétois permet de corriger ce type d'analyse désincarnée ou hyper-personnalisée transformant la Résistance en un "combat de têtes" pour passer à l'examen d'un affrontement mené par des hommes ordinaires très éloignés pour la plupart des préoccupations tactiques des directions nationales et des ambitions personnelles[35].

---

[34] H. Michel. Histoire de la Résistance. Que sais-je ? PUF. 1958. De manière significative, l'approche des historiens communistes est radicalement opposée : elle insiste en effet sur les clivages profonds existant aussi bien durant la "drôle de guerre", au sein de la Résistance, puis durant l'après-guerre entre les différentes forces l'ayant emporté. Cf., par exemple, G. Willard, V. Joannes, F. Hincker, J. Elleinstein. De la guerre à la Libération de la France de 1939 à 1945. Ed. Sociales. 1972.

[35] On comprendra ainsi plus aisément pourquoi dans les enseignements délivrés dans les Facultés de Droit, la "discrétion" la plus grande est généralement pratiquée sur la Résistance, sur le programme du CNR, le plus souvent ignoré dans les manuels (pourtant prédisposés) de Droit Constitutionnel ou de Libertés publiques.

Dans le manuel de J. Robert et J. Duffar, par exemple, (Droits de l'Homme et Libertés Fondamentales. Ed. Montchrestien, nombreuses éditions de plus de 800 pages chacune), le CNR n'est pas cité une seule fois, y compris dans l'analyse historique sur le Préambule de 1946, dont on ne saura jamais qui l'a inspiré, ce qui n'est pas le cas du Comité pour la Sécurité Routière ou …. de la Comédie Française, dont on ne sait précisément pourquoi ils occupent une certaine place dans un manuel consacré aux droits de l'Homme.

Une approche localisée des faits historiques répond à l'appel de Voltaire réclamant que l'histoire devienne celle des peuples et cesse de se confiner dans l'édifiant récit des oligarchies au pouvoir. Or, l'histoire locale de la Résistance est fondamentalement celle de la fraction du peuple qui aspirait en 1944-45 à une République sociale dont de nombreux gouvernements successifs de la IVème et de la Vème République se sont efforcés d'effacer les premiers acquis et même les traces en dépit des discours lénifiants.

Elle est aussi source d'inconvenances mal supportées dans les académies : le régime du Maréchal Pétain avait ainsi donné à l'Eglise catholique la mission officielle de faire sortir le pays de la longue "décadence" des années impies de la République Triomphante, assimilée à l'omnipotence franc-maçonnique. L'entente Eglise-Etat entre 1940-1944 est la plus étroite qu'ait connu la France depuis l'Ordre Moral de Broglie et de Mac Mahon en 1873-74, à l'époque où le Sacré-Cœur en construction devait expier les méfaits de la Commune !

A Puget-Théniers, comme dans toute la France, et à quelques notables exceptions près (avec, par exemple, à Nice, le cas de l'Abbé Daumas), l'attitude des hommes d'Eglise – distincts cependant de nombreux catholiques[36] – ne fut pas d'une grande limpidité vis-à-vis de la répression contre la Résistance[37].

En tout état de cause, une recherche sur cette région du Haut Pays niçois peut permettre de préciser quelques composantes

---

[36] Il convient de noter que l'un des héros de la Résistance dans le Pugétois, Joseph Cabot, le radio du réseau, tué dans un accrochage avec les Allemands près de la ferme du Breuil, était un fervent catholique.

[37] A partir de 1942, période de la déportation massive des juifs, Vichy va réussir à diviser l'Eglise et les catholiques ainsi que le pays tout entier, tout comme la mise en œuvre du STO va provoquer le renforcement de la Résistance par la fuite des jeunes préférant rejoindre le maquis plutôt que de partir en Allemagne. Il est évident que l'entrée en Résistance a été motivée à la fois (et de manière le plus souvent indissociable) par "l'idéel" (le refus des valeurs incarnées par l'occupant et la collaboration) et par le "matériel" (les difficultés de ravitaillement, la crainte du STO, l'appartenance à des catégories de population pourchassées, etc.).

Cf. M. Godelier. L'idéal et le matériel. Pensées, économies et sociétés. Paris 1984.

incertaines de l'histoire locale, mais surtout par la comparaison avec le discours académique sur la réalité nationale, de confirmer ou d'infirmer les thèses communément admises sur la Résistance, qui, pour beaucoup, demeure encore, un demi-siècle plus tard, un brûlot.

II - Le PHENOMENE RESISTANCIALISTE

Lors de sa parution, l'ouvrage de R. Paxton ("La France de Vichy") a fait scandale. Non seulement l'auteur est un historien américain se mêlant de juger une période de l'histoire de France, ce qui suscite l'étrange indignation de certains, mais il ose remettre en cause, après dépouillement des archives allemandes et américaines, l'analyse complaisante longtemps dominante sur le régime de Vichy[38]. R. Paxton, en effet, ne dissocie pas le régime de Vichy du fascisme[39] tout en soulignant ses inévitables spécificités françaises (comme l'Italie, l'Espagne, l'Allemagne, etc. en avaient), mettant en cause la perception longtemps communément admise de la simple "conservation triomphante"[40]. De plus, il ose constater avec insistance que les Résistants étaient extrêmement peu nombreux de 1940 à 1944, tandis que le "régime était dirigé dans une large mesure par les notables", c'est-à-dire par "des hommes qui s'étaient déjà distingués dans l'administration publique, les affaires, les professions libérales, la gestion locale"[41]. Il évalue à 2-3% le pourcentage de résistants dans la population française, sachant qu'après la guerre 170.000 cartes sont

---

38 A ce propos, l'ouvrage classique de R. Rémond (La droite en France de la Première Restauration à la Vème République. Autier. 1968 (3ème édition) est significatif : dans le court chapitre (7 pages sur 470 pages) consacré aux "droites et à la Révolution Nationale", qui ne fait pas la moindre mention à l'anticommunisme et à l'antisémitisme (les mots eux-mêmes ne sont pas employés) de l'Etat Français, ni au soutien actif de l'Eglise, l'auteur affirme que ce régime "n'est pas le fascisme ; c'est même le contraire" (p. 250), tout en précisant qu'il a connu un "glissement de la droite traditionaliste à une droite fasciste".... La droit" libérale n'a jamais joué ni revendiqué le premier rôle... bien que "ses intérêts aient été représentés", ajoute R. Rémond (p. 247).

39 R. Paxton (op. cit. p. 220 et s.) donne sa définition du fascisme : "Des mesures draconiennes prises par une bourgeoisie effrayée". "En ce sens, ajoute R. Paxton, Vichy est fasciste. En ce sens aussi, le fascisme est encore à venir" (p. 224).

40 Selon la formule de R. Rémond (op. cit. p. 251).

41 R. Paxton, op. cit. p. 232 et 269.

remises à des "combattants volontaires de la Résistance", auquel il convient d'ajouter les 100.000 qui y laissèrent leur vie et les 130.000 déportés[42]. Ces données sont confirmées au plan local.

A- Une ultra minorité de Résistants

A Nice et dans les Alpes-Maritimes, dans les professions libérales et le monde des affaires et parmi les élus locaux, au sein de l'embryon d'Université, à quelques exceptions près, ceux qui étaient en place à la fin de la IIIème République conservent, voire renforcent, leurs positions sous le régime de Vichy. Le Pugétois fait mieux apparaître encore que la Révolution Nationale n'innove ni ne crée rien d'essentiel. Le Maire F. Boyer, par exemple, reste en place, il est même nommé par la Préfecture membre du Conseil Départemental[43].

Si une nouvelle organisation apparaît, la Légion Française des Combattants, avec laquelle les autorités locales doivent impérativement collaborer (circulaire préfectorale du 3 juillet 1941), celle-ci a pour responsables locaux les notables traditionnels de Puget-Théniers et des communes voisines.

Ainsi peut-on dire que les Pugétois n'ont connu entre 1940 et 1944 que l'affermissement de l'"antique société rurale" que mentionne R. Rémond[44]. La "Révolution Nationale", c'est d'abord la consolidation d'un système paternaliste anti-moderniste appuyé sur les autorités et les valeurs les plus traditionnelles que la IIIème République n'avait pas réussi à remettre en cause. L'occupation elle-même s'est faite discrète : les villages de la Roudoule, comme St-Léger par

---

[42] Cf. Gordon Wright. Reflections on the French Resistance. Political Science Quaterly. LXXVII. 3. 1962.

[43] Nomination intervenue le 11 mars 1943. Rares sont les élus du Haut Pays à bénéficier d'une telle distinction : seuls les maires de Beuil (Marc Donadey) et de Villars (Louis Robini) sont de même nommés au Conseil Départemental.

[44] Les droites en France. op. cit. p. 250.

exemple, n'ont pas même connu durant les quatre années de guerre une seule visite des forces allemandes[45].

Quant à l'opinion (sur laquelle il est difficile d'avoir des certitudes) de l'ensemble des populations locales, on peut seulement faire l'hypothèse vraisemblable que "l'attentisme était le sentiment le mieux partagé"[46]. Le régime de Vichy n'a pas dû être subi comme un totalitarisme francisé, car peu de choses avaient changé à Puget-Théniers. Les manifestations folkloriques patronnées par la Légion, comme le spectacle de F. Gag présenté à Puget-Théniers le 6 juillet 1941, n'ont sans doute pas été vécues comme l'expression d'un "ordre nouveau". Il ne semble pas qu'il y ait eu dans le Haut Pays de "choc" idéologique. Tout a été entrepris au contraire pour faire croire au "cours habituel des choses"[47].

Les militants de la Révolution Nationale semblent avoir été des exceptions dans le Pugétois, alors que Nice avait été proclamée "Fille aînée de la Révolution Nationale" ![48]. Plus encore que les Résistants actifs dont le nombre est néanmoins lui aussi extrêmement réduit : environ une vingtaine pour l'ensemble du Pugétois, assistés cependant d'un certain nombre d'habitants de Puget-Théniers et des communes voisines qui leur procurent la nécessaire logistique.

Ces quelques Résistants se recrutent, par une logique de comportement, parmi les "dissidents" de la fin de la IIIème République, autrement dit pour l'essentiel, les membres du Parti communiste dissous et ses sympathisants, très éloignés des états-majors et des

[45] Les troupes allemandes n'ont jamais franchi le pont suspendu sur la Roudoule au-dessous du village de La Croix. Tous les mouvements étaient signalés par téléphone depuis Puget Théniers au secrétariat de mairie de St-Léger.

[46] Cf. J.P. Azéma – F. Bédarida. Vichy et son histoire. in Esprit, mai 1992, p. 50.

[47] Il n'en est pas de même à Nice, où quelques mois plus tard, la même Légion organise une exposition, le 9.08.42, consacrée à la "juiverie et à la franc-maçonnerie".

[48] On peut faire l'hypothèse que la modération de la droite classique à Puget Théniers incarnée par le député L. Baréty n'a pas favorisé un engagement local très radical en faveur de la Révolution Nationale, alors qu'à Nice, la dimension nationale de J. Darnand, à la tête de la L.F.C. puis du S.O.L., a dû stimuler des vocations.

atermoiements politiciens qui les affectent. S'il est attesté que les premières manifestations d'opposition à Vichy et à la politique de collaboration dans le Haut Pays ont lieu à Guillaume (le 28 octobre 1941) sous la forme de distribution de tracts, dans le Pugétois des tracts du Front National et du P.C.F. sont distribués dès les 13 juillet et 22 octobre 1942, puis le 10 mars 1943[49].

Des inscriptions qui avaient recouvert les murs de Puget-Théniers le 1er mars 1943 sont renouvelées le 29 août. Le 19 mai, c'est une manifestation de femmes protestant contre les difficultés de ravitaillement, qui se déroule à Puget-Théniers, comme dans différentes villes du littoral et de France[50]. Elle fait suite à un appel du P.C.F. accusant les Allemands de pillage et invitant les ménagères à constituer des "comités pour un meilleur ravitaillement"[51]. Les animateurs de ces premières actions sont les membres de la famille Casimiri (qui avait hébergé V. Barel et son plus jeune fils lorsqu'il était recherché par la police comme tous les Parlementaires communistes après le décret d'interdiction du P.C.F.), des familles Grac, Magnan, Bastellica, Charvin, Halec et de quelques autres. A La Croix-Léouvé, il y a la famille Fournier qui se mobilise. A Entrevaux, où une dizaine de jeunes, actifs depuis la fin des années 30, poursuivent leurs actions sous le "nouveau" régime[52]. Cet engagement

---

[49] Le tract diffusé le 10 mars 1943 à Puget Théniers, par exemple, est signé des "Forces Françaises Combattantes, Région Communiste des Alpes Maritimes". Il a pour titre "A l'action contre la mobilisation civile. Pas un homme pour Hitler. Unissons nous pour le combat de la Libération Nationale". Il se termine par "A bas Laval ! A bas Pétain ! A bas Hitler !" Archives Départementales des Alpes Maritimes. 166 W 7.

[50] Les Renseignements Généraux, dans un rapport destiné au Préfet des Alpes-Maritimes, (reproduit dans La Résistance Azuréenne – sous la direction de J-L. Panicacci – op. cit. p. 196-197) notent que les communistes "cherchent à exploiter le mécontentement qui règne à propos du ravitaillement", "accusent les Allemands de nous avoir pillé au cours de l'année 42" et "invitent les ménagères à constituer des comités".

[51] Cf le rapport des R.G. du 1er octobre 1942 adressé au Préfet régional et dénonçant à ce propos "l'exploitation du mécontentement régnant à propos du ravitaillement". A.D. A.M. 166. W.7.

[52] Il s'agissait de jeunes adhérents des "Compagnons de France", tous communistes, qui s'affrontaient déjà aux membres de la "Jeunesse Française et d'Outre Mer", regroupant des jeunes de Puget-Théniers, devenue dès 1940 pétainiste.

des communistes est d'autant plus logique qu'ils sont quotidiennement qualifiés ouvertement par les médias de "saboteurs de la France Nouvelle", d'"ennemis mortels" dont l'idéologie est "d'inspiration juive et d'origine étrangère"[53].

Lorsqu'au début de décembre 1943, arrive à Puget-Théniers, après son parachutage dans la Drôme, un certain Maurice Gallissot se prétendant exploitant forestier, en réalité Gabriel Mazier, officier de carrière, envoyé d'Alger sous le pseudonyme de "Capitaine François"[54] pour établir un maquis dans le Pugétois, Madame Corporandi, qui dirige l'Hôtel de l'Univers où il s'est installé, le met spontanément en relation avec le "clan" communiste local. René Magnan, le premier contacté, le présente aux familles Casimiri, Grac et Bastellica. Joseph Cabot, un jeune ingénieur, spécialiste des contacts radio, les rejoindra après son parachutage vers la mi-décembre[55]. A partir de ce "noyau dur" se constitue l'unique groupe de Résistants actifs du Pugétois, composé essentiellement de communistes paradoxalement placés sous la direction d'un officier de l'O.R.A.[56]. Le maquis du Capitaine François, en dépit des hommes qui le composent, relève ainsi d'une structure issue de l'ex-armée régulière, dont les sympathies pour les communistes sont des plus limitées, et entre en conflit larvé avec les maquis F.T.P. (en particulier celui de Romain Maurel (futur maire communiste de Belvédère) installé dans les environs de La Penne) au sujet du partage des armes parachutées.

---

[53] Cf. A. Gervais, in Les Combattants et l'unité française. Editions de la Légion Française des Combattant, 1943.

[54] Cf. G. Mazier. Un officier d'occasion dans le Haut Pays niçois. Nice. 1992.
Voir aussi Documents et Témoignages, n°7. Parachutages et répression à Puget-Théniers. Musée de la Résistance. Nice.

[55] Cf. Un héros de la Résistance. J. Cabot. 1921-1944. Ed. Apostolat.

[56] Selon les archives du Musée de la Résistance de Nice, les résistants du Pugétois, sous la responsabilité de F. Mazier et J. Cabot, sont Nonce Casimiri (fusillé en juin 1944), Jean Casimiri, René et Aimé Magnan (fusillés), Alphonse Drogray (déporté), Jean Ferralis, Félicien Charvin (fusillé), J. Massiera (tué à Dina), Antoine Bastellica, Ernest et Paul Ebrard, Richard Isnardy, F. Bianconni, Georges Rosie, Speicher, Richerme, Susini. Un certain nombre de jeunes menacés de STO les rejoindront ultérieurement.

Sur Entrevaux, le sous-officier Pennachini qui relève de l'Armée Secrète s'efforce quant à lui de détourner les résistants des maquis F.T.P. en faisant circuler la rumeur selon laquelle les maquisards de l'A.S. pris par les Allemands étaient traités comme des "prisonniers de guerre" alors que les F.T.P. risquaient d'être exécutés comme "terroristes". C'est une illustration de l'instrumentalisation de la propagande "antiterroriste" nazie et vichyste par certains mouvements de résistance contre d'autres.

S'il se reproduit ainsi localement les litiges politiques qui se développent au plan national, on constate que la réalité humaine est plus complexe que celle existante au niveau des états majors.

B- Une complicité logistique collective

Si la Résistance locale active est groupusculaire, ce qui conforte l'analyse de son caractère ultra minoritaire à l'échelle nationale, il convient aussi de constater que les maquisards bénéficient au sein de la population locale d'un appui logistique non négligeable. S'ajoute ainsi une certaine complicité objective qui se manifeste par le nombre restreint de dénonciations. Le matériel et le ravitaillement indispensables aux opérations de Résistance et à la survie du maquis sont fournis régulièrement par les agents de certains services publics et quelques commerçants du Pugétois. Pour les communications, le bureau des P.T.T. de Puget[57] a rendu des services réguliers, par exemple pour avertir des mouvements des troupes allemandes, en particulier lors de leur montée dans les villages de la Roudoule. La route de Nice d'où pouvaient survenir tous les dangers était surveillée par des agents des Ponts et Chaussées[58]. Veillant aussi à signaler les déplacements des occupants ou l'arrivée des "tractions" de la gestapo, certains particuliers accrochaient un linge blanc à leur fenêtre pour avertir de la menace[59]. Il semble aussi que les trains des Chemins de

---

57 On peut citer Antoine Ballestra, le fils du Receveur des Postes, Marie Faraut, Thérèse Barestre et le facteur Baud.

58 Et notamment l'ingénieur Davin et le chef de chantier Bourillon.

59 Pour Puget-Théniers, la famille Casimiri (Maison Arnolfo, à quelques mètres de la route nationale) signalait la présence de l'ennemi aux résistants cachés au

Fer de Provence étaient des lieux de contacts sûrs entre résistants sur le parcours Nice-Puget-Théniers.

Certains commerçants fournissaient avec discrétion ce dont avaient besoin les résistants : par exemple, le boulanger F. Autran, les quincailliers Grac ou les frères Casalengo, garagistes. Antoine Bastellica faisait une navette permanente entre les résistants et Puget-Théniers pour assurer le ravitaillement.

Certains Pugétois ont aussi assuré l'hébergement occasionnel ou régulier des résistants et la cache de leurs armes, particulièrement dans les environs de Puget-Théniers au milieu de la campagne ou dans les montagnes. C'est ainsi qu'à Léouvé (sur la commune de La Croix), la famille Fournier[60] accueille, à partir du 4 janvier 44, Joseph Cabot qui assure avec son poste émetteur-récepteur la liaison avec Alger jusqu'au 1er mai 44, avant son transfert à Entrevaux, dans la famille Grac à Puget-Théniers, puis de l'autre côté du Var à la grange du Breuil, où il trouvera la mort[61]. Ont aussi accueilli chez eux des résistants et des agents parachutés, les familles Casimiri, Grac, Bastellica, etc. Le Général (à la retraite) Martin dans sa propriété de Villars-La Croix accueille le 3 mai 44 le chef du maquis Mazier blessé, et lui fournit les soins lui permettant de poursuivre son action,

---

Breuil. Madame Peyron, dans un ouvrage intitulé Albarea, raconte dans ses souvenirs qu'elle faisait de même au village d'Auvare. Madame Zoë David, secrétaire de la Mairie de St-Léger avertissait de la même façon les réfugiés juifs qui se trouvaient dans la commune.

60 J. Cabot a vécu à temps complet chez les Fournier durant 4 mois, malgré les recherches de la voiture gognio des Allemands. Le jeune Albert Fournier, fils de Francis Fournier (qui sera Président de la Délégation Spéciale de La Croix en 1944), servait de sentinelle et d'agent de liaison, le courrier étant placé dans une cache rocheuse près du Pont suspendu sur la Roudoule. Au-dessus de Léouvé, près du Col de Rua, un groupe de maquisards de l'A.S. venant de Guillaumes est hébergé en 1944 à la ferme Mahuibi. On peut citer aussi les maisons Roumieu, Bougearel, Pagès (entre Puget-Théniers et Entrevaux), et les familles Espitalier, Daumas, Louis Fabre, Charles Authier, Salvatico (à Dina), Me Pierre Martini, notaire à Touët ainsi que Me Lagier, notaire ; Josette Roubion, Odette Bouchard, Elise et Josette Passeron, Cagnoni, Pellicia.

61 Le Musée de la Résistance de Nice possède les fac-similés des 117 messages que J. Cabot a transmis ou réceptionnés.

facilitée aussi durant toute la durée de la mission par le Docteur Rebuffel.

A l'exception des agents des services fiscaux qui ont exercé un contrôle particulièrement rigoureux sur les commerçants soupçonnés d'avoir des contacts avec la Résistance et de la gendarmerie qui a, dans certains cas, assisté la police et l'armée allemande, la population locale semble avoir manifesté une neutralité pouvant être interprétée comme une prudente sympathie ou une hostilité craintive[62].

Le Curé de Puget-Théniers, par exemple, lors de la mort au combat de J. Cabot, semble avoir refusé d'accueillir sa dépouille tout en offrant une messe basse pour inconnu[63], bien que quelques mois plus tard, le 15 août, il organise un pèlerinage à Notre-Dame de la Roudoule, à quelques kilomètres de Puget-Théniers, pour célébrer la victoire.

Les réfugiés juifs et libanais qui se cachent à St-Léger et à Rigaud ne sont l'objet d'aucune dénonciation. Dans ces villages à la population très réduite (80 habitants à St-Léger en 1943, ils sont pourtant connus de tous, mais cohabitent sans problème ; les enfants fréquentent même l'école publique (à St-Léger, par exemple). A chaque alerte, ils quittent le village pour se réfugier dans les forêts voisines, mais aucun d'entre eux ne sera victime de la répression antisémite[64]. Malgré les engagements politiques parfois opposés, la sensibilité républicaine dominante et la solidarité l'emportent[65].

---

[62] C'est ainsi, par exemple, que les gendarmes de Puget-Théniers ont guidé la gestapo sur les sentiers menant au refuge des résistants, à la grange du Breuil, opération qui s'est soldée par la mort de J. Cabot et les blessures de Mazier et Jean Casimiri.

[63] La tombe provisoire de J. Cabot, catholique fervent, sera néanmoins fleurie tout l'été 44 par les jeunes filles de Puget-Théniers qui l'admiraient beaucoup, en particulier sa jeune amie Thérèse Balestre.

[64] Madame Zoë David, maire de St-Léger de 1945 à 1983, sera admise au rang des " Justes" par l'Etat d'Israël pour avoir aidé à cacher 5 familles (soit 19 personnes, dont 3 enfants) juives entre 1943 et 1944.

[65] Les familles juives sont logées chez l'habitant ; l'administration municipale fournit parfois les fausses cartes d'alimentation et aide à la dissimulation de cette présence extérieure au village. Les populations locales bénéficient grâce aux réfugiés de ressources imprévues durant les difficiles mois de l'occupation.

L'hostilité s'est manifestée par quelques dénonciations dont il est difficile d'évaluer le nombre. Selon Mazier et Cabot, les deux seuls résistants extérieurs au Pugétois, le climat n'était pas globalement favorable et les dénonciations furent nombreuses. La colonie d'Italiens installée à Puget-Théniers fait, en particulier, l'objet de leurs suspicions. J. Cabot prévient par radio Alger le 1er mai 1944 : "Sommes victimes de dénonciations anonymes...".

Il est attesté que Félicien Charvin, fusillé par les Allemands, a fait l'objet d'une dénonciation, le responsable ayant été condamné à 5 ans de prison par la suite par la Cour de Justice de Nice.

Jean Casimiri, acteur très actif de la Résistance locale, au contraire, témoigne[66] qu'il n'y a pas eu de dénonciations à Puget-Théniers et que la colonie d'Italiens ne s'est jamais montrée hostile.

Ces affirmations contradictoires révèlent, tout d'abord, les différences de climat politique ayant existé entre les villages de la Roudoule (La Croix, St-Léger, Rigaud, etc.) et Puget-Théniers. Un certain consensus de complicité avec la Résistance a pu s'établir dans les petits villages, qui ne s'est pas réalisé aussi nettement dans des agglomérations à la population plus hétérogène comme Puget-Théniers. Le contrôle social a pu fonctionner davantage dans les petites communautés rurales de la Roudoule que dans le chef lieu de canton. Par ailleurs, les réactions des résistants étrangers au pays sont plus critiques que celles des résistants résidant habituellement dans le pays, animés à l'évidence d'un fort "patriotisme" local. De plus, le

---

Néanmoins, les membres de la Légion, représentée dans les différents villages, ont conservé le silence et certain on même accueilli chez eux des familles juives.

La Roudoule n'a pas été la seule région à accueillir ces familles juives (ainsi que des réfractaires au STO, des communistes pourchassés, etc.). Il en a été ainsi le cas, par exemple, à Braux (entre Entrevaux et Annot) comme en témoigne le récit de l'ancien maire Antonin Grac, où toute la population est restée solidaire malgré les menaces allemandes. Michèle Merowka, anthropologue, auteur d'une thèse sur le village de Braux, décrit aussi l'instrumentalisation postérieure des actes de résistance des habitants du village.

[66] Le témoignage de J. Casimiri a été recueilli par le Musée de la Résistance de Nice.

témoignage sévère pour la population de Mazier peut s'expliquer par la volonté d'effacer la responsabilité des membres du groupe dont il était le chef. Les comportements plus ou moins irresponsables, souvent par vantardise, des jeunes résistants et parfois de Mazier lui-même semblent avoir été une source d'insécurité plus grande que les éventuelles dénonciations. Nombreux étaient les Pugétois qui étaient au courant de ce qui se passait et la rumeur était plus dangereuse que la volonté délibérée de nuire aux résistants. Une anecdote raconte, par exemple, que certaines compagnes de résistants utilisaient la toile des parachutes récupérés par les maquis pour améliorer leur garde robe et que les hommes portaient au regard de tous des chaussures venues d'Alger introuvables en France !

Des erreurs de commandement se sont aussi produites, comme par exemple, le maintien durant un certain temps en avril 1944 de la radio à Puget-Théniers facilement repérable par les services allemands spécialisés, ce qui explique les événements du 29 avril (investissement par les G.M.R. de Puget-Théniers et l'arrestation, avant transfert à la Gestapo et disparition de Nonce Casimiri) et du 3 mai, la Gestapo ayant repéré le refuge du Breuil où se cachaient les résistants (l'attaque s'achevant par la mort de J. Cabot, tué accidentellement dans sa fuite par une grenade).

C- L'attentisme majoritaire

En tout état de cause, en dépit de la période exceptionnelle traversée par les habitants du Pugétois entre 1940 et 1944, le nombre des citoyens, s'estimant directement concernés par les événements et s'engageant pour une cause ou une autre, demeure tout aussi limité que dans les autres phases historiques.

C'est la politique allemande du S.T.O. qui a conduit à un renforcement de la Résistance par refus de certains jeunes de partir en Allemagne, tout comme c'est l'engagement communiste antérieur à la guerre qui a poussé certains à s'opposer à Vichy et à l'Occupation. Ce sont les convictions conservatrices traditionnelles, les quelques avantages d'être aux côtés des "vainqueurs" (provisoires) et tout simplement les fonctions répressives traditionnelles (fisc, gendarmerie) qui ont conduit certains dans le camp de Vichy et de la collaboration.

Les grands thèmes mobilisateurs du vichysme et du nazisme ne peuvent fonctionner efficacement dans le Pugétois. L'anti-maçonnerie est un mot d'ordre totalement abstrait : il n'y a jamais eu de loge dans le pays durant l'avant-guerre ; l'antisémitisme n'a pas grande signification, il n'y a pratiquement pas de juifs dans le Pugétois si ce n'est le vague souvenir de la "rue judaïque" à Puget-Théniers où vivait une famille unique dans le mini ghetto durant le Moyen-Age ! Quant à l'anticommunisme, il est limité par l'intégration sociale des communistes qui sont connus de la population depuis bon nombre d'années et ne se distinguent en rien (socialement ou culturellement) des autres habitants du pays. C'est enfin l'apolitisme indifférent et prudent habituel du plus grand nombre qui a favorisé l'attentisme, puis le ralliement aux vainqueurs de 1944.

Le Pugétois est loin des déchirements nationaux, des conflits d'états-majors, des exclusions et des promotions se produisant au sein de la classe dirigeante. Paris et Vichy sont loin. Nice aussi.

III – LES MODALITES D'ACTION ET L'IMPACT POLITIQUE

Les formes d'action décidées par les différents mouvements de résistance sont l'illustration de stratégies à finalité politique différente, voire opposée. Les profondes divergences entre les Gaullistes de Londres d'une part et les autorités britanniques et américaines d'autre part sont connues. Elles expliquent les actions séparées du S.O.E. d'obédience britannique, les composantes gaullistes de la Résistance ("L'Armée Secrète"), de l'O.R.A. ("Organisation de Résistance de l'Armée" régulière), placée sous les ordres d'Alger et du Général Giraud, liée aux Américains et à leur projet d'AMGOT envisageant une sorte de tutelle sur les territoires libérés, des composantes d'obédience communiste (Front National, FTP, MOI, etc.)[67].

---

[67] Cf. A. Odru. 1940-44. Les FTP, le MOI, les Milices Patriotiques dans les Alpes-Maritimes. Ronéo. 2000. Musée de la Résistance de Nice.

Ce rappel permet de comprendre l'existence dans le Pugétois de groupes et de réseaux menant des actions parallèles et parfois opposées, s'accompagnant toutefois d'une complicité résultant du phénomène local : les membres des différents groupes sont pour le plus grand nombre communistes, tout en étant placés sous l'autorité de responsables aux sensibilités opposées. C'est le hasard des premiers contacts établis qui explique l'enrôlement de ces différents communistes dans un réseau ou un autre et la conscientisation des querelles d'état-major était quasi-inexistante, du moins à l'origine. Comme on l'a vu précédemment, c'est à la recherche d'éventuels résistants, que les responsables ont été canalisés vers les familles pugétoises connues pour leur hostilité à l'ordre vichyssois et à la collaboration, le choix parmi la population locale étant des plus limités.

A- Une action précoce dans la désunion relative

Avant l'organisation en réseaux, la Résistance s'est manifestée par diverses actions de propagande anti-vichyste et anti-allemande visant essentiellement à faire sortir l'opinion publique de l'anesthésie dans laquelle l'avaient plongée la défaite et le culte de la personnalité du Maréchal, et sensibilisée essentiellement (particulièrement dans les Alpes-Maritimes) par les difficultés de ravitaillement.

Cette propagande, essentiellement alimentée par du matériel venant de Nice, est le fait de quelques communistes et sympathisants pugétois[68].

Lorsque le réseau S.O.E. Buckmaster dit "Jockey" est constitué par les services britanniques, la fonction du groupe pugétois animé par un communiste, Emile Halec, petit entrepreneur de bâtiment, est de

[68] Les premiers résistants communistes ne sont pas, à l'origine, favorables aux attentats par éducation politique.

transmettre des renseignements aux alliés[69], puis d'organiser des parachutages et de procéder aux premiers sabotages[70].

La mission du groupe commandé par le "Capitaine François" (le lieutenant Mazier) qui appartient à l'O.R.A. est d'informer Alger, à l'aide du radio Joseph Cabot, tous deux étrangers au Pugétois[71]. Elle est aussi de récupérer les armes, le matériel et l'argent parachuté depuis Alger pour aider au jour "J" le débarquement des Alliés.

Comme le rappelle Jean Casimiri[72], témoin direct, il n'y a pas jusqu'au 3 mai 1943[73] de maquis dans le Pugétois[74]. Il n'y a qu'un groupe de Résistants, composé de quelques habitants du pays,

---

[69] Les chefs de réseau sont l'Anglais F. Cammaerts et Pierre Bertone, d'Antibes.

[70] Par la suite, tous les groupes et réseaux participeront à des dynamitages de certains sites jugés stratégiques : par exemple, le pont de Pra d'Astier, le pont du Cians à Rigaud, le viaduc de Barthéou à Daluis, etc. Les attentats créent un climat d'insécurité au sein des troupes allemandes (dont certains témoignages indiquent qu'elles étaient composées à Puget-Théniers de soldats recrutés en Ukraine) et des collaborateurs.

[71] La radio émet successivement depuis Léouvé (maison Fournier), puis d'Entrevaux, de Puget-Théniers et de la Grange du Breuil, pour échapper aux repérages de l'armée allemande.

[72] Fils de Nonce Casimiri, fusillé par les Allemands à la suite de son arrestation le 29 avril 1944 par 22 miliciens et 50 GMR (!) et membre du groupe ORA de Puget-Théniers. Témoignage (ronéo, conservé au Musée de la Résistance de Nice in "Documents, Témoignages, Recherches sur Puget-Théniers et ses environs en 1939-1944"). Certains Pugétois s'engagent dans des maquis plus lointains, par exemple Paul Giloux (de La Croix) qui rejoint les FTP de St-André.

[73] La présence de troupes italiennes n'a pas suscité beaucoup de réactions locales. La mémoire des Pugétois est quasi-inexistante à ce sujet, à l'exception de la débandade de 1943 consécutive à l'arrivée des Allemands en zone Sud. Certains se souviennent seulement d'avoir guidé sur les sentiers (notamment de Dina) des soldats italiens égarés (notamment au cul de sac que représente Auvare) en fuite vers la frontière et de les avoir ravitaillés. Il convient toutefois de rappeler que l'armée italienne a effectué à Nice 1366 arrestations (entraînant torture et déportation).

[74] Les maquis sont peu nombreux dans les Alpes-Maritimes. A proximité de Puget-Théniers, on recense le maquis Mathis, de l'Armée Secrète, constitué à partir d'Entrevaux et basé sur la montagne de la Lette (St-Léger). Un autre maquis de l'Armée Secrète s'est établi en août 1944 près du Col de Rua (sur la Commune de La Croix), à partir de Guillaumes. De l'autre côté du Var, vers La Penne, s'est constitué un maquis FTP (R. Maurel).

continuant à travailler sur place dans leurs emplois habituels et participant à des opérations ponctuelles. Seuls le Capitaine François et le radio J. Cabot sont des "permanents" rémunérés sur des fonds procurés par Alger, et en mesure par leur formation d'assurer la direction et la coordination du groupe et la liaison avec la direction algéroise. Néanmoins, dès le 16 janvier 1944, un premier parachutage pour l'O.R.A. est effectué sur le plateau de Dina (Rigaud)[75] et le 14 mars 1944, 66 tonnes de matériel sont parachutées ainsi que 3 millions de francs, stockés pour l'essentiel sur place, dans une grotte (et partiellement dans une grange du Breuil, à Puget-Théniers) dans l'attente du partage devant être effectué entre les différents mouvements de résistance, à l'exclusion des F.T.P.[76].

Conformément à une pratique nationale, il est ainsi attesté que les relais directs d'Alger se refusaient, obéissant aux ordres, d'alimenter en armes les groupes F.T.P., traités potentiellement en adversaires, au risque de provoquer des affrontements directs. Des heurts se sont d'ailleurs produits entre le Capitaine François et les F.T.P. du commandant Romain Maurel, futur Maire Communiste de Belvédère[77].

Il règne donc une certaine confusion. Les parachutages provenant d'Angleterre à destination du S.O.E. sont récupérés par E. Halec et son groupe. Les parachutages provenant d'Alger et des services français sont réceptionnés par l'O.R.A. du Capitaine François. Ces deux réseaux semblent plus ou moins s'ignorer. Quant aux F.T.P. ils sont systématiquement discriminés par le S.O.E. comme par l'O.R.A.[78].

---

[75] Les autres terrains voisins de parachutage sont situés à St-Pierre et à Collongues.

[76] Les autres parachutages au Plateau de Dina et sur des emplacements voisins ont lieu les 10-11 mars, le 30 mars, le 1er mai, les 27-28 mai 1944.

[77] Outre divers accrochages verbaux et un barrage établi par les FTP sur la piste de Rigaud à Dina, le groupe de R. Maurel a dû, par la ruse, en l'absence du Capitaine François, récupérer 100 mitraillettes Stern sur le stock caché au plateau de Dina en se présentant comme des envoyés du Capitaine François lui-même. Il est vraisemblable, cependant, que la proximité idéologique des Résistants des deux groupes a facilité l'opération.

[78] La seule exception dans les Alpes-Maritimes semble être deux envois adressés au maquis FTP de Peille.

C'est que les objectifs ne sont pas identiques. Pour le S.O.E. et l'O.R.A., les armes doivent être stockées jusqu'au jour "J" du débarquement en vue de la phase finale de la Libération du territoire. Pour les F.T.P. il s'agit, par des opérations permanentes de guérilla, en harcelant les Allemands, les G.M.R. et la Milice de Vichy, de maintenir en éveil le patriotisme des populations, de préparer le retour du régime républicain, c'est-à-dire les suites politiques de la Libération, et de ne pas se laisser voler la victoire ni par les Alliés ni par des forces préoccupées avant tout de ne laisser aucune place aux communistes[79].

En raison, pour une part, de ces dissensions, le réseau pugétois S.O.E. est liquidé, les armes parachutées par l'O.R.A. sont récupérées par les Allemands (c'est le cas pour les dizaines de tonnes de matériel

---

[79] La thèse de J. Girard (La Résistance dans les Alpes-Maritimes. Nice. 1973) présente l'action du PCF comme essentiellement offensive : il s'agit de "profiter du débarquement pour déclarer la grève générale, décréter l'insurrection armée de la population. Cette conception de la lutte du PCF sous-tendait une finalité : la prise de pouvoir. Elle s'inscrivait dans une stratégie d'ensemble du Parti communiste".

Cette thèse suscite des réserves. Il convient tout d'abord de distinguer les communistes (par exemple, ceux de Puget-Théniers dans les différentes organisations où ils se trouvent) et l'état-major du parti : les difficultés de la période ne permettent pas de manipuler les résistants communistes, dont le parti a été profondément désorganisé, dès 1940. A Puget-Théniers, il est évident que les communistes agissant hors des FTP n'obéissent pas à la logique du parti qui leur est idéologiquement proche.

Par ailleurs, l'extrême faiblesse des effectifs des mouvements de résistance et la puissance politique des directions d'Alger et de Londres, dotées de moyens infiniment supérieurs à ceux des communistes en dépit des problèmes que de Gaulle a dû surmonter vis-à-vis des "Alliés" anglo-saxons, placent les communistes sur des positions défensives et non conquérantes. La suite, très rapidement, en particulier dans le Pugétois, en apportera la confirmation

cachées dans la grotte de Dina)[80], et les trois millions du 14 mars sont perdus[81].

Quant aux F.T.P. voisins, ils sont hors d'état de déployer les actions envisagées[82], faute de moyens suffisants.

L'opération de la Gestapo et des troupes allemandes du 4 avril au Plateau de Dina est en effet exemplaire[83]. Sur dénonciation, les Allemands accèdent jusqu'au Plateau de Dina, interceptent des éléments du maquis de l'O.R.A. (dont Joseph Massiera, abattu sur place), se saisissent du stock d'armes, dynamitent la grotte servant de cache et détruisent divers bâtiments, notamment ceux du hameau de Rubi[84].

L'accrochage violent du 4 avril entraîne, de plus, des représailles à Puget-Théniers même. Etienne Cambrousse – qui a été forcé de guider les Allemands jusqu'à Dina, membre du réseau Surcouf, associé aux parachutages – est transféré à Nice, villa Trianon, puis à Marseille où il meurt sous la torture. Etienne Champoussin est envoyé à l'organisation Todt, en Normandie, sur le chantier du mur de l'Atlantique ; l'entrepreneur pugétois E. Halec est déporté à Neuengame d'où il ne reviendra pas.

80:Les Allemands mettent trois jours pour vider la grotte du matériel qui y était entreposé et pour le descendre à dos de mulets (réquisitionnés dans les villages voisins) jusqu'à Puget-Théniers. Il n'y a, en effet, par encore de route entre Rigaud et Dina.

81 La rumeur à Rigaud conduit à soupçonner certains de les avoir récupérés à titre personnel.

82 Dès le 10 avril 1944, le commandant FTP des Alpes-Maritimes s'adresse au gouvernement d'Alger en protestant contre les ordres de stocker les armes parachutées au lieu de les répartir équitablement entre les forces de la Résistance. Il n'y eut pas même d'accusé réception. Il convient de noter aussi que bon nombre d'armes parachutées étaient des armes lourdes insusceptibles d'être utilisées pour des opérations de guérilla.

83 Cf. A. Brès. De Nissa et de Damou. Ed. Serre. 1992 (p. 178 et s.).

84 Certains membres du maquis parviennent à s'enfuir dans la montagne. C'est le cas de Pierre Speicher (qui a sans doute tué à cette occasion un officier allemand), et qui, blessé, a été recueilli par un rigaudois, Julien Champoussin.

On peut aussi rattacher à ces arrestations, l'expédition punitive allemande sur Puget-Théniers un mois plus tard, le 3 mai 1944, entraînant l'incendie de l'usine Brouchier, la saisie des postes radios du pays, l'accrochage avec Mazier et ses compagnons de l'O.R.A., provoquant la mort de Joseph Cabot (par explosion accidentelle d'une grenade), l'exécution par noyade dans un bassin de Jean Bonnet (près de la Penne), de Félicien Charvin (au Col de St-Raphaël) et d'Albert Massiera (au Pont du Cians à Touët). En outre, 5 Rigaudois ont été fusillés en Italie, à Valdieri. Les Allemands procèdent aussi à l'arrestation des hommes de Puget-Théniers de 18 à 60 ans, comme otages, menaçant de fusiller 8 d'entre eux le long de la voie ferrée des Chemins de Fer de Provence. Cette exécution est évitée par l'intrusion en langue allemande de l'adjudant chef Rémond, un alsacien de la Gendarmerie de Puget-Théniers. Néanmoins, 67 Pugétois parmi les otages sont transférés à Cherbourg pour travailler sur le Mur de l'Atlantique, ou en Allemagne au S.T.O. ; 4 sont déportés à Oranienbourg et à Buchenwald ; 3 sont fusillés un mois plus tard à St-Julien du Verdon avec d'autres prisonniers[85].

B- Une insurrection anticipée

L'insurrection générale qui se déclenche à partir de Beuil, à compter du 6 juillet 1944, soit deux mois avant l'insurrection niçoise du 28 août, à l'initiative de l'O.R.A.[86] et des F.T.P., sous un commandement F.F.I. uni, semble être l'expression d'une Résistance enfin en accord avec elle-même.

En fait, on peut faire l'hypothèse qu'il ne s'agit que d'une apparence. Pour l'O.R.A. et le chef de l'état major F.F.I., le Commandant Sapin[87], l'insurrection dans le Pugétois et les environs

---

[85] Nonce Casimiri, Aubé Césaire, Francis Gallo, Roger Demonceaux, A. Drogrey, P. Geay, J. Julien, M. Delmas, J. Adam, G. Baldo, A. Bandini, A. et R. Magnan sont fusillés le 11 juin 1944 par des miliciens français sous uniforme allemand, selon le témoignage du Capitaine François.

[86] Cf. le témoignage du Commandant Sapin in "Méfiez-vous du toréador" Toulon, MGMP. 1987.

[87] Le Commandant Sapin (le futur Général Lécuyer) est le supérieur hiérarchique du Capitaine François au sein de l'ORA. Il était en conflit ouvert avec le chef

ne relève pas d'une stratégie spécifique, proche de celle souhaitée par les F.T.P. visant à une libération précédant l'arrivée des Américains.

Le caractère anticipé de l'insurrection résulte peut-être du retard imprévu pris par le débarquement en Provence des Alliés.

Il s'agit peut-être aussi de créer un réduit défensif supposé constituer une zone de sécurité (Guillaume, Beuil, Puget-Théniers) en rassemblant les maquis des différentes obédiences afin de protéger l'aile gauche des maquis très actifs des Basses-Alpes qui eux-mêmes doivent assurer la couverture des troupes alliées qui, après le débarquement, n'ont pas l'intention d'intervenir à l'Est, notamment sur les Alpes-Maritimes mais de remonter la Vallée du Rhône. La décision d'attaque généralisée de l'état major F.F.I. va cependant dans le sens de la volonté des F.T.P. qui est de contribuer à une libération indépendante par les propres forces de la Résistance.

Objectivement, l'opération qui débute le 6 juillet 1944 a donc en fait aussi une fonction politique : la libération avant l'arrivée des Américains et de l'armée régulière permet d'envisager un changement social et politique réel, au moins localement, alors qu'une situation de dépendance le rendrait impossible.

Le 9 juillet, soit un mois et demi avant Nice, Beuil, St Brès, Guillaume, Péone sont libérés. Pour la première fois dans le département, flotte le drapeau tricolore à la Croix de Lorraine[88].

Le 18 juillet, cependant, une contre-attaque allemande (avec 850 soldats) passant par le Col de Roua (commune de La Croix) conduit à la réoccupation de Beuil et de Guillaume. Le 22 juillet, les troupes allemandes subissent de lourdes pertes (cent hommes contre

---

régional FFI qui lui avait retiré le commandement régional en juin 1944. Il devient néanmoins en août le chef d'état major FFI des Alpes Maritimes.

88 Cette stratégie des "réduits défensifs", préconisée par les MUR et l'ORA, a constitué un échec partout (de mars à juillet 1943, le Plateau de Glières, le Mont Mouchet dans le Cantal, le Vercors). Les échecs de l'ORA dans la région (Barcelonnette, Haut Verdon et à Beuil-Valberg) n'ont cependant pas entraîné de catastrophes pour les résistants grâce à leur capacité de dispersion dans la montagne et de mobilité.

2 tués et 7 blessés du côté de la Résistance). Le 24 juillet, c'est la fin : elles quittent définitivement Guillaume et ses environs.

De nombreuses embuscades sont dressées par la Résistance (par exemple, au Pont de Gueydan le 9 août qui est détruit tandis que 11 Allemands sont tués ; au Pont des Cornillons qui est coupé le 10 août rendant difficile le repli vers l'Ouest). La ligne Pra d'Astier, Col de Rua (d'où les mitrailleurs allemands ont été éliminés), Daluis, est contrôlée. Le Q.G. est installé au sud de Péone, aux Amignons. Par la suite, les maquis réunis, renforcés par des Résistants des Basses-Alpes et de Marseille, s'étendent vers l'Est du département, la Tinée et la Vésubie. A Rigaud, le Maire Alziary appelle à la mobilisation de tous. Sous la direction de Pierre, surnommé "l'homme de fer", recherché par les Allemands et qui s'était caché 2-3 mois au Plateau de Dina, après les événements du 3 mai, un groupe de Rigaudois rejoint le mouvement insurrectionnel à Puget-Théniers. Le Capitaine François note néanmoins dans ses mémoires que "la vie continuait autour de nous et qu'il y avait dans les hôtels de Valberg plusieurs couples d'estivants venus de Nice respirer le bon air de la montagne, complètement indifférents" à ce qui se passait à proximité !

Dans la région, il ne reste plus que deux groupes d'Allemands, 27 à Puget-Théniers et 79 à l'usine électrique de Bancairon. A l'issue de diverses manœuvres (notamment la rumeur que fait courir le boulanger Autran, selon laquelle Puget-Théniers serait encerclée) et la promesse d'assurer la vie sauve aux prisonniers[89], la garnison de Puget-Théniers se rend sans combat le 16 août[90] au capitaine François et au capitaine Lorrain (Jean Lippmann). Celle de Bancairon a accepté

---

[89] La démarche a été effectuée à la demande du Capitaine François par un agent des Eaux et Forêts Cagnoni et par M. Fabre, mais l'initiative de la manœuvre a pour origine Madame Olympe Laugier, sœur de F. Charvin, fusillé au Col de St-Raphaël, et M. Marius Laugier, faisant fonction de Maire, qui sont allés chercher le capitaine François pour éviter un affrontement armé dans le village. Les Pugétois qui participent directement à la Libération de leur ville sont : Rodolphe, Betemps, Gilly, Clavel, R. Pelliccia, H. Pelliccia, Ranise, Herleman, Susini, Varlet, Rossi, Jaccobelli, Evrante, Uberti, Bottin, Odisio, Edekins.

[90] Les prisonniers allemands sont parqués au Restaurant Rancurrel par les quelques vingt maquisards du capitaine François (selon les témoignages de Robert Pelliccia, Henri Pellicia et Ranise (ronéo. Musée de la Résistance. Nice).

la reddition le 19 août[91], à la seule condition de déposer les armes devant un officier de l'armée régulière en uniforme, en l'occurrence le commandant Sapin (Lecuyer), appelé par le Capitaine François qui était allé seul sur sa moto, armé d'un drapeau blanc, mener les pourparlers[92]. Le lendemain, l'ensemble des prisonniers était transféré par deux cars jusqu'à Beuil[93].

Malgré les quelques dénonciations (en particulier celle attestée de F. Charvin) et les comportements de ceux qui ont soutenu l'ordre vichyste et accepté la politique de collaboration, malgré les morts et les déportations, l'épuration dans le Pugétois est restée très limitée[94]. Cette modération est d'autant plus remarquable que la Libération a provoqué de nombreuses "vocations" patriotiques tardives, susceptibles d'entraîner des excès. On peut cependant faire l'hypothèse que la Libération antérieure à celle de Nice a été source d'une certaine prudence au sein de la population pugétoise : la guerre n'était pas finie ! Dans les villages de la Roudoule, par contre, le contrôle social qui a atténué les clivages politiques et permis la protection des réfugiés juifs durant les 4 années de guerre[95], a certainement neutralisé toutes velléités répressives lors de la Libération.

On peut relever, cependant, sur Puget-Théniers même, deux miliciens exécutés le 16 mai 44 et le 10 juillet 44 ; P... un italien

---

91 L'opération a été menée par les hommes du groupe François et du Groupe Morgan de la zone Tinée-Vésubie.

92 Ceux qui ont participé à l'opération de Bancairon sont les mêmes que ceux ayant libéré Puget-Théniers, renforcés par Jean Casimiri et Graziani.

93 Un certain nombre de prisonnier seront affectés à Guillaume pour reconstruire les ponts, puis ils seront mobilisés pour la construction de la route de Villars à Thierry.

94 Un certain Dejoanis, l'un des otages du 3 mai, qui avait dénoncé F. Charvin, et qui a été défendu devant la Cour de Justice des Alpes-Maritimes par le Bâtonnier Caisson et Maître Pécoud, a été condamné à 5 ans de prison et à l'indignité nationale. Le Journaliste Mario Brun dans le Journal Combat (Nice) du 15 décembre 44, commente : "La Cour n'a pas voulu ... ajouter une nouvelle victime au drame pugétois" !

95 La seule dénonciation durant l'occupation à St-Léger, par exemple, a concerné un problème d'abattage de cochon suscitant la venue de la Milice et de la Gendarmerie.

(arrivé avant guerre au pays) exécuté le 21 juin, au-dessus de l'usine Brouchier comme dénonciateur ; une personne âgée B... emprisonnée brièvement pour dénonciation. Dans les environs, on note une exécution à Beuil (malgré l'intervention du curé Ollive) ; l'exécution de Mme R. à Touët (dont un proche était milicien à Nice) par un pseudo résistant en état d'ébriété, ainsi que celle de T... dans le même village. Un Entrevalais L.... qui recrutait pour la Milice en arguant que c'était le moyen d'échapper au S.T.O. a fait l'objet d'un procès à Paris ultérieurement.

Aucun notable compromis, ni aucun gendarme (dont certains éléments étaient conduits à assister les forces allemandes – par exemple lors des affrontements du Breuil du 3 mai 44 où J. Cabot a trouvé la mort) n'a eu à subir de représailles[96].

La Libération du Pugétois n'a donc pas provoqué de fracture irréductible au sein de la population, à la différence de certaines régions de France, surtout en zone urbaine.

Comme le constatent J.P. Azéma et F. Bedarida[97], dès les lendemains de la Libération, l'idée qui prévaut est de "passer l'éponge". L'urgence est d'autant plus grande que l'enjeu politique est la place des communistes dans la nouvelle République, au plan national comme au plan local.

Dans le Pugétois, les communistes et leurs alliés se retrouvent dans le camp des vainqueurs tandis que la plupart des notables traditionnels dans celui des vaincus, discrédités de surcroît[98]. La

---

[96] Le capitaine F... , les gendarmes M... et F... de Puget-Théniers ont activement collaboré à l'action répressive des Allemands. Félicien Charvin, avant d'être fusillé au Col de St-Raphaël a été torturé à la Gendarmerie de Puget-Théniers.

[97] Vichy et ses historiens, in Esprit, mai 1992.

[98] Nulle protestation contre les exécutions sommaires (qui ont lieu dans les collines niçoises (Mont Boron, St-Pierre de Féric) de certains cadres du PPF comme le Maire de Lantosque ou de Georges Bensa, avocat niçois, rédacteur des discours de J. Darnand !, ni contre les 3100 arrestations dans le département selon le Préfet Escande, les internés sont regroupés à la Maison d'Arrêt de Nice, dans les casernes de St-Jean d'Angély et d'Auvare, dans certains hôtels (Scribe, Suisse).

droite, s'exprimant par le P.P.F., avait participé ouvertement à l'expédition punitive du 3 mai 1944 à Puget-Théniers, qui, avec Gattières, avait été l'un des villages du département les plus touchés par la répression.

Aux lendemains immédiats de la Libération, Charles Isnardy, membre du Comité Départemental de la Libération, devient le Premier Magistrat de Puget-Théniers. Marius Castel est élu Conseiller Général communiste du canton (avec 43% des voix à Puget-Théniers). Les femmes qui votent pour la première fois élisent l'une d'entre elles à St-Léger, Zoé David, qui avait organisé la protection des réfugiés juifs[99].

Mais les vœux de l'Assemblée départementale des Comités locaux de Libération, réunie à Nice le 26 novembre 1944, ne s'accomplissent pas. Comme l'écrit R. Houat, dans le Cri des Travailleurs du 10 septembre, "il ne s'agit pas de ne constituer que des dossiers de femmes plus ou moins coupables dont on coupe les cheveux et qu'on promène dans la rue pour amuser le peuple"[100], il s'agit au contraire que "les peines infligées soient en rapport avec l'importance du poste occupé" (point 5 de la motion sur l'épuration de l'Assemblée départementale des C.L.L.) et que soient écartés des listes électorales les individus jugés comme adversaires de la Résistance (point 7).

Cependant, dans le département, comme dans le Pugétois, la Résistance s'est recrutée plus particulièrement dans certaines

---

Cf. M. Girard. Enquête sur la répression à la Libération, département des Alpes Maritimes, in Bulletin du Comité d'Histoire de la Seconde Guerre mondiale, n° 2301. 1978.

R. Schor. La presse niçoise de la Libération et le problème de l'épuration en 1944. Cahiers de la Méditerranée, n° 12, 1976.

[99] Le 11 novembre 1944 est l'occasion d'une grande manifestation rassemblant l'ensemble de la population de Puget-Théniers en l'honneur de F. Charvin et de l'inauguration de la stèle élevée en sa mémoire au Col de St-Raphaël, en présence des autorités locales. Cet hommage solennel ne s'est pas reproduit.

[100] Les jurés de la Cour de Justice de Nice adoptent une motion le 16 novembre 1944 dénonçant "l'insignifiance de la plupart des affaires qui sont soumises à la Cour" et souhaitant qu'il ne leur soit confié que "les vrais coupables". Source A.D.A.M., 162 W3.

catégories sociales déterminées, tandis que d'autres restaient plus attentistes lorsqu'elles ne s'étaient pas ralliées au régime de Vichy[101]. Rapidement, l'ordre social traditionnel se rétablit.

Dès 1947, une municipalité de droite, avec à sa tête M. Bailet, s'installe à Puget-Théniers prolongeant l'ancienne majorité qui avait dominé avant-guerre. La courte période de 1944-47 n'avait été qu'une parenthèse politique.

C- L'amnésie institutionnalisée

La municipalité Bailet est renouvelée jusqu'en 1977. Durant ces trente années, l'histoire réelle de la Résistance s'efface tandis qu'une autre histoire est reconstruite. La consécration de cette fabrication historique est à la fin des années soixante l'hommage quasi exclusif rendu à l'adjudant-chef de gendarmerie Rémond qui se voit doté d'un monument, au bord de la Roudoule, à l'entrée de Puget-Théniers, rappelant son action le 3 mai 1944 et d'une avenue à son nom. Une fresque à sa gloire le montrant faisant face aux Allemands, parmi d'autres gloires pugétoises, ainsi que son portrait, décorent la salle de la Mairie. Le gendarme Rémond devient le héros local de la période 1940-44.

Ce quasi-monopole de la reconnaissance pugétoise à la Résistance est discrètement complété par une rue Isabel Pell[102], du nom d'une citoyenne américaine, qualifiée "d'animatrice de l'esprit de

---

[101] La sociologie de la Résistance dans les Alpes Maritimes portait sur environ 3000 personnes (de 200 à 800 jusqu'en 1943, 2500 en 1943, un peu plus de 3000 en 1944), avec un nombre très réduit de FFI (environ 300 au printemps 1944), plus de la moitié se recrute exclusivement chez les employés (des S.P.), les ouvrier et les paysans. "L'élite" traditionnelle est fortement sous-représentée. L'analyse sociologique des résultats pugétois confirme ces chiffres globaux indicatifs.

[102] I. Pell avait été mise en résidence surveillée par les Italiens. Elle s'était repliée (?) en 1944 dans sa villa d'Auribeau. Elle a été faite citoyenne d'honneur de Puget-Théniers. Selon J-L. Panicacci (in La Résistance azuréenne. Serre. 1994, p. 71), elle était devenue "l'égérie de la Résistance locale" en juillet 1943, catalysant les énergies "avant l'arrivée à Puget-Théniers du capitaine François". Aucun document, aucun témoignage n'atteste de cette "fonction".

Résistance à Puget-Théniers". On ne trouve pourtant sa trace nulle part, ni dans les Mémoires du Capitaine François, ni dans les témoignages des résistants encore vivants, ni dans les archives de la Résistance locale. A l'évidence, son rôle est très limité (à croire qu'il soit resté totalement secret) comparé aux Pugétois qui se sont engagés dans les différents réseaux.

Lorsqu'une municipalité de gauche est élue (avec Gilbert Laugier), il lui est politiquement difficile de réajuster l'histoire officielle revue et corrigée par l'équipe municipale précédente qui avait été réélue 5 fois. Une histoire reconstituée selon les nouvelles opportunités politiques s'est figée ne correspondant pourtant que très peu à ce qui constitue l'essentiel de l'authentique résistance pugétoise.

Les deux "étrangers" à Puget-Théniers, venus encadrer la Résistance locale, F. Mazier et J. Cabot, perturbant par leur vie privée la société masculine pugétoise (certaines bagarres liées à leurs relations féminines se sont même produites), n'ont sans doute pas laissé que de bons souvenirs à Puget-Théniers. Il en a peut-être été de même avec les réquisitions pour le maquis pratiquées avec plus ou moins de brutalité au détriment de certains Pugétois.

Enfin et surtout, semble-t-il, la qualité de communiste de bon nombre de membres du groupe François explique l'amnésie délibérée de ceux qui, dès la Libération, ont eu pour préoccupation d'écarter les communistes de toute responsabilité politique et administrative.

On peut faire aussi l'hypothèse qu'avec I. Pell, c'était à l'origine l'occasion de rendre hommage à l'allié américain, ce qui n'était pas assimilé à un engagement politique subversif mais au contraire à l'affirmation d'une option majoritaire.

Avec l'adjudant-chef Rémond, l'opération est plus complexe. La municipalité Bailet procède d'abord à une opération consensuelle, ce que recherchent toujours les élus locaux : personne ne conteste en effet le rôle du gendarme le 3 mai 1944, dont la personnalité évidente mais inexistante jusque-là dans l'histoire locale ne provoque aucun clivage politique. Il ne peut, ensuite, être de ce fait reproché à la municipalité d'escamoter la Résistance, du moins une certaine opposition à l'Occupant ; de plus, la sacralisation de l'adjudant-chef Rémond tend à réduire la part des actes de résistance des Pugétois dont l'engagement politique visait à remettre en cause l'ordre social[103]. La municipalité de droite ne pouvait célébrer les actions passées de l'opposition qu'elle entendait combattre !

Enfin, consacrer un représentant des forces de l'ordre faisait oublier leur collaboration durant le régime de Vichy et confortait la bonne conscience des milieux conservateurs[104].

La mémoire des résistants authentiques et des maquisards n'est conservée que par des stèles isolées, édifiées sur les lieux où ils furent exécutés, et donc dispersées dans la montagne[105].

L'histoire postérieure à celle de la Résistance dans la mémoire officielle et chez les historiens régionalistes fabrique une histoire de la Résistance en la reconstruisant de manière à ce qu'elle ne mette pas en cause les valeurs du jour. Cette fabrication supprime les aspérités et les contradictions d'une histoire réelle susceptible d'enseigner qu'une situation de guerre, elle-même, ne permettait cette union nationale et cette cohésion sociale jugée nécessaire pour les gouvernants et les pouvoirs locaux dominants. Le politiste, l'historien, comme les commissions étatiques officielles (comme la Commission Rémond, par exemple), prenant à leur compte cette histoire consensuelle, se chargent ainsi, ce qui n'est pas leur fonction, "d'apaiser".

La grande peur qui domine à toute époque (celle de l'avant-guerre, de la guerre, comme de l'après-guerre en l'occurrence) est celle de l'agitation sociale et de la mise en cause de la relation

---

103 Cette qualité de communiste disparaît pratiquement de tous les ouvrages. On sous-entend seulement ici ou là que les FTP subissaient leur influence.

104 Il est significatif, par exemple, qu'un ouvrage de 2003 "La Résistance au fil du Var" de M. Bourrier et Colette Bourrier-Reynaud (Ed. Serre) consacre une part importante de ses développements sur Puget-Théniers à l'adjudant-chef Rémond et prenne soin de consacrer 6 illustrations photos au Gendarme Rémond et une à I. Pell.

105 Il en est ainsi par exemple des stèles de N. Casimiri, F. Charvin ou de J. Cabot. Sur le monument aux Morts de Puget-Théniers, les résistants sont "comptabilisés" comme les victimes de la Seconde Guerre mondiale…

traditionnelle dominant-dominé, qui avait été secouée pendant le régime de Vichy durant lequel les épreuves n'ont pas été également supportées.

Pendant longtemps, et pour une part aujourd'hui encore, il ne faut surtout pas "tirer de leçon" des événements de la période 1940-44 : la "commémoration" de la Résistance n'a que peu à voir avec sa connaissance scientifique et une approbation quelconque à "l'esprit de résistance", bien mal symbolisé à Puget-Théniers par I. Pell, en dépit de la plaque souvenir qui lui est consacrée[106].

La Résistance n'est pas restée au pouvoir, ni en France, ni à Nice, ni à Puget-Théniers et l'historien américain R. Paxton[107] a raison de souligner la continuité entre Vichy et l'après-guerre.

S'il y a certes une genèse historique de la vérité, il semble contestable d'en conclure que la vérité est relative. Or, la fabrication permanente de l'histoire, avec l'aide parfois des historiens et des politistes eux-mêmes, conforte les phénomènes de domination constamment renouvelés : comme le note Bourdieu, "le capital culturel est devenu l'un des principes fondamentaux de la domination à côté du capital économique"[108]. Trop de politistes et de chercheurs en sciences sociales "prennent toujours entre deux choix, le plus chic". Or "très souvent la vérité est au prix de choisir le moins chic"![109]. Or, "se dégager de toute complaisance à l'égard des puissants est une exigence méthodologique pour les experts "en société" dite "civile"[110]. Peut-être que nombre de politistes et d'historiens ne tiennent surtout pas à apprendre la vérité sur eux-mêmes en la recherchant sur les autres pour éviter d'assurer la responsabilité qui est la leur...

---

[106] Les victimes de la Résistance sont inscrites au dos (le moins visible) du monument aux morts de Puget-Théniers : ce hasard est très symbolique.

[107] Cf. R.O. Paxton. La France de Vichy. 1940-44. Seuil. 1972.

[108] P. Bourdieu. Si le monde social m'est supportable, c'est parce que je peux m'indigner. Entretien avec A. Spire. L'Aube. 2002, p. 22.

[109] Cf. P. Bourdieu. op. cit, p. 50.

[110] Cf. A. Lacroix-Riz. L'historien contemporain sous influence. Le Temps des Cerises. 2004, p. 119.

CONCLUSION

"L'humanité a droit à ses diversités naturelles, innées et reçues de l'histoire. Ce serait la violenter que de répandre dans son sein des colonies de clones...", écrit J.R. Dupuy[111] qui omet de signaler que les Facultés de Droit ne favorisent guère ces "diversités" et manifestent leur penchant pour un certain "clonage". Particulièrement à propos de cette période largement occultée de 1940-1944 qui n'est certes pas à la gloire des juristes.

Particulièrement peut-être, dans la région niçoise où le comportement des notables (y compris précisément des juristes) fut des plus ambigus. Seuls certains historiens et les anciens résistants eux-mêmes ont déployé d'importants efforts pour sortir cette phase de l'histoire locale du "ghetto scientifique"[112].

Quant aux politologues d'aujourd'hui, ils se détournent de l'histoire pour ne saisir que l'immédiat, justifiant ainsi objectivement

---

[111] Cf. M. Millet. Les professeurs de droit citoyens. Entre ordre juridique et espace public, contribution à l'étude des interactions entre les débats et les engagements des juristes français (1914-1995). Thèse de Science Politique. Université Panthéon-Assas (Paris II). Dactylo. 2 vol. 2000, p. 223-311.

Voir aussi D. Gros. Le statut des juifs et les manuels en usage dans les Facultés de droit (1940-44) et surtout D. Lochak. La doctrine sous Vichy ou les mésaventures du positivisme, in C.U. de recueils administratifs et politiques de Picardie. Les usages sociaux du droit. PUF. 1989, p. 252 et s.

Voir aussi P. Braud (sous la direction de). La violence politique dans les démocraties européennes occidentales. L'Harmattan. 1993, p. 139 et s.

[112] Cf. Les travaux de J-L. Panicacci, R. Schor, etc. et les activités du Musée de la Résistance de Nice.

l'existant, mettant hors jeu le passé comme le futur[113]. Or, il est dangereux pour les sciences sociales de participer, consciemment ou non, à "la construction d'une tradition de nature idéologique procédant d'une lecture du passé faite d'amnésies et de sélections plus ou moins arbitraires de faits et d'événements". En effet "ce sont le plus souvent les nécessités du présent qui président à cette interprétation historique"[114].

Dans le temps qui est le notre, la période de 1940-1944 tend à faire l'objet d'un intérêt lié surtout à son instrumentalisation possible. De ce fait, l'accent est mis davantage sur l'occupation étrangère que sur Vichy et plus sur le débarquement, la Libération et les rivalités d'état-major que sur la Résistance et son esprit. La commémoration se substitue à la connaissance. Pourtant, dans l'intérêt même des sciences sociales et face aux tendances lourdes qui pèsent sur elles, particulièrement des sciences juridiques et politiques, la plus élémentaire lucidité fait obligation de résister.

Car, si "l'oubli sert le troupeau qui ne sait ce qui est hier ni aujourd'hui" selon Nietzsche dans ses "Considérations Inactuelles"[115], "l'histoire, du moins celle qui n'est pas simple recensement d'antiquaire, sert aussi la vie, celle des peuples qui sont des "descendants"".

---

[113] Le médiéviste Alain Guerreau, directeur de recherches au CNRS, explique cette attitude par "l'esprit de lucre le plus agressif et un opportunisme imbécile qui s'étalent dans notre société avec une morgue croissante et qui prétendent s'ériger en normes morales universelles : conditions détestables pour toute activité scientifique". "La recherche prioritaire d'une carrière convenable conduit donc à une extrême prudence dans le choix des thèmes étudiés très éloignée des préoccupations scientifiques". Cf. A. Guerreau. L'avenir d'un passé incertain. Quelle histoire du Moyen-Age au XXIème siècle ? Ed. Seuil. 2001.

[114] Denis Lefebvre. Archives or not archives ? De mémoire et d'histoire, in Humanisme, mars 1999, n° 244-245, p. 25.

[115] Nietzsche. Sur l'histoire. Seconde Considération Inactuelle. Utilité et inconvénient de la connaissance historique pour la vie. Hachette. 1996.

LE SERVICE PUBLIC DU SPORT

par

Pierre COLLOMB
Professeur Émérite de l'Université de Nice - Sophia Antipolis
Directeur du Centre de Droit du Sport

C'est le 20 janvier 1920, au sein du Gouvernement Alexandre Millerand, que fut créée en France la première structure ministérielle comprenant le sport dans ses attributions. Le "Service de l'Éducation Physique et du Sport" (rattaché au Ministère de l'Instruction Publique) est alors confié à Gaston Vidal qui déclarera peu après : "Le sport est devenu une affaire d'État, il a un caractère officiel". En réalité, en France, l'intérêt de l'État pour le sport est bien antérieur et date de la seconde moitié du XIXème siècle. Certes, à cette époque, on ne parlait pas encore de sport mais d'éducation physique. La pratique de la gymnastique et du tir était encouragée, tout particulièrement après Sedan, à l'armée, à l'école ou dans les "sociétés patriotiques" dans la perspective de "la Revanche"[1]. Dans la même période, des "exercices militaires" (équitation, escrime,...) annonçaient de futurs "sports". Quant au "service public administratif du sport" son existence ne sera reconnue que bien plus tard, aux débuts de la Vème République, par la jurisprudence du Conseil d'État[2].

On peut même affirmer que l'intérêt de l'État pour le sport est, en France, une sorte de tradition. Depuis que les pratiques physiques

---

[1] C. Bonavia-Pariente et P. Collomb, "L'enracinement de la République par le sport" in "Des Républiques Françaises", Études coordonnées et présentées par P. Isoart et C. Bidegaray, Économica 1988 p. 304.

[2] C.E. 13 juillet 1961, Ville de Toulouse, A.J.D.A. 1961 p. 467 et 492 ; C.E. 22 novembre 1974, F.I.F.A.S., Rec. Lebon p.576 ; C.E. 26 novembre 1976, F.F.C. ("Pingeon"), Rec. Lebon p. 513.

que nous appelons aujourd'hui "sports" sont apparues elles ont, presque sans interruption, bénéficié d'un soutien, certes plus ou moins affirmé selon les époques, de l'État. Les raisons en ont été diverses : la préparation militaire dès avant 1914, le prestige national après la première guerre mondiale, l'aspect éducatif dans les années 30, le développement des loisirs et la recherche du bien-être sous le Front Populaire, l'Éducation et l'hygiène de vie sous Vichy, le rayonnement national au temps du Général de Gaulle, ont tour à tour justifié l'aide - et l'intervention- de l'État et, en conséquence l'existence d'une structure ministérielle, élément organique du service public du sport. Néanmoins, dans la conception française, le rôle de l'État dans le sport ne se borne pas à son action propre. L'État est aussi le principe, la source dont tout découle, ce qui le conduit à contrôler les activités sportives privées qui ne peuvent s'épanouir que sous son autorité. Ce système dont on peut trouver l'origine dans la Charte des Sports du 20 décembre 1940 se traduit en droit positif par un mécanisme de délégation de pouvoirs. Ce mécanisme a été mis en place par l'ordonnance du 28 août 1945 qui qualifiait le sport français "élément capital du redressement de la nation". Entre autres dispositions, cette ordonnance prévoyait :

1°) que toute compétition sportive ayant pour objet de désigner un vainqueur national ou régional ou le représentant de la France dans les épreuves internationales devait être autorisée ;

2°) que ce pouvoir d'autorisation pouvait être délégué à un ou plusieurs groupements ou fédérations déterminés. Ce montage a été qualifié de tour de passe-passe puisqu'il consistait à "confisquer une prérogative naturelle du mouvement sportif pour la lui rendre immédiatement sous conditions"[3]. En tout état de cause, il consacre une fiction juridique : les plus importantes des fédérations sportives françaises sont censées recevoir une délégation de l'État ; dès lors, elles relaient l'action de l'État et certaines de leurs prérogatives naturelles (autoriser la participation aux compétitions, assurer la discipline associative interne…) sont transformées en "prérogatives de puissance publique", phénomène qui conduit tout naturellement à leur intégration au service public du sport. C'est ce mécanisme qu'a repris

[3] Rémy D., Le sport et son droit, éd. Romillat, 1991, p.35.

la loi du 16 juillet 1984 dont la rédaction originaire proclamait le sport "élément fondamental de la culture"[4] et que l'on retrouve aujourd'hui dans l'article L131-14 du Code du sport.

Ainsi, le service public du sport est à la fois organique (l'État fait) et fonctionnel (l'État fait et fait faire). Il reste cependant à en déterminer le domaine et sa justification. De nos jours, le sport tient dans la vie sociale une place toujours plus grande que les politiques publiques ne sauraient ignorer, mais si toutes les raisons sont bonnes de s'y intéresser on n'aperçoit plus quelles en sont les meilleures, voire les véritables, celles qui commandent d'intégrer le sport au service public. Depuis les arrêts fondateurs, d'une portée limitée au principe de son existence, en plus de trente ans, les contours du service public du sport n'ont guère été précisés et bien des interrogations subsistent qui concernent tout autant son bien fondé que son domaine exact. Cette situation peut néanmoins s'expliquer facilement. On peut, en premier lieu, observer que l'intervention publique dans le sport ne va pas de soi. Le système français a longtemps été considéré comme une voie moyenne entre le sport étatisé des pays socialistes, réduit aujourd'hui à une peau de chagrin, et le sport apanage du secteur privé des pays anglo-saxons. Dans le contexte mondial actuel, ce dernier système tend à constituer le modèle dominant, ainsi que le reflète le droit communautaire analysant le sport professionnel comme une pure activité économique dans laquelle un service public ne saurait trouver de place. Dès lors, il n'est pas étonnant qu'aux yeux de certains, la conception traditionnelle française puisse apparaître dépassée et inadaptée au monde moderne.

Par ailleurs, depuis trente ans la pratique sportive a considérablement évolué. Le professionnalisme a développé le "sport qui se regarde". Quant au "sport qui se pratique", il s'est incroyablement diversifié avec l'apparition de très nombreuses disciplines nouvelles dont une bonne partie est orientée vers le loisir individuel de pleine nature. A cette diversification des pratiques s'ajoute la multiplication des intervenants : État, Région, Département, Commune, Etablissements Publics de Coopération

---

[4] Rédaction très affadie par la réforme du 6 juillet 2000 pour laquelle le sport n'est plus qu'un "élément important de l'éducation, de la culture, de l'intégration et de la vie sociale" (actuel article L 100-1 du Code du sport)

Intercommunale (EPCI), Fédérations sportives, institutions à caractère éducatif ou social, entreprises commerciales..., revendiquent tous une part de compétence dans l'organisation ou le développement des pratiques sportives ; tous veulent participer à la tâche de gérer un service public censée conférer un gage d'honorabilité et de respectabilité, ou, plus prosaïquement, un traitement de faveur.

Ces diverses évolutions secrètent des forces centrifuges. Celles-ci accroissent le polymorphisme du sport, en dégradent la cohérence et hypothèquent la recherche d'une définition précise du service public du sport. Il en résulte un système opaque et illisible qui aurait bien besoin d'être repensé et simplifié. Malheureusement le législateur, dans une logique du "toujours plus", a jusque-là préféré satisfaire à sa façon les revendications des intervenants de la vie du sport en associant toujours plus d'organismes à la mission de l'État et en déformant celle-ci par un empilage de tâches qu'il n'a guère les moyens d'assumer. Les textes sont le reflet de cette situation : loin de remplir leur rôle de référence première, ils ne font qu'obscurcir l'idée que l'on peut avoir du service public du sport. L'exemple des premiers articles du Code du sport, promulgué à droit constant par une ordonnance du 23 mai 2006[5], est particulièrement éloquent :

Article L100-1 :"*Les activités physiques et sportives constituent un élément important de l'éducation, de la culture, de l'intégration et de la vie sociale. Elles contribuent notamment à la lutte contre l'échec scolaire et à la réduction des inégalités sociales et culturelles, ainsi qu'à la santé. La promotion et le développement des activités physiques et sportives pour tous, notamment pour les personnes handicapées, sont d'intérêt général*".

Article L100-2 : "*L'État, les collectivités territoriales et leurs groupements, les associations, les fédérations sportives, les entreprises et leurs institutions sociales contribuent à la promotion et au développement des activités physiques et sportives. L'État et les*

[5] Ordonnance n° 2006-596 du 23 mai 2006, JORF n° 121 du 25 mai 2006 p. 7791. Sur la codification du droit du sport, on consultera : Dion S. Le sport et son code, D. 2006, Chron. P. 39 ; De Silva I., L'adoption du Code du sport, consécration pour le droit du sport ? A.J.D.A. 2007 p. 0623 et sv.

associations et fédérations sportives assurent le développement du sport de haut niveau, avec le concours des collectivités territoriales, de leurs groupements et des entreprises intéressées".

Article L131-9 : "*Les fédérations sportives agréées participent à la mise en œuvre des missions de service public relatives au développement et à la démocratisation des activités physiques et sportives*".

Une telle rédaction donne quelque peu l'impression d'un fourre-tout ; elle ne peut permettre d'avoir une vision claire du service public du sport : de fait, celui-ci ne renvoie qu'une image brouillée (I) qui ne peut guère l'aider à se préserver des menaces qui pèsent sur son avenir (II).

I - UNE IMAGE BROUILLÉE

C'est dans une bien obscure clarté qu'apparaît le service public du sport. Si le droit positif en rappelle régulièrement, avec force, l'existence, il est beaucoup moins explicite dès lors qu'il convient de répondre pourquoi et en quoi le sport constitue un objet de service public. Ce constat peut s'expliquer par le fait qu'il s'agit d'un service éclaté dans ses structures et très incertain dans son domaine.

A- Un service éclaté

L'originalité du système français d'organisation du sport réside dans l'association du public et du privé. Cette première complexité en termes de service public n'est pas la plus importante : chaque pôle, public comme privé, fait appel à une pluralité d'acteurs dont les rôles ne sont pas toujours définis avec la précision nécessaire.

Le pôle public est évidemment centré autour du Ministre chargé des sports. Il s'agit actuellement du Ministre de la Santé de la Jeunesse et des Sports, secondé par un Secrétaire d'État spécifiquement chargé des sports[6]. Néanmoins, de nombreux autres départements ministériels ont en charge une part de l'administration

---

[6] Depuis la rédaction du présent article, les attributions du Secrétaire d'État se sont enrichies des domaines de la Jeunesse et de la Vie Associative.

du sport : Agriculture (équitation), Éducation Nationale (sport à l'école, professeurs EPS, fédérations sportives scolaires), Enseignement Supérieur lorsqu'il est détaché de l'Éducation Nationale (UFR STAPS, Fédérations sportives universitaires..), DOM-TOM, réservoir inépuisable d'athlètes de haut niveau, Armées, Intérieur... Cette dispersion ne favorise pas la cohérence ainsi qu'en témoigne, par exemple, la concurrence entre les diplômes délivrés par les Universités et le Ministère chargé des sports.

A ce premier éclatement, s'en ajoute aujourd'hui un deuxième en conséquence de la décentralisation. Communes et départements apportent depuis longtemps une importante contribution au financement du sport. Les régions, notamment au titre de la formation, n'ont pas manqué d'être sollicitées depuis leur création et ont, en général, fort bien répondu à la demande. Cet intérêt pour le sport n'a pu que s'exprimer davantage avec la décentralisation, même si (ou parce que ?) les lois qui l'ont réalisée ont été fort peu prolixes sur la répartition des compétences en matière de sport. "En l'absence de clarification par niveau de territoire, toutes les collectivités ont fait le choix d'investir le champ du sport, conscientes de sa plus-value sociale, éducative..., voire politique"[7]. Alors que l'action de l'État ne cesse de se réduire, régions, départements, communes, EPCI occupent le terrain et n'hésitent pas à revendiquer l'existence d'un "service public territorial" du sport. Cet éclatement est d'autant plus remarquable que dans la logique de la décentralisation, le respect des libertés locales peut conduire les collectivités à élaborer leur propre politique publique du sport et le service public territorial du sport à s'affranchir du service public national. Ainsi le risque est réel de ce que certains ont appelé une "balkanisation du sport"[8].

Le pôle privé du sport ne présente pas davantage d'unité. Ce pôle est, a priori, constitué des fédérations sportives. Celles-ci sont associées au service public par deux techniques juridiques : l'agrément ministériel et la délégation de pouvoirs. Or, tandis que l'agrément est attribué à toute fédération répondant à certaines conditions de fonctionnement - en pratique toutes les fédérations quelque peu

---

[7] Jacques Vergnes, Sport et territoires 2007, éditorial "Le service public du sport territorial, un enjeu électoral".

[8] Jacq P., La détermination de la politique sportive, in Sport et décentralisation, Ed. 2coonomica 1988, spéc. p. 188.

représentatives - la délégation de pouvoirs est réservée à certaines d'entre elles puisqu'en application de l'article L131-14 du Code du sport, il ne peut y en avoir qu'une par discipline sportive. Plus encore, seules les fédérations dites délégataires sont titulaires de ce qu'il est convenu de qualifier (abusivement ?) de prérogatives de puissance publique comme décerner les titres ou constituer l'équipe nationale. Il est, dès lors, peu discuté en droit positif, qu'elles exercent une mission de service public. En revanche, les fédérations seulement agréées ne sont titulaires d'aucune prérogative de puissance publique ; elles participent néanmoins au développement du sport et leur action est reconnue d'intérêt général. Aussi le législateur, dans une formule sibylline non exempte d'arrière-pensée diplomatique voire politique, s'est-il cru autorisé à affirmer que "les fédérations sportives agréées *participent à la mise en œuvre des missions de service public* relatives au développement et à la démocratisation des activités physiques et sportives"[9]. Ainsi, le statut des fédérations agréées au regard du service public laisse perplexe car leurs actes juridiques ne revêtent jamais le caractère d'actes administratifs et relèvent toujours, en cas de contentieux du juge judiciaire. Quoi qu'il en soit, à se fier aux textes, deux types de fédérations participent au service public du sport mais à des degrés différents dont l'un est impalpable au point de faire douter de son existence.

L'homogénéité du pôle privé du sport peut être mise en doute d'un autre point de vue. Certes, les différentes fédérations sportives sont aujourd'hui regroupées sous la bannière du Comité National Olympique et Sportif Français assurant, au plan de l'hexagone, à ce que l'on appelle le "mouvement sportif", une cohérence qui lui fait défaut au plan international où il est tiraillé entre le mouvement fédéral et le mouvement olympique. Néanmoins, même dans le cadre national, le mouvement sportif est régulièrement parcouru de forces centrifuges. Déjà, curiosité historique, certaines épreuves sportives majeures relèvent d'entreprises commerciales (Tour de France, "Le Dakar"...). Aujourd'hui les clubs professionnels des sports majeurs essaient périodiquement de s'affranchir de l'autorité des fédérations. Surtout, on voit apparaître de nouvelles structures commerciales indépendantes dont l'action se substitue à celle des fédérations. Le

---

[9] Article L131-9 du Code du sport.

"Team Lagardère" en est une excellente illustration. Son objet n'est pas d'organiser un spectacle à la différence des sociétés commerciales comme Amaury Sports Organisation. Son objet est de procurer aux athlètes du plus haut niveau les structures d'entraînement et d'encadrement nécessaires à l'optimisation de leurs performances. Or, telle est précisément l'une des tâches des fédérations qui relève semble-t-il traditionnellement de leur mission de service public. Qui plus est cette évolution se fait parfois avec l'assentiment des fédérations concernées alors que le deuxième alinéa de l'article L131-9 du Code du sport dispose qu'elles "ne peuvent déléguer tout ou partie de l'exercice des missions de service public qui leur sont confiées". Certes leur accord n'est pas donné dans le cadre d'une convention de délégation stricto sensu, mais cela lui ressemble tout de même quelque peu. En tout cas, cela montre la perméabilité des frontières du service public.

B- Un domaine incertain

Le sport est polymorphe : loisir familial et activité professionnelle, entretien de la santé et dépassement des limites physiologiques, pratique de masse et d'élite, moyen d'éducation et spectacle commercial, moyen d'action sociale et de rayonnement international. Les distinctions ou oppositions ne manquent pas qui illustrent les différentes pratiques. Toutes sont-elles équivalentes au regard du service public ? Celui-ci concerne-t-il "le sport sous toutes ses formes" ?

Force est de constater que la réponse à ces questions est aujourd'hui devenue parfaitement confuse et évolutive. Tout se passe comme si le législateur se refusait à choisir et à énoncer clairement ce qui relève du service public et ce qui n'en relève pas. Certes, l'histoire explique en partie cette indétermination : si la préparation militaire fut le creuset de l'intérêt de l'État pour le sport, le prestige national, la santé, l'éducation, l'accomplissement de soi par l'exercice des loisirs fournirent d'autres légitimités. Néanmoins, si le fondement originel ne peut plus guère être invoqué de nos jours, les autres le sont cumulativement sans ordre préférentiel établi ou selon un ordre fluctuant au gré des circonstances et des modes.

La première conséquence de cette situation est que le sport se présente comme un service public itinérant. Le rattachement du département ministériel ayant le sport dans ses attributions apparaît relever de l'arbitraire et révèle, pour le moins, une instabilité chronique. Il en est ainsi de la nature de la structure : Secrétariat d'État (toute la période antérieure à la Vème République, mais également dans les années 1963-66, 1968-78, et 1986-91), Ministère de plein exercice (1966-68, 1978-81, 1991-95, 1997-2007), Ministère délégué (1981-86, 1995-97), Haut-Commissariat (1958-63). Il en est de même pour le Ministère de rattachement lorsque la structure n'a pas la nature de Ministère de plein exercice : Ministère de la Guerre (1921-25), de la Santé (1934-36), de la Jeunesse des Arts et des Lettres (1947), de l'Instruction Publique ou de l'Éducation Nationale (1925-34, 1936-38, 1944-46, 1956-58, 1974), de la Qualité de la Vie (1974-77), du Temps Libre (1981-84), de l'Enseignement Technique (1948-53) ou bien encore directement rattaché au Président du Conseil (1954-56) ou au Premier Ministre (1968-74 ; 1986-88, 1995-97)... Ces oscillations en peuvent être que révélatrices d'une indécision sur la place à attribuer au sport dans l'action publique. Ces divers rattachements contiennent tous une part de vérité, insuffisante cependant pour emporter la conviction et fixer un cadre incontesté à l'action en faveur du sport. Au gré de l'évolution de la pratique sportive, de nouvelles raisons de rattacher le sport au service public se font jour qui s'ajoutent aux précédentes sans les remplacer. Il en résulte qu'aujourd'hui le service public du sport repose sur toute une série de strates quelque peu hétérogènes qui lui servent de fondement mais qui ne peuvent constituer un socle homogène précisément identifié.

L'inconvénient est d'autant plus important que la légitimité de chaque strate peut être remise en cause. La valeur éducative du sport ? Oui, s'il s'agit de l'observation de la règle et du fair-play, mais on peut malheureusement observer que le sport est aussi quelquefois école de tricherie et de violence au nom de la religion du résultat. La valeur sanitaire du sport ? On ne peut sérieusement la contester, mais le sport connaît aussi ses "cadences infernales" ; sans parler de dopage, peut-on ignorer les sollicitations cardiaques excessives, les méfaits du surentraînement qui conduisent des athlètes de 20 ans, telle la championne olympique Émilie Le Pennec, à prendre une retraite anticipée et à devoir souffrir comme de vieux rhumatisants le reste de leur vie[10] ? L'affirmation du prestige national ? On ne peut nier que le sport soit devenu un élément de rayonnement, mais on peut aussi considérer que le sport de haut niveau relève aujourd'hui principalement de l'économique et du commercial et qu'il vaut mieux que la sollicitude publique aille à la masse, aux jeunes et aux démunis. En réalité, comme la langue d'Ésope, le sport peut être la meilleure et la pire des choses selon la façon dont il est pratiqué ; il est un moyen, non une fin ; le problème est que les fins du service public du sport ne sont pas claires.

L'action administrative reflète ces balancements. Les politiques publiques sportives initiées par des gouvernements de même sensibilité idéologique peuvent être fort différentes. Ainsi, en matière d'équipements, elle peut tout aussi bien concerner les équipements sportifs socio-éducatifs (loi-programme de 1962-65, opération "mille piscines" de 1971) que les "grands stades" de nos jours. Aujourd'hui, l'action de l'État porte essentiellement sur le développement du sport de haut-niveau et la représentation dans les compétitions internationales. Cette action que l'on pourrait concevoir comme un soutien de celle des fédérations apparaît quelquefois comme sa concurrente. Il faut dire que le législateur confère à l'État une mission première en matière de haut-niveau : "*L'État et les associations et fédérations sportives assurent le développement du sport de haut niveau avec le concours des collectivités territoriales*"[11]. Cette politique peut même être source de dérives juridiques regrettables. C'est ainsi que pour favoriser la compétitivité des équipes professionnelles françaises, le législateur a décidé que la perte en charges sociales subie par la Sécurité sociale du fait de la transformation d'une part de la rémunération des joueurs en "droits d'image" -non assujettie aux charges d'employeur- serait compensée

---

[10] En ce sens, on consultera avec intérêt les écrits de Robert Redeker, philosophe critique du sport et notamment "Sport, santé et politique", Le Monde 21 août 2003 : "La santé est silencieuse....Dans le sport, les organes ne demeurent pas silencieux. Ils font souffrir. On exige d'eux le maximum ; ils sont soumis aux principes industriels de la productivité et de la rentabilité. Le sport est la guerre contre la paix du corps".

[11] Article L100-2 2ème alinéa du Code du sport. Il faut dire que cet engouement pour le sport de haut niveau n'est pas sans arrière-pensée politicienne dans une société de communication où l'exploit sportif médiatisé vaut les honneurs de l'Élysée ou de Matignon.

par le budget de l'État[12] ! On ne s'attardera pas sur le monstre juridique résultant de ce montage : si la part de rémunération transformée en droit d'image ne constitue plus un salaire, comment peut-elle continuer de générer des charges salariales au profit de la Sécurité sociale ? On se contentera de s'interroger sur le point de savoir si la compétitivité internationale de nos clubs justifie la prise en charge par le contribuable de dépenses incombant préalablement à des sociétés commerciales. Est-ce là service public ?

La frontière entre le service public administratif et les activités commerciales est souvent très poreuse, notamment dans le cadre de l'action des fédérations délégataires et de leurs ligues professionnelles. L'organisation des compétitions pourrait être analysée comme une sorte de fonds de commerce. Or, une mesure prise pour la bonne organisation des compétitions peut ne pas être exempte de préoccupations purement mercantiles. La célèbre affaire "Adidas" illustre bien les difficultés de délimitation du service public du sport et, en conséquence, de détermination de la nature juridique des actes des fédérations sportives. Elle trouve son origine dans une décision du 28 avril 1995 par laquelle la Ligue Nationale de Football donnait à l'article 315 du règlement des championnats de France des première et deuxième divisions la rédaction suivante : "les clubs participant aux championnats de France de première et deuxième divisions sont tenus de faire porter à leurs joueurs les équipements fournis par la LNF". Parallèlement, la LNF avait passé un marché avec la firme Adidas en vue de fournir, de façon exclusive, tous les clubs. Bien entendu, la LNF en retirait un bel avantage financier qu'elle ne rétrocédait qu'en partie aux clubs et selon des critères jugés inappropriés par la plupart d'entre eux Cette décision souleva un tollé notamment chez les grands clubs qui se voyaient privés du bénéfice des contrats passés avec leurs propres équipementiers, eux-mêmes exclus en conséquence d'un marché fructueux. Les concurrents ainsi évincés (Nike, Puma, Reebok...) contestèrent la légalité de la mesure, mais le contentieux donna lieu à des appréciations fort divergentes des juridictions saisies. La Cour d'Appel de Paris annula le contrat de fourniture exclusive passé avec Adidas comme contraire à la liberté de la concurrence mais se refusa à annuler l'article 315 comme procédant d'un acte

---

[12] Article 6 de la loi 2004-1366 du 15 décembre 2004 modifiant l'article L785-1 du Code du travail

administratif, puisque pris dans le cadre de l'organisation des compétitions, échappant donc à sa compétence[13] ; pour elle il n'était pas exclu que la LNF puisse, au titre de sa mission de service public, réglementer des aspects commerciaux de la compétition. Le Conseil d'État, saisi par ailleurs de la demande d'annulation de l'article incriminé pour excès de pouvoir, donna satisfaction aux requérants en relevant qu'il "ne ressort pas que l'exclusivité ainsi créée au bénéfice de la Ligue soit justifiée par un intérêt général au regard de la mission de service public dont elle est délégataire"[14] : pour lui, il s'agissait d'un acte administratif mais excédant les pouvoirs de son auteur. Quelques jours après, la Cour de cassation censura l'arrêt de la Cour d'appel en estimant que l'article 315 ayant "pour seul objet la fourniture exclusive de vêtements et d'équipements sportifs... ne peut être caractérisé comme une mesure mettant en œuvre des prérogatives de puissance publique et concerne seulement des activités commerciales..."[15] ; il ne s'agit donc que d'un acte civil dont la légalité s'apprécie au regard des règles civiles et commerciales. L'indétermination du service public du sport conduisait à un conflit positif de compétences ; par bonheur, les solutions données étaient compatibles puisqu'elles conduisaient toutes à la condamnation du mécanisme mis sur pied par la Ligue . Il n'en reste pas moins que trois de nos plus hautes juridictions avaient opté pour trois approches différentes des limites du service public du sport...

Incertitudes et excès minent ainsi la légitimité du service public du sport. On ne peut être surpris des menaces pesant sur son avenir.

II - UN AVENIR MENACÉ

Le vent de libéralisation qui souffle sur le monde, tout particulièrement sur l'Union Européenne, a conduit le service public à se réfugier dans des fonctions régaliennes, tout au moins à réduire son périmètre d'intervention. Ce reflux général peut-il épargner le domaine du sport ? Si le débat reste vif actuellement, on peut douter

---

[13] Paris 23 août 1995, Juris-data n° 1995-022294

[14] C.E., 19 novembre 1997, n° 170660, Juris-data n° 1997-051191

[15] Com. 2 décembre 1997, Bull. n° 316 p. 272.

que la question appelle une réponse affirmative dès lors que l'on constate que c'est l'idée même d'un service public du sport que certains contestent. Les reproches essentiels qui lui sont faits est d'être dispendieux en interne et pénalisant à l'international.

A- Dispendieux en interne

L'État vit un temps de vaches maigres. Il cherche avec persévérance à réduire son train de vie. Cela n'est pas sans incidence sur les structures administratives du sport ni sur les missions de celles-ci.

L'âge d'or du ministère chargé des sports est révolu. Dans les années soixante-soixante-dix, ce département ministériel avait été conçu, notamment dans le cadre de ses structures déconcentrées opérant un véritable maillage du territoire, comme une administration de mission. Ses agents avaient en charge le développement du sport par l'incitation, la stimulation et, bien sûr, l'aide financière. Présence sur le terrain, impulsion donnée à la création d'équipements, amélioration de l'encadrement de la pratique par la mise à disposition du mouvement sportif d'un important corps de conseillers techniques, promotion de la pratique sportive auprès des jeunes, le travail accompli fut considérable et porta des fruits incontestables. De 2,5 millions de licenciés en 1956, on passa à 12,7 en 1986. Depuis, malgré l'apparition de très nombreuses pratiques nouvelles, le nombre de licenciés stagne. Certes, l'accroissement est d'autant plus difficile que le niveau atteint est élevé ; de plus, la pratique de loisir concurrence de plus en plus le sport compétitif. Cependant, c'est aussi l'action de l'État qui a changé. Les politiques publiques du sport marquent le pas. Les tâches principales assurées aujourd'hui par les services déconcentrés relèvent principalement de la police administrative (sécurité et hygiène des installations et établissements, lutte contre le dopage...) et de la formation (brevets d'état, brevets professionnels…). Le Ministère gère autant l'argent des autres (FNDS, CNDS,…) que le sien propre. Pour les actions de terrain, les directions régionales et départementales, toujours détentrices de savoir-faire, se transforment en prestataires de service des conseils régionaux et généraux, voire en consultants techniques. L'époque est à la réduction des crédits, à la compression du personnel (menaces périodiques sur le corps des conseillers techniques sportifs) voire à l'aliénation du patrimoine (CREPS).

Dans ces conditions, il n'y a nul étonnement à voir disparaître certains services déconcentrés. Déjà une quinzaine d'entre eux ont été supprimés et suppléés dans leurs missions par des services internes de préfecture. Certes, cela ne concerne aujourd'hui que de petits départements, mais nul doute que le mouvement de suppression des directions départementales ou de regroupement au niveau régional est appelé à se poursuivre, de façon progressive car, en ce domaine, il peut être dangereux de vouloir brusquer les choses. Néanmoins la Révision Générale des Politiques Publiques pourrait être l'occasion de pousser les feux de l'évolution.

La réduction de l'action administrative sur le terrain est d'autant plus ressentie que les exigences des administrés augmentent. Les spécialistes de l'économie du sport expliquent, en effet, que nous sommes passés d'une "économie de l'offre" à une "économie de la demande". Dans les "trente glorieuses du sport", la pratique sportive était pour l'essentiel conditionnée par les disciplines que l'État et les institutions sportives (clubs, fédérations) proposaient au public dans un cadre organisé. L'État pouvait alors maîtriser le système en adaptant l'offre aux moyens dont il disposait et par là délimiter le service procuré au public. De nos jours, c'est le public qui exprime une demande de sport extrêmement diversifiée pour laquelle il exige une réponse de l'action publique. L'État a perdu la maîtrise de son action ; il est à la remorque d'une évolution qu'il s'efforce de suivre tant bien que mal. Les besoins croissent, les moyens stagnent. ; le budget ministériel du sport demeure aux environs de 0,12-0,14% du budget de l'État Le danger est alors celui de la dispersion, de la multiplication des actions, du saupoudrage qui, en définitive, compromettent la légitimité de l'action.

L'affaiblissement du sens du service public dans ce contexte s'accroît d'autant plus que la demande nouvelle résulte de choix individuels en termes de loisirs qu'il peut être discutable de prendre en compte au titre de l'intérêt général. La question mérite d'autant plus d'être posée que nombre de pratiques nouvelles sont le fruit d'équipementiers à des fins purement mercantiles. Le commerce crée le besoin que l'on demande ensuite à l'autorité publique de satisfaire. Que l'on est loin des sports inventés dans une préoccupation essentiellement éducative ! Dès lors on ne peut éviter de s'interroger :

toutes les pratiques sportives sont-elles équivalentes en termes d'intérêt général [16]? C'est là une question tabou ; la réponse appelle un tri sélectif, un choix difficile que l'administration se refuse à faire, se compliquant ainsi la tâche un peu plus. Certes, les collectivités territoriales ont pris en bien des domaines le relais de l'État. Quelques temps, on a cru voir dans ce transfert, une heureuse solution, satisfaisant tous les acteurs. Malheureusement les collectivités territoriales connaissent elles aussi des temps difficiles. La deuxième phase de décentralisation intervenue dans les années 2000 les a vues absorber de nouvelles compétences obligatoires extrêmement contraignantes au plan budgétaire (ports, aéroports, routes, transports, logements..). La conséquence immédiate en est la réduction des moyens affectés aux actions non obligatoires dont celles dans le domaine du sport.

Dans ce contexte difficile, seul le sport de haut-niveau tire son épingle du jeu. Certains considèrent même que si l'État se désengage du sport de masse, pris de plus en plus fréquemment en charge par les collectivités territoriales, c'est pour mieux recentrer son effort sur le sport d'élite. Ce n'est, à vrai dire, pas une nouveauté : dans l'entre deux guerres comme dans les débuts de la Vème République c'est lui qui a su justifier l'intérêt de l'État pour le sport. Il faut dire aussi qu'il est beaucoup plus gratifiant pour les décideurs. La course aux médailles est un sport universellement pratiqué par les États alors que l'on aurait pu penser que la représentation internationale devrait être l'affaire du mouvement sportif. Les avantages accordés à l'athlète de haut-niveau[17] qu'ils soient financiers (aides personnalisées, sortes de bourses d'État) ou professionnels (temps de préparation sportive, facilités pour les examens et concours..) donnent un coté "athlète d'État" à nos champions dans les disciplines où les athlètes ne peuvent vivre des revenus de leur activité. Tout se passe comme si le secteur du haut-niveau, objet de toutes les sollicitudes de l'État visant à le contrôler, se transformait peu à peu en un "service public retenu" par l'autorité centrale au détriment du secteur de la masse, "service public

---

[16] De façon triviale, on pourrait poser la question ainsi : au regard du service public doit-on traiter et encourager le kite-surf ou le hockey subaquatique au même titre que l'athlétisme ou la natation ?

[17] "Athlète de haut-niveau" est une notion juridique et non sportive ou sociologique ; cette qualité découle de l'inscription sur une liste ministérielle.

délaissé" au plan national, confié aux autorités périphériques l'érigeant en "service public territorial".

Néanmoins, quelle que soit sa légitimité en termes de service public, la politique suivie en matière de sport de haut-niveau est d'une grande efficacité et l'on ne doit pas méconnaître son incidence sur les résultats globaux très satisfaisants du sport français dans les compétitions internationales. Mais celle médaille-là aussi à son revers : elle conduit les décideurs publics à affirmer leur présence dans le sport de façon quelque peu voyante, ce qui devient très pénalisant dans le concert sportif international.

B- Pénalisant à l'international

Bien entendu, ainsi qu'il résulte des développements précédents, la pénalisation dont il s'agit ne concerne pas les résultats sportifs eux-mêmes. Bien au contraire : le niveau de ceux-ci est fortement soutenu par le système français. Il en va différemment de l'influence française dans le mouvement sportif international. Ce dernier est particulièrement jaloux de son indépendance et refuse catégoriquement, non sans quelque hypocrisie d'ailleurs, toute ingérence politique ; il n'entend pas que son autorité puisse être, de quelque manière que ce soit, concurrencée par la puissance publique. Peut-être même veut-il prouver que "le sport met l'État à son service et non le contraire"[18] ! Cette exigence est d'ailleurs la condition de sa prospérité car si les fédérations en venaient à se faire le porte-parole de leurs états, nul doute que les instances sportives internationales ne survivraient guère à la reproduction du modèle des relations publiques internationales dans le domaine du sport.

De ce point de vue, le système français est déjà perçu comme rebelle à l'autorité des fédérations internationales. Il conduit, en effet, à dénier toute force contraignante dans le cadre juridique interne à certaines décisions de fédérations internationales (telle une sanction disciplinaire de suspension d'un joueur). En effet, le système de la délégation de pouvoirs conduit à décider que seule une fédération délégataire est à même de rendre applicable une telle sanction dans

---

[18] Redeker R., Le sport levier de puissance imaginaire pour les États, Le Figaro, 9 juin 2006.

une compétition nationale. Dès lors, lorsqu'une fédération internationale suspend un athlète français, cette décision ne vaut que pour les compétitions internationales et il convient que la procédure soit reprise au niveau de la fédération française concernée pour que la décision internationale puisse être appliquée dans les compétitions françaises[19]. Alors que les autorités internationales considèrent que leurs décisions doivent s'appliquer sans considération de frontières, le droit français soumet l'hexagone à un régime spécifique, ce qui a, bien entendu, le don de froisser la susceptibilité des autorités du sport international.

Le fait que le système français ne soit pas soluble dans l'ordre juridique international du sport, perçu par les instances internationales comme un mauvais vouloir de la partie française, nourrit une certaine méfiance à l'égard de ses représentants lorsque ceux-ci apparaissent particulièrement liés à la puissance publique. Deux exemples récents nous semblent parfaitement illustrer l'état de ce contexte international.

Le premier est celui de l'attribution, le 6 juillet 2005 à Singapour, de l'organisation des Jeux Olympiques de 2012 pour laquelle le CIO préféra Londres à Paris, contrairement à tous les pronostics. L'explication officielle française mit en avant l'insuffisance de l'action de lobbying des responsables sportifs français voire le recours, par le futur vainqueur, à des méthodes discutables au plan déontologique. Cependant, quel que soit le bien fondé de cette analyse, il en est une autre, d'ailleurs parfaitement conciliable avec la première : elle réside dans l'omniprésence du politique dans l'équipe française de candidature qui n'a pu qu'être très

---

[19] C.E. 22 novembre 1976, Fédération Française de Cyclisme (Pingeon), Rec. Lebon p. 513.

Cette solution n'est plus applicable dans le domaine du dopage depuis la mise en application de la "Convention Internationale contre le dopage dans le sport" adoptée à l'unanimité par l'Assemblée Générale de l'Unesco le 19 octobre 2005 ; l'article 15 g de ce traité dispose en effet que les états parties "reconnaissent mutuellement les procédures de contrôle de dopage et les méthodes de gestion des résultats de toute organisation antidopage qui sont conformes au Code *(le Code Mondial Antidopage édicté par l'Agence Mondiale Antidopage)*, y compris les sanctions sportives qui en découlent". Il en résulte que les sanctions pour dopage prononcées par l'instance disciplinaire d'une fédération internationale (organisme purement privé) s'impose aux autorités administratives et juridictionnelles françaises. La solution contraire mentionnée au texte demeure valable pour les infractions disciplinaires sans rapport avec le dopage.

mal perçue par les membres du CIO. On évoquera, par exemple, le tapage politique du déplacement à Singapour, censé a priori être victorieux : plus de quarante personnes dont le chef de l'État, le Maire de Paris accompagné des présidents des six groupes politiques du Conseil de Paris et de nombreux collaborateurs et fonctionnaires de l'Hôtel de Ville. Une image illustre particulièrement la situation : celle de la délégation officielle française. Les quatre sièges du premier rang sont occupés par MM. Delanoë, Huchon, Lamour et Lagardère. Si l'on rappelle que J.F. Lamour occupe cette place es qualité de Ministre et non d'ancien champion olympique, la candidature de Paris apparaît comme celle de la politique et des affaires. Henri Sérandour, Président du Comité National Olympique et Sportif Français est au deuxième rang, les athlètes invisibles… Il est vrai que ceux qui ont été emmenés à Singapour –Marie-Josée Pérec, Laura Flessel, David Douillet, Laurent Blanc- sont là pour le décor : ils n'ont jamais participé à la préparation de la candidature. Dans le camp d'en face un homme écrase sa délégation : Sébastian Coë, immense champion d'athlétisme, épreuve reine des Jeux, deux fois champion olympique, plusieurs fois membre de commissions du CIO ; c'est lui qui porte à bout de bras la candidature de Londres ; il ne se privera pas, dans son discours de candidature, de souligner la présence de nombreux athlètes à ses cotés et le peu de responsables politiques. Certes, il ne faut pas être dupe. Le rôle des dirigeants politiques a également été déterminant dans le succès londonien, mais tandis que le Président Chirac serrait ostensiblement les mains lors de la cérémonie d'ouverture de la session du CIO, Tony Blair s'enfermait dans sa suite hôtelière où il recevait discrètement une quarantaine de votants bien ciblés. "Les français n'ont pas compris ce qu'est le CIO" conclut quelques temps après Henry Kissinger.

Le deuxième exemple est à nouveau tiré d'un échec : celui de la candidature de Jean-François Lamour à la Présidence de l'Agence Mondiale Antidopage (AMA), organisme de droit privé composé et financé à parts égales par le mouvement sportif (CIO, fédérations internationales) et les États représentés à l'ONU. En conséquence de cette parité, ses statuts ont prévu un système de présidence tournante entre mouvement sportif et états. Pour succéder au canadien Dick Pound, Vice-Président du CIO, arrivé en fin de mandat, un consensus semblait avoir été réalisé autour de la candidature de Jean-François Lamour qui, dans cette perspective avait, dans un premier temps, été porté à la Vice-Présidence. Las, quelque temps avant l'élection, les représentants des pays anglo-saxons parvinrent à faire capoter sa candidature au profit d'un ancien ministre australien. Pourtant, le rôle prépondérant de la France dans la création de l'AMA, le glorieux passé sportif et l'engagement dans la lutte anti-dopage de Jean-François Lamour faisaient, semble-t-il, de celui-ci le candidat idéal. Son échec pourrait sembler inexplicable, sauf à considérer que le monde du sport et les pays anglo-saxons ne souhaitaient pas confier la direction de l'AMA à un Président personnifiant l'intervention de l'État dans le domaine du sport.

La répétition de ces échecs n'est pas pure coïncidence : à tort ou à raison, l'image de la France dans le monde du sport est celle d'un pays où le mouvement sportif est, par trop lié à l'État ; on peut ainsi considérer que le vrai reproche fait à ce lien, plutôt que son étroitesse, est d'être excessivement voyant.

***

Notre conclusion n'est pas que l'action publique doive délaisser le sport. Le sport mérite et a besoin de l'investissement de l'État et des collectivités territoriales. En retour, l'intérêt général en retire un profit indéniable ; on doit au service public du sport de fortes et indéniables avancées. Pour autant, défendre le service public du sport n'est pas se contenter d'une lente évolution qui le laisse progressivement se transformer en un agrégat indéterminé lui faisant perdre toute légitimité. Ce serait le mener lentement mais sûrement à sa ruine. Il doit être repensé en apportant des réponses claires à des questions simples : qui ? quoi ? qui fait quoi ? L'action publique en sport doit être sélective : tout n'est pas service public. L'action doit être forte dans les domaines retenus. Les compétences des intervenants doivent être précisément délimitées pour éviter les empilages et chevauchements. Enfin l'État doit être humble dans son action ce qui ne veut pas dire timide. Une telle remise en cause nous semble indispensable si l'on souhaite que perdure le service public français du sport.

Nice, décembre 2007

PEUT-ON ABANDONNER L' "ECONOMIE DES MOYENS" ? L'ARTICLE L. 600-4-1 DU CODE DE L'URBANISME

par

René CRISTINI
Professeur émérite de l'Université de Nice - Sophia Antipolis
Doyen honoraire de la Faculté de Droit, des Sciences Politiques, Economiques et de Gestion

Le contentieux administratif que l'on pourrait qualifier de "général" ou de "droit commun" se trouve aujourd'hui mis en cause notamment par l'apparition et le développement de contentieux spécialisés obéissant à des règles spécifiques. Le contentieux des étrangers comme le contentieux de l'urbanisme en constituent des exemples manifestes. Sur un plan théorique la question est depuis longtemps posée de savoir si le "droit de l'urbanisme" constitue une branche autonome du droit ou ne constitue qu'une des facette du droit administratif général (V. par ex. *S. TABEY ; Réflexions sur l'existence d'un droit administratif de l'urbanisme, Thèse, Poitiers, 2003*). Le problème semble tranché. Le Conseil d'Etat a rédigé un rapport consacré à "*L'urbanisme : pour un droit plus efficace*" (Rapport. CE, Doc. Fr. 1992) et ce droit possède son propre Code (encore qu'il reste vrai que les "règles d'urbanisme" peuvent se trouver dans d'autres sources du droit). Se pose alors une deuxième question celle de déterminer s'il existe un "contentieux administratif de l'urbanisme" spécifique qui pourrait se détacher du contentieux administratif "général". La réponse à apporter doit être plus nuancée tant il est vrai que les choses sont ici inextricablement mêlées et qu'un constat aujourd'hui fait n'est pas assuré de la pérennité (*V. F. Nicoud, Du contentieux administratif de l'urbanisme - Exemplarité et singularité,*

Thèse, Nice, 2005). En effet, il est fréquent qu'une solution jurisprudentielle adoptée dans telle ou telle branche du droit soit ensuite généralisée. A cet égard le droit de l'urbanisme a parfois joué ce rôle de précurseur et des solutions qui lui étaient propres ont été étendues à d'autres branches du droit. Pour l'instant, le législateur est intervenu à de multiples reprises pour essayer de résoudre certains problèmes résultant des traits spécifiques de ce droit et les solutions ainsi adoptées n'ont pas reçu d'extensions notables. Tel est le cadre dans lequel s'inscrit l'article L. 600-4-1 du code de l'urbanisme qui se traduit par l'abandon en la matière de "l'économie des moyens" qui remonte pourtant aux origines de la jurisprudence administrative.

Très classiquement, le juge administratif saisi d'un recours pour excès de pouvoir n'examine pas toujours tous les moyens soulevés par le requérant. Il le fait lorsqu'il rejette le recours : un tel rejet ne peut être adopté que si aucun des moyens invoqués n'est de nature à conduire à l'annulation de l'acte contesté. Lorsque, au contraire, le juge donne satisfaction au requérant, il le fait si parmi les moyens invoqués il en trouve un qui conduit à l'annulation de l'acte attaqué, il prononce celle-ci " sans qu'il soit besoin d'examiner les autres moyens de la requête". De façon très générale le juge choisit le moyen le plus évident qui permet de trancher le litige dont il est saisi. Le procédé n'est pas sans intérêt devant une juridiction dont l'efficacité est toujours menacée par son encombrement (même si les procédures d'urgence ont, ces dernières années, atténué les inconvénients qui pouvaient en résulter pour les justiciables). A priori cette solution paraît satisfaisante : le requérant qui sollicitait l'annulation l'a obtenue sans que le juge ait a effectuer un travail supplémentaire pour examiner tous les arguments produits devant lui. En réalité, comme toujours, les choses sont beaucoup plus complexes et cette technique juridictionnelle présente des inconvénients notables aussi bien pour l'administration censurée que pour le justiciable qui a obtenu satisfaction.

L'administration est tenue de tirer toutes les conséquences de la décision d'annulation qui a fait, en principe rétroactivement, disparaître l'acte contesté avec succès de l'ordonnancement juridique. Il peut ainsi être créé un vide juridique auquel elle sera amenée à remédier ou elle peut également souhaiter reprendre l'acte initial que le juge a fait disparaître. Dans ces deux cas de figure, elle doit bien sûr éviter de reproduire le vice qui a conduit à l'annulation de l'acte, mais ceci fait elle n'est pas pour autant assurée de sa légalité. Il se peut que celle – ci puisse être contestée en se fondant sur un des moyens soulevé déjà par le requérant mais que le juge n'a pas cru utile d'examiner voire sur d'autres moyens qui n'auraient pas été soulevé lors du premier recours.

L'administré a certes obtenu satisfaction : l'acte qu'il contestait est annulé, mais, comme l'administration il peut se trouver dans l'incertitude. Il ignore en effet si l'acte annulé ne pourra pas être repris par l'administration purgé, cette fois, du vice qui l'affectait. Il lui est impossible de savoir de façon assurée si un ou plusieurs des moyens qu'il avait initialement invoqués et qui n'ont pas été examinés par le juge, ont quelque chance de le convaincre. Si l'administration persiste il sera obligé de faire un second recours en reprenant, le cas échéant, des moyens déjà soulevés une première fois. S'il obtient satisfaction dans ce cas de figure, l'obligation qui lui a été faite d'intenter deux recours paraît choquante, sans imaginer les hypothèses possibles ou un troisième recours serait nécessaire.

Le problème posé apparaît de façon flagrante lorsqu'une décision administrative unilatérale faisant grief est annulée pour incompétence, un vice de forme ou un vice de procédure. Dans une telle hypothèse ni l'administration ni le requérant victorieux ne savent si la mesure contestée était ou non fondée, si elle ne recélait pas une violation de la loi ou ne dissimulait pas un détournement de pouvoir. Si elle est reprise en respectant cette fois les formes et les règles de procédure, seule une nouvelle saisine du juge pourra trancher.

Pour éviter ces recours successifs et pour permettre à l'administration de connaître elle aussi le champ de ses obligations et au requérant la limite de ses moyens, l'article L. 600-4-1 décide que "*Lorsqu'elle annule pour excès de pouvoir un acte intervenu en matière d'urbanisme ou en ordonne la suspension, la juridiction administrative se prononce sur l'ensemble des moyens de la requête qu'elle estime susceptibles de fonder l'annulation ou la suspension, en l'état du dossier*". L'idée n'est pas nouvelle et elle avait déjà été présentée, en vain, par voie d'amendement. Elle est reprise et imposée par la loi Solidarité et renouvellement urbains du 13 décembre 2000.

L'idée et le texte qui l'introduit dans l'ordonnancement juridique paraissent à première vus satisfaisants et même salubres. Le juge doit statuer sur toute requête dont il est saisi. Il semble logique ou normal qu'il statue pleinement en examinant tous les moyens soulevés devant lui. Ce faisant il remplit simplement son office. Il évite ainsi au requérant comme à l'administration d'être dans une situation d'incertitude et prévient par la même des recours ultérieurs. La cause parait entendue. Pourtant cette disposition novatrice ne convainc pas pleinement. Elle présente à son tour de sérieux inconvénients et, comme toute règle, elle donne lieu à quelques difficultés de mise en œuvre.

I – UNE SOLUTION CONTESTABLE

Le texte adopté par lé législateur procède des meilleures intentions. Il a pourtant fait l'objet de critiques, ce qui est inévitable, dont certaines sont peut être de nature à entraîner la conviction.

Le contentieux de l'urbanisme se caractérise notamment par le fait que les requérants accumulent les moyens tant ce droit est complexe et tant les enjeux en sont parfois très prégnants. Le juge, déjà surchargé par ailleurs, risque d'être débordé ou noyé par ce flux du fait de l'obligation qui lui est désormais faite de répondre à tous les moyens. Les efforts déployés depuis longtemps au sein des tribunaux administratifs et des cours administratives d'appel et les réformes multiples faites dans le dessein de maîtriser l'explosion du contentieux administratifs risquent d'être remis en cause. Ces inconvénients ne sont pas sans conséquences et renforcent sans doute la tendance qui prévaut par ailleurs d'étendre le champ des litiges sur lesquels il peut être statué à juge unique, tendance qui ne marque pas un progrès du droit. La qualité, remarquable, des décisions du juge administratif risque également d'en souffrir.

Ce surcroît de travail auquel les juges administratifs sont condamnés est d'autant plus méritoire à assumer que, comme le note madame Mehl-Schouder dans sont commentaire sur l'article L. 600-4-1, "*L'effectivité de cette réforme doit par ailleurs être elle-même relativisée en raison de l'absence de réelle possibilité de sanction de la méconnaissance des dispositions de l'article L. 600-4-1. On peut ainsi, par exemple, remarquer que certaines parties à l'instance ne devraient pas pouvoir contester l'appréciation du juge qui a estimé, en l'état du dossier, ne devoir retenir qu'un seul moyen d'annulation.*

Il paraît en effet inconcevable de permettre à l'auteur de l'acte, par la voie de l'appel, de se plaindre de ce que le tribunal n'a pas assez censuré sa décision, en d'autres termes d'arguer du fait qu'un moyen soulevé, qui aurait dû conduire à l'annulation de l'acte attaqué, aurait été omis. Le demandeur qui aura obtenu satisfaction (par l'annulation ou la suspension de l'acte intervenu en matière d'urbanisme) ne sera pas davantage autorisé à interjeter appel d'un jugement qui n'aurait pas fait application de cette disposition puisque l'intérêt à agir en appel s'apprécie au regard du dispositif et non des motifs (CAA Bordeaux, 17 juill. 2000, Min. trav. aff. soc. : req. no 97BX00608 et no 97BX00946). De manière symétrique lorsque le premier juge retient plusieurs motifs pour fonder sa décision, et que l'un (au moins) est fondé, le juge d'appel confirmera l'annulation puisque le dispositif était parfaitement justifié par les motifs qui n'étaient pas surabondants. Il convient toutefois de noter que, lorsque la pluralité des motifs du juge du fond découle de l'obligation qui lui est faite de se prononcer sur l'ensemble des moyens susceptibles de fonder l'annulation, le juge de cassation, alors même qu'il rejette le pourvoi, censure celui ou ceux des motifs erronés" (C. urb. Dalloz, 16° édition, commentaire sous l'article L. 600-4-1, p. 845).

En outre, il n'est pas encore avéré que législateur soit parvenu à ses fins et ait réussi à renforcer la sécurité juridique qui constituait son objectif.

Le juge certes doit bien examiner tous les moyens dont il est saisi mais il ne peut le faire que sur la base des éléments qui lui sont fournis et que ne sont pas nécessairement pertinents. Le requérant, aussi soucieux soit-il d'obtenir l'annulation de la mesure qu'il conteste, n'a peut être pas invoqué tous les moyens possibles et a pu omettre celui qui aurait été opérant. Dans cette hypothèse l'examen multiple auquel se livre le juge n'apporte de réponse définitive ni au requérant ni à l'administration. Ne pouvant statuer "ultra petita", le juge n'examine que les moyens dont il est saisi et, sauf moyen d'ordre public, ne peut soulever un moyen qui s'avérerait efficace mais qui aurait été omis par les parties. Un second procès sera donc peut être nécessaire si la mesure est reprise par l'administration.

De toute façon, il n'a pas paru raisonnable d'imposer à la juridiction d'effectuer une recherche approfondie sur chacun des moyens invoqués et, notamment, de prescrire de multiples mesures d'instruction. Le législateur a bien vu le danger d'une surcharge de travail qui pouvait, au demeurant, s'avérer vaine. Aussi a-t-il sagement décidé que l'examen de chaque moyen ne devait être effectué qu'"*en l'état du dossier*". L'expérience montre qu'en notre domaine, mais il ne possède pas d'exclusivité sur ce point, les arguments invoqués à toutes fins utiles ou en désespoir de cause ne sont pas toujours très argumentés ni étayés par des analyses approfondies ou des documents probants. Si dans certains cas le juge n'aura pas de véritable doute sur leur portée réelle, dans d'autres il ne pourra se fier qu'à une première analyse par définition superficielle faute pour le dossier d'être suffisamment nourri. Il est donc tout à fait possible théoriquement et sans doute aussi en pratique qu'un moyen écarté par le juge en l'état du dossier soit susceptible de prospérer s'il est repris contre l'acte identique adopté par l'administration à la suite d'une première annulation. C'est que le juge ne statuant qu'en "l'état du dossier" ne sera donc pas lié si cet état évolue : une instruction menée après un autre recours pourrait l'amener à prendre, sur tel ou tel moyen, une position différente de celle qu'il avait initialement adoptée sur la base des informations, parfois limitées, que lui fournissait alors les pièces produites. La situation n'est alors guère différente de celle qui existerait si le juge avait statué "*sans qu'il soit besoin d'examiner les autres moyens de la requête*". La saisine d'un juge "mieux informé" peut s'avérer fructueuse même si l'argumentation au fond n'a pas changé mais se trouve simplement mieux utilisée et construite sur des assises plus solides. Le refus d'annulation à son tour et pour les mêmes raisons n'offre à l'administration aucune garantie sur la légalité de son acte (V. D. Labetoulle, La réforme du droit de l'urbanisme à mi-parcours, Les rapports du Sénat, 2000-2001, n° 18).

Le Conseil d'Etat a décidé que les juges pouvaient ne fournir qu'une indication elliptique sur l'examen des différents moyens en décidant de façon globale "*qu'aucun autre moyen n'est susceptible en l'état du dossier, de fonder l'annulation de la décision attaquée*" (*CE 4 févr. 2002, SARL Constructions Transactions Mauro, Constr.-Urb. 2002, p. 154, note P. Cornille, Et. foncières, n° 96/2002, p. 41, obs. J.-P. Demouveaux, BJDU n° 1/2002, p. 21, concl. S. Boissard, RFD adm. 2002. 452 ; CE 7 mai 2003, Cne d'Esparron-de-Verdon, req. n° 248431AJDA 2003. 1520, BJDU n° 4/2003, p. 292, concl. M. Guyomar, JCP, éd. A, 2003, n° 2094, p. 1614, note P. Billet* : arrêt rendu en matière de référé il est vrai). Dans ce cas de figure l'examen de tous les moyens de la requête ne fournit au requérant ou à l'administration aucune information utile sur les moyens écartés "en l'état du dossier" et la disposition ici étudiée n'apporte rien de plus que le droit antérieur. Certaines Cours administratives d'appel s'efforcent cependant d'être plus explicites (CAA Douai, 25 avr. 2002, Cne d'Ambrumesnil, req. n° 99 DA 20234).

En toute hypothèse, cette disposition destinée à éviter des contentieux ultérieurs ne prend pas en compte, ce qu'elle ne pouvait faire, l'évolution des circonstances de fait et de droit qui rendent en partie illusoire la sécurité juridique qu'apporte le constat par le juge de la légalité ou de l'illégalité d'une décision. Rien ne permet de se prononcer à l'avance sur le sort de la mesure reprise par l'administration, purgée de ses vices, après une annulation compte tenu de l'instabilité juridique qui caractérise souvent le droit de l'urbanisme.

La technique introduite par la loi devait amener le juge à se prononcer sur la plupart des griefs pouvant être articulés contre un acte administratif, à dresser une sorte de "bilan" de la légalité ou de l'illégalité de cet acte. Comme le souligne Mme Mehl-Schouder elle s'apparente à la technique de l'avis préalable (Code de l'urbanisme Dalloz, préc.) Tel n'est pas le résultat obtenu. Selon certains auteurs, la solution adoptée a pour principal défaut de mêler pouvoir consultatif et fonction juridictionnelle. La solution au problème posé pourrait résulter d'un développement du premier, ce qui ne manquerait pas de soulever d'autres problèmes et d'autres critiques. Ce qui et sûr c'est qu'il ne faciliterait pas la tache d'une juridiction en proie aux difficultés du traitement de tous les dossiers dont elle est saisie.

Nécessaire adaptation aux particularités de la matière ou sophistication inutile, de telles dispositions "originales" aboutissent à créer des contentieux diversifiés et à nuire à l'unité et à la lisibilité de la matière.

II – UNE MISE EN ŒUVRE COMPLEXE

Comme il arrive souvent, les textes qui sont adoptés pour apporter à leurs destinataires un surcroît de sécurité ou de garanties se révèlent compliqués et soulèvent des difficultés d'interprétation. Il convient alors de dresser un "bilan" de leurs avantages et inconvénients pour déterminer qui l'emporte de leur utilité ou de leur nocivité. La disposition ici étudiée n'échappe pas à cette analyse.

Elle soulève une première série de commentaires qui tiennent à la délimitation de son champ d'application. Il s'agit là d'une donnée normale, attachée à toute règle de droit, et qui au surplus est propre à la matière considérée. Il est donc difficile d'en tirer un enseignement sinon pour souligner que si l'économie des moyens devait être supprimée, il conviendrait qu'elle le soit de façon générale et absolue ou de façon particulière précise pour éviter que ne se créent des frontières floues au détriment bien sûr du justiciable potentiel.

Une seconde série de remarques tient à la portée d'une telle mesure qui s'avère variable selon la nature du recours exercé. Cette remarque est elle susceptible d'avoir une portée plus vaste pour une réforme à venir, si l'économie de moyen venait à être abandonnée.

A- Le champ d'application de l'article L. 600-4-1

Le champ d'application de l'article L. 600-4-1 du code de l'urbanisme semble avoir été définit par la loi de façon tout à fait satisfaisante. Ce texte ne concerne, mais c'est là une évidence, que le recours pour excès de pouvoir et vise en effet l'annulation ou la suspension d'"*un acte intervenu en matière d'urbanisme*". Le critère utilisé par la loi semble clair et opérationnel.

Ce critère ouvre un vaste champ d'application et, sans qu'il soit besoin d'argumenter ou de consulter la jurisprudence, il concerne les différents permis (de lotir, de construire et de démolir) ou la déclaration préalable qui, dans les cas les plus simples, est substituée aux permis. Sont également inclus à l'évidence tous les actes par lesquels sont approuvés les documents de planification urbaine (SCOT ; PLU et Cartes communales), la délimitation des zones de préemption et les décisions concernant l'exercice de ce droit... de façon encore plus globale il concerne toutes les décisions, positives ou négatives, intervenues en matière d'urbanisme. Un survol rapide des décisions rendues confirme cette première vision. Ont été jugés comme des actes intervenus en matière d'urbanisme les permis de construire, mais aussi un arrêté interruptif des travaux, un certificat d'urbanisme, la délibération d'un conseil général délimitant des zones de préemption à l'intérieur de ses espaces naturels sensibles, la délibération d'un conseil municipal créant un droit de préemption urbain "renforcé". De façon simplifiée on peut dire que sont concernés tous les actes régis par le code de l'urbanisme remplissant bien sûr les conditions de recevabilité du recours pour excès de pouvoir. Mais il ne s'agit là sans doute que d'une approximation. On sait qu'il existe des règles d'urbanisme et des actes d'urbanisme hors du code éponyme. Un commissaire du gouvernement a essayé de proposer une analyse globale, mais celle-ci pose le problème bien plus qu'elle ne le résout. En effet, traitant de ce thème E. Glazer estime que la formule de l'article L. 600-4-1 englobe "*l'ensemble des décision; réglementaires ou non réglementaires prises sur le fondement de textes, codifiés ou non, qui constituent des textes relatifs à l'urbanisme proprement di*t" (concl. E. Glazer sur CE, 10 oct. 2003, Cne de Soisy-sous-Montmorency, Sté anonyme pour l'aide à l'accession à la propriété des locataires, req. n° 242373 : BJDU n° 6-2003). Reste à déterminer quels sont ces textes"*relatifs à l'urbanisme proprement dit*" situés hors code. On peut penser à la législation sur les sites, sur l'eau, sur l'accueil des gens du voyage qui nécessite des aires d'accueil et donc influe sur le contenu de la planification locale. La jurisprudence n'a pas encore tranché tous les cas de figure envisageables. On peut cependant déjà citer deux exemples qui ne vont peut-être pas dans le même sens.

En premier lieu, le Conseil d'Etat a décidé que la déclaration d'utilité publique qui emporte modification d'un Plan d'occupation des sols n'est pas concernée par cette disposition ce qui manifeste clairement une volonté de ne pas étendre à l'excès le champ d'application de l'article L. 600-4-1(CE, 17 mai 2002, Ass. Préservons l'avenir à Ours, Mons, Thaulac : RD imm. 2002, p. 314, obs. F. Donnat; DAUH n° 7-2003 p. 478). L'analyse est pourtant critiquable dans la mesure où la loi a en réalité eu pour objet de fondre en une seule les deux enquêtes publiques exigibles pour chacune des opérations envisagées (expropriation et modification du POS). On ne voit pas en quoi la fusion des procédures peut changer la nature d'un des deux actes en cause : la modification d'un document d'urbanisme reste, selon nous, "*un acte intervenu en matière d'urbanisme*".

En second lieu, l'interprétation de l'article R. 600-1 ancien qui visait les recours contre "un document d'urbanisme" a suscité une jurisprudence qui, en son temps, a fait l'objet d'une vive controverse. Le Conseil d'Etat a en effet été d'avis que les plans de prévention des risques naturels prévisibles étaient des documents d'urbanisme accordant ainsi largement cette qualification, bien au-delà de ce que contient le Code de l'urbanisme (*CE, avis, 3 déc. 2001, SCI des 2 et 4, rue de la Poissonnerie, n° 236910, JO 24 janv. 2002, p. 1639, Bull. CPU, févr. 2002, p. 31, RFD adm. 2002. 982, AJDA 2002.177, note H. Jacquot, BJDU n° 1-2002, p. 54, concl. contraires P. Fombeur, Constr.-Urb., mars 2002, p. 17, obs. P. Benoit-Cattin RFD adm. 2002. 982, note Chauvin, Mon. TP 8 févr. 2002, p. 77, Rev. env. 2002, n° 2, p. 20, obs. Benoit, RD imm. 2002.267, note Derepas et36, chron. Durry JCP 2002. IV. 1960, Rev. jur. env. n° 4-2002, p. 630, obs. Drobenko*). Depuis le Conseil d'Etat semble revenir à une conception plus restrictive et considère que les chartes des parcs naturels régionaux qui n'ont pas pour "objet principal" de déterminer les prévisions et les règles touchant à l'affectation et à l'occupation des sols, outre le fait qu'elles ne sont pas opposables aux demandes d'autorisations d'occupation ou d'utilisation des sols, ne sont pas des documents d'urbanisme (*CE 27 févr. 2004, Centre régional de la propriété foncière de Lorraine-Alsace n° 198124, RD imm. 2004.219, chron. P. Soler-Couteau et A. Robineau, AJDA 2004.1256, note J.-Ph. Brouant et Y. Jégouzo, BJDU n° 3-2004, p. 238, chron. B. Phémolant et M. Raunet, DAUH n° 9-2005, p. 580, Constr.-Urb. 2004, n° 84, p. 580, note P. Benoit-Cattin*). Enfin, dans un avis plus récent il estime que sont des documents d'urbanisme au sens de l'article R. 600-1, les "*documents qui, élaborés à l'initiative d'une collectivité publique, ont pour objet principal de déterminer les prévisions et les règles, opposables aux personnes publiques ou privées, touchant à l'affectation et à l'occupation des sols*" (*CE, 26 oct. 2005, Association Défendre la qualité de la vie du Plan d'Aups-Sainte-Baume, req. n° 281877 : RD imm. n° 6/2005, p. 470, chron. P. Soler-Couteaux ; AJDA n° 38-2005, p. 2092 et n° 2-2006, p. 105, note J.-M. Pontier ; RFD adm. n° 6-2005, p. 1226 ; BJDU n° 6-2005, p. 443, concl. Y. Aguila, obs. J.-C. B ; JCP A 2005, n° 49, p. 1805 ; Constr.-Urb. n° 11/2005, comm. Rouault, n° 249, p. 27 ; Bull. CPU n°*

2006-2, p. 20). Cette jurisprudence n'a plus aujourd'hui qu'un intérêt historique, la disposition en cause ayant été modifiée pour exclure de son champ d'application les documents d'urbanisme. Elle montre néanmoins que sur des textes clairs des notions comme celles qui sont analysées ici peuvent susciter des hésitations de la part de la juridiction suprême.

Il convient enfin de souligner sur ce point que l'article L. 600-4-1 ne vise que les décisions juridictionnelles d'annulation ou de suspension. Il en résulte qu'il n'est pas applicable au recours dirigé contre une décision d'urbanisme négative. Telle est du moins la pratique de certains tribunaux administratifs qui dans ce cas de figurent utilisent le système de l'économie de moyen et qui ne sont pas désavoués par le Conseil d'Etat (*CE 23 sept. 2005, Cne de Saint-Vallier-sur-Rhône c/ Sté Saria Industries,req. n°s 276772 et 79039, BJDU n° 1-2006, p. 29, concl. P. Collin, obs. J.-C. B.*).

Au-delà de l'interprétation des critères utilisés par la loi, l'article L.600-4-1 a suscité deux jurisprudences d'inégale importance relatives à son champ d'application.

En premier lieu, l'objectif du législateur a été d'éviter qu'un requérant ait à former deux recours contre deux décisions successives de l'administration faute pour le juge d'avoir examiné tous les moyens invoqués en annulant la première. Le juge en déduit que l'article L. 600-4-1 n'est pas applicable lorsque le motif de l'annulation d'"*un acte intervenu en matière d'urbanisme*" interdit à l'administration de reprendre cet acte. Il en va ainsi, par exemple, lorsque l'annulation d'un permis de construire se fonde sur l'inconstructibilité du terrain ce qui fait obstacle à toute délivrance d'une nouvelle autorisation. Dans une telle hypothèse, la Cour administrative d'appel de Paris annule le permis initial sans examiner tous les moyens de la requête (*CA A Paris, 20 déc. 2001, Mme Anne-Marie Martin c/ Cne de Saint-Cloud : BJDU n° 2/2002, p. 155; RFD adm. 2002, p. 847; DAUH n° 7-2003 p. 478*). La même analyse conduit à l'annulation d'un permis modificatif accordé alors que le permis initial était frappé de péremption. Il est ici encore inutile d'examiner tous les moyens de la requête.

En second lieu, bien que le Code de l'urbanisme ne soit pas applicable en Nouvelle Calédonie, la Cour administrative d'appel de Paris est tenue d'appliquer l'article L. 600-4-1 à tous les litiges dont elle est saisie portant sur des actes intervenus en matière d'urbanisme quand bien même elle statuerait sur un jugement relatif à une autorisation de construire délivrée sur ce territoire (CAA Paris, 25 juin 2002, Assoc. des riverains de la rue Barrau, req. n° 01PA04260 : *RFDA 2002. 1167*).

Si le champ d'application de l'article L. 600-4-1 ne soulève en définitive que quelques difficultés, sa mise en œuvre connaît des modalités variables dont certaines peuvent remettre en cause son utilité.

B- Les modalités variables de mise en œuvre de l'article L. 600-4-1

Les modalités de mise en œuvre de l'article L. 600-4-1 varient selon que la juridiction saisie statue en première instance, en appel ou en cassation. Une place particulière doit être faite au référé. Chacune de ses instances possède ses caractéristiques propres et l'office qu'y remplit le juge n'est pas le même. Des applications diversifiées sont donc pratiquées.

Référé. La loi précise expressément qu'elle s'applique aussi bien aux recours pour excès de pouvoir qu'aux demandes de "*suspension*" par la voie du référé. Il existe une parenté entre la disposition ici examinée et le référé suspension. Dans les deux cas, en effet, le juge statue "en l'état du dossier". Les inconvénients qui en résultent sont donc communs au texte et à la procédure d'urgence. Dans les deux cas, le juge n'est pas lié par sa décision et peut y revenir même si ce n'est pas du tout dans les mêmes conditions (notamment, la décision prise sur l'a base de l'article L. 600-4-1 n'a pas le caractère provisoire qui est le propre des mesures prises par le juge des référés).

Dans le "droit commun" de la procédure administrative contentieuse, le juge peut ordonner la suspension de la mesure contestée "*lorsque l'urgence le justifie et qu'il est fait état d'un moyen propre à créer, en l'état de l'instruction, un doute sérieux quant à la légalité de la décision*". La loi SRU du 13 décembre 2000 apporte une exception à cette disposition : alors que la suspension de droit commun impose seulement que le juge utilise un moyen propre à faire douter de la légalité de l'acte attaqué, cette loi lui impose de traiter tous les moyens qui peuvent conduire à l'annulation de l'acte attaqué.

Par ailleurs, l'article L. 600-4-1 a été édicté pour que l'administré, comme l'administration, soient mieux informés sur la légalité de la décision contestée. L'examen auquel se livre le juge des référés, urgence oblige, n'aboutit pas nécessairement à ce résultat. En effet, si le juge des référés retient un ou plusieurs moyens, il doit être regardé comme ayant implicitement mais nécessairement écarté, après examen, l'ensemble des autres moyens invoqués devant lui sur lesquels il ne s'est pas expressément prononcé. Il a ce faisant nécessairement "*estimé que l'ensemble des autres moyens soulevés devant lui n'étaient pas de nature à créer un doute sérieux quant a la légalité du permis de construire contesté*" (*CE, 7 mai 2003, Cne d'Esparron-de-Verdon, req. n° 248431 : AJDA n° 28-2003, p. 1520; BIDU n° 4-2003, p. 292, concl. M. Guyomar ; JCP A 2003, n° 2094, p. 1614, note P. Billet*). Dans ce cas de figure, l'article L. 600-4-1 ne remplit pas son office.

Saisi en cassation d'un pourvoi dirigé contre une ordonnance rendue par le juge des référés, le Conseil d'Etat a d'abord jugé que l'article L. 600-4-1 ne modifiait en rien l'office du juge de cassation. Il a du depuis infléchir sa jurisprudence et mettre en œuvre cette disposition (ce point sera repris infra avec le recours en cassation).

Première instance - C'est en première instance que la règle produit son plein effet et n'entraîne pas de difficultés supplémentaires, sauf l'extension de la tache du juge. Le tribunal administratif qui annule une décision d'urbanisme doit examiner tous les moyens de la requête susceptibles de fonder l'annulation, en l'état du dossier.

Il convient alors de souligner que c'est là l'essentiel. On sait que peu de jugements font l'objet d'un appel et que cette voie de recours conduit dans l'immense majorité des cas à la confirmation de la décision des premiers juges. La cassation est plus exceptionnelle encore. Statistiquement, la majeure partie des litiges est donc définitivement tranchée par un Tribunal administratif.

Le juge de première instance, qu'il rejette la requête ou qu'il en admette le bien fondé doit donc statuer sur tous les moyens invoqués et peut donc déceler dans l'acte qui lui est soumis plusieurs illégalités sur la base desquelles il en prononce l'annulation.

Appel - L'article L. 600-4-1 s'impose naturellement à la juridiction d'appel. Les règles qui régissent cette voie de recours doivent donc se combiner avec lui. Les solutions retenues s'avèrent relativement complexe. Sans entrer dans le détail de ces solutions, il suffit ici de souligner que dans certaines hypothèses l'abandon de la technique de l'économie de moyen ne se traduit par un progrès notable et ne renforce en rien ni l'information des parties, ni la sécurité juridique. Ainsi, par exemple, si une cour administrative d'appel est saisie d'un jugement qui annule une décision intervenue en matière d'urbanisme en se fondant sur plusieurs moyens, elle et tenue de "*se prononcer sur le bien-fondé de tous les moyens d'annulation retenus au soutien de leur décision par les premiers juges*" et "*apprécier si l'un au moins de ces moyens justifie la décision d'annulation*". Dans cette dernière hypothèse, "*le juge d'appel n'a pas à examiner les autres moyens de première instance*". *CE, 28 mai 2001, Cne de Bohars, req. n° 218314: Rec. CE, p. 249; RD imm. n° 4/2001, p. 405, obs. L. Derepas).* De façon aussi flagrante, lorsqu'une Cour administrative d'appel substitue un moyen d'annulation à celui qui a été retenu par le juge de première instance, elle doit par principe examiner les autres moyens mais peut les rejeter de façon globale en constatant "*qu'aucun de ces moyens ne paraît, en l'état du dossier, susceptible de fonder l'annulation du permis de construire litigieux*" (*CAA Paris, 27 mars 2001, Cne de Noisy-le-Roi c/ M. et Mme Benkimoune, req. n° 00PA2764 et 00PA2875 : BJDU n° 3-2001, p. 165 concl. N. Massias*). Ici encore, il est impossible pour le requérant comme pour l'administration d'être utilement informé sur la portée exacte de moyens pourtant invoqués.

Pourvoi en cassation - Dans un premier temps, le Conseil d'Etat jugeait que les dispositions de l'article L 600-4-1 ne modifiaient pas l'office du juge de cassation (*CE 3 oct. 2003, Cne de Fosseuse, req. n° 236169, DAUH n° 8-2004, p. 706 ; CE 20 déc. 2002, Cne de Talloire et SARL Semnoz Immobilier et a., req. n° 237392 et 237397, Bull. CPU mai 2003, p. 26, DAUH n° 7-2003, p. 479, AJDA 2003.111, obs. C. Biget, Constr.-Urb. 2003. 86, obs. Benoit Cattin, RFD adm. 2003. 203*). L'incidence de la réforme était donc nulle. Cette solution avait l'inconvénient majeur de laisser le cas échéant subsister des moyens non fondés, ignorés par le juge de cassation, et qui restaient donc revêtus de l'autorité de la chose jugée. La Haute juridiction est revenue sur cette première attitude et la prise en compte de la réforme l'a amenée à faire une distinction. En premier lieu, si un pourvoi en cassation est formé contre une décision qui repose sur plusieurs motifs, si l'un d'entre eux se révèle erroné, le pourvoi doit être accueilli sans que le juge de cassation ait à rechercher si le juge du fond aurait pris la même décision en se fondant sur un autre motif. En second lieu, lorsque l'acte a été annulé par les juges du fond, si l'un quelconque des moyens retenus par celui-ci justifie sa décision, le juge de cassation rejette le pourvoi mais après avoir, ici encore, censuré les motifs erronés (*CE 22 avr. 2005, Cne de Barcarès, req. n*[o] *257877: Lebon 170, concl. Stahl; BJDU 2005. 201, concl. Stahl, obs. J.-C. B.; AJDA 2005. 1621, note Landais et Lenica; ibid. 2005. 918, obs. Brondel; RFDA 2005. 557, concl. Stahl; Constr.-Urb. 2005, n*[o] *140, obs. Benoît-Cattin; ibid. 2005, n*[o] *142, obs. Benoît-Cattin.* – Sur les autres cas de figure V. Mme Mehl-Scouder, Code Dalloz, précitée et J. Cl. Bonichot Vers une plus grande sécurité juridique?, *BJDU 6-2000, p. 403*). Ici, l'article L. 600-4-1 conduit à une mise en œuvre effective et joue le rôle qui lui était imparti par le législateur.

En matière de référé, les solutions sont voisines. Lorsque le juge des référés suspend une décision survenue en matière d'urbanisme en visant plusieurs moyens comme étant de nature à faire naître un doute sérieux quant à sa légalité, le juge de cassation peut censurer certains de ces motifs mais si l'un suffit à fonder la mesure de suspension il rejette le pourvoi (*CE 23 nov. 2005, M. et Mme Veber, req. n*[o] *279968: Lebon T. 1032; BJDU 4-2006. 299, concl. Devys, obs. J.-C. B.*).

Pour être plus complet, il convient d'indiquer que l'article L.600-4-1 n'est pas applicable au recours en appréciation de légalité suite à une question préjudicielle posée devant le juge judiciaire (CE 21 déc. 2001, Sté immob. pour l'automobile et la mécanique, req. n° 179211: *Lebon T. 1224 et 1232; Mon. TP 8 mars 2002, p. 81; Constr.-Urb. 2002, n*[o] *72; BJDU n*[o] *2/2002. 93, concl. Roul.*).Un tel recours échappe également à l'obligation de notification de l'article R. 600-1, article qui impose une notification des recours en matière d'urbanisme.

Ce bilan rapide et sans doute incomplet suffit à monter que la volonté réformatrice n'aboutit pas toujours aux résultats escomptés, ce qui était déjà connu. De façon plus précise et plus technique, la suppression de l'économie de moyens n'est pas facile à réaliser et elle n'apporte pas véritablement de progrès décisif, ni pour le juge, ni pour les justiciables. Il ne paraît pas souhaitable de l'étendre à l'ensemble des recours pour excès de pouvoir, ce qui laisse entières et sans remède les critiques émises contre cette technique.

LE DIALOGUE DES JUGES DE CASSATION : COMMENT LE CONSEIL D'ETAT ET LA COUR DE CASSATION COOPERENT

par

Natalie FRICERO
Professeure à la Faculté de Droit
de l'Université de Nice - Sophia Antipolis
Directrice de l'Institut d'Etudes Judiciaires

Introduction

1. Chaque juridiction de cassation dispose d'une compétence bien délimitée : la Cour de cassation statue sur les pourvois formés contre les jugements rendus par les juridictions judiciaires[1], le Conseil d'Etat, dans sa fonction de cassation, sur les pourvois contre des décisions des juridictions administratives[2]. Pour trancher un recours, la juridiction de cassation peut parfois être amenée à prendre une décision sur une question de droit dont dépend l'issue du recours, mais qui ne relève pas de la compétence d'attribution de l'ordre de juridiction auquel elle appartient. D'un point de vue de la politique judiciaire, la question de la prorogation de la compétence du juge de cassation saisi pour trancher cette question se pose. Pour maintenir l'unité du litige, en accélérer le déroulement, simplifier le processus pour le justiciable, il paraît opportun d'accorder au juge de cassation la compétence pour statuer. Au contraire, pour assurer le respect de la

---

[1] S. Guinchard et F. Ferrand, Procédure civile, Dalloz, 8è éd., n° 1787 s.

[2] R. Chapus, Droit du contentieux administratif, Montchrestien, 12è éd., 2006, n° 323 s.

répartition des compétences entre les ordres, parfois rattachée au principe de séparation des pouvoirs, il est nécessaire de recourir au mécanisme procédural de la question préjudicielle : le juge saisi de la cassation doit renvoyer l'examen de la question au juge de cassation compétent, et surseoir à statuer jusqu'à ce que ce dernier ait jugé.

2. La question préjudicielle est donc une exception à la règle selon laquelle "le juge de l'action est le juge de l'exception".

En effet, par principe, au sein de chaque ordre de juridiction, le juge saisi régulièrement de la demande principale doit pouvoir statuer sur tous les moyens qui lui sont soumis par les parties. Pour les juridictions de l'ordre judiciaire, cette règle figure à l'article 49 du code de procédure civile : toute juridiction saisie d'une demande de sa compétence connaît de tous les moyens de défense, à l'exception de ceux qui soulèvent une question relevant de la compétence exclusive d'une autre juridiction. Pour les juridictions de l'ordre administratif, cette question est traitée dans l'article R. 312-3 du code de la justice administrative, aux termes duquel "le tribunal administratif territorialement compétent pour connaître d'une demande principale, l'est également pour connaître de toute demande accessoire, incidente ou reconventionnelle ressortissant à la compétence des tribunaux administratifs ; il est également compétent pour connaître des exceptions relevant de la compétence d'une juridiction administrative". La simple lecture de ces dispositions révèle que le principe selon lequel "le juge de l'action est juge de l'exception" comporte toujours des limites au sein de l'ordre de juridiction visé, et qu'il ne concerne pas les situations dans lesquelles le moyen de défense ou la demande relève de la compétence d'un autre ordre de juridiction.

3. En effet, pour protéger les domaines de compétence de chaque ordre de juridiction et le caractère d'ordre public de la répartition, la "question préjudicielle" vient entraver la plénitude de compétence du juge saisi du recours en cassation. Dès lors que la question relève de la compétence de la Cour suprême de l'autre ordre, la première saisie du recours en cassation doit donc surseoir à statuer et renvoyer les parties à se pourvoir devant le juge compétent.

4. Cette situation est bien connue en ce qui concerne l'application du droit communautaire. Aux termes de l'article 234 du traité instituant la communauté européenne, la Cour de justice des communautés européennes est compétente pour statuer à titre préjudiciel, notamment, sur l'interprétation du traité, la validité et l'interprétation des actes pris par les institutions de la communauté ou la BCE. Le texte précise que si la question est soulevée devant une juridiction nationale dont les décisions ne sont pas susceptibles d'un recours juridictionnel en droit interne, ce qui est le cas des arrêts de la Cour de cassation comme du Conseil d'Etat, le juge est tenu de saisir la CJCE d'une question préjudicielle. La jurisprudence révèle un usage assez modéré de la question préjudicielle, les Cours suprêmes estimant le plus souvent que la disposition est suffisamment claire pour être interprétée et appliquée sans qu'un renvoi préjudiciel soit nécessaire. Sous cette réserve, la décision rendue par la CJCE s'impose au juge judiciaire ou administratif, et la CJCE a précisé que l'Etat est susceptible de faire l'objet d'un recours en manquement dès lors qu'une juridiction statuant sans recours possible n'applique pas le droit communautaire[3] : tout Etat membre est obligé de réparer les dommages causés aux particuliers par des violations du droit communautaire, quel que soit l'organe de cet Etat dont l'action ou l'omission est à l'origine du manquement.

5. Pour l'application du droit interne, en raison de l'attribution de compétences exclusives à chaque ordre de juridiction, des questions préjudicielles peuvent être posées par la Cour de cassation au Conseil d'Etat et par le Conseil d'Etat à la Cour de cassation : en 1985, une thèse faisait état d'un millier de décisions de la Cour de cassation relatives à ce contentieux[4], ce qui représente 1 à 2 % du nombre total d'arrêts publiés au bulletin. L'ouverture du dialogue entre les deux juridictions est soumise à des hypothèses et des

---

[3] CJCE, Köbler c/République d'Autriche, 30 sept. 2003, Procédures 2003, comm. n° 240, C. Nourissat ; Procédures 2003, n° 170, concl. Léger ; Traghetti del Mediterranée SpA c/République italienne 13 juin 2006.

[4] D. Cohen, La Cour de cassation et le principe de séparation des autorités administratives et judiciaires, thèse Paris, préf. F. Terré ; une étude de R. Drago, sur le Conseil d'Etat, indique qu'au cours de l'année judiciaire 1965-1966, ces questions occupaient 1% du total des recours examinés, EDCE 1968, p. 201.

conditions restrictives, mais les issues du dialogue révèlent que le juge de renvoi joue un rôle essentiel dans la solution du litige.

I - L'OUVERTURE DU DIALOGUE

A- Les cas

5. La Cour de cassation peut poser des questions préjudicielles au Conseil d'Etat.

Diverses dispositions ont interdit aux juridictions judiciaires de connaître de l'activité administrative. L'article 13 de la loi des 16 et 24 août 1790 affirme que les fonctions judiciaires sont distinctes et demeureront toujours séparées des fonctions administratives. Le décret du 16 Fructidor An III précise que "défenses itératives sont faites aux tribunaux de connaître des actes d'administration de quelque espèce que ce soit, aux peines de droit". Même si la séparation des pouvoirs n'est plus considérée comme le fondement nécessaire de la dualité des juridictions[5], celle-ci se justifie par des raisons pragmatiques[6], dans la mesure où il paraît opportun de confier à des juridictions spécialisées la mise en œuvre d'un droit administratif spécifique. Dès lors, le juge civil ne peut pas apprécier la légalité des actes administratifs ou interpréter les actes administratifs individuels. La Cour de cassation a ainsi sursis à statuer sur le pourvoi et renvoyé les parties à saisir le Conseil d'Etat pour l'appréciation de la légalité de décrets[7]. D'autres questions préjudicielles sont liées à la domanialité publique (existence, contenu, droits d'occupation)[8].

---

[5] J. Chevallier, L'élaboration historique du principe de séparation de la juridiction administrative et de l'administration active, LGDJ 1970.

[6] F. Julien-Laferrière, La dualité de juridiction, un principe fonctionnel ? Mél. R. Drago, 2conomica, 1996.

[7] Cass. soc. 21 déc. 2006, pourvoi n° 04-46365.

[8] Y. Gaudemet, Les questions préjudicielles devant les deux ordres de juridictions, RFDA 1990, p. 764

6. En matière pénale, la situation diffère. L'article L. 111-5 du code pénal précise que les juridictions pénales sont compétentes pour interpréter les actes administratifs, réglementaires ou individuels et pour en apprécier la légalité lorsque de cet examen, dépend la solution du procès pénal qui leur est soumis[9]. Certes, l'exception préjudicielle doit être présentée devant les juges du fond, avant toute défense au fond[10], elle est irrecevable si elle est présentée pour la 1re fois devant la Cour de cassation[11], mais on observe que le juge pénal n'est pas tenu par le principe de répartition des compétences, qui impose une question préjudicielle devant les autres juges civils.

7. Le Conseil d'Etat est susceptible de poser des questions préjudicielles à la Cour de cassation, dans des matières juridiques relevant de la compétence de l'ordre judiciaire. La jurisprudence en fournit des exemples : dans le droit de la propriété[12], de la nationalité[13], des conventions collectives[14]. Les questions préjudicielles sont posées par le Conseil d'Etat statuant en tant que juge du fond, de première instance ou d'appel ou juge de cassation. Ainsi, dans le cadre d'une action en annulation du permis de construire, la qualité de propriétaire du terrain posera une question préjudicielle. On peut citer des exemples concernant l'état et la capacité des personnes, l'interprétation des actes de droit privé (testament, donation), des contrats de droit privé (contrat de travail notamment).

B- Les conditions

8. Le renvoi préjudiciel repose sur la réunion de deux conditions cumulatives. En effet, la question doit soulever une difficulté sérieuse et sa résolution doit être nécessaire au règlement du

---

9 Sur l'évolution de ce pouvoir, Y. Gaudemet, préc., B-1°.

10 Art. 386 CPP.

11 Cass. crim. 17 fév. 1993, Bull. n° 79; 30 janv. 2002, pourvoi n° 01-83929.

12 CE, Chapelle, 27 fév. 1995 ; CE, Queinnec, 9 mars 1998 ; CE, 4 fév. 2004, n° 241749 ; CE, 27 avr. 2007, n° 288979.

13 CE, Dilekh, 28 juill. 2000, n° 212866.

14 CE, Syndicat Sud Travail, 11 juill. 2001.

litige. Ces exigences sont posées par la Cour de cassation : dans un arrêt du 28 février 2006 (pourvoi n° 04-46365), la chambre sociale constate que l'examen du pourvoi "nécessite que soit posée la question de l'appréciation de la légalité de ce texte réglementaire qui... "soulève une difficulté sérieuse qui échappe à la compétence judiciaire". Elles sont également affirmées par le Conseil d'Etat : un arrêt du 4 février 2004 constate que "la question de la propriété ainsi soulevée pose une difficulté sérieuse"[15]. "Sans réponse à la question posée au juge de renvoi, le juge saisi au principal est impuissant à résoudre le litige"[16]. Ces conditions sont justifiées, parce qu'elles évitent les manœuvres dilatoires des parties. Le tribunal des conflits décide également qu'il n'y a pas lieu à surseoir à statuer si la réponse attendue est simplement utile à la solution du litige, sans être indispensable[17].

9. Le caractère sérieux de la question est laissé à l'appréciation de la juridiction. Il peut résulter, devant la Cour de cassation, du fait que la légalité de la disposition du règlement applicable est contestable et qu'une disposition analogue a déjà été déclarée illégale par le Conseil d'Etat[18]. Ce pouvoir d'appréciation permet à chacune des juridictions de se réserver la possibilité de trancher la question, en estimant que la difficulté d'interprétation n'est pas sérieuse. Une thèse dégage des critères de la jurisprudence souvent incertaine[19], et démontre que les juges se réfèrent aussi bien à l'existence d'une jurisprudence émanant des cours suprêmes déjà rendue sur la difficulté, sur l'existence d'un recours direct formé devant l'autre ordre de juridiction, sur la notion d'"acte clair", que sur l'attitude dilatoire des plaideurs...

10. La question préjudicielle peut être soulevée par les parties, mais le juge dispose également d'un pouvoir d'office. La Cour de cassation relève généralement d'office la question préjudicielle. Par

---

[15] CE,4 févr. 2004, n° 241749.

[16] Granjon, Les questions préjudicielles, AJDA 1968, p. 78 et 88.

[17] Trib. conflits, 25 nov. 1963, Préfet des Ardennes, rec. Lebon, p. 849.

[18] Cass. 1re civ., 21 oct. 2003, pourvoi n° 00-10132.

[19] J.F. Flauss, Les questions préjudicielles et le principe de séparation des autorités administrative et judiciaire, thèse, Strasbourg, 1976, p. 61 s.

respect du contradictoire, les parties doivent être avisées de ce moyen et invitées à présenter leurs observations.

II - Les issues du dialogue

A- La saisine du juge de renvoi

10. La Cour de cassation comme le Conseil d'Etat n'ont pas le pouvoir de saisir directement le juge de renvoi : il appartient aux parties de le saisir, le jugement ordonnant le renvoi préjudiciel ne produisant pas cet effet, même s'il désigne expressément la juridiction compétente[20]. Son effet essentiel est de suspendre l'instance devant le juge saisi du recours en cassation, ce qui justifie le souci de la Cour de cassation comme du Conseil d'Etat de ne prononcer des renvois que de manière restrictive.

11. En principe, aucun délai n'est prévu pour la saisine effective de la juridiction compétente pour juger la question préjudicielle. En procédure civile, la décision de sursis à statuer suspend le délai de péremption de l'instance en cassation[21], un nouveau délai de deux ans commençant à courir à compter de la survenance de l'événement (à savoir, le jugement de la juridiction compétente sur la question préjudicielle). Mais quelques décisions de la Cour de cassation imposent un délai aux parties pour effectuer la saisine du Conseil d'Etat, à peine de radiation de l'affaire du rôle[22]. Le Conseil d'Etat confère au requérant un délai de deux mois à compter de la notification de sa décision, pour justifier de sa diligence à saisir la juridiction compétente de la question préjudicielle[23].

---

[20] La Cour de cassation désigne le Conseil d'Etat, mais ceci ne vaut pas saisine, Cass. 1re civ., 21 mai 1986, Bull. I, n° 131.

[21] Art. 392 al. 2 CPC ; Cass. soc. 18 déc. 2002, Bull. V, n° 399; D. 2003, somm. 1405, obs. P. Julien, Procédures 2003, comm. 60, R. Perrot ; Cass. 2e civ., 15 sept. 2005, Bull. II, n° 219; RTD civ. 2005, 823, obs. R. Perrot.

[22] Art. 381 CPC ; Cass ; 1re civ., 21 oct. 2003, n° 01-10132; 27 janv. 2004, n° 00-15737.

[23] Par ex., CE 4 fév. 2004, n° 241749.

12. La saisine de la Cour de cassation doit être effectuée conformément au droit commun du pourvoi en cassation applicable à la matière concernée. Le juge administratif est saisi d'un recours en interprétation ou en appréciation de la légalité, qui peut entraîner une déclaration d'illégalité, non une annulation.

13. La question de l'étendue de la saisine du juge de renvoi s'est posée à plusieurs reprises. Le Conseil d'Etat décide de manière constante qu'il n'est saisi que dans les limites du renvoi, et qu'il ne peut pas statuer sur d'autres questions que celle qui lui a été renvoyée par le juge judiciaire. Dans un arrêt du 20 avril 2005 (n° 258843), le Conseil d'Etat considère qu'en vertu des principes généraux relatifs à la répartition des compétences entre les deux ordres de juridiction, il n'appartient pas à la juridiction administrative de trancher d'autres questions que celle qui lui a été envoyée par l'autorité judiciaire. Lorsque la juridiction judiciaire a énoncé dans son jugement le ou les moyens invoqués devant elle qui lui paraissent justifier ce renvoi, la juridiction administrative doit limiter son examen à ce ou ces moyens et ne peut connaître d'aucun autre, fût-il d'ordre public, que les parties viendraient à présenter devant elle à l'encontre de cet acte[24].

Ceci interdit aux parties de présenter des moyens nouveaux, des prétentions nouvelles[25]. Dans une décision du 22 janvier 2007 (n° 288838), le Conseil d'Etat juge qu'il n'appartient pas au juge administratif, saisi d'une question préjudicielle en appréciation de légalité, "de statuer sur la recevabilité de la demande présentée devant la juridiction judiciaire qui se trouve à l'origine du renvoi".

Ces solutions devraient être étendues à la Cour de cassation saisie sur renvoi du Conseil d'Etat, en raison de la dualité des ordres de juridiction.

14. Le juge de renvoi doit statuer sur la question demandée par le juge auteur du renvoi préjudiciel. Si elle lui paraît insuffisamment formulée, le Conseil d'Etat peut demander au juge judiciaire d'interpréter son jugement de renvoi[26]. Certaines situations se révèlent

---

[24] En l'espèce, la Cour de cassation avait renvoyé les parties sur la question de la légalité du 2e al. de l'art. R. 243-4 c. séc. soc.

[25] CE, 20 janv. 1965, Coudurier.

[26] CE, 24 juin 1953, commune de Lacanau.

plus complexes et des questions préjudicielles en cascade, "emboîtées"[27] sont apparues, lorsque la réponse à la question préjudicielle posée suppose que soit préalablement tranchée une autre question qui constitue elle-même une question préjudicielle pour le juge de renvoi !

B- L'autorité du juge de renvoi

15. La décision rendue sur la question préjudicielle s'impose au juge auteur du renvoi. La Cour de cassation considère même que la déclaration d'illégalité ainsi rendue a la même autorité que la décision constatant l'illégalité sur recours pour excès de pouvoir, et qu'elle interdit au juge judiciaire d'appliquer le texte sanctionné[28].

16. Le Conseil d'Etat admet l'autorité de la chose jugée par la Cour de cassation, avec une double limite.

D'abord, l'autorité est relative en ce sens qu'elle ne lie le juge administratif que pour le procès qui a donné lieu à un renvoi. En revanche, si l'instance ne concerne pas les mêmes parties, ou n'a pas le même objet, le Conseil d'Etat n'appliquera pas la solution donnée par la Cour de cassation[29]. Ensuite, la déclaration d'illégalité n'empêche pas l'exercice d'un recours pour excès de pouvoir contre le même acte[30].

18. Le renvoi à la juridiction compétente est évidemment source de lenteur et de coût pour le justiciable. Certains contentieux ont été particulièrement victimes de ces inconvénients : le contentieux du travail, celui du licenciement[31]. Le souci d'améliorer la qualité de

---

[27] Y. Gaudemet, note sous CE 20 janv. 1988, Sogapex, RFDA 1988, p. 727.

[28] Cass ; com. 26 avr. 2000, Bull. IV, n° 85; Cass. 3e civ., 17 déc. 2003, Bull. IV, n° 240.

[29] CE, Compagnie française d'édition, 21 nov. 1975.

[30] CE, Sté ABC Ingineering, 3 juill. 1996.

[31] Ph. Langlois, Le labyrinthe infernal du salarié licencié pour motif économique, Dr. soc. 1981, p. 290 ; P. Tillie, Licenciements autorisés : les travailleurs à la recherche d'un juge, d'un seul (ou en finir avec une justice qui tourne à vide), Dr ouvr. 1982, p. 83. La législation ultérieure a supprimé les difficultés en supprimant l'autorisation administrative de licenciement économique.

la justice a conduit à proposer qu'une loi supprime la technique des questions préjudicielles et généralise la règle "le juge de l'action est juge de l'exception" aux moyens de défense qui relèvent de la compétence d'une juridiction d'un autre ordre. Cette règle ne serait pas contraire au principe de séparation des pouvoirs, dont la valeur est constitutionnelle et qui implique qu'une juridiction administrative seule puisse connaître du contentieux de l'annulation et de la réformation des actes de puissance publique[32], puisque la question soumise au renvoi n'implique pas que la Cour de cassation empiète sur ce contentieux (la Cour tranche un pourvoi, et non un contentieux d'annulation de l'acte réglementaire). Le principe de la séparation des autorités administrative et judiciaire n'a pas de valeur constitutionnelle[33], ce qui permettrait une réforme de nature législative[34].

A défaut, il appartiendra aux deux juges de cassation d'interpréter rigoureusement les conditions du renvoi préjudiciel, afin que l'instance de cassation respecte le délai raisonnable prévu par l'article 6 § 1 de la Convention européenne des droits de l'homme.

[32] Principe fondamental reconnu par les lois de la république, Cons. constit. 23 janv. 1987, Rev. dr. publ. 1987, p. 1341, notre Y Gaudemet

[33] Cons. constit. 23 janv. 1987, préc.

[34] Y. Gaudemet, art. préc. RFDA 1990, p. 764

LA PARTICIPATION DES ACTEURS PRIVES A LA SECURITE COLLECTIVE

par

Thierry GARCIA
Maître de Conférences à l'Université de Nice - Sophia Antipolis

A priori, il peut sembler paradoxal, voire impertinent, d'offrir au dédicataire de ces lignes une étude de droit international relative à "La participation des acteurs privés à la sécurité collective", eu égard à l'apport unanimement reconnu des travaux du Doyen Rainaud au droit administratif français, en général, et au service public en particulier, dont il détient au moins une partie de la clé.

Mais cette apparente faute de goût doit être atténuée, puisque dans ses écrits ce très fin juriste a non seulement mis en valeur les rapports entre le droit administratif et le droit international, mais a aussi bien montré les limites de la frontière entre le public et le privé.

Indubitablement, ce sujet présente une grande actualité comme le prouve l'exemple particulier de la société militaire privée Blackwater, impliquée dans une fusillade à Bagdad le 16 septembre 2007, et accusée d'avoir commis de nombreux crimes et délits[1].

Plus généralement, ce fait international a mis en évidence le rôle des acteurs privés dans la sécurité internationale ainsi que le flou juridique relatif à leur statut.

Assurément, l'intérêt du sujet provient de son originalité, parce qu'il n'existe pas d'étude globale sur la participation des diverses

---

[1] Voir *Le Monde*, 26 octobre 2007, p. 4 et le rapport du 1er octobre 2007 fait par la Chambre des Représentants sur l'activité de cette entreprise en Irak in www.oversight.house.gov.

catégories d'acteurs privés à la sécurité collective, alors que quelques travaux se réfèrent aux entités privées, en tant que destinataires ou créateurs de normes[2]. Dès lors, le traitement d'un tel sujet exige, au préalable, d'apporter trois types de précisions.
Des précisions terminologiques, d'abord. En premier lieu, qu'entend t-on par acteurs privés ? Dans le langage commun, les acteurs sont des "personnes qui jouent un rôle important"[3], le vocable "privés" signifiant, de plus, qu'ils agissent pour leurs intérêts particuliers et non dans l'intérêt général.

Quelle peut alors être leur contribution à la sécurité collective définie comme un "système par lequel une collectivité d'Etats conclut, en vue de prévenir l'emploi de la force contre l'un d'entre eux, des engagements de règlement pacifique des différends aux termes desquels chacun pourra bénéficier sous formes d'actions communes, de la garantie de l'ensemble de la collectivité"[4] ?

Qui plus est, le contraste entre le caractère public de ce système et le caractère privé des protagonistes ne constitue t-il pas un frein à leur participation ? Toujours est-il qu'il faut constater l'accroissement du rôle de ces acteurs sur la scène internationale, en général, et vis-à-vis de la sécurité collective, en particulier.

Plus précisément, deux catégories d'acteurs y jouent un rôle significatif : les Organisations non gouvernementales (ONG), issues de la société civile, caractérisées par le bénévolat[5], et les sociétés militaires privées (SMP), issues de la privatisation de la sécurité, qui se caractérisent par le profit[6]. Mais cette distinction doit être relativisée puisque, non seulement les "nouvelles" ONG font appel à

---

[2] Voir en particulier H. Gherari, S. Szurek, Dir., *L'émergence de la société civile internationale : vers la privatisation du droit international ?*, CEDIN Paris X, Cahiers internationaux n° 18, 2003, et J-L Florent, "Les destinataires non étatiques des résolutions du Conseil de sécurité" in SFDI, Colloque du Mans, *Le sujet en droit international*, 2005, p. 107 et s.

[3] Voir *Le Robert- Dictionnaire de la langue française*, vol. 1, 1986, p. 99.

[4] Voir J. Salmon, Dir., *Dictionnaire de droit international public,* Bruxelles, Bruylant, 2001, p. 1024.

[5] Voir M. Bettati, P.-M. Dupuy, *Les Organisations non gouvernementales et le droit international,* Paris, Economica, 1986.

[6] Voir E. Lambert Abdelgawad, "Les sociétés militaires privées : un défi supplémentaire pour le droit international pénal", *Revue de science criminelle et de droit pénal comparé*, 2007, n° 1, pp. 156-168.

des méthodes managériales calquées sur celles du secteur privé, mais aussi parce que de plus en plus fréquemment, elles sous-traitent leurs activités aux SMP[7]. De surcroît, elles partagent deux points communs : leur statut relève de l'"imbroglio juridique", selon la formule du Professeur Merle[8] et leur activité conduit à s'interroger sur l'autonomie apparente ou la dépendance réelle des SMP et des ONG par rapport aux Etats, principaux acteurs de la sécurité collective. Autrement dit, comment fonctionne ce ménage à trois ?

Ensuite, pour déterminer le champ de notre étude, le recours à la méthodologie s'avère indispensable. En effet, le vocable "légalité", l'un des deux termes majeurs dans l'intitulé de ce colloque, pourrait laisser penser que la seule discipline juridique suffit pour étudier le rôle de ces acteurs privés. Le droit est certes nécessaire, mais aussi insuffisant, dans la mesure où le mot "acteur" et l'étude du pouvoir qu'il implique exige de se servir de la science politique, *lato sensu.*

Enfin, des précisions thématiques sont indispensables. A notre sens, la question fondamentale consiste à se demander si les acteurs privés permettent à la sécurité collective de s'adapter aux "nouvelles" menaces à la paix ? De manière sous-jacente, il est permis de s'interroger sur l'adaptation des acteurs privés aux nouvelles menaces. Un bilan coût/avantages doit donc être dressé de la participation de ces acteurs à la sécurité collective. Représentent-ils des facteurs de réduction ou des vecteurs d'aggravation des menaces à la sécurité collective et à la paix ?

Si nous n'avons pas suivi des études de médecine permettant d'établir un diagnostic aussi difficile, il n'en demeure pas moins qu'en tant qu'amateur de théâtre, en l'occurrence celui de Molière, nous avons appris dans *Le Malade imaginaire* que "Presque tous les hommes meurent de leurs remèdes, et non pas de leurs maladies"[9].

Rapportée aux acteurs privés, cette formule revient à se demander si les ONG et les SMP constituent des remèdes contre les

---

[7] Voir G. Carbonnier, Privatisations, sous-traitance et partenariats public-privé : charity. com ou business.org ?, *Revue internationale de la Croix-Rouge*, décembre 2004, vol. 86, n° 856, p. 725 et s.

[8] Voir M. Merle, "Un imbroglio juridique : le "statut" des OING entre le droit international et les droits nationaux", *in L'internationalité dans les institutions et le droit*, Etudes offertes à Alain Plantey, Paris, Pedone, 1995, p. 351.

[9] Voir *Le Malade imaginaire*, Acte III, scène 3.

menaces à la sécurité collective ou bien des causes, c'est-à-dire des symptômes de menaces à cette sécurité collective ?

L'observation du comportement de ces acteurs privés montre, surtout s'agissant des SMP, qu'ils représentent davantage un défi à la paix et à la sécurité collective qu'une réponse adaptée aux nouvelles menaces.

Dans ces conditions, si la participation des SMP et des ONG à la sécurité collective constitue un remède insuffisant contre les menaces à la paix (I), elle peut aussi représenter, si l'on se réfère aux SMP, un symptôme émergent de menaces à la paix (II).

I - La participation des sociétés militaires privées et des organisations non gouvernementales à la sécurité collective, remède insuffisant contre les menaces à la paix

Pour évaluer la contribution des acteurs privés à la sécurité collective, le critère temporel s'avère nécessaire. Or, si une relative efficacité peut être décelée à court terme, participant dans une certaine mesure à la "paix sécuritaire"[10], en revanche, sur le long terme, leur action en faveur de la "paix structurelle"[11] est beaucoup plus limitée.

Ainsi, à une efficacité partielle des acteurs privés dans le maintien de la paix (A), correspond une inefficacité réelle dans la reconstruction de la paix (B).

A- Une efficacité partielle des acteurs privés dans le maintien de la paix

L'efficacité des acteurs privés dans le maintien de la paix est inégale, revêtant un caractère certain dans l'assistance aux forces de maintien de la paix (1), mais plus incertain dans les activités militaires relevant du maintien de la paix (2).

---

[10] Selon l'expression de P.-M. Dupuy *in* "Sécurité collective et organisation de la paix", *Revue générale de droit international public*, 1993, n° 3, p. 623.

[11] *Idem.*

1°) - Une efficacité certaine des acteurs privés dans l'assistance aux forces de maintien de la paix

D'abord, s'agissant des sociétés militaires privées, elles assurent la fourniture de services de soutien logistique et de sécurité en raison des lacunes des Organisations intergouvernementales dans ce domaine, qui en sont réduites à passer des contrats de sous-traitance[12]. Ainsi, et à titre d'exemples, l'Organisation des Nations Unies (ONU) a passé un contrat avec la firme Dyncorp pour fournir des services de soutien aux Casques bleus en Angola, à partir de 1997 et l'Union africaine a sollicité les services de ces sociétés pour aider ses observateurs à établir leurs bases et systèmes logistiques au Darfour en 2004[13]. En outre, l'armée américaine se serait servie de ses sociétés militaires privées pour assurer la logistique de ses contingents déployés dans des opérations de maintien de la paix, en Haïti, au Libéria et en Côte d'Ivoire[14].

Cette assistance se traduit aussi, mais de manière moins étendue, par des programmes de formation des forces au maintien de la paix dispensés par ces sociétés privées. Ainsi, le département d'Etat américain a utilisé la société MPRI dans le cadre d'un programme de formation d'une force locale de maintien de la paix et d'assistance humanitaire en Afrique, composée d'environ 12000 militaires[15].

En ce qui concerne les ONG, l'assistance aux forces de maintien de la paix prend essentiellement les formes d'une aide humanitaire d'urgence et de la constitution de réseaux locaux au service des opérations de maintien de la paix, pour mieux appréhender le terrain de leur engagement[16]. De surcroît, les organisations

---

[12] Voir S. Makki, "Militarisation de l'humanitaire, privatisation du militaire", *Cahier d'Etudes Stratégiques*, 36-37, CIRPES, 2004, p. 63 et s.

[13] Voir J. Fischer-Thompson, "Le rôle des entreprises militaires privées dans le maintien de la paix en Afrique", *Washington file,* 19 octobre 2006 consultable sur www.usinfo.state.gov/regional/af.

[14] Voir S. Makki, *op.cit*, p. 63 et s.

[15] Voir E. Mafo Fonkoue, *L'implication des sociétés militaires privées dans les opérations de maintien et d'imposition de la paix : vers une privatisation du maintien de la paix ?*, Mémoire de Master II, Nice, IDPD, 2005, p. 54 et s.

[16] Voir O. Richmond, H. Carey, *Subontracting peace : The challenges of the NGO peacebuilding*, Ashgate, 2005, p. 237 et s.

humanitaires peuvent faire appel aux SMP pour organiser leur sécurité. Ainsi, le Mouvement international de la Croix-Rouge et du Croissant-Rouge a recours, à titre exceptionnel, à la protection armée de ses convois humanitaires[17]. De même, Médecins sans frontières a utilisé les services de la société privée Sandline[18] pour assurer la sécurité lors de missions humanitaires que l'ONU n'est pas capable de lui apporter. La connexion des SMP et des ONG est donc réelle et croissante[19], participant avec une certaine efficacité au maintien de la paix. Mais quand il s'agit d'activités militaires *stricto sensu*, l'efficacité des acteurs privés est beaucoup plus contestable.

2°) - Une efficacité incertaine des acteurs privés dans les activités militaires relevant du maintien de la paix

Les activités militaires concernent quasi exclusivement les SMP, les ONG n'intervenant pas directement dans ce domaine. Une double raison explique ces incertitudes. D'abord, leur activité militaire se caractérise par un certain flou juridique et normatif, rendant prématurée l'hypothèse d'un partenariat entre l'ONU et les SMP dans le cadre d'activités militaires relatives au maintien de la paix. Pourtant, la lecture de la Charte des Nations Unies montre qu'une telle collaboration n'est pas exclue. En effet, son article 42 prévoit que "... le Conseil de sécurité... peut entreprendre, au moyen de forces aériennes, navales ou terrestres, toute action qu'il juge nécessaire au maintien ou au rétablissement de la paix et de la sécurité internationales", sans préciser la nature et le statut juridiques de ces forces armées.

Aussi, le caractère privé des sociétés militaires et des ONG ne constitue t-il pas une condition excluant *ipso facto* toute activité

---

[17] Voir D. Lily, "La privatisation du maintien de la paix : perspectives et réalités", *Forum du désarmement,* 2000, n° 3, p. 61.

[18] Voir J.-P. Daniel, "Les nouveaux mercenaires ou la privatisation du maintien de la paix", consultable sur www.african-geopolitics.org.

[19] Voir G. Carbonnier, *op.cit,* p. 725 et s.

militaire[20] dans le cadre du maintien de la paix. Ensuite, un grand flou opérationnel concerne l'étendue de leur activité militaire. En l'état, les SMP interviennent rarement pour accomplir des tâches strictement militaires. Mais au moins un exemple peut être donné, celui du Gouvernement américain qui aurait utilisé la société privée Dyncorp pour fournir le contingent militaire américain à la mission de l'Organisation pour la sécurité et la coopération en Europe (OSCE), chargée de vérifier le retrait des forces serbes du Kosovo avant l'intervention de l'OTAN[21]. Il faut cependant préciser que ces observateurs n'étaient pas armés. Cette substitution des employés des SMP aux troupes armées régulières présente l'avantage pour le gouvernement américain de ne pas avoir à comptabiliser ses morts et, par conséquent, de ne pas avoir à rendre de comptes à l'opinion publique.

L'efficacité des acteurs privés dans ces opérations de paix n'est donc pas avérée. Elle l'est d'autant moins dans les opérations de reconstruction de la paix, puisque une inefficacité réelle peut être constatée.

B- Une inefficacité réelle des acteurs privés dans la reconstruction de la paix

L'inefficacité des acteurs privés dans la phase de reconstruction de la paix est due à une double inadaptation, *ratione personae* (1) et *ratione materiae* (2).

1°) - L'inadaptation *ratione personae* des acteurs privés dans la reconstruction de la paix

Les SMP et surtout les ONG ne sont pas profilées pour agir sur le long terme dans le processus de reconstruction de la paix. En effet, s'agissant d'abord de leur taille, les ONG sont en général trop petites

---

20 Voir J.-P. Daniel, "UN Peacekeepers for hire", *in Insécurités publiques, sécurité privée*, J.-J. Roche Dir., Economica, 2005, p. 199 et s.

21 Pour plus de détails, voir D. Lilly,*op.cit.*, p. 61.

pour faire face à l'immensité de cette tâche[22], comme c'est aussi le cas, mais à un degré moindre des SMP[23], même si à titre d'exemple et d'exception, parmi les 177 sociétés qui opèrent en Irak, la firme "Blackwater" compte 48000 employés[24]. De plus, les ONG disposent le plus souvent de faibles ressources financières[25] qui ne leur permettent pas d'œuvrer efficacement pour la reconstruction de la paix. Enfin, la grande spécialisation des ONG et le caractère légaliste de la plupart d'entre elles constituent assurément des obstacles pour une contribution efficace à la reconstruction de la paix. Quant aux SMP, leur raison d'être, c'est-à-dire l'intérêt financier, ne plaide évidemment pas en faveur de la paix et de sa reconstruction. Dès lors, force est de constater l'inadaptation *ratione materiae* des SMP dans la reconstruction de la paix.

2°) - L'inadaptation *ratione materiae* des sociétés militaires privées dans la reconstruction de la paix

Les SMP n'ont aucun intérêt à reconstruire une paix durable, le marché de la sécurité internationale nécessitant un grand nombre de situations conflictuelles, qui constituent une source de profits indispensable à leur existence, pour ne pas dire à leur pérennité. Comme le souligne Jean-François Bayard, "l'intervention des privés transforme l'enjeu politique de la paix civile en enjeu commercial, ouvert à la concurrence et l'on voit mal l'intérêt que les privés de la sécurité trouveraient dans le maintien d'une paix perpétuelle qui les écarterait d'un marché si lucratif"[26]. Plus encore, la prolongation des conflits permet la prolongation de la durée des contrats de leurs employés. En outre, lorsque les SMP interviennent dans les conflits, leur action ne fait que "figer les rapports de force" sans pouvoir obtenir des accords définitifs de cessez-le-feu, comme l'étude d'un

---

22 Voir O. Richmond, H. Carey, *op.cit,,* p. 16 et s.

23 Voir D. Lily, *op.cit*, p. 63 et s.

24 Chiffres donnés par *Le Monde*, 23-24 septembre 2007, p. 18.

25 Voir O. Richmond, H. Carey, *op. .cit.*, p. 16 et s.

26 Voir "Le retour des chiens de guerre", *Webdo*, 30 mai 2001.

auteur américain l'a bien montré[27]. Que ce soit en Sierra Leone, en Angola ou en Irak, les interventions des firmes EO et Sandline n'ont pas permis de restaurer une paix durable. De manière plus générale, les SMP et leurs employés ne sont pas formés à la culture de la reconstruction de la paix, contrairement aux soldats de la paix des Nations Unies qui, tout au moins, sont censés l'être. A cet égard, le cas de l'Irak est symptomatique dans la mesure où la contribution des SMP à la reconstruction de la paix a davantage constitué une menace qu'une réponse adaptée à la paix.

II - La participation des sociétés militaires privées à la sécurité collective, symptôme émergent de menaces à la paix

Le manque d'encadrement juridique des SMP, révélé notamment par leur absence de prise en compte par le Conseil de Sécurité, a pour conséquence que leur activité constitue non seulement un défi à la légalité mais aussi, et surtout, une menace à la paix. En effet, à une réglementation inefficace (A), s'ajoute une responsabilité indéterminée de ces acteurs (B).

A- Une réglementation inefficace des sociétés militaires privées

La réglementation appliquée aux SMP est lacunaire à double titre : leur régime juridique est indéfini (1) et leur contrôle est limité (2).

---

[27] Voir S. Brayton, "Outsourcing War : Mercenaries and the Privatization of Peacekeeping", *Journal of International Affairs*, vol. 55, n° 2, spring 2002, p. 303-329.

1°) - Un régime juridique indéfini

Constituées sous forme de sociétés de droit privé, les SMP revêtent un statut légal, tout au moins dans leur Etat d'origine, c'est-à-dire l'Etat où elles sont enregistrées[28].

En revanche, leur régime juridique pose problème au regard du droit international parce qu'aucun texte ne leur est directement applicable. En effet, la doctrine est quasi unanime pour reconnaître que le dispositif juridique relatif aux mercenaires ne "saurait couvrir les employés des SMP"[29]. D'abord, en ce qui concerne la *lex lata*, les conventions internationales de l'OUA sur l'élimination du mercenariat en Afrique du 3 juillet 1977 et des Nations Unies contre le recrutement, l'utilisation, le financement et l'instruction des mercenaires du 4 décembre 1989, qui définissent le statut des mercenaires traditionnels, ne peuvent être appliquées aux employés des SMP puisque ce phénomène n'existait pas au moment de l'adoption de ces instruments internationaux[30]. De plus, l'article 47 du Protocole I aux conventions de Genève du 8 juin 1977 qui définit le mercenaire de manière restrictive (être spécialement recruté pour un conflit armé, la participation directe aux hostilités, la rémunération et la nationalité), lui refusant de surcroît le statut de combattant et de prisonnier de guerre, ne saurait être étendu aux employés des SMP qui échappent ainsi à toute emprise du droit international humanitaire[31]. Plus encore, les Etats n'ont pas intégré les mercenaires traditionnels et modernes dans le texte de la Commission du Droit International (CDI) relatif aux crimes contre la paix et la sécurité de l'humanité et le crime

---

[28] Voir J.-C. Zarate, "The Emergence of a new Dog of War : Private International Security Companies, International Law, and the New World Disorder", *Standford Journal of International Law*, 1998, vol. 34, p. 75 et s.

[29] Selon les termes de E. Lambert Abdelgawad, *op.cit.*, p. 158.

[30] Voir Th. Garcia, "Privatisation de la guerre et droit international public", *in* J.-J. Roche, Dir., *Insécurités publiques, sécurité privée ?*, Economica, 2005, p. 16 et s.

[31] Voir A.-S. Millet-Devalle, "Privatisation de la guerre et droit international humanitaire", *in* J.-J. Roche, Dir., *op.cit.*, p. 30 et s et surtout l'étude complète du CICR sur les rapports entre les mercenaires et le droit international humanitaire, "Humanitarian debate : Law, policy, action", *RICR*, vol. 88, n° 863, 2006, p. 442 et s.

de mercenariat n'est pas couvert par le Statut de la Cour Pénale Internationale (CPI)[32].

De lege ferenda ensuite, les Nations Unies ont désigné un rapporteur spécial sur la question des mercenaires, M. Enrique Ballesteros, dont le mandat s'est d'ailleurs achevé en juillet 2004[33]. Dans ce cadre, sa proposition d'amender la définition de "mercenaire" dans la convention de 1989, afin d'y inclure "les mercenaires qui agissent sur contrat avec des entreprises privées de sécurité militaire"[34], a été rejetée par la grande majorité des Etats et notamment les Etats occidentaux qui utilisent ces SMP comme un instrument de leur politique étrangère. Dans ces conditions, les employés de ces sociétés n'ont aucun statut eu égard au droit de la sécurité collective, contrairement aux soldats de la paix des Nations Unies[35].

A notre sens, il faudrait leur créer un statut *sui generis,* entre celui de "combattant" et de "civil" en droit international humanitaire, pour encadrer leurs activités et les sanctionner en cas de violation de la légalité internationale et d'atteinte à la sécurité internationale.

La réglementation relative à ces sociétés est donc très largement insuffisante, pour ne pas dire inexistante. Il convient d'en déduire que leur contrôle ne peut avoir qu'un caractère limité.

2°) - Un contrôle limité

De manière schématique, il existe deux niveaux de contrôle exercé sur les SMP, les lacunes de la réglementation nationale cherchant à être comblées par la recherche d'efficacité dans les réglementations internationales pertinentes[36].

---

32 Textes cités par E. Lambert Abdelgawad, *op.cit.,* p. 158.

33 Voir A/59/191 du 30 juillet 2004, p. 2.

34 Voir A/58/115 du 2 juillet 2003, p. 19, § 62.

35 Leur statut a été défini par la Convention sur la sécurité du personnel des Nations Unies et du personnel associé adoptée par l'Assemblée générale onusienne (voir A/Res 45/49 du 17 février 1995).

36 Pour des développements plus importants, voir Th. Garcia, Privatisation de la guerre et droit international public *in* J.-J. Roche, Dir., *op.cit.,* p. 25 et s.

Si la législation française portant sur le mercenariat ne prend pas en compte l'activité de ces sociétés privées[37], en revanche les législations étrangères des Etats occidentaux où elles jouent un rôle important régulent, directement ou indirectement, mais sans les interdire, l'action de ces SMP.

Aux Etats-Unis, "l'affaire Blackwater" a montré qu'aucun texte ne régissait avec précision les activités de ces sociétés[38]. En premier lieu, si la *Neutrality Act* interdit le recrutement de mercenaires à l'intérieur du territoire américain, elle permet la vente de services militaires, activité pourtant favorite de ces sociétés. En second lieu, le *Uniform Code of Military Justice* réprime uniquement les forfaits commis par les militaires américains et par les civils qui travaillent directement pour le ministère de la défense, mais pas ceux des civils ayant des activités de mercenariat. En troisième lieu, si un employé d'une SMP commet un délit ou un crime, les poursuites peuvent uniquement être engagées par l'Etat où il les a commis. Or, comme l'exemple de la firme Blackwater en Irak l'a prouvé, les gouvernements étrangers n'exercent, en général, aucun contrôle sur ce type de société. Enfin, et en quatrième lieu, si l'*International Traffic in Arms Regulations* prévoit que "quiconque fabrique ou exporte des articles militaires ou bien fournit des services militaires" doit obtenir une autorisation préalable pour les contrats de fourniture d'articles et de services militaires, cette procédure a pour but de vérifier que "les services et ventes réalisés n'aillent pas à l'encontre des intérêts de politique extérieure des Etats-Unis"[39].

Au Royaume-Uni, suite à la publication d'un livre vert, en février 2002, intitulé *Private Military companies : options for regulations*[40], le choix de l'auto-régulation a été fait pour régir le comportement de ces SMP, par le biais de la création d'une association professionnelle, *The British Association of Private*

---

[37] Voir Th. Garcia, "La loi du 14 avril 2003 relative à la répression de l'activité de mercenaire", *RGDIP*, 2003, vol. 107, n° 3, p. 677 et s.

[38] Voir en particulier le rapport du 1er octobre 2007 fait par la Chambre des Représentants sur l'activité de cette entreprise en Irak in www.oversight.house.gov.

[39] Voir S. Jung, *Les nouveaux entrepreneurs de guerre, Défis juridiques et implications politiques du recours aux sociétés militaires privées*, Mémoire, IEP Strasbourg, juin 2006, p. 49.

[40] Consultable sur le site internet www.fco.gov.uk.

Security Companies, qui a rédigé un code de bonne conduite pour les sociétés ayant adhéré à cette association[41].

Enfin, l'Afrique du Sud possède la législation la plus étoffée sur les SMP puisque deux textes, le *Regulation of Foreign Military Assistance Act* de 1998 et le *Private Security Regulation Act* de 2001, interdisent l'assistance militaire à l'étranger tout en l'assortissant de dérogations prévoyant que les sociétés qui veulent fournir des services à caractère militaire doivent obtenir une habilitation gouvernementale puis solliciter une autorisation de conclure un contrat avec un client, que l'opération soit locale ou extraterritoriale. Ce dispositif est assorti de sanctions pénales pouvant aller jusqu'à un million de rands et/ou dix ans d'emprisonnement[42]. Mais en pratique, les SMP sud-africaines, telle que *Executive Outcomes*, ont délocalisé leurs opérations dans des Etats étrangers afin de contourner cette réglementation répressive. Cette tactique est symptomatique des faiblesses inhérentes aux réglementations nationales relatives aux SMP. Par conséquent, la réglementation internationale mise en œuvre vise à pallier ces carences, surtout dans la perspective d'opérations de maintien de la paix dans le cadre onusien.

La première technique de contrôle envisageable consisterait à laisser le marché assurer la régulation de ces sociétés, faisant jouer le principe de libre concurrence internationale. Cette autorégulation serait censée opérer un tri entre les bonnes et les mauvaises entreprises privées de sécurité. Cette possibilité nous semble manquer d'efficacité, ouvrant une sorte de boîte de Pandore en écartant volontairement les Etats de toute emprise sur ces SMP. A notre sens, toute tentative de réglementation internationale des activités de ces sociétés doit avoir pour auteurs les Etats dans la mesure où elles agissent, directement ou indirectement, pour leur compte[43].

Le seconde technique de contrôle concevable consisterait en la création par les Etats intéressés d'un organe international chargé de l'expertise de ces sociétés, c'est-à-dire qu'il procéderait à l'enregistrement et autoriserait à agir celles qui offrent le plus de

---

[41] Voir E. Lambert Abdelgawad, *op.cit.,* p. 163.

[42] Pour un examen approfondi de ces textes, voir www.gov.za/gazette/bills/.

[43] Comme l'a montré en particulier l'"affaire Blackwater", mettant en évidence les contrats passés par ce type de sociétés avec le Pentagone. Voir *Le Monde*, 26 octobre 2007, p. 4.

garanties pour le maintien de la paix et la préservation de la sécurité internationale. Toutefois, l'on peut se demander si l'examen de la nature et de l'objet des contrats passés entre ces sociétés et les Etats d'origine et/ou d'accueil constituent des critères suffisants pour vérifier leur fiabilité, l'exemple particulier de l'"affaire Blackwater" paraissant démontrer le contraire.

Mais, quelle que soit l'hypothèse retenue, pour que ces contrôles soient effectifs et efficaces, ils doivent s'accompagner de mesures à caractère contraignant, c'est-à-dire de sanctions lorsque les SMP ne respectent pas les règles du droit international.

Cependant, leur mise en œuvre nécessite, en amont, l'élaboration de mécanismes de responsabilité. Or, en l'état, la responsabilité des SMP revêt un caractère indéterminé.

A- Une responsabilité indéterminée des sociétés militaires privées

Pour examiner la responsabilité particulière des SMP dans les opérations de paix, il convient d'abord de la confronter aux règles générales de la responsabilité internationale. Or, si la responsabilité des SMP dans les opérations de paix n'est qu'hypothétique (2), cependant elle peut être envisagée eu égard aux règles générales de la responsabilité internationale (1).

1°) - La responsabilité envisagée des sociétés militaires privées eu égard aux règles générales de la responsabilité internationale

Rapportée aux SMP, la question de l'engagement de la responsabilité internationale constitue une question fondamentale puisque seule l'activation de ce mécanisme permet de sanctionner leur comportement jugé illicite. Mais tout le problème consiste à savoir qui peut être tenu pour responsable, ce qui revient à se demander à quelle personne, physique ou morale, de tels actes doivent être imputés : les employés des SMP, les SMP elles-mêmes ou les Etats de rattachement ? Est-il utile de préciser que cette imputation peut-être cumulative et non uniquement alternative ? Suivant sur ce point la meilleure doctrine, en l'occurrence le Professeur Spinedi, la réponse à de tels questionnements, si importants et si complexes à la fois, ne peut être apportée que si est résolu le problème de l'autonomie ou de la dépendance de ces entreprises privées par rapport aux Etats[44], cette problématique étant d'ailleurs partagée par les ONG[45].

La solution la plus simple, et assurément la plus arrangeante pour les Etats, consisterait à engager seulement la responsabilité individuelle des employés des SMP. Comme le souligne, à juste titre, Mme Lambert Abdelgawad, cette responsabilité qui revêt un caractère pénal pourrait, en théorie, être engagée devant des tribunaux internes ou internationaux[46]. Dans cette dernière hypothèse, le Statut de la Cour pénale internationale ne s'oppose pas à ce que des poursuites pénales soient diligentées à l'encontre des employés des SMP. Mais, en pratique, un tel cas de figure ne s'est jamais produit, les Etats dont ils ont la nationalité les "couvrant" certainement.

L'engagement de leur responsabilité individuelle devant les juridictions internes de l'Etat du national, et/ou de l'Etat d'enregistrement de la société, peut également être envisagé mais l'"affaire Blackwater" a mis en évidence les vides juridiques des législations, tant nationales que territoriales. Ainsi, même si la tendance de la législation américaine consiste à rapprocher le statut des employés des SMP de celui des membres des forces armées[47], il n'existe pour l'heure aucune jurisprudence en la matière devant les tribunaux fédéraux. De plus, les Etats-Unis ont passé un accord avec l'Irak qui assure aux employés des entreprises privées militaires une

---

[44] Voir les éclairantes analyses de M. Spinedi, *Private contractors* : responsabilité internationale des entreprises ou attribution à l'Etat de la conduite des personnes privées ?, *International Law Forum du droit international,* vol. 4, 2005, p. 273 et s. et La responsabilità dello Stato per comportamenti di *private contractors*, *in La Codificazione della responsabilità internazionale degli Stati alla prova dei fatti*, Giuffrè editore, 2006, p. 67 et s.

[45] Sur cette problématique, voir P.-M. Dupuy, "Le concept de société civile internationale" *in* H. Gherari, S. Szurek, Dir., *op.cit.*, p. 5 et s.

[46] Voir E. Lambert Abdelgawad, *op.cit.*, p. 165 et s.

[47] Depuis l'entrée en vigueur du *Military Extraterritorial Jurisdiction Act (MEJA)* en septembre 2004. Cité par E. Lambert Abdelgawad, *op.cit.*, p. 165, note 56.

immunité de poursuites en cas de violation des droits de l'homme[48]. Ils jouissent donc, *a minima*, d'une déresponsabilisation de fait.

Une deuxième solution, plus complexe que la précédente, serait de faire jouer la responsabilité des entreprises privées en considérant qu'elles sont directement responsables des actes illicites éventuellement commis. Si une telle imputabilité est concevable, en pratique de nombreuses difficultés demeurent. En premier lieu, les Etats font preuve de beaucoup de réticences pour admettre la responsabilité pénale des personnes morales en droit international. Le meilleur exemple provient sans doute de l'omission d'une telle responsabilité dans le Statut de Rome créant la CPI. En second lieu, très peu de législations nationales retiennent la responsabilité pénale des personnes morales pour commission de délits ou crimes internationaux[49] et, de surcroît, les exemples pratiques sont encore plus rares[50]. En l'état, l'engagement de la responsabilité des SMP apparaît donc irréaliste.

Il reste alors à envisager la troisième hypothèse, celle de la responsabilité internationale des Etats, éventualité qui a beaucoup retenu l'attention de la doctrine[51] et qui paraît la plus plausible dans la mesure où plusieurs fondements juridiques pertinents peuvent être trouvés. Cependant, il convient de préciser que ces fondements n'ont qu'une valeur *de lege ferenda* parce qu'ils font partie du projet d'articles élaboré par la CDI sur la responsabilité de l'Etat[52].

---

[48] Le Décret n° 17 de l'Autorité provisoire de la Coalition de 2003 leur reconnaît l'immunité de poursuites devant les tribunaux irakiens en cas de crimes ou délits commis lors des missions prévues par leur contrat avec l'Autorité provisoire ou les forces de la Coalition.

[49] L'exemple du Canada peut être donné avec la loi sur les crimes de guerre et crimes contre l'humanité, entrée en vigueur depuis octobre 2000 (C 24-2000). Cité par E. Lambert Abdelgawad, *op.cit.*, p. 164, note 48.

[50] Deux plaintes ont été déposées devant les juridictions américaines pour les infractions commises à *Abu Ghraib* contre les sociétés *Titan* et *Caci International*. Cité par E. Lambert Abdelgawad, *op.cit.*, p. 164, note 50.

[51] Le Professeur Spinedi est assurément l'auteur qui a le plus réfléchi à cette question. Les développements subséquents s'inspirent largement de ses travaux (Cf. note 44).

[52] Pour un commentaire de l'ensemble de ces articles, on se référera utilement à J. Crawford, Dir., *Les articles de la CDI sur la responsabilité de l'Etat*, Paris, Pedone, 2003.

Tout d'abord, selon l'article 4 de ce texte "le comportement de tout organe de l'Etat est considéré comme un fait de l'Etat d'après le droit international, que cet organe exerce des fonctions législative, exécutive, judiciaire ou autres, quelle que soit la position qu'il occupe dans l'organisation de l'Etat, et quelle que soit sa nature en tant qu'organe du gouvernement central ou d'une collectivité territoriale de l'Etat". Le terme "ou autres" montre que l'acception d'"organe de l'Etat" est très large incluant les Forces armées de l'Etat.

Dans ces conditions, une SMP à laquelle l'Etat aurait attribué par la voie contractuelle l'exercice de fonctions pour son propre compte peut-elle être rangée dans cette catégorie ?

A notre sens, la réponse est négative pour deux raisons : aucune législation étatique ne considère ce type d'entreprises privées comme un organe de l'Etat, y compris *de facto* ; les Etats rejettent catégoriquement la possibilité d'admettre que ces acteurs privés fassent partie de leurs forces armées.

Il faut alors se demander si l'article 5 du projet de la CDI, qui prévoit que "le comportement d'une personne ou entité qui n'est pas un organe de l'Etat au titre de l'article 4, mais qui est habilitée par le droit de cet Etat à exercer des prérogatives de puissance publique, pour autant que, en l'espèce, cette personne agisse en cette qualité, est considéré comme un fait de l'Etat d'après le droit international" constitue un fondement plus pertinent pour attribuer audit Etat la conduite de ces SMP. Comme le souligne, à juste titre, le Professeur Crawford "le terme générique "entité" traduit la grande diversité des organismes qui, bien que n'étant pas des organes de l'Etat, peuvent être habilités par le droit interne à exercer des prérogatives de puissance publique"[53]. Et de citer pêle-mêle les entreprises publiques, les entités parapubliques et les sociétés privées à condition que ces dernières soient habilitées par la législation de l'Etat concerné à exercer des fonctions à caractère public et que sa conduite se rapporte à l'exercice des dites prérogatives. Par exemple, dans son commentaire de l'article 5, le Professeur Crawford cite "des employés d'entreprises de sécurité privées... chargés d'assurer des fonctions de gardien de prison et... comportant, par exemple, un pouvoir de détention et des pouvoirs disciplinaires en application d'une sentence

[53] J. Crawford, Dir., *op.cit.*, p. 120.

judiciaire ou d'un règlement pénitentiaire"[54]. La question attendue et obligée consiste alors à s'interroger sur la possibilité pour les SMP d'entrer dans le cadre prévu à l'article 5. Pour répondre de manière affirmative à cette interrogation, nous pensons, à l'instar du Professeur Spinedi[55], que deux conditions doivent être réunies : la législation étatique doit prévoir la délégation de pouvoirs publics à une entreprise privée par la voie contractuelle ; les SMP doivent s'être vu confier explicitement par leur Etat de rattachement des prérogatives de puissance publique.

La principale difficulté sera alors de délimiter l'étendue du champ d'application de cette notion. S'il est évident que les activités militaires et paramilitaires, telle que la garde des prisonniers, entrent dans ce cadre, aucune réponse tranchée ne peut être donnée s'agissant de la protection de hauts dignitaires et la réponse est certainement négative pour ce qui concerne les fonctions d'approvisionnement, de transport et de construction d'infrastructures[56].

Dans ces conditions, il reste à se demander si l'article 8 du projet de la CDI qui dispose que "le comportement d'une personne ou d'un groupe de personnes est considéré comme un fait de l'Etat d'après le droit international si cette personne ou ce groupe de personnes, en adoptant ce comportement, agit en fait sur les instructions ou les directives ou sous le contrôle de cet Etat" constitue le fondement à la fois le plus large et le plus adéquat permettant d'attribuer audit Etat le comportement de ces SMP. Pour répondre de manière positive ou négative à une question aussi importante, plusieurs précisions doivent être apportées. D'abord, selon le paragraphe 2 du commentaire du Professeur Crawford, cet article couvre tout comportement de "personnes", publiques ou privées, relevant ou non d'une "activité publique"[57]. Ensuite, et surtout, la question principale a trait à la notion de "contrôle". En effet, comment apprécier le degré du contrôle effectué par un organe étatique sur une SMP ?

---

54 *Op.cit.*, p. 120.

55 Voir M. Spinedi, "*Private contractors* : responsabilité internationale des entreprises ou attribution à l'Etat de la conduite des personnes privées ?", *op.cit.*, p. 277.

56 En ce sens, voir M. Spinedi, *op.cit.*, p. 277.

57 J. Crawford, Dir., *op.cit.*, p. 131.

Ce problème a été examiné par la Cour internationale de justice (CIJ) dans l'affaire des *Activités militaires et paramilitaires*[58] qui a considéré que l'existence d'un contrôle "effectif" de l'Etat sur une personne ou un groupe de personnes constituait le critère nécessaire et suffisant pour imputer à un Etat le comportement d'une personne publique ou privée. Le Tribunal pénal international (TPI) dans l'affaire *Tadic* a aussi examiné cette question en jugeant qu'un contrôle "global" de l'Etat sur une personne ou un groupe de personnes suffisait pour que leur comportement soit imputé à la personne étatique. Ce critère est moins restrictif que celui posé par la CIJ dans l'affaire des *Activités militaires et paramilitaires*, la Chambre d'appel précisant d'ailleurs à cet égard qu'elle "ne voit pas pourquoi le droit international devrait imposer en toutes circonstances un seuil élevé pour le critère du contrôle"[59]. Dans son commentaire de l'article 8, le Professeur Crawford estime que la CDI a opté pour le critère du contrôle "effectif", puisqu'il écrit "ce comportement ne peut être attribué à l'Etat que si ce dernier a dirigé ou contrôlé l'opération elle-même et que le comportement objet de la plainte faisait partie intégrante de cette opération"[60]. Après avoir apporté ces précisions, il nous paraît évident que les SMP entrent bien dans le champ d'application de cet article puisque, comme le souligne C. Olsson, ces entreprises qu'elles "entretiennent ouvertement des liens étroits avec leur Etat d'origine, ou qu'elles affichent une relative autonomie, sont toutes sous-tendues par des réseaux de professionnels étroitement liés aux bureaucraties et aux services gouvernementaux"[61]. Aussi, peu importe que ces sociétés aient passé des contrats, confidentiels ou non, avec un Etat, exprimant ou n'exprimant pas des prérogatives de puissance publique, pour que leurs faits ou actes soient imputés à l'Etat, celui-ci avançant pour ainsi dire "masqué" derrière ces sociétés qui représentent des instruments de sa politique extérieure, comme l'"affaire Blackwater" l'a mis en évidence. Mais en pratique, il serait très difficile d'établir la preuve du degré de contrôle exercé par un

---

[58] CIJ, *Rec.*, p. 14 et s.

[59] Affaire IT-94-1, *Le Procureur c. Tadic* (1999), *ILM*, vol. 38, p. 1541, par. 117.

[60] J. Crawford, Dir., *op.cit.*, p. 131.

[61] C. Olsson, Les entreprises para-privées de coercition : de nouveaux mercenaires ?, *Culture et Conflits*, n° 52, 4/2003, www.conflits.org/article cité par E. Lambert Abdelgawad, *op.cit*, p. 161.

Etat sur de telles sociétés. Comme le suggère subtilement le Professeur Spinedi, le renforcement des obligations internationales de l'Etat relatives à la prévention et à la répression des comportements de ces SMP contraire aux droits de l'homme et au droit humanitaire[62] pourrait constituer une mesure plus efficace et plus dissuasive que les dispositions actuelles prévues par les différents articles pertinents du projet de la CDI sur la responsabilité de l'Etat. Ce dispositif rendrait aussi sans doute moins contraignant l'engagement de la responsabilité de ces acteurs privés dans les opérations de paix. En effet, en droit positif, cette responsabilité reste très hypothétique.

2°) - La responsabilité hypothétique des sociétés militaires privées dans les opérations de paix

Tout d'abord, il convient de préciser qu'il n'existe pas de dispositions spécifiques qui régissent le comportement des SMP et de leurs employés dans les opérations de paix.

Il s'ensuit que le flou le plus total règne autour d'un éventuel engagement de leur responsabilité, pour la commission de faits violant les droits de l'homme ou le droit humanitaire lors de ces opérations. Dans le silence des textes, il faut se référer aux dispositions applicables aux forces nationales constitutives des contingents multinationaux agissant dans les opérations de paix onusiennes. Elles ont d'ailleurs sans doute été créées en raison de la fiction juridique consistant à vouloir engager la responsabilité de l'Organisation elle-même ou, à un moindre titre, du fait de la difficulté pratique d'engager la responsabilité d'un gouvernement pour une irrégularité commise par un contingent national. Dans ces conditions, il existe une Convention sur la sécurité du personnel des Nations Unies et du personnel associé, entrée en vigueur en janvier 1999[63], qui précise à la fois leurs droits et leurs obligations, leur accordant des privilèges et des immunités tout en prévoyant la mise en œuvre de leur

---

[62] Voir M. Spinedi, "*Private contractors* : responsabilité internationale des entreprises ou attribution à l'Etat de la conduite des personnes privées ?", *op.cit.*, p. 279.

[63] Ce texte a débord été adopté par une résolution de l'Assemblée générale onusienne. Voir A/Res45/49 du 17 février 1995.

responsabilité pour le non respect des droits de l'homme et du droit humanitaire. A ce dernier titre, une circulaire intitulée *Respect du droit international humanitaire par les forces des Nations Unies*, et adoptée le 6 août 1999 par son Secrétaire général[64], prévoit que le personnel concerné est soumis à la plupart des règles du droit international humanitaire. Toutefois, cette circulaire a un champ d'application restreint *ratione materiae* et *ratione personae* puisque, d'une part, elle ne s'applique qu'aux opérations sous le commandement et le contrôle de l'ONU et donc pas aux opérations entreprises par un Etat ou une coalition d'Etats avec l'autorisation du Conseil de sécurité et que, d'autre part, l'article 4 de cette circulaire dispose qu'"en cas de violation du droit international humanitaire, les membres du personnel militaire d'une force des Nations Unies encourent des poursuites devant les juridictions de leur pays", l'absence voulue de poursuites internationales faisant nécessairement douter de l'efficacité d'un tel mécanisme.

Peut-on alors appliquer, de manière extensive, ces deux textes aux SMP et à leurs employés ? S'agissant de la Convention sur la sécurité du personnel des Nations Unies et du personnel associé, son article 1 est applicable aux catégories suivantes : les personnes engagées ou déployées en tant que membres des forces militaires, de police ou civils d'une opération des Nations Unies, les personnes affectées par un gouvernement ou par une Organisation intergouvernementale avec l'accord de l'ONU, les personnes engagées par le Secrétaire général ou déployées par une ONG, en vertu d'un accord avec le Secrétaire général pour mener des activités relatives à l'exécution du mandat d'une opération onusienne. Par conséquent, si l'on s'en tient à une lecture littérale de cette Convention, les employés des SMP ne sont certainement pas couverts par cet article dans la mesure où leur intervention dans les opérations de paix n'est pas prévue par un accord passé avec l'ONU. En ce qui concerne la circulaire du 6 août 1999, son champ d'application restrictif y exclut nécessairement les employés des SMP.

Il faut alors constater, sinon déplorer, l'absence de dispositions explicites concernant la responsabilité de ces SMP et de leurs employés dans les opérations de paix. Les atteintes potentielles que représentent ces personnes morales et physiques pour la paix et la

---

[64] Voir UN doc. ST/SGB/1999/13.

sécurité internationale nécessitent, à notre sens, l'élaboration d'un dispositif juridique permettant de réprimer effectivement et efficacement les éventuelles violations du droit international commises au cours d'opérations de paix.

En définitive, la participation des acteurs privés à la sécurité collective a changé les données, les Etats agissant tapis, notamment derrière les SMP. Incontestablement, le droit de la sécurité collective est en retard par rapport aux faits. Pour rétablir la synchronie entre les faits et le droit, il est nécessaire d'encadrer juridiquement ces acteurs privés afin qu'ils ne fassent pas courir de nouvelles menaces à la paix. Cette nécessité est d'autant plus impérieuse que les partenariats entre acteurs publics et privés, d'un côté, et entre acteurs privés, d'autre part, s'intensifient dans les opérations de paix[65] conduisant dans une certaine mesure à une privatisation de la sécurité collective. Dès lors, le véritable défi à la légalité internationale ne serait-il pas celui posé par ces acteurs privés ?

Nice, le 10 décembre 2007

---

[65] Pour de plus amples développements, voir G. Carbonnier, *op.cit.*, p. 725.

LA RUSSIE ET L'UNION EUROPEENNE, QUEL AVENIR ?

par

Jean-Paul GUICHARD
Professeur de Sciences Economiques
à l'Université de Nice - Sophia Antipolis

L'Europe, celle de l'Ouest tout au moins, a commencé à s'unir au lendemain de la 2ème guerre mondiale, au temps de la guerre froide. Toutefois, des cette époque, certains esprits particulièrement perspicaces, pensaient que la division de l'Europe entre l'Est et l'Ouest n'était que provisoire…

L'Europe ? Cela va "de l'Atlantique à l'Oural" déclare le générale De Gaulle dans les années 60, indiquant par là très clairement que la Russie, bien que momentanément éloignée du "projet Européen", avait vocation à rejoindre celui-ci quand les circonstances seraient différents.

Et justement, les temps ont changé ! L'Union Soviétique n'existe plus et l'Union Européenne, bien qu'elle soit élargie, traverse une période de doute comme l'ont bien montré les "non" français et néerlandais au projet de constitution élaboré par les chefs des Gouvernements. A l'évidence, le "projet Européen", pour redevenir mobilisateur, a besoin d'être clair sur la question de la "géographie politique" de l'Europe : quels sont les peuples "Européens" et quels sont ceux qui ne le sont pas ?

Dans ce qui suit, on s'efforcera de montrer, à la lumière de l'histoire notamment, que si l'Union Européenne (UE) n'éclate pas, elle devra nécessairement faire un choix entre deux destins exclusifs l'un de l'autre, avec ou sans la Russie.

PUISSANCE, DOMINATION ET ... ECONOMIE POLITIQUE

Un retour à "l'économie politique" est bien utile pour l'analyse des lignes de forces géopolitiques du monde contemporain. Dans une large mesure on peut trouver une source d'inspiration féconde dans la méthode initiée par un grand économiste anglais ; cet économiste, c'est William Petty dont l'ouvrage "L'arithmétique politique" est publié en 1671, peu de temps après la guerre civile anglaise. Son contenu : de la comptabilité nationale avant François Quesnay, de la sociologie politique avant Max Weber, de l'économétrie et de la géopolitique avant même, bien avant, que les mots ne soient inventés ! Bref, il s'agit tout simplement d'un petit livre "d'économie politique" ... l'économie politique, un mot français qu'il faudrait remettre à l'honneur face aux prétentions scientistes de la "science économique" !

Les "bons conseils" au roi d'Angleterre pour dominer le "monde du commerce", il s'agit de cela, procèdent d'une vraie démarche scientifique. L'auteur montre qu'il y a une relation étroite entre la richesse d'une nation et sa puissance, qu'une nation comme l'Angleterre trouvera avantage à dominer le monde – le monde du commerce et des affaires- grâce à sa domination politique et militaire, principalement sur les mers, face au grand rival qu'est à l'époque la France.

Une nation dominante trouve ainsi, ou peut trouver, des avantages économiques à sa domination ; dès lors, elle cherche à reproduire cette domination : ce fut le cas pour l'Empire Britannique jadis, c'est le cas de nos jours pour l'Empire américain. Il faut avoir ce genre de chose en tête pour analyser les relations de la Russie avec le reste du Monde, notamment avec l'Europe de l'ouest, plutôt que de se laisser aveugler par des jugements de valeur particulièrement fréquents dans le cas de la Russie.

POSITIONS POLITIQUES FRANÇAISES ET VISIONS DE LA RUSSIE

La façon d'imaginer la Russie, ou de concevoir les relations entre la France et la Russie procède très souvent de catégories morales, c'est bien ou c'est mal !

Pour la droite "légitimiste" française de l'époque de la "restauration", à partir de 1815, le régime tsariste est merveilleux…. Même si la puissance de la Russie commence à inquiéter ! A l'inverse, un peu plus tard, les républicains de 1848 s'indignent de la façon dont la Russie traite la Pologne et du maintien du servage. Plus près de nous, l'Union Soviétique était un vrai paradis pour les partis communistes occidentaux alors même que les autres partis dénonçaient le régime totalitaire qui était le sien. Il y a une réelle difficulté à s'abstraire des images toutes faites ; c'est que, en effet, ces images sont socialement construites et qu'elles ont par conséquent une efficacité certaine.

A ceux qui glorifiaient le régime tsariste en France, le républicain et grand historien Jules Michelet, dans son livre "Légendes démocratiques du Nord" lance, un demi siècle avant la révolution d'octobre, cette phrase prémonitoire : "Telle est la propagande russe, infiniment variée : aujourd'hui elle nous dit "nous sommes le christianisme", demain elle nous dira "nous sommes le socialisme".

Il faut dire que les thuriféraires du tsarisme, au XIXème siècle, avaient eu des prédécesseurs : qu'on se souvienne de Diderot, vieux gâteux baisant la main de la tsarine dans son boudoir, en lui débitant des fadaises sur la liberté alors même que la situation du servage ne cessait de s'aggraver en Russie !

Vue depuis la France, la Russie était en quelque sorte tellement "exotique" qu'on pouvait lui faire dire n'importe quoi, l'utiliser à l'appui de n'importe quel discours politique !

MACKINDER ET LE "PIVOT DE L'HISTOIRE"

A la grande époque de l'Alliance franco-russe (1894) et de l'entente cordiale, la géopolitique anglo-saxonne va développer des schémas de pensée qui resteront actifs jusqu'à nos jours, en insistant sur l'opposition des peuples de la terre et de ceux de la mer.

Dans un article de 1904, "Le pivot géographique de l'histoire", John Mackinder imagine le monde de la façon suivante. L'essentiel, c'est l'Eurasie ; et l'Eurasie contient le "heartland" ; il s'agit grosso modo de l'ex Union soviétique, ou de l'ex Empire Russe, peut être une incarnation moderne de l'Empire Mongol ? Autour de cette zone, il y a "l'anneau intérieur" (Europe occidentale, Moyen-Orient, Asie du sud et du sud-est), puis des archipels "extérieurs" (Grande-Bretagne et Japon) ; et enfin, autour de ce bloc "pivot", il y a les grandes "îles" : les Amériques, l'Afrique, l'Australie. Compte tenu de sa masse, le continent Eurasie, s'il est uni, peut dominer le monde…

Si les puissances maritimes (Grande-Bretagne, Etats-Unis) contrôlent "l'anneau intérieur", alors elles peuvent contrôler le monde dans son ensemble, et tout va bien ! Mais si, au contraire, il y a unification de cet "anneau intérieur" et du "heartland", de l'Europe occidentale et de la Russie, c'est épouvantable !

Cette phobie, il s'agit dans une large mesure de cela, s'inspire sans doute de ce qu'il est advenu au tout début du XIXème siècle lorsque Napoléon entendait unifier l'Europe continentale et promouvoir le blocus continental.

Un peu plus tard, les prétentions supposées de la "troisième Rome", la Russie, à atteindre les mers chaudes (Méditerranée, Océan Indien) et à contrôler cet anneau intérieur, notamment la Turquie, ou bien la péninsule indienne via l'Afghanistan, apparaissent comme particulièrement intolérables à l'Empire britannique ! Il s'agit de phantasmes, certes, mais ceux-ci ont de l'efficacité : l'Angleterre réussit à entraîner la France de Napoléon III à ses côtés et à ceux de la Turquie dans la plus stupide des guerres, l'expédition de Crimée…

L'ALLIANCE RUSSE

Plus tard encore, l'alliance franco-russe est un évènement stupéfiant ! La Monarchie de droit divin la plus rétrograde fait une alliance avec le diable, le pays des révolutions qui est, en 1894, la seule république en Europe ; la marseillaise, hymne incendiaire et jusque là interdite en Russie, est jouée devant le tsar à Kronstadt pour accueillir un Président de la République et son escadre. L'industrialisation russe peut désormais compter sur l'épargne française et la France sort enfin de l'isolement apeuré dans lequel l'avait plongée la défaite de 1870 et la politique de Bismarck.

Cela avait été rendu possible par le fait que Guillaume II, qui s'était séparé de Bismarck, entendait s'affranchir de toute alliance de long terme, notamment avec la Russie, n'admettant pour son pays que des accords circonstanciels à l'image de la politique de l'Angleterre ; de plus, la volonté de celui-ci et celle de l'amiral Tirpitz, de créer une flotte de guerre "à nulle autre seconde", danger potentiel mortel pour la domination impériale anglaise sur le monde, entre pour beaucoup, d'abord dans le rapprochement avec la France, l'entente cordiale, puis dans l'alliance à trois avec la Russie, alliance qui sera très efficace dans la guerre, notamment au moment de la bataille de la Marne en 1914.

La question de la reconduction ou non, dans les années 30, de l'alliance avec la Russie, qui est devenue entre temps l'Union Soviétique, va diviser profondément la France qui est un pays dans lequel la République est loin d'être admise par tous à cette époque là. Un livre récent et remarquable, "le choix de la défaite"[1] montre que la droite française et les milieux d'affaires (le "comité des forges", la Banque de France, etc....) firent tout pour torpiller les projets d'alliance, notamment militaire, avec l'Union Soviétique, pour des raisons idéologiques ; pour cela un roi de Yougoslavie et un ministre français partisans de l'alliance russe furent assassinés à Marseille... On connaît la suite : la défaite de Dunkerque et ce qui fut pour la

[1] LACROIX-RIZ Annie, "Le choix de la défaite, Les élites françaises dans les années 1930", Armand Colin, 2006.

droite française une "divine surprise" : la mise au rencart de la République !

En dépit des vicissitudes politiques, De Gaulle comprend l'importance de la Russie avec laquelle il faut développer de bons rapports, pour l'Europe comme pour la France ; pendant la guerre d'abord, il fait le voyage à Moscou pour rencontrer Staline ; dans les années 60 ensuite, lorsqu'il est président et qu'il parle de "l'Europe, de l'Atlantique à l'Oural", reprenant en bon historien qu'il était, une définition retenue à l'instigation du tsar Alexandre I au congrès de Vienne, en 1815, et qui visait à bien montrer le "caractère Européen" de la Russie…

LA STRATEGIE DU "CONTAINMENT"

L'Alliance des démocraties occidentales avec l'Union soviétique (les quatre "grands") pendant la guerre contre l'Allemagne Nazie n'est qu'une alliance de circonstance sans réelle coordination ; les uns et les autres mènent leurs opérations militaires sans en informer le ou les partenaires, à l'inverse de ce qui s'était fait durant la première guerre mondiale. La fin de la guerre va dissoudre cette "alliance" et faire place à ce qui va être appelé "la guerre froide". Les Etats-Unis, nouvelle puissance dominante, s'inspirant en cela des conceptions de Mackinder, vont mettre en œuvre une stratégie dite du "containment" du bloc soviétique. Tout autour de ce bloc sont constituées des alliances politiques et militaires (OTAN, OTASE, etc.…) dont l'application conduit à la mise en place de points d'appui militaires : il s'agit , dans les argumentaires, de la défense de la liberté contre le totalitarisme.

Dans ce dispositif, quelques pays jouent un rôle spécialement important : la Turquie, ennemi traditionnel de la Russie, l'Arabie Saoudite, importante pour l'approvisionnement en pétrole, et, bien sur, le Japon, protectorat américain, sans parler de l'Allemagne (de l'ouest), autre protectorat.

En dépit de l'effondrement de l'Union Soviétique, la politique des Etats-Unis, et du désormais "fidèle second" qu'est la Grande-

Bretagne, va demeurer presque inchangée : elle va continuer à considérer la Russie, sinon comme "l'ennemi", au moins comme un danger potentiel. Alors, elle va poursuivre la stratégie du "containment" : au Caucase et en Asie Centrale notamment en y installant des bases militaires et en nouant des alliances...

Mais quel est donc le danger que représente la Russie très affaiblie d'aujourd'hui ? Fondamentalement, toujours le même : celui d'une unification du "heartland" et de l'anneau intérieur, de la Russie et de l'Europe occidentale ; en transposant, ce serait le cauchemar d'une entente durable entre Napoléon (avec ses "fidèles Bavarois") et Alexandre Ier !

Qu'on veuille bien se souvenir de l'émotion suscitée aux États-Unis, un peu avant l'intervention américaine en Irak, par la prise de position commune adoptée par la Russie, l'Allemagne et la France...

LA PUISSANCE AMERICAINE...ET L'EUROPE

Les Etats-Unis ont encouragé le processus d'unification Européenne, à ses débuts : c'était au temps de la guerre froide, il y avait "danger" !

Mais que signifierait un partenariat étroit, voire même une "Union" à long terme, entre la Russie (ou même les Russies, les trois Russies) et l'actuelle Union Européenne ? Pour l'Union Européenne, un partenariat étroit avec la Russie donnerait une force supplémentaire considérable à l'ensemble : sur le plan scientifique, notamment dans le domaine de l'espace, sur le plan économique, notamment dans le domaine de l'approvisionnement énergétique, et surtout, sur le plan militaire dans lequel l'apport russe serait décisif ! Tout cela, la Président Poutine l'a expliqué tranquillement, dans un discours prononcé en allemand devant le parlement allemand, à Berlin.

Dans un tel scénario, l'Union Européenne, au sens large, avec la Russie, pourrait ne plus être un protectorat des USA mais être un partenaire et un égal de l'Amérique ; mais un égal, cela peut devenir un rival : voilà une perspective qui est intolérable et que redoute le Président Bush et son équipe.

Actuellement, et depuis longtemps, la politique américaine est organisée de la façon suivante :
- une chasse gardée : les Amériques ;
- des protectorats importants : le Japon, l'Union Européenne ;
- une grande zone à contrôler, notamment pour le gaz et le pétrole : le Moyen-Orient...et ses extensions vers l'Asie Centrale ;
- enfin la Russie qu'il faut contenir, abaisser et éviter qu'elle ne se rapproche par trop de l'Union Européenne.

Le seul rival envisagé, dans l'avenir, est pour l'instant un partenaire privilégié des USA : la Chine. Ce "petit pays", si on donne du crédit aux statistiques internationales de PIB exprimées en dollars, ne pèserait que 5% du PIB mondial, à peu près comme la France ou l'Angleterre ; si on prend des instruments de mesure plus sérieux, les parités de pouvoir d'achat, alors la Chine apparaît comme la seconde puissance mondiale (17% du PIB mondial contre 23% pour les USA) ... et bientôt la première ! Face à l'angoisse qui en résulte, les Etats-Unis veulent absolument conserver leur leadership mondial : au nom de la démocratie, bien évidemment, comme on a pu le constater au Kosovo ou en Irak. Pour cela il faut simultanément : affaiblir la Russie, maintenir l'Europe, l'Union Européenne, dans son état de dépendance vis-à-vis de l'Amérique.

Pour que l'Europe ne risque pas de devenir une puissance réelle, il est nécessaire qu'elle perde de sa cohésion ; il faut pour cela : la pousser à une extension rapide et large, favoriser absolument l'entrée de la Turquie, s'appuyer à l'intérieur de l'Union, sur des alliés "surs" comme la Pologne, et enfin, à terme, faire entrer l'Ukraine comme couronnement de l'entreprise de division du monde slavo-orthodoxe. La réalisation rapide d'un tel "grand marché" constitue une méthode certainement efficace pour que l'Europe ne puisse pas exister en tant que Puissance.

Dans le même temps, la stratégie US vise à affaiblir la Russie : la dissocier d'avec l'Ukraine, la dissocier d'avec les républiques turcophones d'Asie Centrale ou du Caucase en s'appuyant sur la

Turquie et la turcophonie, faire en sorte que l'exportation du gaz et du pétrole de la mer Caspienne et d'Asie Centrale évite le territoire de la Fédération de Russie, susciter ou encourager, à l'intérieur même de la Fédération de Russie, des mouvements indépendantistes. A cet égard, ce qui s'est passé dans le Caucase pour l'évacuation du pétrole de la Caspienne est révélateur ; deux tracés d'oléoducs étaient possibles : l'un par le Nord du Grand Caucase, par Groznyï, qui était le moins onéreux et qui avait donc la préférence des Compagnies pétrolières (principalement américaines en l'occurrence), l'autre par le Sud du Grand Caucase, par la Géorgie d'abord puis la Turquie jusqu'à son débouché en Méditerranée, était beaucoup plus coûteux. Mais voilà, il y a eu l'agitation islamiste, puis la guerre, notamment en Tchétchénie, provoquant une grande insécurité dans cette région ; le tracé "sud", bien que beaucoup plus coûteux, a donc été retenu ! Nombreux sont ceux qui prétendent que la CIA a joué un rôle actif dans le processus de création de l'insécurité dans cette zone…

LE CHOIX DE L'EUROPE

Actuellement amoindrie, la Russie ne constitue une menace réelle pour personne, et surtout pas pour l'Union Européenne dont elle devrait constituer le partenaire naturel principal. Elle ne constitue une menace ni pour l'Europe, ni pour les États-Unis. Elle constitue un danger, par contre, la stratégie de puissance et d'hégémonie menée par l'actuel gouvernement américain, dans la mesure où pourrait s'instaurer entre elle et l'Union Européenne un partenariat très étroit, débouchant à très long terme sur la totale unification de l'Europe, de l'Atlantique au Pacifique ; un tel partenariat permettrait alors à la "vieille Europe" de peser aussi lourd que l'Amérique dans un monde multipolaire…

Si l'Union Européenne veut constituer réellement l'union de toute l'Europe et faire de celle-ci une Puissance mondiale, il faut s'orienter vers ce rapprochement avec la Russie.

Celle-ci est entrée dans le "Concert Européen" avec Pierre le Grand ; même si le mot n'existait pas encore à cette époque là, il s'agissait d'une pratique de concertation des principales puissances

Européennes ; en 1815, au Congrès de Vienne au cours duquel on utilise cette expression, la Russie joue les premiers rôles ; il n'y a guère que durant la période soviétique que la Russie s'est éloignée de l'Europe, toute occupée qu'elle était de son rôle mondial. Ramenée désormais à des proportions plus modestes, elle se tourne à nouveau vers l'Europe : l'érection à Moscou d'une immense statue de Pierre le Grand conduisant son bateau en direction de l'ouest l'indique clairement.

L'Union Européenne devra un jour ou l'autre choisir clairement une stratégie à long terme : soit l'Europe "Européenne", à laquelle aurait certainement souscrit le général De Gaulle, avec cet élément de premier plan du "concert Européen" que constitue la Russie, soit l'Europe "Atlantique", protectorat des Etats-Unis, avec la Turquie, héritière d'un empire défunt, l'Empire Ottoman, qui n'a jamais été admis dans ce "concert Européen".

Trois siècles d'histoire répondent en faveur de la première de ces hypothèses.

TRES LIBRES ET TRES BREFS PROPOS POUR EN FINIR AVEC L'IDENTIFICATION ORGANIQUE DU SERVICE PUBLIC !

par

Didier LINOTTE
Professeur agrégé de Droit Public
à l'Université de Nice - Sophia Antipolis
Ancien Recteur de l'Académie de Nice

La Bible raconte que lorsque le Dieu Créateur... et vengeur ! voulut punir les constructeurs de la Tour de Babel pour leur péché d'orgueil, il confondit leurs langages afin qu'ils ne s'entendissent plus.

Parmi les nombreux sujets contemporains de confusion du langage, le mot service public nous paraît figurer en bonne place. Qu'il s'agisse de lutter contre leur disparition, leur "privatisation" ou leur démantèlement, le service public objet de ces sollicitudes apparaît moins comme une fonction d'intérêt général exercée dans l'intérêt du public que comme un territoire, un secteur, un organe ou un statut à pérenniser.

Jean-Marie Rainaud, qui a consacré une large part de ses enseignements et de ses recherches à la question du service public, n'a jamais été victime de ce travers confusionniste. Il a consacré, notamment, un remarquable et remarqué "Que sais-je ?" à "La crise du service public" qui n'est pas sans rappeler, en raison de son caractère lumineux, celui que Prosper Weil écrivit sur le "Droit administratif"[1].

---

[1] J.M. Rainaud, La crise du Service Public français, Que Sais-Je ? PUF 1999 ; P. Weil, Le droit administratif, Que Sais-Je ? PUF 1963.

Tout au long de son ouvrage, le professeur Jean-Marie Rainaud débusque et démasque, parfois d'une langue allègre, faux-semblants et confusions : "L'imprécision domine : du service public on glisse sensiblement vers des notions par ailleurs aussi vagues que celle du secteur public, entreprises publiques, opérateur public"[2]. Il dénonce en effet, à juste raison selon nous, la dérive organiciste ou institutionnelle, ainsi que son corollaire "sectoriel" ou "statutaire" qui veut qu'un "service public" soit considéré comme un organe ou une institution, ou comme il l'écrit encore lui-même : "Le tout est encore brouillé par les nationalisations ou les hasards de création d'entreprises publiques avec pour conséquence une confusion de vocabulaire, l'assimilation erronée du service public et du secteur public, un sentiment d'omniprésence du service public"[3].

A l'inverse, Jean-Marie Rainaud s'efforce toujours de ramener le service public vers son essence, c'est-à-dire son but, sa mission.

*

* *

Peut-on avec lui, aujourd'hui, poursuivre et prolonger l'examen de quelques points autour de cette importante question ?

A l'occasion d'une autre contribution en l'honneur d'un collègue[4], nous écrivions – à propos du droit administratif français - : "...le cœur (en) reste évidemment et surtout le service public. A condition de ne pas confondre le service public avec ses organes, statuts et régimes qui n'en sont au mieux que des conséquences, pas toujours utiles ..." ; Ne pas confondre ces éléments avec "la réalité essentielle : la définition de la mission, son organisation, son financement, bref le cahier des charges".

---

[2] J.-M. Rainaud, op. cit., pp. 58-59.

[3] Ibidem, pp. 28-29.

[4] Que reste-t-il... du droit administratif français ? Libres propos et trois petits tours, en hommage à Jean Touscoz, France Europe Editions, 2007, p. 468.

*

C'est ce point de vue qu'il convient d'expliciter et développer un peu, en s'attachant surtout à montrer donc, selon nous, ce que n'est pas le service public (I) et ce qu'il est toujours et encore (II).

I - CE QUE N'EST PAS LE SERVICE PUBLIC

Parmi les erreurs communes et fréquentes que suscite le mot "service public", on peut identifier au moins trois idées fausses, souvent convergentes et complémentaires :

- l'identification organique et statutaire (A) ;
- le service public indélégable (B) ;
- le service public constitutionnel (C).

A- La dérive organique et statutaire

La littérature juridique française consacrée à la théorie classique du service public – et à sa crise, notamment en raison de l'absence d'une identification organique et statutaire fiable – est particulièrement abondante.

On reproduit ici la bibliographie sélective (voir annexe) que nous avons retenue, avec Raphaël Romi, dans notre manuel de Droit du Service public[5].

Il résulte de son examen que les efforts de certains courants doctrinaux pour enfermer le service public dans un carcan organique et statutaire n'ont jamais été, à aucune époque, suivis par le juge ; qu'il s'agisse du Conseil d'Etat, du Tribunal des Conflits et même de la Cour de Cassation.

---

[5] Didier Linotte et Raphaël Romi, Droit du Service Public, Litec, 6ème éd. 2007, pp. 7 et 8.

C'est pourquoi toute confusion tendant à utiliser le mot ou l'expression Service Public, généralement pourvu pour la circonstance de deux majuscules, pour qualifier un organe ou un statut déterminé doit être implacablement proscrite.

A l'origine, et selon la méthode d'analyse proposée, avec l'école de Bordeaux par Roger Bonnard, l'élément organique n'est qu'un critère du service public.

Face en effet à un concept non pourvu d'une définition légale ou d'une qualification préétablie, la jurisprudence, plus ou moins systématisée par la doctrine, a été à la recherche d'indices ou d'éléments de preuve permettant d'établir, avec un plus ou moins grand degré de certitude, la présence incontestable du service public.

L'existence d'une personne morale de droit public prenant en charge l'activité en cause est un indice fort de l'existence ou de la qualification possible du service public. A fortiori, comme lorsque dans un établissement public la personnalité morale de droit public a été spécifiquement constituée en vue de l'accomplissement de la mission spécialement définie par ses statuts.

A contrario, d'ailleurs, et sauf exception marginale et accessoire, la personne publique ne pourrait guère accomplir d'autre chose qu'un service public, qui lui constitue en même temps sa raison d'être et sa limite.

De même, le critère matériel est attesté par le caractère d'intérêt général de l'activité poursuivie et le critère formel en raison du régime juridique exorbitant – incluant le régime financier – et procédural déployé.

Mais la réciproque n'est jamais vraie et n'a jamais été vraie. L'existence, pourtant indubitable, d'un service public n'exige aucunement ni la constitution organique de la personnalité publique ou de la propriété publique, ni même l'utilisation d'un régime de droit public. Seul l'élément matériel – la mission d'intérêt général – est à la fois un critère, ie un élément d'identification, et une condition d'existence pour le service public.

Il n'y a pas de service public sans activité d'intérêt général. Mais, bien sûr, il peut y avoir service public sans personne morale de droit public et sans régime de droit public.

A vrai dire (cf. infra) l'élément organique ne peut rester comme condition nécessaire qu'à travers un lien de dépendance concrétisé par une indispensable investiture accompagnée d'un pouvoir de contrôle.

B- Le service public prétendument indélégable

Pour contrer la distension du lien organique du service public résultant tant de l'émergence des services publics industriels et commerciaux que du recours à l'exercice par des personnes privées est apparue l'idée pour ne pas dire la théorie des services publics "indélégables".

A l'origine, on le sait, cette idée repose sur une construction échafaudée à partir de l'arrêt classique du Conseil d'Etat de 1932, Ville de Castelnaudary, rendue en matière de police municipale. Après avoir vu son champ d'application réduit à la manière d'une peau de chagrin, cette idée a repris quelque consistance apparente à travers une position plus récente du Conseil d'Etat, exprimée en matière consultative[6].

Mais la situation se complique singulièrement dès que l'on essaye de définir un secteur ou un territoire du service public indélégable.

La thèse des services publics régaliens – Justice, Défense, Police, Monnaie – a paru un temps fournir une explication séduisante et satisfaisante.

---

[6] Avis du Conseil d'Etat du 7 octobre 1986 et avis n° 373.788, 13 février 2007, relatif aux conditions de mandat conclues en matière de recettes et de dépenses de collectivités territoriales, AJDA 2008, p. 787.

Mais on a vu rapidement que chacun de ces secteurs connaît des hypothèses, dont la fréquence ne fait que croître, de délégation. Ce qui a poussé, plus loin, à tenter de déterminer non un secteur, non un territoire, mais au cas par cas, et service par service, les tâches qui constituent le "cœur" du métier indélégable.

Monsieur Jean-Joël Governatori, qui a consacré une thèse importante[7] à la "Stratégie du "faire faire" et le droit français des missions d'intérêt général" estime, pour sa part, et nous partageons son avis : "qu'il est difficile de donner une définition, extensive ou compréhensive, de la notion d'activité indélégable par nature... (et qu'il) est difficile de dégager un fondement constitutionnel général justifiant l'existence d'un principe d'indélégabilité des services publics en raison de leur nature. Selon nous (écrit encore J.J. Governatori), à l'exception de rares cas, il n'est rien dans le droit positif qui s'oppose à ce que le système concessif soit utilisé pour tous les services publics".

En réalité, la seule vraie limite à l'utilisation de la délégation est le principe même de l'Etat ou de la Collectivité Publique, c'est-à-dire la compétence ou encore la souveraineté.

Tout le reste est aménagement, et l'on devrait écrire doit être aménagement, en fonction des circonstances, des opportunités, en vue du meilleur service possible.

C- Les services publics prétendument constitutionnels

La notion de service public constitutionnel est parfois confondue avec la notion de service indélégable.

Certes, ces deux notions sont en rapports étroits et présentent de larges plages de recoupement. Parce que prévus, ou mentionnés

---

[7] J.J. Governatori, La stratégie du "faire faire" et le droit français de l'organisation des missions d'intérêt général, thèse Nice, décembre 2008, p. 129 ss.

dans la Constitution, voire "exigés" par elle, ils ne pourraient être délégués[8].

Or, les questions de "service public obligatoire" pour l'Etat – ce qu'il faut entendre par service public constitutionnel, à supposer la notion fondée, ce qui est un autre débat – et de service public indélégable sont évidemment intellectuellement distinctes.

La notion de service public constitutionnel vise des catégories de service dont le Conseil Constitutionnel estimerait que, visés par la Constitution, l'Etat doit en garantir l'exercice aux citoyens.

Il en va ainsi des services régaliens – Justice, Police, Défense, etc. – ainsi que de l'Education, la Santé et l'Aide sociale. Cela impliquerait, le cas échéant, que ces activités ne puissent être transférées au marché mais ne préjuge en aucun cas de la modalité de délivrance de la prestation de service public : en régie ou par délégation.

Même débarrassée de sa confusion avec la notion de service indélégable, la notion de service public constitutionnel reste éminemment contestable. Cette notion n'est fondée qu'à partir d'une extrapolation d'une incidente remarque du Conseil Constitutionnel[9], restée unique et sans postérité, au sein d'une décision dont elle ne constitue pas le support utile. Appuyée largement sur les dispositions instituant des droits-créances par le préambule de la Constitution de 1946, dont le Conseil Constitutionnel lui-même n'a jamais tiré de grandes conséquences contraignantes, le fondement de ladite notion paraît des plus incertains.

Dire que l'Etat doit entretenir un service public de la Défense Nationale ou des Affaires Etrangères ne nous semble guère heuristique, et n'avance guère ni sur le degré minimal requis de satisfaction du besoin en cause, ni sur les modalités de délivrance

---

[8] V. Mme D. Commaret, concl. in BJCP 2001, n°15, p. 149, cité par J.J. Governatori, thèse préc., pp. 169 ss.

[9] Cons. Constit. 86-127 DC du 18 septembre 1986, LOI DDOS, Loi relative à la liberté de communication.

dudit service, ni enfin et surtout sur la sanction et les conséquences envisageables au cas de défaut.

* * *

On le voit, rien ne permet sérieusement de défendre une identification organique, sectorielle ou statutaire du service public.

Cela ne signifie nullement, bien au contraire, qu'il faille retourner à la terre une nouvelle fois ce Lazare ! Bien au contraire, il est toujours vivant, mais à condition de ne pas se méprendre sur ce qu'est réellement le service public.

II - Ce que demeure le service public

Même débarrassé de son identification organique et statutaire, le service public demeure un concept central et fondamental du droit public français.

Il apparaît, d'abord, que le service public reste une mission consacrée, déterminée et contrôlée par l'Etat et/ou les pouvoirs publics (A), caractérisée par sa soustraction au marché (B) et la définition d'un cahier des charges et de modalités particulières d'exécution (C).

A- La consécration nécessairement publique du service public

Le seul élément (cf. supra) de rattachement organique du service public demeure le <u>lien de dépendance</u> qui l'unit nécessairement à l'état ou aux collectivités publiques.

Ce lien de dépendance se manifeste d'abord par la nécessaire déclaration de volonté publique de placer telle ou telle activité sous l'appellation de service public. Qu'il soit unilatéral – législatif ou réglementaire – ou contractuelle, explicite ou implicite, le <u>label</u> de service public, avec les conséquences qui en découlent le cas échéant, suppose toujours un acte ou une décision publics, constitutif d'un <u>titre</u>.

C'est à l'Etat, et aux collectivités publiques dans la limite de leurs pouvoirs, qu'il appartient de qualifier une activité ou une mission de service public. Une fois résolue la condition relative à l'existence d'un intérêt général, dont l'affirmation résulte elle aussi d'une même déclaration de volonté publique, la procédure de création des services publics – et de suppression – matérialise cette compétence de qualification.

On renverra le lecteur, sur l'ensemble de ces points, aux développements qu'on a consacré avec le professeur Raphaël Romi, à ce régime dans le cours de Droit du service public[10]. Déjà l'on y écrivait que "Dans la mesure où le service public est sans doute avant tout un "label", on serait tenté de dire que la première condition réside dans l'existence d'une volonté politique de "labelliser une activité"".

Si la déclaration de volonté est absolument nécessaire elle n'est pas, pour autant, sans limite tant notre constitution économique, libérale, française et communautaire, n'autorise pas à l'infini l'extension du champ du service public, marqué comme d'un fil rouge (?) protéiforme et permanent constitué par le principe de subsidiarité. Principe de subsidiarité – non le "vertical" des Traités européens – mais celui de qui fait du marché le principe et du service public l'exception, dans le champ économique dévolu à l'initiative privée laquelle ne perd sa légitimité que lorsqu'elle est défaillante.

*

Le lien organique de dépendance se manifeste ensuite à travers le pouvoir de contrôle des autorités publiques sur le service public. Le contrôle est évident – au sens de la détention et de la direction – que l'on soit en régie, nationale ou locale, ou à travers la tutelle, dans les cas de décentralisation technique par services dotés de la personnalité morale. Mais le contrôle est aussi réel – au sens de la vérification – lorsqu'il se manifeste à travers enquêtes, inspections, investigations ou comptes rendus qui pèsent sur les services délégués, légalement ou contractuellement.

---

[10] Lexis Nexis, Litec, éd. 2007, pp. 67 et s.

B- Le service public distinct du marché.

Le service public, dans sa philosophie, demeure, et c'est sa raison d'être, fondamentalement différent du marché, comme mode de satisfaction d'un besoin individuel ou collectif.

Est-ce dans les principes de fonctionnement – égalité, continuité, neutralité – que le service public se distingue fondamentalement du marché ? Il y a une part de vérité qui demeure dans ce schéma des vieilles Lois de Rolland. Toutefois, il supporterait de nombreuses discussions et de passionnés inventaires. On a déjà eu l'occasion d'écrire ce que l'on pensait du principe – édenté – de continuité[11]. Le principe de neutralité pourrait justifier lui aussi des analyses comparatives approfondies entre service public et marché.

Pour ne s'en tenir qu'au <u>principe d'égalité</u> – sous ses deux formes d'égalité d'accès et d'égalité de traitement – nous ne sommes pas totalement convaincus que le marché, par les voies du droit de la consommation et de la concurrence - affichage tarifaire, refus de vente, etc. - ne soit pas, parfois, aussi "égalitaire" que le service public.

Pour être franc, sans vouloir jouer au paradoxe, le service public nous paraît plutôt distinct du marché, par sa capacité à fonctionner sur une base <u>discriminatoire</u> – "discrimination positive" bien sûr – tant dans l'accès que dans le traitement.

Dans ce droit fil, c'est à coup sûr par le <u>financement</u> évidemment que le service public se distingue du marché. Débarrassé, au moins partiellement, de la préoccupation de l'équilibre et au-delà, du profit par la recette, le service public peut reposer sur des financements budgétaires, fiscaux, parafiscaux, de redevances et même de sources plurales et mixtes. C'est ainsi – jusqu'à la gratuité – qu'il réalise sa vocation sociale.

---

[11] Que reste-t-il du droit administratif français ?, art. cité.

L'accomplissement d'une prestation de service public – si elle se distingue du marché – ne lui est pas nécessairement contradictoire ou incompatible. C'est le cas des entreprises opératrices sur un marché, investies par ailleurs d'une mission de service d'intérêt économique général ou de service universel. Le service public peut apparaître ainsi dans ces hypothèses comme un "cœur d'activité" publique dérogatoire baigné par le marché.

C- L'essence du service public dans le cahier des charges.

Le service public apparaît alors essentiellement comme une combinaison, sou l'égide de l'autorité publique d'objectifs et de moyens de tous ordres. C'est "l'autorité organisatrice" - terme ô combien adéquat - qui définit la nature, la fréquence, les conditions de toute nature des prestations de service public. C'est elle encore qui définit les modalités de l'accès, du fonctionnement, du coût, et du financement du service. C'est elle enfin qui détermine, en fonction des nécessités du moment, le régime juridique, comptable et social applicable avec, le cas échéant, privilèges et dérogations, cause d'exorbitance par rapport au droit commun.

*

* *

On pense pouvoir écrire à présent : voilà ce qu'est le service public et ce n'est ni un organe, ni un statut.

LE DROIT PORTUAIRE DE LA PRINCIPAUTE DE MONACO

UN EXEMPLE DE LIBERALISATION CONCILIANT L'INTERET GENERAL ET L'EFFICACITE CONCURRENTIELLE

par

Alain PIQUEMAL
Professeur agrégé de Droit Public
à l'Université de Nice - Sophia Antipolis
Directeur du Centre d'Etudes et de Recherches sur le Droit des Activités Maritimes et l'Environnement
Membre du Conseil de la Mer de la Principauté de Monaco

Les importants travaux d'infrastructure portuaire ayant conduit à une extension sensible des capacités d'accueil des ports de la Principauté ont eu également pour conséquence des avancées dans le domaine juridique. Aux fins d'optimiser l'efficacité économique des ports de Monaco, essentiellement consacrés à la plaisance et à la haute plaisance, une réflexion juridique a été menée, laquelle a abouti à la loi n° 1.303 du 20 juillet 2005 fixant les conditions d'exploitation des ports[1], assortie de deux règlements portuaires, un règlement général des ports pris par arrêté ministériel[2] et un règlement intérieur des ports, pris par l'entité juridique chargée de l'exploitation des ports de Monaco.

Si ce processus juridique s'est achevé récemment, ses racines sont beaucoup plus anciennes et remontent à la loi n° 1.198 du

---

[1] Journal de Monaco, 29 juillet 2005, n° 7714.

[2] Arrêté Ministériel n° 2007-419 du 13 août 2007 portant règlement général des ports.

27 mars 1998 portant Code de la Mer. Aux termes de l'article L. 160-1 du Code de la Mer, il est en effet stipulé : "l'exploitation des ports est assurée dans les conditions fixées par la loi". Le régime d'exploitation des ports n'a donc pas été réglé en 1998, mais renvoyé à une législation ultérieure, permettant de faire progresser, tant l'installation des nouvelles infrastructures, que la réflexion juridique à mener dans un contexte où les ports de haute plaisance de Méditerranée doivent être de plus en plus concurrentiels s'agissant de leurs prestations[3].

L'évolution juridique libérale trouve cependant déjà son origine dans les intentions des rédacteurs du Code, la future entité de gestion devant être distincte du service administratif de la Direction des affaires maritimes. Il en résultait que l'objectif visé était d'établir pour les aspects commerciaux de l'exploitation des ports une entité dissociée du service administratif. Encore fallait-il déterminer la nature juridique de l'entité habilitée à exploiter les ports de Monaco et établir une réglementation portuaire.

I - De la tentation d'établir un Etablissement Public Industriel et Commercial au choix de la Société Anonyme Monégasque (SAM)

Sans doute par proximité juridique par rapport à la France, un premier projet de loi a proposé l'établissement d'un Etablissement Public Industriel et Commercial, rappelant l'expérience française des ports autonomes. Cependant, il est apparu que les limites et caractéristiques résultant de la loi monégasque n° 918 du 27 décembre 1971 régissant les établissements publics s'avéraient peu adaptées à une gestion de type commercial, sous peine d'en vider la substance par un nombre considérable d'exceptions. Par ailleurs, l'introduction en droit monégasque de la notion d'Etablissement public industriel et commercial est apparue comme présentant des difficultés non résolues par la loi précitée du 27 décembre 1971.

---

[3] A cet égard, on aura également soin de se rapporter à l'exposé des motifs du dit Code, lequel précise à propos de cet article : "Pour des considérations techniques, liées notamment à l'évolution des infrastructures et des modes de gestion portuaire, le code prévoit l'intervention d'une loi ultérieure à l'effet de définir les conditions d'exploitation des ports et de déterminer l'entité juridique qui en serait chargée. Celle-ci sera distincte de la Direction des affaires maritimes qui demeure un service administratif".

C'est ainsi que le rappel comparatif effectué dans l'exposé des motifs de la loi de 2005 n'a pas conclu à la pertinence de l'introduction en droit monégasque d'une structure juridique de port autonome prenant la forme d'un EPIC, ce dernier n'étant pas adapté au droit monégasque, d'autant que le Code de la mer a clairement différencié les autorités publiques, exerçant notamment des compétences touchant au secteur portuaire (Direction des Affaires Maritimes et Direction de la Sécurité Publique), des modes de gestion de l'exploitation des ports résultant de la mise en œuvre de l'article L.160-1[4].

Par ailleurs, l'existence d'une Direction des Affaires maritimes, service administratif, permettait d'envisager une entité juridique de droit privé, plus à même d'assurer une gestion de type commercial, dans le respect de l'observation d'une mission se rattachant à l'intérêt général. Sur le plan juridique, l'exercice d'une telle mission pouvait être assurée par une personne morale de droit privé, sous réserve de fixer un certain nombre de dispositions pour garantir un tel intérêt général. Telle a été l'option retenue et la loi n° 1.303 du 20 juillet 2005 fixant les conditions d'exploitation des ports vise ainsi à établir ces garanties sans pour autant remettre en cause la souplesse de gestion d'une société anonyme.

Sur le plan des principes généraux qui caractérisent la loi n° 1.303 du 20 juillet 2005, deux orientations principales ont été

---

[4] Il a été opportunément rappelé qu'en France, l'absence de précision de la loi sur la qualité des EPIC, a entraîné la jurisprudence à définir ces établissements. Le Conseil d'Etat considère ainsi, qu'"il résulte des dispositions des articles 1 et 2 de la loi du 29 juin 1965 sur les ports maritimes autonomes que ces ports sont des établissements publics de l'Etat qui assurent concurremment une mission de service public à caractère administratif, en ce qui concerne l'aménagement, l'entretien et la police des aménagements et accès au port, et une activité de nature industrielle et commerciale, en ce qui concerne en particulier l'exploitation des outillages du port". Par ailleurs, la Cour de Cassation a affirmé que "le port autonome est un établissement public à caractère industriel et commercial qui assure simultanément la gestion d'un service public administratif et d'un service de nature commerciale". Manifestement, ces caractéristiques ne correspondaient pas tant au droit monégasque qu'aux objectifs visés tendant précisément à éviter une structure juridique "à double visage".

retenues dans le but de promouvoir, tout à la fois, une gestion "libéralisée", sans pour autant sacrifier l'intérêt général[5] :

D'une part, aux fins de répondre aux besoins d'une gestion adaptée aux attentes d'usagers dans un secteur maritime de plus en plus ouvert à la concurrence internationale, les conditions d'exploitation des ports de la Principauté devaient permettre d'utiliser au mieux les règles de fonctionnement de l'économie de marché. Les expériences et nouveaux régimes portuaires mis en place, notamment dans plusieurs pays européens, expriment de plus en plus cette préoccupation d'une meilleure satisfaction des besoins croissants et diversifiés des usagers. Compte tenu des importants travaux portuaires devant permettre une augmentation sensible des capacités d'accueil portuaire, il a été considéré que la Principauté devait retirer pleinement les fruits des investissements consentis, tout en ne restant pas à l'écart d'une évolution juridique internationale des statuts portuaires laissant mieux jouer les règles du marché aux fins d'améliorer les performances des services de la gestion portuaire.

Le statut juridique portuaire a sensiblement évolué ces dernières années dans cette perspective concurrentielle et c'est ainsi qu'en 1998, la conclusion du symposium des associations de droit portuaire s'est faite dans les termes suivants : "Les ports du 21ème siècle sont d'une part de plus en plus considérés comme des entreprises commerciales indépendantes, tandis qu'ils sont d'autre part de plus en plus soumis à la coordination et au contrôle externe"[6]. Le service public portuaire connaît ainsi une profonde mutation et la loi n° 1.303 du 20 juillet 2005 s'inscrit dans cette perspective de fond destinée à faire acquérir aux ports monégasques une compétitivité indispensable pour faire face efficacement à la concurrence internationale.

Le statut d'Etablissement Public Industriel et Commercial aurait pu constituer un régime transitoire dans cette évolution

---

[5] Ainsi qu'il résulte de l'exposé des motifs de la loi et des travaux préparatoires de rédaction du texte.

[6] "Les ports balancent de plus en plus entre l'indépendance commerciale et le contrôle externe", L Lyoyd du 26 mai 1998.

juridique portuaire. Cependant, l'absence de ce concept du droit monégasque et notamment de la loi n° 918 du 27 décembre 1971, posait des difficultés juridiques susceptible de vider de son contenu le concept d'Etablissement public tel que retenu dans la loi précitée de 1971. Par ailleurs, les évolutions juridiques susmentionnées vers un cadre plus souple convergeaient en faveur du choix d'une structure sociétale relevant du droit privé. Par là même, le droit de la Principauté a évité l'introduction d'un concept ignoré en 1971 et par ailleurs parfois inadapté à une gestion commerciale concurrentielle.

D'autre part, compte tenu de l'importance des investissements portuaires consentis par la Principauté, le choix juridique d'une structure sociétale relevant dans son fonctionnement du droit privé s'est accompagné d'un ensemble de garanties aux fins d'assurer une gestion conforme aux intérêts de la Principauté. La loi relative à l'exploitation des ports de Monaco, se devant d'offrir des prestations commerciales de services répondant à un degré accru de compétitivité des ports de grande plaisance méditerranéens, a opté pour un type de gestion confié à une société anonyme monégasque.

L'activité portuaire s'inscrivant cependant dans le cadre de l'exercice d'un service public, la loi, de même que les deux documents visés à l'article 2 de celle-ci (convention et cahier des charges)[7],

---

[7] Le contrat de concession et le cahier des charges correspondants, mentionnés à l'article 2 de la loi n° 1.303 du 20 juillet 2005, mettent en place une concession de service public aux fins de l'exploitation des ports de Monaco. Sur le strict plan de la terminologie juridique, il aurait sans doute convenu d'utiliser la terminologie de convention d'affermage et non de concession. En effet, l'affermage est un mode contractuel de gestion qui se distingue de la concession au moins sur un point principal correspondant à la situation des ports de Monaco : dans un contrat d'affermage, les ouvrages nécessaires à l'exploitation ne sont pas construits par l'exploitant (le fermier), mais par la collectivité publique affermante ou par un précédent concessionnaire. Le fermier se borne donc à gérer des ouvrages déjà réalisés (voir notamment CE, 29 avril 1987, Cne Elancourt, Rec CE, p 153 ; 19 avril 1989, Sté des transports urbains d'Angers, Dr. Adm. 1989, comm. N° 266). L'Etat monégasque ayant assuré totalement le financement et la construction des travaux actuels de l'extension portuaire, la situation juridique de la société d'exploitation correspond ainsi à un contrat d'affermage. Au contraire, dans le mécanisme de la concession tout à la fois de travail public et de service public, c'est le concessionnaire qui a à sa charge l'édification et l'entretien des ouvrages

prescrit un certain nombre de sujétions à la société anonyme de gestion.

Ainsi, le chapitre II "Dispositions financières et représentation de l'Etat" de la loi n° 1.303 du 20 juillet 2005 encadre strictement le mode de fonctionnement de la "SEPM", dérogeant de par la loi au fonctionnement habituel d'une société anonyme monégasque[8].

---

affectés à une destination d'intérêt général et destinés à faire retour à l'autorité concédante en fin d'exploitation. Cela est ainsi pratiquement toujours le cas en France en ce qui concerne la création des ports de plaisance. Par contre, dans les deux cas (affermage et concession), la convention est assortie d'un cahier des charges détaillé qui constitue le document le plus long, car il détaille l'ensemble des obligations mises à la charge des parties et plus particulièrement du fermier ou du concessionnaire.

Cependant, compte tenu de l'absence de dispositions du droit et de la jurisprudence monégasque en ce qui concerne cette distinction, le mécanisme juridique mis en place utilise le vocable de "concession", ce mécanisme ayant fait l'objet de plusieurs applications à Monaco, aux fins d'éviter un concept juridique (l'affermage) qui ne semble pas avoir été utilisé en Principauté.

[8] Aux termes de l'article 8 de la loi précitée, il est notamment prévu à ses deux premiers alinéas les dispositions suivantes :

"L'Etat est représenté au sein du Conseil d'Administration de la " SEPM " par des administrateurs qu'il désigne.

Ces administrateurs ne sont révocables que par le Ministre d'Etat ; leur mandat est renouvelable ; ils ont les mêmes droits et les mêmes obligations que les autres administrateurs, toutefois ils n'ont ni à justifier de la possession d'un certain nombre d'actions, ni même de la qualité d'actionnaire".

L'appréciation juridique de ces dispositions implique une analyse concomitante des dispositions du droit monégasque relative au droit des sociétés et de l'ensemble du dispositif institué par la loi n° 1.303 du 12 juillet 2005.

S'agissant du droit monégasque des sociétés, particulièrement du droit des sociétés anonymes puisque la SEPM revêt cette forme juridique, les dispositions relatives aux sociétés anonymes prévoient effectivement au titre des "actions de garantie" que chaque administrateur doit être propriétaire d'une action au moins pendant la durée de ses fonctions. Ces actions des administrateurs sont affectées à la garantie de leurs actes de gestion, sont frappées d'un timbre indiquant leur inaliénabilité et sont déposées dans la caisse sociale. Sur ces bases, l'article 14 des statuts de la SEPM, a, à juste raison, repris ces dispositions. Cependant, l'appréciation des dispositions de l'article 8 de la loi précitée et leur compatibilité avec le droit des sociétés implique de tenir compte d'autres dispositions édictées par la dite loi et notamment le dispositif du dernier alinéa de son article 1er qui dispose :

"Sauf dispositions dérogatoires de la présente loi, la "SEPM" est constituée sous la forme juridique d'une société anonyme monégasque dans les conditions prévues

Cependant, tant le contrat de concession que le cahier des charges n'établissent de dispositions entraînant une ingérence de l'Etat susceptible de rompre l'équilibre juridique ainsi établi : le choix de la structure juridique choisie, à savoir une société anonyme, a clairement exprimé le choix du Gouvernement de bien distinguer la fonction de gestion, exercée dans un cadre du droit privé et dans le cadre juridique

---

par l'ordonnance du 5 mars 1895 modifiée sur les sociétés anonymes et en commandite par actions".

Il résulte du dispositif ci-dessus de la loi n° 1.303 du 12 juillet 2005 les conséquences juridiques suivantes :

L'exposé des motifs de la loi du 12 juillet 2005 et les débats qui l'ont accompagné au Conseil National ont démontré clairement le soucis des autorités publiques d'instituer une société anonyme dont le statut diffère en certains points par dérogation expresse du droit commun, compte tenu notamment de son objet de délégataire d'un service public, tel que stipulé à l'article 2 de la loi précitée. Ces dérogations ne sont qu'exceptionnelles et l'exposé des motifs de la loi a précisé qu'elles n'étaient instituées que pour préserver et assurer avec efficacité l'objectif d'intérêt général qui doit prévaloir dans l'exercice de la gestion portuaire.

Le contrôle qu'exerce les pouvoirs publics sur l'harmonisation des statuts actuels de la SEPM par rapport au dispositif de la loi du 12 juillet 2005 est en tout état de cause respecté aux termes de l'article 12, alinéa 2 de la dite loi, lequel dispose : "Dans le mois de leur adoption par l'assemblée générale, les nouvelles dispositions seront soumises à l'approbation du Gouvernement, conformément aux dispositions de l'article 17 de l'ordonnance sur les sociétés anonymes et en commandite par actions du 5 mars 1895 modifié par l'ordonnance-loi du 11 mars 1942".

§ En dernier lieu, ce statut dérogatoire ne porte nullement atteinte aux droits des tiers, dans la mesure où il fait l'objet d'une loi et que, par ailleurs, les statuts révisés et harmonisés de la SEPM seront portés à la connaissance des tiers par leur publication au Journal de Monaco.

d'une concession, et les fonctions régaliennes relevant de l'Administration[9].

La loi n° 1.303 du 20 juillet 2005 s'attache ainsi tout à la fois à ne pas établir de dispositions entraînant une paralysie d'une gestion commerciale optimale, tout en garantissant que les missions assurées par la future entité privée s'intègrent dans les missions de service public, ou de service d'intérêt général, selon une terminologie plus adaptée au contexte[10], en parfaite harmonie avec les prérogatives de

---

9 La portée des articles du cahier des charges précise ce mécanisme assurant une gestion autonome dans un cadre de droit privé, tout en préservant des intérêts régaliens, en conformité avec l'esprit juridique d'une concession de service public. L'article 1.5 a pour objet d'assurer une bonne cohérence d'un ensemble d'activités avec le tissu économique monégasque existant, aux fins d'éviter tout effet négatif sur l'économie locale et l'activité des nationaux. Ce principe ne fait que reprendre l'esprit du droit commercial monégasque, lequel s'appuie sur un minimum de contrôle des activités économiques devant être exercées en Principauté. En ce sens, l'avant dernier alinéa de l'article 1.5.2 précise bien "qu'en tout état de cause, les autorisations d'exploitation des dites activités commerciales sont régis par le droit commun monégasque, chacun en ce qui la concerne". L'article 3 est conforme aux dispositions habituelles en matière portuaire, notamment lorsque les principaux aménagements ont été financés et réalisés par les pouvoirs publics. Ces derniers ont toujours un droit de regard sur les ouvrages et outillages, ne serait ce qu'en fonction de l'essence juridique même de la concession : à la fin de celle-ci, ces ouvrages et outillages reviennent au Concédant, lequel doit toujours s'assurer du bon état et de la cohérence des choix effectués sur des domaines qui ne font l'objet que d'une occupation temporaire et non d'un transfert de propriété.
Sans qu'il soit possible en l'espèce de procéder à l'analyse complète du cahier des charges, il convient de constater une nouvelle fois l'approche juridique choisie : la SEPM dispose d'une autonomie de gestion, sans ingérence de l'Etat susceptible de porter atteinte à son autonomie de gestion. Seuls sont prévus des dispositifs de contrôle aux fins de s'assurer que les principaux intérêts monégasques, mais également ceux touchant à la sécurité maritime, y compris dans le cadre des relations juridiques internationales, sont respectés. Cet équilibre juridique manifeste une approche libérale, mais responsable, d'une gestion portuaire dans un secteur où la forte concurrence exercée en d'autres lieux implique une souplesse que permet davantage une structure soumise au droit des sociétés, sauf dérogations.

10 L'article 2, alinéa 1er de la loi charge la SEPM "dans le cadre d'une délégation de service public, d'une mission d'intérêt général...", l'alinéa 2 précisant : "la SEPM, en tant qu'entreprise chargée de la gestion d'un service d'intérêt général...". Plutôt que de se référer à la notion classique notamment française de "service public", la loi fait référence à l'expression plus souple de "service d'intérêt général", de plus en plus utilisée dans le contexte du droit communautaire.

puissance publique détenues principalement sur le plan organique par la Direction des Affaires Maritimes et par la Direction de la Sûreté Publique.

Une telle distinction permet de bien distinguer ce qui relève du droit privé au titre de la future Société et ce qui relève du droit public, exercé par la Direction des Affaires Maritimes et la Direction de la Sécurité Publique. Au contraire, la loi précitée de 1971 mettait tout naturellement l'accent sur le caractère fondamental de droit public, attaché à l'Etablissement public. Le présent choix d'une structure de droit privé évite la confusion des genres tout en garantissant la réalisation de missions participant de l'intérêt général.

Outre ces observations d'ordre général destinées à fixer en les justifiant les orientations et options juridiques principales de ce projet de loi, celui-ci appelle en outre les observations spécifiques ci-après :

Aux fins d'éviter une dispersion des activités de gestion à travers une pluralité de sociétés, le projet de loi opte logiquement à son article 1er pour une structure juridique unique relevant du droit privé des sociétés anonymes. Dans cette perspective, cette société exerçant une mission d'intérêt général bénéficie de deux éléments fondamentaux pour ses activités :

+ D'une part, d'une mise à disposition à titre précaire et révocable de biens faisant partie du domaine public de l'Etat (article 3) aux conditions déterminées dans une convention d'occupation portant concession, assortie de son cahier des charges.

+ D'autre part, d'un monopole d'exploitation. Ce monopole confère un avantage commercial indéniable à la future société, mais il permet en contrepartie d'exercer sur elle un contrôle indispensable, tel que prévu par la législation existante, aux fins de faciliter l'appréciation des autorités publiques sur la gestion des ports et l'accomplissement de cette mission d'intérêt général. Il est par ailleurs strictement encadré par les dispositions des textes portant contrat de concession et de son cahier des charges et des modalités propres à la période transitoire, telles que prévues à l'article 12 de la loi.

S'agissant pour l'essentiel de l'utilisation de biens appartenant au domaine public de l'Etat, l'article 4 de la loi prévoit un contrôle des pouvoirs publics dans les éventuelles modifications ou les aménagements que la "SEPM" serait amenée à envisager dans l'exercice de ses activités. L'Etat doit en effet pouvoir apprécier le bien fondé de ces transformations sans interférer sur la gestion commerciale.

Le Chapitre II est consacré aux "Dispositions financières et représentation de l'Etat" et l'on y retrouve la même approche d'équilibre entre la gestion de type commercial et la préservation des intérêts régaliens. Nous avons déjà relevé supra le régime dérogatoire établi en ce domaine par la loi. Ainsi, aux termes de l'article 6, *"Le capital social de la "SEPM " est détenu totalement ou partiellement par l'Etat. Les actions détenues par l'Etat sont aliénables dans les conditions prévues à l'article 35, alinéa 2, de la Constitution".* L'objectif de cet article est d'offrir à l'Etat toute la souplesse nécessaire lors de la mise en œuvre de la future société, mais également dans l'avenir. Si, au départ, l'Etat a souhaité pour des raisons d'opportunité politiques ou économiques être l'actionnaire unique ou majoritaire, il peut être envisagé que dans une phase ultérieure, il puisse réduire sa participation au capital, comme cela a déjà été pratiqué dans plusieurs pays européens dans le but de faciliter une libéralisation progressive pour des entités au départ entièrement ou majoritairement publiques[11].

Le droit commun des sociétés anonymes monégasques est également aménagé par la loi s'agissant de la composition du conseil d'administration de la SEPM[12]. La présence de l'Etat dans le capital

---

[11] La référence à l'article 35, alinéa 2, de la Constitution, rappelle le cadre juridique de la possible évolution de la participation de l'Etat dans le capital de la "SEPM", laquelle est régie par la loi.

[12] *Aux termes de l'article 8, L'Etat est représenté au sein du Conseil d'Administration de la "SEPM" par des administrateurs qu'il désigne.*

Ces administrateurs ne sont révocables que par le Ministre d'Etat ; leur mandat est renouvelable ; ils ont les mêmes droits et les mêmes obligations que les autres administrateurs, toutefois ils n'ont ni à justifier de la possession d'un certain nombre d'actions, ni même de la qualité d'actionnaire.

de la "SEPM" implique dans l'hypothèse d'une société d'économie mixte que le statut des administrateurs représentant l'Etat soit précisé et tienne compte des dispositions du présent projet de loi par rapport au droit commun des sociétés. Cela a pour objectif de préserver la spécificité de la présence de l'Etat et de préciser également le statut des administrateurs représentant l'Etat vis à vis des tiers. Mais en cet article, l'équilibre ne s'entend pas seulement entre gestion commerciale et présence des pouvoirs publics, mais s'étend également à l'équilibre des pouvoirs entre l'exécutif et le législatif, le Conseil national intervenant dans la désignation d'un administrateur.

Le Chapitre III assure la "Réglementation du fonctionnement des ports". Le dispositif prévu à l'article 9 illustre tout à fait la séparation souhaitée entre l'exercice des pouvoirs de police, au sens du droit administratif, par la puissance publique représentée par la Direction des Affaires Maritimes et la Direction de la Sûreté Publique (Titres III et IV du Code de la mer) et la gestion commerciale des ports devant être assurée par la "SEPM". Cette séparation des missions, fonctions et structures juridiques doit cependant s'accompagner d'une convergence des textes juridiques relevant de la gestion portuaire. A cet égard, la loi distingue :

+ Le **règlement général** des ports issu des autorités publiques par arrêté ministériel et énonçant les dispositions relevant de la mission régalienne de l'Etat en matière portuaire et

+ Le **règlement intérieur**, issu de la "SEPM" dont l'objet est de faciliter la gestion commerciale des ports aux fins de rendre celle ci plus efficace.

A l'égard de la "SEPM", des actionnaires et des créanciers, l'Etat répond subsidiairement de l'activité de ses administrateurs, dans les limites de leur responsabilité légale et statutaire.

Le Conseil d'Administration de la " SEPM " comprend également un administrateur désigné par le Ministre d'Etat sur une liste de trois personnalités choisies par le Conseil National hors de son sein.

Cet administrateur a les mêmes droits et les mêmes obligations que les autres administrateurs ; la durée de son mandat est identique ; toutefois, il n'a ni à justifier de la possession d'un certain nombre d'actions ni même de la qualité d'actionnaire.

Ces dispositions ne devraient pas porter atteinte à l'autonomie de la gestion commerciale relevant du statut de la "SEPM", mais constituer une simple mesure d'application préservant l'intérêt général de la Principauté.

Le Chapitre IV établit les "Dispositions comptables et tarifaires". En ce qui concerne les modalités d'assiette, de liquidation et de recouvrement des différents droits et redevances en relation avec l'activité portuaire, l'article L.760-2 du Code de la Mer devait être amendé. En effet, lors de l'adoption du dit Code, les dispositions juridiques prévues à l'article L.160-1 pour l'exploitation des ports n'étaient pas encore connues, l'article précité renvoyant à une future loi. Aussi, en l'état, l'ensemble des droits et redevances à destination portuaire ne pouvait relever que de la puissance publique et donc, être fixé par Ordonnance Souveraine.

Avec la loi n° 1.303 du 20 juillet 2005, en application des dispositions de l'article L.160-1 du Code de la Mer, il convient désormais de distinguer, au titre de l'article 10, les droits et redevances relevant de la puissance publique et donc de l'Ordonnance Souveraine, de ceux résultant des activités commerciales de gestion des ports, lesquels relèvent de la "SEPM".

La "SEPM" étant une société anonyme régie par le droit des sociétés monégasques, son statut dérogatoire spécifique a fait l'objet de l'article 12, alinéa 1, de la loi du 20 juillet 2005, aux fins d'adapter les statuts existants : *"La "SEPM" devra mettre ses statuts en harmonie avec les prescriptions de la présente loi dans un délai de trois mois à compter de sa publication ; l'assemblée générale ordinaire de la "SEPM" pourra valablement y procéder malgré toute disposition législative ou statutaire contraire"*. Une telle société anonyme dispose ainsi d'un cadre juridique de droit privé avec dispositions dérogatoires relevant de la loi[13].

---

[13] La SEPM, société anonyme monégasque, est de ce fait normalement régie par les dispositions du droit commun monégasque s'agissant notamment des sociétés anonymes, avec la réserve majeure que la loi précitée a expressément prévue un certain nombre de dispositions dérogatoires à ce droit commun et s'appliquant à la

II - Une réglementation portuaire dualiste, conciliant l'exercice des prérogatives régaliennes et une exploitation commerciale par une Société anonyme

Conformément à la logique juridique institutionnelle mise en place par la loi précitée n° 1.303 du 20 juillet 2005 fixant les conditions d'exploitation des ports, la réglementation portuaire instituée est de type dualiste, aux fins d'assurer une division des taches entre les organes administratifs concernés (la direction des Affaires maritimes et la direction de la sécurité publique) et la SEPM, société anonyme en charge de la gestion des ports de Monaco.

Concernant la nature et la portée juridique du règlement général des ports, devant être pris aux termes de la loi par arrêté ministériel, les dispositions d'un tel texte devaient concerner tant, par exemple, les règles de sécurité à bord des navires, que les règles générales de police visant à assurer la sécurité des personnes et des biens dans les enceintes portuaires.

Aussi, compte tenu de la répartition des compétences établie par le Code de la Mer entre le Directeur des Affaires Maritimes (Titre III, articles L. 130-1 et L. 130-2) et le Directeur de la Sûreté Publique, Chef de la police maritime (Titre IV, article L. 140-1), le règlement général associe des dispositions intéressant les compétences respectives de chacune de ces deux autorités, aux fins de cohérence et d'efficacité pratique d'application.

En relation avec les termes de l'article 9 de la loi n° 1303 du 20 juillet 2005 fixant les conditions d'exploitation des ports, les deux Règlements portuaires ont été conçus dans une perspective juridique complémentaire et "intégrée" :

+ **Le Règlement général**, pris par les autorités publiques concernées par arrêté, exprime les pouvoirs régaliens de l'Etat,

---

SEPM. En tant que dispositions dérogatoires inclues dans une loi, les dites dérogations voulues par le législateur prévalent sur les dispositions de l'ordonnance du 5 mars 1895 modifiée sur les sociétés anonymes et en commandite par actions.

notamment en matière de police et d'application de dispositions internationales. Même si en certains points, le Règlement intérieur est amené à préciser des mesures de mise en œuvre de dispositions figurant dans le Règlement général, les principes fondamentaux, exprimant des préoccupations d'intérêt général liées au service public de l'activité portuaire, sont énoncés sur la base juridique d'un arrêté par la puissance publique.

+ **Le Règlement intérieur**, élaboré par la SEPM, détermine l'ensemble des règles liées à la gestion des ports de Monaco, conformément à la loi du 20 juillet 2005 précitée et dans le respect du contrat de concession assorti de son cahier des charges. Le principe de l'approbation préalable de ce règlement par le Ministre d'Etat permet aux pouvoirs publics de s'assurer de la cohérence d'ensemble des deux règlements.

Le Règlement général est également l'occasion de traduire en droit interne des obligations de transposition de textes internationaux pour lesquels la Principauté est partie. S'agissant d'installations portuaires et de leurs utilisations, deux textes élaborés dans le cadre de l'Organisation maritime internationale ont notamment être pris en considération : les conventions MARPOL et SOLAS, le Code ISPS n'étant mentionné que pour renvoi à un texte spécifique[14].

---

[14] CHAPITRE II SURETE DES PORTS (CODE I.S.P.S.)
ART. 7.
Installation portuaire et agent de sûreté
"Le code I.S.P.S. (International Ship and Port facility Security Code) pris en application du chapitre XI-2 de la Convention internationale de 1974 sur la sauvegarde de la vie humaine en mer (S.O.L.A.S.), à laquelle la Principauté est partie, est mis en oeuvre à Monaco en vertu de dispositions distinctes de celles du présent arrêté.
Le Chef de la Division de la Police Maritime et Aéroportuaire de la Direction de la Sûreté Publique ou le fonctionnaire qu'il désigne pour assurer cette mission est l'agent de sûreté de l'installation portuaire au sens du Code I.S.P.S".
Le règlement général a opté en faveur de l'application du code ISPS dans un texte distinct du règlement général. Une autre option aurait pu développer ces dispositions dans le cadre du règlement général, en pratiquant une approche globale de la sécurité tenant compte des spécificités du droit maritime monégasque, s'agissant notamment des dispositions du Code de la Mer prévoyant des compétences complémentaires en la matière, relevant des deux Départements

Hormis la prise en compte de la transposition en droit interne de dispositions conventionnelles internationales, le projet de Règlement général des ports énonce les principes juridiques fondamentaux liés à l'exercice des pouvoirs de police des autorités publiques et de responsabilité des usagers. Même si nombre de ces dispositions sont détaillés dans le Règlement intérieur, les principes généraux ont été exprimés ici aux fins notamment de sanctionner les infractions, mais également pour assurer la nécessaire coordination entre les autorités publiques concernées et les activités de gestion exercées par la SEPM, dans le cadre de la concession assortie de son cahier des charges.

Loin d'ajouter une complexité d'application du dispositif portuaire, ces deux règlements démontrent la complémentarité des missions respectives allouées à des directions administratives publiques et une société anonyme régie par le droit privé, sans qu'il soit porté atteinte à l'exercice d'un service d'intérêt général.

Le droit portuaire monégasque a ainsi dégagé dans ses différentes manifestations normatives et institutionnelles une spécificité le dégageant du modèle français de l'EPIC, aux fins de concilier une gestion de type commercial avec le maintien de "gardes fous" permettant à l'Etat d'assurer le contrôle indispensable de ses prérogatives régaliennes. S'il est parfois évoqué le "service public à la française" dans les enceintes européennes, il est permis de constater, avec ce cadre juridique portuaire, l'émergence d'une délégation de service public adaptée au contexte politique de la Principauté et aux exigences économiques d'un droit portuaire moderne s'agissant de la haute plaisance[15].

---

concernés (Equipement, Environnement et Urbanisme, d'une part, Intérieur, d'autre part). Ce dualisme juridique public/privé, se retrouve dans la complémentarité des deux règlements portuaires. Dans cette perspective, l'image de sécurité portuaire associée à une meilleure compétitivité portuaire aurait pu améliorer la politique de communication de la SEPM, s'agissant notamment de la clientèle des navires de croisière. Cependant, l'objet même du code ISPS militait sans doute davantage par une mise en œuvre distincte, option finalement retenue dans le règlement général des ports.

[15] S'agissant de la réflexion menée en droit français sur le statut juridique des ports de plaisance et leur possible évolution, voir notamment l'article de S. Miribel et R. Rézenthel, "Création et extension des ports de plaisance : un soutien à la liberté de naviguer", in Droit Maritime Français 687, décembre 2007, pp. 1021-1035.

CONSIDERATIONS SUR UNE CURIOSITE JURIDIQUE : L'EXISTENCE EN DROIT FRANÇAIS D'UN DOMAINE PRIVE DES PERSONNES PUBLIQUES

par

Gérard QUIOT
Professeur à l'Université de Nice - Sophia-Antipolis
Laboratoire CREDECO - GREDEG

Les personnes publiques disposent en France d'un domaine "privé" en même temps que d'un domaine "public"[1]. Le régime juridique du premier est différent de celui du second, en cela principalement que les biens le composant ne se trouvent pas soumis aux principes essentiels de la domanialité publique que sont les principes d'inaliénabilité et d'imprescriptibilité, sans être cependant identique à celui des biens des personnes privées.

Cette existence d'un domaine "privé" des personnes "publiques" allant ainsi de paire avec celle d'un domaine public de ces personnes constitue une "curiosité juridique" à plus d'un égard.

---

[1] Pour restituer avec précision l'état du droit actuel, compte tenu des dispositions du code général de la propriété des personnes publiques entrée en vigueur le 1er juillet 2006, l'on devrait dire que les personnes publiques disposent "en principe" ... étant donné que : d'une part les personnes publiques autres que l'Etat, les collectivités territoriales et leurs groupements et les établissements publics, c'est à dire celles que l'on dit "suit generis", ne disposent pas "en principe" pour ce qui les concerne, d'un domaine public (cf. art. L1-L2 et L.2111-1), d'autre part que les "dispositions législatives spéciales" peuvent éventuellement prévoir qu'une personne publique "classique" qui ne saurait être en fait autre chose qu'un établissement public, ne dispose pas d'un domaine public (L.2111-1).

D'abord parce qu'il s'agit d'un fait original ou relativement original à la fois peut-on dire dans le temps et dans l'espace. Dans le temps : le fait n'a pas toujours existé en France. Dans l'espace : le fait n'a pas, très loin s'en faut, un caractère universel. Comme l'observait justement, il y a peu, l'un des meilleurs spécialistes du droit des biens publics la "notion de domaine privé d'une personne publique opposée à son domaine public" est assez généralement absente du droit des Etats modernes[2]. Et cette absence, prenait soin de préciser le même, ne fait pas pour autant obstacle à l'"existence", dans les pays où on la constate "de certaines règles spécifiques à l'acquisition, à la gestion ou à l'aliénation de biens immobiliers ou mobiliers par les autorités publiques"[3].

Son caractère de "curiosité juridique", l'existence d'un domaine "privé" des personnes publiques le doit ensuite à ceci, qui est pour nous l'essentiel : il s'agit d'un fait introuvable. Nous entendons signifier par là que la notion de "domaine privé" est sans consistance juridique véritable, qu'il s'agit d'une notion fantomatique ou, autrement dit, que l'existence dont nous parlons est purement formelle.

Le domaine "privé" des personnes publiques – la notion aussi bien que ce que cette notion désigne à l'origine – aurait dû sans doute, nous le montrerons, ne jamais voir le jour et, aujourd'hui pas plus qu'hier, il n'est de raison juridique sérieuse qui puisse servir à fonder son existence.

La question du pourquoi de celle-ci se confond à l'époque contemporaine avec celle de la justification de l'emploi du qualificatif "privé" : à quel titre le "domaine privé" est-il donc "privé" ? Didier Truchet dans les années 1970 qui constatait que celui-ci, "intercalé entre le domaine des particuliers et le domaine public", est "un élément perturbateur", formulait la question de cette façon : "comment justifier l'existence de ce patrimoine affecté à l'intérêt général soumis à des règles souvent différentes du droit civil de la propriété,

---

[2] Cf. Marie-Aimée Latournerie, Pour un nouveau concept du domaine public, RJEP/CJEG n°617, février 2005, p. 48. L'auteure constate que la notion n'est présente en dehors du droit français que dans certains autres droits de la famille romano-germanique (Espagne, Portugal, Italie).

[3] Ibid

appartenant à une personne publique et, cependant non public"[4]. La réponse était pour l'auteur contenue dans la question. Et, à cette question, le spécialiste précédemment cité répondait trente ans plus tard à sa manière en affirmant "l'inopportunité" de la pérennisation dans notre droit de la notion de "domaine privé d'une personne publique" laquelle ne serait rien moins qu'une "erreur historique"[5]. Selon lui, parce qu'elle n'a aucun fondement juridique solide, l'existence de cette notion est aujourd'hui une anomalie pure et simple Mais en a-t-il jamais été autrement … ?

La formule de "patrimoine affecté à l'intérêt général" employée par Didier Truchet à propos du domaine privé conduit naturellement à évoquer la définition donnée par le droit de celui-ci … ou ,plutôt ,l'absence de définition ou, ce qui revient au même, la pluralité des définitions. Car, et cela contribue aussi à faire de l'existence du domaine privé des personnes publiques une "curiosité juridique", la notion de domaine privé est, hors sans doute à l'époque des origines, une notion "à contenu variable et incertain".

Le domaine privé, pas plus que le domaine public, n'a fait pendant très longtemps l'objet de la moindre définition de la part du législateur ni même de la jurisprudence. Depuis 1957 et l'adoption du code du domaine de l'Etat il est défini par opposition au domaine public : appartiennent au domaine privé des personnes publiques les biens de ces personnes ne faisant pas partie de leur domaine public. A peu près à la même époque, par ailleurs, il a été décidé en jurisprudence qu'un bien d'une personne publique relevait de son domaine public s'il était affecté à l'usage du public ou à un service public et avait fait l'objet d'un aménagement spécial à cet effet. Le récent code général de la propriété des personnes publiques a repris pour l'essentiel ces définitions du domaine privé et du domaine public en vertu desquelles le premier aussi bien que le second contient des biens affectés à une utilité publique[6].

---

[4] Cf. Les fonctions de la notion d'intérêt général dans la jurisprudence du Conseil d'Etat, Paris, LGDJ, (Bibl. de droit public) 1977, p. 602

[5] Cf. op. cit., p. 47 et s.

[6] Selon le nouveau code font partie du domaine privé les biens des personnes publiques "classiques" … "qui ne relèvent pas du domaine public" (art. L.2211-1) et appartiennent en principe à ce domaine les biens de ces personnes "qui sont

Se trouve ainsi consacré par le droit positif à l'époque contemporaine une conception du domaine privé dont on serait bien en peine de dire en quoi elle consiste exactement mais dont il est sûr, en revanche, qu'elle ne correspond pas à la conception primitive de ce dernier. Dans sa version originale conçue par la doctrine des premières décennies du XIXème siècle, le domaine privé est "privé", en effet, parce que les biens qui le composent sont jugés ne pas être affectés à une utilité publique. Cette conception initiale, claire et précise, du domaine privé est demeurée vivace, à défaut de régner sans partage, dans la pensée juridique et le droit positif. De nos jours elle est encore très présente dans celle-là et n'a pas disparu, nous le verrons, de celui-ci.

La présence de la notion de "domaine privé des personnes publiques" dans le droit français contemporain est une survivance d'un passé lointain et la connaissance de ce passé porte à être convaincu de ce qui a été appelé son "inopportunité".

Les considérations à venir portent principalement sur la raison d'être de l'existence du domaine privé tel qu'originellement défini, sujet dont le moins que l'on puisse dire est qu'il n'a jamais beaucoup préoccupé la doctrine. Avant d'aborder ce sujet il nous paraît indispensable de rectifier l'opinion commune concernant l'origine historique de cette existence.

I - SUR L'ORIGINE HISTORIQUE DE L'EXISTENCE

En vertu d'une opinion consacrée le "domaine privé" est né dans les premières décennies du XIXème siècle et son existence est l'œuvre d'une réflexion d'origine doctrinale. Il est enseigné, en effet, de façon unanime par les meilleurs spécialistes du droit domanial que la distinction du domaine public et du domaine privé de l'Etat est une "construction" dont le mérite incombe entièrement à certains auteurs de cette époque. Suivant la thèse "officielle" relative à son origine historique, et donc à celle de l'existence du domaine privé, cette distinction inconnue dans le droit de l'ancien régime est également

---

soit affectés à l'usage direct du public, soit affectés à un service public pourvu qu'en ce cas ils fassent l'objet d'un aménagement indispensable à l'exécution des missions de ce service public" (L.2111-1).

ignorée dans le droit intermédiaire et elle ne commence à être "dégagée" qu'au début des années 1800 par certains commentateurs du code civil avant d'être véritablement théorisée par Victor Proudhon dans son Traité du domaine public dont la première édition paraît en 1833[7].

Cette thèse souffre, selon nous, d'un grave défaut : elle méconnaît la contribution tout à fait primordiale des constituants révolutionnaires de 1789-1791 à la formation de la distinction.

Dans la France du XVIIIème siècle, à la veille de la Révolution, le domaine public existe : c'est le domaine de la Couronne[8]. Son caractère public tient à la qualité publique du détenteur des biens qui le composent : l'Etat monarchique, la "Couronne". Ce domaine coexiste avec le domaine privé du Roi constitué des biens propres du monarque. La Couronne, institution publique, ne dispose pas pour sa part d'un domaine "privé"[9].

Le domaine de la Couronne comprend à cette époque deux catégories de biens : d'une part quantité de biens de natures diverses ayant la même particularité d'être productifs de revenus et, d'autre part, les "choses" considérées depuis des temps immémoriaux comme "publiques" en tant qu'elles sont et doivent être réservées à l'usage public (les rivages de la mer, les fleuves et rivières navigables, les "grands chemins", les places publiques et les rues etc.) dont la liste "officielle" n'a jamais été vraiment dressée. Il est généralement admis,

---

[7] Le lecteur intéressé trouvera cette thèse exposée avec plus ou moins de précision dans tous les manuels, traités, thèses et articles consacrant des développements à l'histoire du droit des biens publics et, il ne nous semble donc pas utile de citer certains de ceux-ci en particulier.

[8] Sur le droit du domaine sous l'ancien régime cf. notamment : H. Barckhausen, Etude sur la théorie générale du domaine public (1er article, RDP 1902, p. 401 et s. ; de David-Beauregard-Berthier, La justification actuelle de la distinction entre le domaine public et le domaine privé, thèse dacty. Aix-Marseille, 1994, p. 18 et s., Ph. Yolka, La propriété publique, éléments pour une théorie, LGDJ 1997, p. 57 et s., M. Boulet-Sautel, de Chopin à Prudhon : naissance de la notion moderne de domaine public, Droits n°22, 1997, 91 ; Y. Gaudemet, Du domaine de la Couronne au domaine public, Mélanges J.F. Lachaume, Dalloz 2007, p. 55.

[9] De la lecture du Traité du domaine de Lefèvre de la Planche paru en 1765 Barckhausen a notamment tiré que les expressions de "domaine public" et de «"domaine privé" étaient usuelles en France avec le sens indiqué au texte bien avant le XVIIIe siècle (op. cit., p. 411).

en effet, à la fin de l'ancien régime que les biens de la première catégorie n'en font pas moins partie que ceux relevant de la seconde. Prévaut aussi à l'époque, en tous les cas dans le monde des autorités politiques et administratives si ce n'est dans celui des juristes théoriciens, la croyance que le Roi est tout autant propriétaire de ceux-ci que de ceux-là.

Outre le fait qu'ils sont ainsi, dans leur totalité, objet d'une propriété publique, les biens du domaine de la Couronne ont en commun leur soumission aux mêmes règles juridiques. Cette unité de leur régime juridique qui atteste de ce que ce domaine est "considéré comme un tout homogène"[10] se manifeste sur un double plan. La dévolution à des juridictions particulières du soin de traiter le contentieux domanial dans son ensemble en est une marque[11]. Une autre est que tous les biens domaniaux, sans exception sont insusceptibles d'une propriété privée. Tous, en effet, se trouvent concernés par le principe d'inaliénabilité[12] proclamé par le célèbre Edit de Moulins en 1566 et érigé en "loi fondamentale du Royaume" avant même cette date qui interdit leur mise dans le commerce.

Le domaine de la Couronne, public car détenu par l'institution publique étatique s'incarnant en la personne du roi, mérite donc aussi ce qualificatif en raison de son régime juridique dérogatoire au droit commun des biens. Mais il le mérite également et encore parce que les biens qui le composent sont tous considérés comme servant, à un titre ou un autre, l'"utilité publique". Tout se tient en réalité : la propriété publique intangible de ces biens n'a pas d'autre raison d'être que les exigences de l'intérêt public.

Car, dans la France des rois qui reconnaît valeur constitutionnelle au principe d'inaliénabilité des biens du domaine de la Couronne, la détention par celle-ci des biens productifs de revenus n'est certainement pas moins d'"intérêt public" que celles des "choses publiques". C'est de l'exploitation de tels biens, en effet, que le monarque aux origines, tire l'essentiel des revenus indispensables au financement des dépenses du royaume. L'affirmation du principe

---

[10] O. de David-Beauregard-Berthier, op. cit., p. 38.

[11] Cf. jpce gale Dalloz, Domaine de l'Etat, n° 190, p. 135 et s., Ph. Yolka, op. cit., p. 85, 86.

[12] Précisons-le ici pour ne plus y revenir : le principe d'inaliénabilité va de paire depuis les origines avec celui d'imprescriptibilité.

d'inaliénabilité répond précisément à la nécessité impérieuse de sauvegarder cette source de recettes pour le trésor public. Ce qui est avancé là correspond tout bonnement à ce qu'observe l'Assemblée nationale constituante au commencement de l'exposé des motifs du "Décret relatif aux domaines nationaux, aux échanges et concessions et aux apanages" dit "code domanial" des 22 novembre et 1er décembre 1790[13].

Un peu plus loin dans ce même texte, l'assemblée explique ainsi pourquoi ce qui était vrai hier, l'intérêt public de l'exploitation par les pouvoirs publics de l'Etat de biens productifs de revenus, ne l'est plus aujourd'hui et, donc, pourquoi "la maxime de l'inaliénabilité" est "devenue sans motifs" : "le produit du domaine est aujourd'hui trop au-dessous des besoins de l'Etat pour remplir sa destination primitive"[14].

La même raison tenant aux exigences de l'intérêt public qui avait justifié en son temps que le principe d'inaliénabilité soit regardé comme étant un principe constitutionnel justifie aux yeux des constituants de 1789-1791 qu'il cesse de l'être. On se gardera de croire qu'en l'occurrence ces exigences se ramènent à l'urgente nécessité de combler le déficit des finances publiques. Celle-ci joue sans doute en faveur de l'aménagement que les constituants décident de faire subir au principe d'inaliénabilité par l'entremise de la loi des 22 novembre – 1er décembre 1790 ; mais, comme on le montrera plus loin, elle ne constitue pas le motif justificateur.

"Aménagement", en effet, et non pas abolition pure et simple dudit principe comme on le croit souvent. De la lecture de l'article 8 de la loi évoquée il ressort que celui-ci "demeure" en vigueur. Il "demeure" en vigueur mais, cependant, et en ceci consiste l'"aménagement", il subit une dégradation en perdant sa valeur constitutionnelle pour ne plus être doté que d'une valeur législative : "les domaines nationaux sont et demeurent inaliénables" à moins

[13] Dans le premier considérant de cet exposé, l'assemblée affirme que : "le domaine public a formé pendant plusieurs siècles la principale et presque l'unique source de la richesse nationale et qu'il a longtemps suffi aux dépenses ordinaires du gouvernement", que c'est sur lui que "reposait alors la prospérité de l'Etat". cf. Recueil Devilleneuve, lois annotées, 1789-1830, p. 77.

[14] ibid.

toutefois, que la Nation s'exprimant par l'intermédiaire de ses représentants en décide autrement[15].

La Nation étant, selon les auteurs du code domanial, la propriétaire de ce que ces derniers nomment "le domaine public", et sa propriété sur celui-ci étant "la plus parfaite qu'on puisse concevoir"[16], ses représentants disposent, en théorie, du pouvoir de mettre en vente, s'ils le veulent, tous les biens quels qu'ils soient faisant partie de ce domaine. Est-ce là ce que les constituants ont effectivement voulu et fait ? En aucune manière. L'examen de leur œuvre législative et constitutionnelle montre que s'ils ont consenti à la vente d'une multitude de biens appartenant au domaine public, ils ont aussi affirmé l'inaliénabilité d'autres.

La loi des 22 novembre – 1er décembre 1790 elle-même place hors du commerce deux séries de biens.

La première est décrite à l'article 2 de la loi lequel indique que "sont considérés comme des dépendances du domaine public" "toutes les portions du territoire national qui ne sont pas susceptibles d'une propriété privée". Ceci inclut notamment "les chemins publics, les rues et places des villes, les fleuves et rivières navigables, les ports etc." c'est-à-dire les biens plus haut évoqués traditionnellement considérés par les juristes de l'ancien régime comme des "choses publiques". Dans l'esprit des constituants, ces biens sont et doivent demeurer propriétés de la Nation[17] en tant qu'ils sont pour l'essentiel des biens dont l'existence et les besoins de la vie collective nécessitent

---

[15] L'article 8 dispose : "Les domaines nationaux et les droits qui en dépendent sont et demeurent inaliénables sans le consentement et le concours de la nation ; mais ils peuvent être vendus et aliénés à titre perpétuel et incommutable, en vertu d'un décret formel du corps législatif, sanctionné par le roi en observant les formalités prescrites pour la validité de ces sortes d'aliénation" op. cit., p. 78.

[16] Cf. exposé des motifs du code, deuxième paragraphe, op. cit., p. 77.

[17] Par la disposition de l'article 2 les constituants confirment l'existence d'un droit de propriété sur ces biens – droit que revendiquait le Roi – contesté généralement par la doctrine juridique sous l'ancien régime. Celle-ci ne reconnaissait le plus souvent au monarque qu'un droit de garde sur ces derniers. En vertu de cette disposition, ces biens sont donc objet d'une propriété mais cette propriété ne peut-être que publique.

que l'"usage soit commun à tous"[18]. Tel n'est pas exactement le cas des biens de la seconde série.

Celle-ci est constituée par "les grandes masses de bois et forêts nationales" dont l'article 12 de la loi affirme qu'elles "demeurent exceptées de la vente et aliénation des biens nationaux", ce qu'avait déjà précédemment décrété la loi des 25 juin – 9 juillet 1790. Pourquoi ces biens qui ne relèvent pas des "choses publiques" et sont productifs de revenus doivent-ils, selon les constituants, demeurer propriété publique ? Parce que l'intérêt public le commande, bien sûr. Plus précisément, leur maintien dans le patrimoine de la Nation trouve sa justification dans le double constat que leur conservation et leur gestion sont d'intérêt public et que celles-ci ne sauraient être correctement assurées si elles étaient laissées au soin de propriétaires privés. Là est ce qui ressort de l'exposé des motifs de la loi précitée des 25 juin – 9 juillet 1790 : ... "... considérant que la conservation des bois et forêts est un des objets les plus importants et les plus essentiels aux besoins et à la sûreté du royaume et que la nation seule, par un nouveau régime et une administration neutre et éclairée peut s'occuper de leur conservation, amélioration et repeuplement pour en former en même temps une source de revenus publics". Il importe de le souligner : si la possibilité de l'obtention de revenus liés à la propriété des bois et forêts nationaux n'est pas négligée par les auteurs de la loi, elle n'est pas un élément causal déterminant. Pour ces derniers ces biens représentent, certes, un capital susceptible de procurer des gains mais ceci n'est pas leur utilité essentielle. Leur utilité essentielle est de contribuer à la satisfaction de "besoins" extra financiers du royaume divers et variés et à la "sûreté" de celui-ci[19]. Et

---

[18] Dans le projet de loi primitif, ce qui était alors l'article 3 évoquait "les portions du territoire national dont la propriété n'est à personne et dont l'usage est commun à tous". Cette formule ne convenait pas pour une double raison. D'une part, parce que l'on entendait proclamer la propriété de la Nation sur ces biens et d'autre part, parce que les constituants estimaient que les portions concernées devant faire partie du domaine public dans l'intérêt public ne se limitaient pas à celles "dont l'usage est commun à tous".

[19] Les bois et forêts sont eux-mêmes "d'utilité publique" pour plusieurs raisons que le législateur de 1790 n'a pas jugées bon d'indiquer mais qui sont très bien mises en évidence par Gomel dans ses conclusions présentées en 1886 devant le Conseil d'Etat (cf. concl. sur CE 4 avr. 1884, Barthe, Rec., p. 279) et par Berthelemy dans son traité (cf. Traité élémentaire de droit administratif 11e édition 1926, p. 586) : ils ont une "heureuse influence" sur le climat, notamment

c'est donc cette fonction et elle seule qui commande leur maintien dans de domaine public.

Différentes lois intervenues antérieurement et postérieurement à celle des 22 novembre – 1er décembre 1790 ont par ailleurs également "excepté de l'aliénation" d'autres biens immobiliers (les terrains et bâtiments nécessaires aux administrations militaires ou civiles)[20] ou mobiliers (les papiers, livres ou œuvres d'art présentant un intérêt au plan historique ou esthétique)[21] dont la conservation par la nation a paru aux membres de la Constituante, être, elle aussi, d'"utilité publique". Ces textes sont assez révélateurs de la volonté des constituants de maintenir dans le domaine public les biens dont l'on dirait aujourd'hui qu'ils sont "affectés à un service public".

Cette volonté est celle-là même qui s'exprime on ne peut plus clairement dans la disposition suivante figurant au nombre des "dispositions fondamentales garanties par la Constitution" énoncées au titre premier de la constitution du 3 septembre 1791 : "Les biens destinés ... à tous services d'utilité publique appartiennent à la Nation et sont dans tous les temps à sa disposition". A l'instar de Barckhausen et de ceux de la IIIème République, les historiens et spécialistes du droit domanial de l'époque contemporaine, ignorent le plus souvent l'existence de la disposition[22] ou, quand ils ne l'ignorent

---

en régularisant le régime des pluies ; ils font obstacle au dessèchement des sources et empêchent, ou, au moins, atténuent les inondations ; en montagne ils préservent des avalanches, ils protègent du vent en hiver et de la sécheresse en été ; et, en outre, ils fournissent le matériau dont au XVIIIème et au XIXème siècle tout du moins – dépend l'existence même d'une marine militaire. Leur conservation et leur administration constituent, en conséquence, incontestablement un service d'intérêt public. Et il n'est pas moins incontestable que ce service n'est pas un service qui peut être convenablement assuré par des propriétaires privés. Barthélémy explique très bien pourquoi : "... les forêts sont peu productives : à raison de ce fait leurs propriétaires sont enclins à les défricher" (op. cit., p. 586).

20 Lois des 16 octobre 1790 – 30 janvier 1791, des 12-20 mars 1791, des 8-10 juillet 1791 etc.

21 Cf. lois des 14-27 novembre 1789, des 7-12 septembre 1790, des 13-19 octobre 1790, des 28 octobre – 5 novembre 1790 etc... Ces lois ainsi que celles citées à la note précédente sont mentionnées par Barckhausen dans l'article plus haut évoqué (cf. op. cit., p. 434, note 1 et 2).

22 Ainsi ne trouve-t-on, par exemple, aucune évocation de la disposition dans les passages consacrés à l'apport de la législation révolutionnaire au droit domanial dans l'ouvrage précité de Mme Odile de David-Beauregard (cf., p. 42 à 49) ou

pas, ne lui prêtent guère d'attention[23] ce qu'on ne s'explique pas. Cette dernière nous paraît, en effet, éminemment digne d'intérêt, ne serait-ce qu'en raison de sa ressemblance avec une autre ayant-elle toujours cours : celle formulée à l'alinéa neuf du Préambule de la Constitution de 1946[24]. La prise en compte de ce qu'elle dit ne porte pas à adopter l'opinion relative à l'apport du droit de la période révolutionnaire au droit domanial faisant autorité en doctrine et selon laquelle "la législation nouvelle issue de la Révolution n'a nullement inauguré la distinction des domaines public et privé"[25].

Philippe Yolka a assez récemment contribué à la défense de l'opinion en soutenant dans son importante étude sur "la propriété publique" : que le droit de la période révolutionnaire "préserve l'unité" du domaine, que ce droit introduit une "innovation" mais qui "reste limitée" puisque "elle consiste tout au plus à déplacer la frontière entre les choses hors du commerce et celles dans le commerce, qui séparait naguère les biens de la Couronne de ceux des particuliers pour la faire passer au sein des biens publics" et que "la division entre les biens aliénables et les biens hors du commerce n'implique pas qu'un domaine public inappropriable s'oppose au domaine de l'Etat"[26]. Notre lecture du droit en cause est fort différente de celle de cet auteur.

On peut sans doute écrire que ce droit "préserve l'unité" du domaine. Mais uniquement si l'on entend signifier ce faisant que, pour

---

dans les traités de Droit administratif des biens de MM. A. de Laubadère et Gaudemet (cf. LGDJ, 11e édit., p. 20) et de MM. J.-M. Auby, P. Bon, J.-B. Auby et P. Terneyre (Dalloz, 5e édit., p.8).

23 Ainsi la disposition est-elle évoquée très discrètement en note par P. Yolka (cf. op. cit., p. 95, note 3) et simplement citée "en passant" sans le moindre commentaire par Mme M.-A. Latournerie (in : Point de vue sur le domaine public, édit. Montchrestien, coll. Clefs / politique 2006, p. 14).

24 On rappellera que selon cette disposition : "Tout bien toute entreprise dont l'exploitation a ou acquiert le caractère d'un service public national ... doit devenir la propriété de la collectivité". Sur la ressemblance entre la disposition de la Constitution de 1791 et celle de l'alinéa neuf du Préambule de la Constitution de 1946 cf. notre article "Service public national et liberté d'entreprendre" in le Préambule de la Constitution de 1946, Antinomies juridiques et contradictions politiques, Paris, PUF – CURAPP, 1996, p. 187.

25 A. de Laubadère, Y. Gaudemet, op. cit., p. 20.

26 Cf. op. cit., p. 111.

les concepteurs de celui-là, celui-ci continue d'englober, ainsi que par le passé, l'ensemble des biens en la possession de la personne publique étatique et désormais considérés appartenir à la Nation. M. Yolka, tel d'autres avant lui, au premier rang desquels Barckhausen[27], et d'autres après lui[28], observe que, dans le vocabulaire du législateur de l'époque domaine public, national ou de la Couronne "sont autant d'expressions employées à l'identique"[29]. Ce constat est exact et autorise à prétendre que la première de ces expressions ne revêt pas pour les constituants de 1789–1791, la signification qui lui sera attribuée ultérieurement par les théoriciens du "domaine public" : elle désigne les biens publics en général et non pas seulement ceux de ces biens ayant une affectation d'utilité publique. Mais on ne saurait aucunement en inférer, en revanche, l'absence de toute différenciation opérée par les constituants parmi ces biens en fonction de l'existence ou de l'absence de cette affectation ainsi que le font très généralement ceux qui, comme M. Yolka, y procèdent.

C'est peu dire que le qualificatif de "limitée" appliqué par ce dernier à l'innovation consistant à "faire passer au sein des biens publics" la frontière séparant les choses hors du commerce et celle dans le commerce, nous semble inadéquat. Car, à notre sens, cette innovation est, en réalité, considérable. Elle est à proprement parler révolutionnaire dans la mesure où ce qu'elle traduit et concrétise n'est rien moins que ceci : la consécration dans l'Etat français de la fin du XVIIIe siècle d'une appréhension de l'intérêt public et de ses exigences, et d'une conception de la division du travail souhaitable au sein de la société entre "le public" et "le privé" en rupture avec celles portées par le droit de l'Ancien régime. Mais, pour l'apprécier comme il convient, encore faut-il discerner le tracé exact de la frontière dont on parle à l'intérieur du domaine public de l'époque.

Par la dernière des assertions rapportées plus haut, M. Yolka laisse entendre que la division qu'ils opèrent au sein de ce domaine entre les biens hors du commerce et les biens aliénables "n'implique pas" que les constituants distinguent et "opposent" des biens constitutifs d'un "domaine public" et des biens constitutifs d'un "domaine de l'Etat" au sens que les théoriciens donneront

---

[27] Cf. op. cit., p. 415 et s.

[28] Cf. M.-A. Latournerie, op. cit., p. 11.

[29] Op. cit., p. 107.

ultérieurement à ces expressions, ou, autrement dit, des biens voués au service de l'utilité publique et d'autres qui ne le sont pas. Nous croyons que c'est le contraire qui est vrai. Et, comment du reste, pourrait-il en être autrement ? On ne parvient pas à envisager que les révolutionnaires aient conçu cette possibilité : que des biens présentant à leurs yeux un caractère d'intérêt public puissent être aliénés et que ne puissent l'être, en revanche, des biens leur paraissant dépourvus de ce caractère.

Le sens et la portée de la déconstitutionnalisation de la règle de l'inaliénabilité opérée par les lois du 9 mai et des 22 novembre – 1er décembre 1790 sont parfaitement saisis par cette réflexion de Barckhausen : "Désormais les représentants du pays eurent la mission d'autoriser l'aliénation des biens qu'ils ne croyaient pas nécessaire de réserver dans un intérêt général"[30]. Les textes législatifs et constitutionnels cités plus haut attestent de la pertinence du propos qui révèlent que leurs auteurs "croyaient nécessaire de réserver dans un intérêt général" les biens destinés "à l'usage commun" ou à "des services d'utilité publique". Pour les mêmes, ne devaient pas, à l'inverse, être "réservés" dans cet intérêt, étant donné qu'ils n'avaient pas une telle destination d'utilité publique, les biens dont la possession n'avait pas d'autre utilité que de permettre l'obtention d'un revenu.

Force est de le constater : la distinction des domaines public et privé n'a pas été explicitement formulée par les constituants de 1789 – 1791. Il nous paraît cependant raisonnable de juger que le nouveau droit domanial créé par ces derniers l'a "inaugurée". Il résulte de ce qui précède, en effet, qu'elle est inscrite en filigrane dans l'œuvre normative de ceux-ci, qu'elle est sous-jacente à la distinction pratiquée par eux parmi les biens publics entre les biens inaliénables et les autres. Si les révolutionnaires désignent par le vocable "domaine public" l'ensemble des biens propriétés de la nation, et non certains seulement de ceux-ci, s'ils ne répartissent pas ces biens en deux groupes portant les étiquettes "domaine public" pour l'un et "domaine privé" pour l'autre, il n'en demeure pas moins qu'ils procèdent à une différenciation parmi eux en se fondant sur leur destination (d'"utilité publique" ou non) et que cette différenciation détermine une diversification de leur régime juridique (inaliénabilité ou non).

---

30 Op. cit., P. 430.

Selon un historien contemporain du droit domanial qui ne croit pas si bien dire, "l'Assemblée nationale n'entendit nullement soumettre à un statut nouveau l'ensemble des choses affectées à un usage ou à un service public"[31]. L'observation restitue bien la vérité puisque l'assemblée a maintenu pour ces choses la règle de l'inaliénabilité. Mais elle a entendu, en revanche, très certainement soumettre à un "statut nouveau", en les rendant aliénables, les choses non affectées à un usage ou à un service public, ce qui a échappé à notre historien comme à beaucoup d'autres. En conséquence de quoi apparaît sujet à caution ce point de vue du même, fidèle à l'opinion doctrinale commune, et qui vient en prolongement de l'observation précédente : après que l'Assemblée nationale a achevé sa tâche, "il n'existe toujours pas de distinction entre le domaine public et le domaine privé"[32].

Les "théoriciens du domaine public", pour employer une expression usitée, censés avoir "entièrement construit"[33] cette distinction dans les premières décennies du XIXe siècle, ne l'ont pas en réalité véritablement inventée. En opposant parmi les biens dans la dépendance de l'Etat ceux qui "sont par leur nature consacrés à l'usage de tous et au service général"[34] ou encore "ont été civilement consacrés au service de la société"[35] et ceux qui "sont communément productifs dans l'intérêt de la Couronne ou du Trésor"[36] ou, encore, "dont les produits font partie du revenu de l'Etat"[37] les uns (à la désignation desquels sera réservée l'appellation "domaine public") étant inaliénables et imprescriptibles et les autres (formant ce qui sera appelé le "domaine de l'Etat" ou le "domaine privé") étant au contraire "susceptibles par eux-mêmes de devenir propriété privée", ils n'ont fait, somme toute, qu'expliciter et formaliser la pensée des constituants révolutionnaires.

---

[31] Cf. O. de David-Beauregard-Berthier, op. cit., p. 53.

[32] ibid.

[33] Cf. A. de Laubadère et Y. Gaudemet, op. cit., p. 21.

[34] J.M. Pardessus, Traité des servitudes suivant les principes du Code civil, 1806,p. 63.

[35] J.B. V. Proudhon, op. cit., p. 238.

[36] J.B. V. Proudhon, op. cit., p. 63.

[37] ibid.

Ces derniers ont créé le domaine privé sinon le mot du moins la "chose" faite des biens publics exploités dans un but financier qui, à raison justement de cette destination sont assimilés aux biens privés et se trouvent soumis, pour l'essentiel, au régime juridique de la propriété privée[38]. Ils ont créé le domaine privé mais, la suite va le montrer, en même temps qu'ils le faisaient naître, ils le vouaient à la mort. Ils ne l'ont créé, en fait, qu'afin de le faire disparaître...

II - SUR LA RAISON D'ETRE DE L'EXISTENCE

Tous les biens publics susceptibles d'être aliénés en application des vues des révolutionnaires de 1789–1791 ne l'ont pas été. La Nation est donc demeurée propriétaire de biens ayant pour unique utilité d'être productifs d'un revenu. Ce sont ces biens dont la finalité de l'exploitation sera jugée être la satisfaction d'un intérêt privé et non celle de l'intérêt public qui vont, et précisément pour cette raison, former à eux seuls pendant très longtemps ce qui a été appelé le "domaine privé". L'existence du "domaine privé" ainsi conçu a été constatée, admise ou affirmée en doctrine et en jurisprudence depuis les origines et jusqu'à aujourd'hui encore sans être jamais vraiment justifiée. Et pour cause : il est permis de penser, on l'a laissé entendre en commençant, qu'elle est injustifiable. D'où l'on pourra conclure que le concept de "domaine privé" des personnes publiques est un concept vide de sens et qu'il n'est pas de "cause réelle et sérieuse" à son maintien dans notre droit.

---

[38] Leur aliénabilité et leur prescriptibilité ne sont pas la seule manifestation de la soumission des biens dont on parle au droit commun des biens. Une autre mérite d'être signalée qui consiste en l'attribution par le législateur révolutionnaire à l'autorité judiciaire du soin de régler les litiges les concernant (cf. loi des 28 oct. et 5 nov. 1790) ; ce qui est généralement ignoré par la doctrine contemporaine mais qu'ont relevé en leurs temps, pour ne citer qu'eux, David (cf. ; concl. sur TC 8 févr. 1873, Blanco, D. 1873, III, 17 ; S. 1873, III, 153) et Laferrière (cf. Traité de la juridiction administrative, 2e édit. 1896, t. I, p. 596).

A- Une existence non vraiment justifiée

Le droit de la période post révolutionnaire a consacré le point de vue des constituants de 1789 excluant du champ des activités que l'Etat doit assurer dans l'intérêt public l'exploitation de biens à finalité lucrative. Cette consécration s'est traduite par l'attribution à la gestion du domaine de l'Etat qualifié de "privé" du statut d'activité privée ou, ce qui revient au même" par le refus de voir en elle une activité "de service public". Contrairement à la thèse qui s'est épanouie en doctrine dans la seconde moitié du XXème siècle, la caractérisation de cette gestion comme étant une gestion "privée" à partir du début des années dix-huit cent ne doit strictement rien, en effet, à la prise en considération des moyens et des procédés utilisés pour l'assurer, moyens et procédés censés être, dixit les promoteurs de la thèse en question, ceux du droit commun dont usent ordinairement les personnes privées et non les moyens et procédés empreints de "puissance publique" propres au droit public ; elle a pour seule et unique cause la croyance qu'il s'agit d'une activité "d'intérêt privé" et non pas "d'intérêt public"[39].

Cette croyance se manifeste de manière évidente au travers des opinions concernant les modalités de répartition des compétences juridictionnelles pour les litiges administratifs exposées par les théoriciens de la compétence des premières décennies du XIXème siècle.

Au regard ce des derniers, le principe directeur de cette répartition réside dans la distinction des actes de l'Etat "administrateur" et des actes de l'Etat "propriétaire" laquelle tend précisément à différencier parmi les actes de l'Etat, comme on va pouvoir le constater, ceux que celui-ci accomplit pour les besoins de la

---

[39] Pour plus d'informations sur cette thèse, ses promoteurs... et son total irréalisme on nous permettra de renvoyer à la première partie de notre travail "Aux origines du "couple gestion publique–gestion privée", recherche sur la formation de la théorie de la gestion privée des services publics. (thèse dactyl. Nice, 1992). Notons simplement ici qu'entre autres preuves de ce qui est avancé au texte est montré dans cette partie que les baux conclu par l'Etat pour la gestion de son domaine constituent par excellence des actes de "gestion publique" (cf. op. cit., p. 81 et 82).

gestion de son patrimoine "privé", de ceux qui ont un "objet d'administration" et visent à la satisfaction de l'intérêt public[40].

Au tout début des années 1800, Locré avance que pour décider de la juridiction compétente afin de résoudre un litige portant sur un acte ou une opération de l'Etat "on doit se régler d'après l'origine de l'intérêt en litige" ; et il précise ainsi sa pensée : "Lorsque l'obligation ou le droit quelconque sur lequel il y a litige naît de l'administration privée du patrimoine de l'Etat, l'affaire est de la juridiction des tribunaux ordinaires. Au contraire, lorsque l'obligation ou le droit a sa source dans l'administration publique, l'affaire me paraît appartenir à la justice administrative"[41]. Quatre décennies plus tard le rédacteur d'un très important article de la "Jurisprudence générale" de Dalloz[42], sans doute Dalloz lui-même, relatif à la "Compétence administrative" et, sous l'intitulé "Actes qui se rattachent à la gestion du domaine de l'Etat", prétend pour sa part qu'"on doit distinguer les actes dans lesquels le gouvernement figure comme propriétaire des biens du domaine de l'Etat et ceux qui ont pour objet l'administration proprement dite", qu'"il est de principe que, lorsqu'il agit comme propriétaire, l'Etat est considéré comme un simple particulier" et qu'il en est ainsi parce que, dans cette hypothèse, l'Etat n'agit pas "comme représentant l'intérêt général"[43].

Ce même point de vue est exposé en des termes plus ou moins identiques par nombre de théoriciens sous la Monarchie de juillet, la deuxième République et le début du Second Empire. Il l'est par Chauveau qui, dans ses "Principes de compétence" soutient que l'Etat ne fait pas des "actes administratifs" "lorsqu'il agit comme propriétaire, lorsqu'il traite des biens qu'il possède en cette qualité"[44] et, oppose l'Etat "personne morale, propriétaire" à l'Etat "personnification de l'intérêt public"[45] ; par Foucart qui traitant du

---

[40] cf. notre thèse, p. 213 et s.

[41] cf. Législation et jurisprudence française, tome 1, 1807, p. 189.

[42] "Jurisprudence générale Dalloz", Compétence administrative 1848, p. 444.

[43] cf. op. cit., p. 445 et p. 456

[44] A. Chaveau, principes de compétence et de juridiction administrative, Paris, 1841 – 1844, t 1, p. 119 et 120.

[45] Selon l'auteur "l'Etat doit être envisagé sous une double physionomie : personne morale, propriétaire, il a ses bois, ses champs, ses maisons comme… le simple particulier… Il est alors justiciable comme le simple particulier des tribunaux ordinaires… Nation, Royaume, unité nationale … ce n'est plus le simple

"contentieux en matière domaniale", indique que "l'Etat considéré sous le point de vue de sa mission politique et administrative a vis à vis des simples particuliers à l'occasion du domaine des droits que nécessite et justifie l'intérêt général" et se trouve soumis à une juridiction spéciale mais qu'il n'en va pas de même de "l'Etat considéré simplement comme propriétaire ou gérant des biens du domaine dans toutes les circonstances étrangères à la politique ou à l'administration publique"[46] ; par De Serrigny qui affirme dans son traité que "ce qui constitue le contentieux administratif ce ne sont pas des difficultés privées comme celles qui sont soumises aux tribunaux ordinaires" et que "Quand l'Etat, les départements, les communes ont des intérêts privés à défendre, ces intérêts sont portés devant les tribunaux de justice déléguée parce qu'alors l'Etat, le département ou la commune remplit le rôle d'une personne privée"[47] ; par Trolley, qui, dans son "Cours de droit administratif" d'une part, note que "les tribunaux administratifs statuent sur les conflits entre l'intérêt privé et l'intérêt général"[48] et, d'autre part, écrit : "La gestion de la fortune publique n'est pas un acte d'administration proprement dit. Souvent la puissance publique agit au nom de l'Etat propriétaire et les actes qu'elle fait sont des actes privés"[49] ; par Firmin Laferrière qui professe que doit être adressée au juge administratif la réclamation qui "se rapporte à un intérêt de l'ordre administratif"[50] et explique par ailleurs ainsi le fait que les tribunaux judiciaires sont compétents pour résoudre les difficultés concernant les actes de gestion des biens du domaine de l'Etat : "L'Etat dans ce cas est assimilé à la personne individuelle qui, dans son intérêt privé, s'efforce de tirer le meilleur

---

propriétaire dont les droits privés peuvent se trouver en discussion avec l'intérêt général, c'est la personnification de l'intérêt public, c'est l'absorption des intérêts individuels, c'est la nation tout entière dont les grands intérêts sociaux se résument dans ce seul mot : l'Etat ... Vouloir appliquer à l'Etat sous ce point de vue élevé les maximes du droit civil, les entraves de la juridiction ordinaire, ce serait méconnaître les règles les plus vulgaires de la conservation de la société", op. cit., t. 1, p. 92 et s.

[46] Eléments de droit public et administratif, 4e édit., p. 316.

[47] Cf. Traité de l'organisation de la compétence et de la procédure en matière contentieuse administrative, 1ère édit. Paris, 1847, p. 49.

[48] Paris 1844, t. I, p. 16.

[49] p. 8.

[50] Cours de Droit public et administratif, 2e édit., t. II, p. 69.

parti de son revenu ; or les tribunaux sont les juges naturels des intérêts privés"[51].

Il l'est également par Boulatignier dont la position, en raison de la qualité de son auteur, membre éminent du Conseil d'Etat, mérite une attention particulière. Dans un article d'une grande portée théorique consacré aux "baux administratifs"[52], Boulatignier soutient qu'il en est d'un bail comme de tout acte de l'Administration : "la raison et la science" obligent à penser que sa nature publique ou privée est fonction "de la destination en vue de laquelle il a été fait"[53]. Partant de là, l'illustre juriste qui ne craint pas d'assurer que sa manière de voir n'est autre que celle du Conseil d'Etat, est conduit à cette conclusion : "peuvent donner lieu à un débat judiciaire entre les fermiers et l'Administration" les baux "qui ont pour objet des portions du domaine national que l'Etat détient et exploite dans un simple intérêt de propriété" mais non ceux "qui ont pour objet l'exécution des services publics et qui, pour cela, sont des actes d'administration"[54]. A propos de ceux-ci Boulatignier écrit encore qu'ils sont "de véritables actes administratifs et non pas des actes de gestion économique"[55].

Les opinions précédentes éclairent le motif de l'assimilation de la gestion du domaine de l'Etat à une activité privée, à l'activité d'un propriétaire "ordinaire", qui tient donc exclusivement à la finalité prétendue de celle-ci, la satisfaction d'un intérêt privé, mais non sa cause déterminante. Elles ne nous renseignent pas vraiment, en effet, sur la raison pour laquelle cette gestion est jugée ne pas être une activité que l'Etat accomplit en qualité de "représentant l'intérêt général". Il s'agit d'une activité "de gestion économique" ou, encore, "de gestion de la fortune publique" nous dit-on. On aimerait savoir en quoi exactement ceci implique que l'on ne puisse voir en elle une activité de l'Etat "personnification de l'intérêt public" sachant que ses

---

[51] op. cit., p. 51.

[52] Cet article rédigé pour le "Dictionnaire général d'Administration" de Blanche (Paris 1849) porte sur un sujet qui a donné lieu à d'abondantes controverses au cours de la première moitié du XIXème (cf. notre thèse, p. 89 et s.).

[53] in op. cit., p. 127.

[54] op. cit., p. 131.

[55] op. cit., p. 129.

fruits servent au financement de dépenses destinées à satisfaire cet intérêt.

Transparaît au travers de ces opinions la croyance que l'exploitation de biens immobiliers en vue de l'obtention d'un revenu ne relève évidemment pas de l'"administration publique", qu'il s'agit d'une activité privée "par nature" pour parler comme l'auteur de conclusions demeurées célèbres[56]. Cette croyance était celle des constituants révolutionnaires et ceci permet de comprendre pourquoi ces derniers attribuèrent aux tribunaux judiciaires, ainsi que le relève E. Laferrière "la plupart des affaires domaniales réservées sous l'Ancien Régime à la chambre des comptes et à d'autres juridictions spéciales"[57] en même temps qu'ils manifestaient la volonté que ces tribunaux ne connaissent pas du contentieux né de l'exercice de la fonction administrative. Mais, alors que les hommes de 1789 nous informent, on le verra plus loin, dans l'exposé des motifs du code domanial de 1790 sur ce qui fonde leur conviction, tel n'est pas le cas des juristes que l'on vient de citer.

L'affirmation que la gestion du domaine de l'Etat n'est pas une activité que l'Etat assure dans l'intérêt public appelle nécessairement la question de savoir ce qui justifie que ce dernier puisse se livrer à une telle activité et, donc, ce qui fonde l'existence même de ce domaine. Or, pas davantage qu'ils n'expliquent pourquoi cette gestion ne rentre pas dans la fonction de l'Etat "administrateur", ceux que l'on vient de citer n'expliquent cette existence. La question de la raison d'être de celle-ci ne les préoccupe en rien : elle n'est tout simplement jamais posée par eux. Ainsi à lire la doctrine contemporaine de l'installation dans notre droit de la notion de "domaine privé des personnes publiques", l'existence de celui-ci paraît devoir être acceptée comme naturelle et allant de soi ; et paraît donc par-là même devoir être acceptés comme naturels et allant de soi ces faits consacrés par la théorie juridique de cette époque qui peuvent sembler extraordinaires aux esprits simples : le dédoublement de l'Etat en "administrateur" agissant dans l'intérêt public et "propriétaire" agissant dans son intérêt privé (?) et la métamorphose de celui-ci à

---

[56] cf. Matter, concl. sur TC, 22 jan. 1921, D. 1921, III, p. 1 et s. ; 1924, III, p. 34.

[57] Cf. Traité de la juridiction administrative et des recours contentieux, 2e édit., Paris, 1896, t. I, p. 556.

l'occasion de la gestion de son domaine "privé" de personne publique en personne privée.

La posture intellectuelle que l'on vient de décrire n'est pas propre aux spécialistes de droit administratif de la première partie du dix-neuvième siècle : elle est aussi celle de la quasi-totalité de la doctrine officiant entre le milieu de ce siècle et celui du vingtième. Au cours de cette période, la conception originelle du domaine privé qui réduit celui-ci aux seuls biens des personnes publiques servant à la production d'un revenu continue d'être défendue. Elle est cependant concurrencée dans la pensée juridique par des conceptions moins restrictives qui intègrent dans ce domaine une part, quand ce n'est pas la totalité, des biens affectés par ces personnes aux services publics et dont l'invention est dictée par la volonté de restreindre le champ d'application du régime juridique de la domanialité publique. Mais, quelle que soit la conception du domaine privé ayant leur faveur, qu'ils promeuvent directement ou indirectement la première à l'instar d'Edgar Laferrière[58] ou de Duguit[59] ou au contraire la combattent pour des raisons diverses tels Aucoc[60] ou Berthélémy[61], les administrativistes de la période, universitaires ou membres du Conseil

---

[58] Selon le Vice-président du Conseil d'Etat de l'époque, qui distingue le cas où l'Administration "agit pour la gestion de son domaine privé" de celui où elle "agit pour la gestion des services publics", le domaine privé de celle-ci est constitué "des biens productifs de revenus qu'elle possède comme personne civile" (cf. Traité de la juridiction administrative, 2e édit. 1896, tome I, p. 587).

[59] L'inventeur de "l'échelle de la domanialité" même s'il ne le juge guère satisfaisant, prend comme un fait acquis l'existence d'un domaine privé distinct du domaine public des personnes publiques. Celui-là se compose de tous les biens des personnes publiques qui ne "rentrent" pas dans celui-ci c'est à dire autres que "toutes les choses mobilières ou immobilières ... employées sous une forme ou sous une autre au fonctionnement des services publics" (cf. Traité de droit constitutionnel, 3e édit., 1930, tome III, p. 35).

[60] Aucoc range dans le "domaine de l'Etat" qu'il faut distinguer du domaine public "l'ensemble des biens que l'Etat possède comme un particulier" ce qui inclut notamment, outre les forêts, les usines et manufactures diverses, les immeubles affectés à un service public (cf. Conférences sur l'Administration et le Droit administratif, 3e édit., 1886, tome II, p. 133).

[61] Selon cet auteur "Le domaine privé comprend, en outre des biens affectés aux services publics, ceux que l'Etat conserve et exploite comme sont exploités les biens des particuliers" (cf. Traité élémentaire de Droit administratif, 9e édit. 1920, p. 550).

d'Etat ont très généralement en commun d'adopter cette position : comme les théoriciens des origines ils donnent à croire à l'existence d'un patrimoine des personnes publiques exploité par celles-ci dans un but financier "à titre privé" sans se soucier de la justifier. La dite position, qui sera encore ultérieurement adoptée, on le verra, par nombre d'auteurs de l'époque contemporaine, n'est pas exactement celle d'Hauriou.

Le maître de Toulouse, qui enseigne à la fin du XIXème et au début du XXème siècle que les personnes publiques sont propriétaires d'un domaine privé composé des biens leur appartenant non affectés à l'utilité publique[62], propose, en effet, pour sa part une explication en forme de justification de l'existence de ce domaine. Celle-ci, qui nous est offerte dans le cadre des développements de la cinquième édition du précis qu'Hauriou consacre à "la voie de gestion privée", voie qui, nous dit-il, sert "à assurer la gérance d'un domaine privé" et s'oppose à "la voie de gestion publique", laquelle "sert à assurer l'exécution d'un service public"[63] est, cependant, tout sauf convaincante. Elle consiste à soutenir tout bonnement que cette existence "répond (1°) au besoin qu'éprouvent les administrations publiques, comme tous les organismes d'exister pour soi et non seulement pour le public (2°) au besoin qu'éprouvent les mêmes administrations de se procurer des ressources financières par tous les moyens possibles…"[64]. On ajoutera à cela que, selon Hauriou, les droits qu'exercent les "administrations publiques" lorsqu'elles empruntent "la voie de gestion privée" qui, dans l'édition précédente du précis est appelée "la voie domaniale"[65], le sont "au nom de la personnalité privée" de ces dernières[66].

L'explication d'Hauriou n'est en fin de compte pas beaucoup plus explicative que les réflexions des juristes rapportées plus haut imputant à l'Etat "propriétaire" l'activité de gestion du domaine privé et tout aussi sujette à caution que celles-ci du point de vue de la théorie juridique. Car la question que soulève au regard de cette dernière l'affirmation de l'existence d'un domaine privé des

---

62 Cf. Précis de Droit administratif et de Droit public, 3e édit. 1897, p. 613 et s.

63 cf. Précis, 5e édit. 1903, p. 207.

64 op. cit., p. 214.

65 cf. Précis, 4e édit., 1901, p. 227.

66 ibid.

collectivités publiques tel que défini traditionnellement, est précisément celle de la possibilité que ces collectivités puissent vouloir exister et agir "pour soi" de façon "égoïste"[67] comme un propriétaire privé, et, de la légitimité même de cette possibilité. Etant admis que, dans l'Etat français, issu de la Révolution, les personnes publiques trouvent leur raison d'être juridique dans la nécessité de la représentation, de la défense et de la promotion d'intérêts publics – ce qu'admet, bien sûr, Hauriou, on va le voir – il est pour le moins difficile de concevoir qu'elles veuillent et puissent œuvrer dans un but autre que la satisfaction de ces intérêts.

On est contraint de le dire : la rationalité de l'explication fournie par Hauriou de l'existence du domaine privé des "personnes administratives" qui fait découler cette dernière de l'existence de ce qu'il faut bien appeler une schizophrénie de ces personnes laisse quelque peu à désirer. Appréhendée sur un strict plan intellectuel cette schizophrénie est une hypothèse qui confine à l'absurde. Appréciée sur le plan juridico-politique l'hypothèse s'avère théoriquement injustifiable parce qu'inconciliable avec la croyance consacrée par le droit public français que l'on vient d'évoquer et qu'Hauriou fait sienne selon laquelle "le service public ... est la raison d'être de l'existence même des personnes administratives"[68]. Car, ce que cette croyance nous paraît impliquer en toute logique n'est pas seulement l'impossibilité pour les "personnes administratives" agissant en tant que telles, de poursuivre un autre but que le service public, ainsi que l'enseigne Hauriou ; c'est aussi l'impossibilité pour celles-ci d'exister et d'agir autrement qu'en tant que "personnes administratives". Méconnaissant ou n'acceptant pas ceci Hauriou est amené à manier le paradoxe. Son explication de l'existence du domaine privé des personnes publiques s'accorde mal, en effet, comme on va pouvoir en juger, avec la conception de la fonction administrative qu'il expose par ailleurs et sa compatibilité avec celle-ci n'est assurée, peut-on dire, qu'en apparence, grâce à l'artifice de l'assimilation de ces personnes

---

[67] Hauriou dans la suite du passage de la cinquième édition du précis cité au texte, observe que, dans "la voie de gestion privée" l'Administration manifeste une "tendance au fonctionnement égoïste" (op. cit., p. 214).

[68] En conséquence de quoi "c'est vers le service public que tout converge en administration et en droit administratif..." (in :Précis de Droit administratif, 1ère édit., p. 150).

prises en qualité de propriétaires de ce domaine à des personnes privées.

Selon l'auteur, la fonction administrative, qui a pour objet "la satisfaction des besoins publics..., des intérêts généraux permanents et ordinaires" et qui s'exerce par le moyen de la police et du "service public"[69] supporte des limites, parmi lesquelles celle-ci tenant au but des services publics : ces derniers "sont pour créer de l'ordre public, ils ne sont pas pour créer de la richesse économique" et ce "parce que la richesse n'est pas un besoin public mais au contraire un besoin privé"[70]. Pour Hauriou, les "personnes administratives" pourraient faire par conséquent, en tant que propriétaires et gestionnaires des biens de leur domaine privé, ce qui leur serait interdit de faire dans le cadre de l'accomplissement de la fonction administrative : agir afin de produire de la richesse économique. Qu'il y ait là quelque chose de peu satisfaisant pour l'esprit relève de l'évidence.

La même contradiction qui affecte la pensée d'Hauriou se retrouve, il importe de le signaler, dans la jurisprudence de son époque. Celle-ci, en effet, admet d'un côté l'exploitation à finalité lucrative des biens du domaine privé des collectivités publiques et affirme d'un autre côté l'illégalité de la création par une personne publique d'un service à caractère industriel et commercial motivé par un intérêt financier[71]. Cette seconde position est ainsi justifiée par le commissaire du gouvernement Rivet : "la poursuite d'un gain est totalement étrangère aux raisons qui ont amené en son temps la constitution du groupement d'où la personne publique territoriale est

---

[69] cf., par ex., Précis de droit administratif, 10e édit. 1921, p. 21 et s.

[70] Utilisée dès la note fameuse sous l'arrêt du Tribunal des conflits du 2 décembre 1899, Association syndicale du Canal de Gignac (cf. S. 1900.3., p. 49), la formule est reprise ensuite par Hauriou dans son précis (cf. par ex. : 10e édit. 1921, p. 31 ; 11e édit. 1927, p. 181).

[71] Cf. par ex. : CE 19 mai 1933, Blanc à propos de la création par une commune d'une "buanderie mécanique" ayant "pour but essentiel" de compenser le déficit de la gestion de piscines et d'un lavoir, eux légalement créés, S. 1933, 3, p. 81.

Sur ce point cf. : C. Teitgen-Colly, La légalité de l'intérêt financier dans l'action administrative, Economica 1981, p. 13 et s. L'auteur constate que "l'intervention économique des collectivités publiques motivée par la recherche de profit entraîne une réaction de rejet de la part du juge" (op. cit., p. 14).

née"[72]. Ce qui est une autre façon de dire que "la richesse n'est pas un besoin public".

Comme on l'a laissé entendre plus haut, on cherchera en vain dans les écrits des membres du Conseil d'Etat contemporains d'Hauriou la réponse à la question de savoir comment il se fait, si "la richesse n'est pas un besoin public", que puisse exister un domaine privé des personnes publiques. Elle ne figure donc pas, et nous l'avons déjà dit, dans ceux d'Aucoc. Ce dernier exprime cependant dans ses "conférences" certaines réflexions touchant au statut et à l'existence de ce domaine qui méritent de retenir l'attention. Tout l'intérêt de celles-ci tient au fait qu'elles fournissent la meilleure illustration qui soit de la difficulté de la doctrine classique du droit administratif à penser convenablement le problème qui nous occupe.

Evoquant la compétence judiciaire en matière de litiges administratifs, et après avoir rappelé que "Le jugement que peut faire naître le contact de l'intérêt public et de l'intérêt privé, lorsqu'il ne s'agit pas d'appliquer les peines, est réservé à l'autorité administrative", l'éminent conseiller d'Etat observe qu'"on considère en général comme contestation d'intérêt privé les contestations engagées entre les citoyens et les organes des intérêts collectifs au sujet de la gestion des biens que l'Etat, les départements, les communes et les établissements publics possèdent à titre de propriétaires" et que ceux-ci "sont assimilés en pareil cas aux particuliers"[73]. Après quoi il écrit : "En effet, il ne s'agit pas, à proprement parler, des intérêts des services publics, bien que la qualité de propriétaires n'ait été attribuée à ces personnes morales qu'en vue de l'intérêt public"[74].

---

[72] Cf. concl. sur CE 23 juin 1933 Planche, S. 1933. 3, p. 86. Dans ses conclusions relatives à l'affaire Commune de Mesle-sur-Sarthe jugée par le Conseil d'Etat en 1911, Blum formule, on doit le noter, une opinion qui s'oppose radicalement à celle consacrée par le conseil (cf. concl. sur CE 3 février 1911, S. 1913, III, p. 108). Le commissaire soutient, en effet, qu'un service d'ordre industriel et commercial dont une commune entreprendrait l'exploitation afin d'obtenir des bénéfices n'en serait pas moins un service d'intérêt public étant donné qu'"on n'aperçoit pas en quoi l'intérêt de la commune peut se distinguer en cette matière de l'intérêt général de ses habitants" (op. cit. p. 109 et 110. Sur la pensée de Blum, cf. notre thèse, p576 et s.).

[73] op. cit. 3e édit., 1885, tome 1, p. 374.

[74] ibid.

Si la pensée d'Hauriou souffre d'un manque de cohérence, que dire alors de celle d'Aucoc qui soutient en même temps une chose : les biens que les personnes publiques "possèdent à titre de propriétaires" ont été attribués à celles-ci "en vue de l'intérêt public", et son contraire : les litiges nés de la gestion de ces biens ne concernent pas cet intérêt ?

L'assertion d'Aucoc ayant trait à la raison pour laquelle les personnes publiques disposent de biens "à titre de propriétaire" contredit absolument, on n'aura pas manqué de le relever, l'explication d'Hauriou relative à la raison d'être de l'existence du domaine privé de ces personnes. Il reste, ceci étant, qu'on se perd en conjectures sur ce que recouvre au juste dans l'esprit d'Aucoc l'expression en vue de l'intérêt public". Mais en tout état de cause, une chose est sûre : l'assertion de ce dernier ne reflète pas les vues des constituants révolutionnaires.

B- Une existence injustifiable

L'affirmation ci-dessus rend compte à la fois de deux points de vue distincts. Le premier est présent dans la pensée juridique contemporaine et n'est pas méconnu même si son audience demeure limitée : que l'existence du domaine "privé" des personnes publiques, tel que défini traditionnellement, soit injustifiable est ce que soutiennent à leur façon les auteurs qui, dans la seconde moitié des années 1900 et plus récemment, se sont employés à montrer que ce domaine n'existe pas "en réalité". Le second, totalement ignoré, n'est rien d'autre que celui des constituants révolutionnaires : pour les fondateurs du droit public français moderne ce domaine ne saurait tout simplement exister.

a) Le domaine "privé" des personnes publiques n'existe pas "en réalité"

Exposé de manière indirecte en doctrine à partir des années 1950 le point de vue a été soutenu de façon explicite récemment par Mme Latournerie.

1°) Dans les années 1950 des voix se sont élevées en doctrine pour contester l'opinion consacrée relative à la fonction du domaine privé au cœur de ce que le Doyen Auby, la plus sonore de ces voix, a appelé la "conception traditionnelle" de ce domaine[75] et de laquelle découle le statut juridique de sa gestion[76]. Ces voix, remarquons-le immédiatement, n'ont pas mis en cause l'idée qui est au principe de cette opinion, c'est-à-dire celle selon laquelle il serait possible dans le cadre du système politico-juridique français que les personnes publiques puissent poursuivre un autre but que celui de satisfaire l'intérêt public. Constatant que la jurisprudence tout autant que les auteurs de leur temps[77] déniait à la gestion du domaine privé la qualité d'activité de "service public" et supposant qu'il en était sans doute[78] ainsi parce que la première considérait, à l'instar des seconds[79], et

---

[75] Cf. J.M. Auby, Contribution à l'étude du domaine privé de l'Administration, EDCE 1958, p. 35

Outre celle d'Auby, figurent parmi ces voix celles de Eisenmann (Cours de droit administratif, Faculté de droit de paris, 1952-53, p. 126) et de Vedel (cf. Remarques sur la notion de clause exorbitante in L'Evolution du droit public, Mélanges Mestre 1956, p. 542 ; Les bases constitutionnelles du droit administratif, EDCE 1954, n° 46).

A ces voix illustres sont venues ultérieurement se joindre, en particulier, celles de J. Lamarque (cf. Recherche sur l'application du droit privé aux services publics administratifs, thèse LGDJ 1960) et de R. Chapus (cf. "Le service public et la puissance publique", RDP 1968, p. 16 et les différentes éditions du Droit administratif général t 1 et t 2).

[76] Selon Auby, les éléments constitutifs de cette conception sont, outre l'idée relative à la fonction du domaine privé évoquée au texte, celle que ce domaine est soumis à un régime juridique de droit privé et celle que les litiges le concernant relèvent des tribunaux judiciaires.

[77] Que la jurisprudence de la première moitié du XXème siècle oppose au service public la gestion du domaine privé ainsi que le fait Romieu dans ses conclusions sur l'affaire Terrier (cf. CE 6 févr. 1903, S. 1903, III, 25, concl. Romieu, note Hauriou) ressort clairement de certaines décisions du Conseil d'Etat dans lesquelles on trouve évoqué, par exemple, des "actes purement domaniaux accomplis par l'Administration en dehors de tout fonctionnement de service public" (CE 4 mai 1934, Heiser, Rec. P. 529) ou un contrat qui "avait trait à la gestion du domaine privé de l'Etat et n'associait en aucune façon la société requérante à la gestion d'un service public" (CE 26 jan. 1951, Sté anonyme minière, Rec. P. 49).

[78] Quant à la raison de l'emploi de ce "sans doute" cf. infra note

[79] Comme nous l'avons laissé entendre plus haut et comme le relève Auby, la doctrine que celui-ci qualifie de "moderne", c'est-à-dire, celle qui "officie" aux

conformément à ce qui était traditionnellement enseigné par les théoriciens, que le domaine privé avait une fonction patrimoniale, financière et n'était pas, de ce fait, au contraire du domaine public, affecté à une destination d'intérêt général, ceux dont on parle se sont seulement employés à montrer qu'en réalité, la gestion de celui-là aussi bien que celle de celui-ci "constitue une activité d'intérêt général"[80] et, donc, "peut-être regardée comme un service public et non comme une activité privée de l'Administration"[81].

En ce sens ont principalement été avancés deux arguments[82] : "la gestion des biens du domaine privé non affectés à l'usage du public ou à un service public est souvent dominée par des considérations

---

alentours du milieu du XXème siècle, enseigne très généralement, en effet, que le "domaine privé se rattache non pas à un service public mais à une activité privée de l'Administration". A titre d'exemple Auby cite (cf. op. cit., p. 36, note 8) ; Duez et Debeyre (Traité de Droit administratif 1950 n° 768) , De Laubadère (Traité 2e édit., n° 524) ; Odent (Cours de contentieux administratif, 2^{e,} p. 148) ; on peut ajouter à ces noms celui de Prelot (Cours de droit administratif, Licence 2e année, 1948-1949 Les cours du droit,p.487) et, sous la réserve que nous indiquons plus loin ,celui de Waline (Droit administratif, 6e édit. 1950, p. 307-308), Les cours du droit, p. 487).

80 J.M. Auby, op. cit., p. 42.

81 J.M. Auby, op. cit. p. 42.

82 Dans l'article précité Auby fait valoir en outre, contre l'opinion établie relative à la fonction du domaine privé deux autres arguments : "le domaine privé peut être le siège d'activités administratives d'intérêt général" et, "les biens du domaine privé peuvent faire l'objet d'une affectation d'intérêt général" (op. cit., p. 39 et 40). Ceux-ci ne nous semblent pas vraiment opérants. Le premier, parce que le constat visant le domaine privé, vaut aussi bien pour des propriétés privées et que le fait qu'une parcelle domaniale serve d'assiette à une activité d'intérêt général n'implique pas, ce dont convient d'ailleurs Auby, qu'elle ne fasse pas l'objet d'une utilisation patrimoniale. Le second, parce qu'il rend compte d'une vérité qui n'est réellement celle du droit positif que depuis très peu de temps au moment où Auby rédige son article. Jusqu'à l'arrêt du Conseil d'Etat Société Le Béton du 19 octobre 1956 (Rec. P. 375 ; D. 1956-681, concl. Long cf. GAJA 15e édit., n° 75, p. 491) qui affirme la non-appartenance au domaine public des biens affectés à un service public n'ayant pas fait l'objet d'un aménagement spécial, les incertitudes de la jurisprudence et le silence du législateur concernant le critère de la domanialité publique autorisent à croire avec Hauriou que le domaine public comprend les biens publics "affectés à une utilité publique" et, donc, que le domaine privé est constitué par les biens publics n'ayant pas une telle affectation.

d'intérêt général"[83] ainsi qu'en témoigne, par exemple, la gestion des forêts domaniales ; elle "comporte au moins à titre médiat une destination d'intérêt général" car "ses produits financiers tombent dans les budgets publics pour alimenter les dépenses des services d'intérêt général"[84]. Le second de ces arguments est évidemment le plus important. Pour Auby[85] comme pour Vedel il est à lui seul décisif[86]. Et tel est aussi l'avis de René Chapus. Selon celui-ci, la gestion du domaine privé des collectivités publiques doit être réputée activité d'intérêt public et, donc, activité de service public quoi qu'il s'agisse d'une activité "de plus grand profit" et ce parce que les revenus qu'elle procure contribuent au financement d'activités "de plus grand service"[87].

Par le truchement de cet argument, les auteurs critiques de la conception "traditionnelle" du domaine privé ressuscitent ainsi d'une certaine façon, et sans paraître s'en rendre compte, la conception extensive du domaine public en vigueur sous l'Ancien régime, conception en vertu de laquelle le domaine de la propriété publique inclut des biens productifs de revenus dont l'exploitation est jugée être d'intérêt public en raison des recettes qu'elle procure au Trésor

---

[83] Cf. J.M. Auby, op. cit., p. 41.

[84] Cf. J.M. Auby, op. cit., p. 42.

[85] "Il est bien évident, en effet, à supposer même à la gestion domaniale une fonction financière, que cette fonction est uniquement immédiate et que, dans une perspective plus lointaine apparaissent nécessairement des fins d'intérêt général" écrit Auby (op. cit., p. 42).

[86] Dans son article précité aux mélanges Mestre, et après avoir observé qu'"Il n'est plus vrai que le domaine privé soit le siège de purs intérêts financiers", Vedel écrit quant à lui : "Enfin, et surtout, en vertu de quelle idée peut-on admettre qu'un intérêt purement financier de l'Etat ne soit pas un intérêt public ? A rester sur ce terrain que l'on explique par quel mystère les services fiscaux ont un but d'intérêt public que ne possèderait pas l'exploitation du domaine privé" (op. cit., p. 542).

[87] Cf. Droit administratif général, 12e édit., t I, p. 540 et 541. Cette manière de voir n'est pas exactement celle de J. Lamarque qui estime pour sa part que le but auquel correspond le domaine privé est en réalité un but direct et immédiat d'"intérêt général" (op. cit. p. 379). Elle ne coïncide pas non plus avec l'analyse proposée par M. Waline dans les premières éditions de son Traité de Droit. Selon cette analyse, en effet, la gestion de son domaine privé par l'Administration n'est pas un service public car elle "n'est pas directement d'utilité publique" (cf. 2e édit. 1939, p. 62 et pareillement, 7e édit., 1957, p. 72, 9e édit. 1963, p. 663).

public ; et ... conception très clairement condamnée, on le montrera plus loin, par les pères du code domanial de 1790.

La mise en avant de l'argument est accompagnée de la dénonciation par les auteurs de l'attitude "inconséquente", selon eux[88], de la jurisprudence tenant à ce que celle-ci traiterait la gestion du domaine privé différemment de ces autres activités administratives exercées dans un intérêt financier que sont les services et monopoles fiscaux et la loterie nationale auxquelles elle reconnaît la qualité de service public[89]. Cette critique est elle-même critiquable à un double titre.

Exagérément lapidaire dans sa formulation, elle encourt d'abord le reproche d'être déterminée par une appréhension quelque peu simpliste du problème qui nous occupe. Comme s'il était évident que la gestion du domaine privé doit être juridiquement assimilée aux autres activités visées par les auteurs dès lors que son but est le même que celui de ces dernières. Comme si la destination finale des gains procurés par cette gestion et par ces activités commandait nécessairement que celle-là soit jugée tout autant que celle-ci comme étant "d'intérêt public". L'exploitation d'une activité érigée en monopole public afin de procurer des ressources au Trésor public est une chose et la gestion des biens en vue de la réalisation d'un profit commercial en est une autre dont on peut estimer qu'elle est d'une nature différente[90] ne serait-ce qu'en raison de son caractère facultatif. Cette conviction était en tous les cas celle de David qui, dans ses conclusions sur l'affaire Blanco évoquée ci-dessous, soutenait que l'Etat exploitant le monopole des tabacs devait être réputé agir en tant que gestionnaire d'un service public et non en tant que "propriétaire" en se fondant en particulier sur le fait que l'exercice de cette activité était pour lui "obligatoire"[91].

---

[88] Cf. Auby qui utilise l'adjectif (op. cit., p. 42), Vedel (Mél. Mestre précit., p. 542), R. Chapus (op. cit., t. II, p. 438).

[89] S'agissant des monopoles fiscaux Auby cite : CE, 12 nov. 1937, Dame Garnero (Rec. p. 928) à propos du monopole des tabacs ; et s'agissant de la loterie nationale, CE 18 déc. 1948, Angrand (Rec., p. 485).

[90] Sur ce point cf. infra note n°99

[91] Selon David, il est "impossible en bonne raison et en bonne justice" de soumettre l'Etat au droit commun de la responsabilité en dehors de cas où il agit comme propriétaire notamment parce que "le rôle de l'Etat dans l'accomplissement des

Il est très probable qu'au milieu du XXème siècle les vues du Conseil d'Etat sont conformes à la pensée de David. On ne saurait en dire autant, en revanche, de celles du Tribunal des conflits. Nous en venons par-là à l'autre reproche mérité par la critique que nous visons : elle s'établit à partir d'un constat inexact de l'état du droit positif. L'examen de ce dernier montre, en effet, que la position imputée par les auteurs à la jurisprudence en général correspond en réalité à celle du seul Conseil d'Etat et qu'il est douteux qu'elle soit aussi celle du Tribunal des conflits à la date où ils écrivent.

En 1873, par son arrêt Blanco[92], ce dernier, suivant son commissaire du gouvernement, avait décidé, on le sait, que le service des tabacs, monopole fiscal était un service public. La connaissance du droit de l'époque et la lecture des conclusions de David ne laissent aucun doute quant au motif de cette décision : le juge des compétences, adoptant le point de vue de son commissaire[93], considère en 1873 que le service concerné "quelque ressemblance que son exploitation puisse offrir avec l'industrie privée ..., comme tous les autres services dont l'ensemble constitue notre système financier"[94], est un service public en tant qu'il est service présentant un caractère "d'intérêt général". Le Tribunal des conflits consacre, ce faisant, une conception extensive du service public, en consacrant une conception extensive du service ou de l'activité administrative "d'intérêt général"[95]. Mais, une vingtaine d'années plus tard, par son arrêt Loiseleur[96], il remet en cause cette conception du service

services publics est non pas volontaire mais obligatoire", qu'il "est imposé" à celui-ci "non dans un intérêt privé mais dans l'intérêt de tous" (cf. op. cit., infra, p. 150).

[92] TC 8 fév. 1873, Blanco, D. 873, 3, 20, concl David ; S. 1873, 3, 153, concl. David

[93] "Grâce", il n'est pas inutile de le rappeler, à l'intervention du garde des sceaux

[94] Cf. concl. David, in S. 1873, III, p. 154

[95] Sur l'arrêt Blanco et la légende produite à son sujet (la solution de l'arrêt tiendrait à ce que l'Etat se trouverait impliqué dans cette affaire en tant que détenteur de la puissance publique, à ce que le service en cause était "à gestion publique", etc ...) par certains auteurs dans les années 1950 / 1960, et encore entretenue aujourd'hui par d'autres (cf. par ex. : G. Bigot, Les faillites conceptuelles de la notion de service public en droit administratif, RFDA 2008, p. 1) et sur la conception "véritable", du service public consacré par l'arrêt, qu'il nous soit permis de renvoyer à notre thèse (cf. op. cit., p. 314 à 325 et, surtout, p. 560 à 566)

[96] TC 24 nov. 1894, Rec. p. 631

public : revenant sur sa jurisprudence Blanco, il juge que le monopole des allumettes chimiques, service "industriel" en tout point semblable à celui des tabacs, n'est pas un service public. La cause de ce revirement tient bien sûr à ce que le tribunal juge en 1894 au contraire de ce qu'il jugeait en 1873, que le service industriel en cause n'est pas "d'intérêt général". Selon Romieu chargé de conclure dans l'affaire Loiseleur, pour la Haute juridiction paritaire le service des allumettes n'est pas un service public car il est un service "qui tout en intéressant l'Etat ne concerne que la gestion de son domaine privé"[97]. Ainsi le juge des compétences ne fait-il pas de différence à la fin du XIXe siècle entre l'exploitation d'un monopole fiscal à caractère industriel par l'Etat et la gestion par ce dernier de son domaine privé[98] : cette exploitation relève de cette gestion et paraît donc regardée comme n'ayant pas un caractère "d'intérêt public" en raison de sa finalité exclusivement financière[99]. Rien dans sa jurisprudence ne contraint à penser que cette manière de voir n'est plus celle du Tribunal des conflits dans les années 1950.

Quoi qu'il en soit de ce point, il reste que la thèse défendue par le courant doctrinal critique apparu au cours de ces années n'a pas été homologuée par la jurisprudence en général et par le Tribunal des

---

[97] Cf. concl. sur CE 6 févr. 1903, Terrier, S. 1903, III, p. 28

[98] En 1895, Romieu ne semble pas lui-même être parfaitement convaincu de la pertinence de la jurisprudence Loiseleur. Dans ses conclusions relatives à l'affaire Cames jugée par le Conseil d'Etat le 21 juin 1895, (cf. D. 1896, III, p. 66) à propos de la question de savoir si les services industriels de l'Etat constituent ou pas des services publics il observe, en effet, que "des doutes peuvent s'élever quand l'Etat dirige une industrie dans un but exclusivement financier".

[99] Indiquons ici qu'à la fin du XIXème siècle les "commercialistes" s'opposent à propos de cette autre question liée à celle évoquée dans la note précédente : les industries exercées par l'Etat à titre de monopole fiscal revêtent-elles ou non le caractère d'entreprises "commerciales" ? Non disent les uns parce qu'elles ne répondent pas au critère de la commercialité et ce pour la raison que l'Etat les exploite "non dans un but de spéculation commerciale mais dans un intérêt fiscal" (cf. C.E. Gombeaux, La Condition juridique de l'Etat commerçant et industriel, Thèse, Paris 1904, A. Rousseau édit., p. 121). Oui disent les autres car lorsque l'Etat fabrique et vend des allumettes, du tabac de la poudre de chasse, "il procède dans ce cas comme tout autre industriel en vue de la vente et de bénéfices à réaliser" (Naquet, note sous Cass. civ. 18 mai 1908, Valette, D. 1908, 1, p. 194). La jurisprudence Loiseleur est évidemment en accord avec les opinions des seconds et non avec celle des premiers.

conflits en particulier. Celle-ci ,approuvée par une partie des auteurs[100], a continué de dénier la qualité de service public à la gestion du domaine privé[101] et le tribunal a récemment manifesté de la façon la plus nette qui soit son refus de souscrire à l'analyse, notamment développée par J.M. Auby et par René Chapus, en vertu de laquelle cette gestion doit nécessairement se voir reconnaître cette qualité étant donné qu'elle "comporte au moins à titre médiat une destination d'intérêt général" en ce qu'elle sert à financer des activités "de plus grand service". Il l'a fait en affirmant par son arrêt Lelaidier du 18 juin 2001[102] qu'une personne publique qui assure la gestion d'un bien lui appartenant – en l'occurrence une commune gérant son domaine forestier – "à seule fin de procéder à la vente" du produit de cette gestion – en l'occurrence du "bois abattu" et façonné – "accomplit une

---

[100] Cf. par ex. : A. De Laubadère : "Toutes les activités assumées par l'Administration ne sont pas des services publics. On appelle entreprises privées de l'Administration des activités qui n'ont pas été prises en main par l'Administration en raison des exigences de l'intérêt général mais qui constituent seulement pour l'Administration une exploitation en vue de son intérêt pécuniaire. Le type en est la gestion du domaine privé de l'Administration..." (Traité de Droit administratif, t I, 6e édit., 1973, LGDJ, p. 41 et idem in : 9e édit., 1984 par J.C. Venezia et Y. Gaudemet, p. 43) ; R. Odent : "Par leur objet même les actes et les opérations relatifs à la gestion du domaine privé ne relèvent pas de la notion de service public" laquelle notion selon l'auteur "Au sens fonctionnel... désigne une activité, une mission ayant un caractère d'intérêt général" (Contentieux administratif, Cours de I.E.P. de Paris 1976- 1981, fasc. II. Les Cours de droit, p. 506 et p. 482) ; J. Rivero : "On ne peut reconnaître la qualité de service public à des entreprises publiques qui de par leur activité ne concourent pas plus directement à la satisfaction de l'intérêt public que des entreprises privées similaires. C'est la raison qui a fait traditionnellement refuser le caractère de service public à la gestion du domaine privé" (Droit administratif, 4e édit. 1968, D. n° 451, p. 390 et à l'identique in : 18e édit. rédigée avec J. Waline, 2000, p. 443).

Conformément à la position "traditionnelle" de la doctrine pas plus qu'ils n'expliquent pourquoi la gestion du domaine privé ne revêt pas un caractère d'"intérêt général" (et donc pourquoi ils ne sauraient souscrire à l'analyse présentée par Auby dans l'article précité) les auteurs précédant n'expliquent comment il se fait que ce domaine puisse exister.

[101] Pour une évocation des arrêts de la période illustrant notre propos rendus entre 1960 et le début des années 2000, cf. R. Chapus, op. cit. tome II, 10e édit., p. 497

[102] Cf. Droit Adm., oct. 2001, n° 214, p. 25. Les termes de cet arrêt ont été intégralement repris par : TC 19 jan. 2004, Commune de Wildenstein, req. N° C 3375.

activité de gestion de son domaine privé qui n'est pas par elle-même constitutive d'une mission de service public". Ce qui revient à dire que cette activité n'a pas la finalité d'intérêt général qui est celle d'une "mission de service public" dès lors qu'elle tend exclusivement à la réalisation d'un gain financier[103].

La motivation de l'arrêt Lelaidier vient ainsi confirmer, si besoin était, que le refus de la jurisprudence de considérer la gestion du domaine privé comme étant une activité de service public tient à la prise en compte de son but et non à celle de la nature juridique des moyens servant à l'assurer[104].

---

[103] La position du tribunal ne correspond pas à celle de la Cour de cassation, laquelle avait reconu, en 1998, que le même service que celui concerné dans l'affaire Lelaidier, c'est-à-dire "le service de la ville de Strasbourg assurant l'exploitation et l'entretien de la forêt privée de la ville", constitue un "service public" et, qui plus est, un "service public administratif" (cf. Cass. 2ème Civ. 29 avril 1998, Jong, Dalloz, 2000, jpce, p. 232, note T. Schmitt).

Elle est, il faut bien le dire, tout à fait choquante car ignorante de la volonté pourtant clairement exprimée par le législateur dans la loi du 4 décembre 1985 "relative à la gestion, à la valorisation et à la protection de la forêt" dont l'article 1er dispose que : "La mise en valeur et la protection de la forêt sont reconnues d'intérêt général".

Dans l'article 1er de la loi "d'orientation de la forêt" du 9 juillet 2001, cette affirmation est suivie de cette autre : "La politique forestière prend en compte les fonctions économique, environnementale et sociale de la forêt". Il suit de là que, pour le législateur contemporain, la gestion des forêts doit, partout et toujours, se préoccuper autant que faire se peut de chacune de ces fonctions et que la seule fonction de "mise en valeur" qui implique la production, la récolte et évidemment la vente des produits forestiers est en elle-même, au regard du législateur, d'"intérêt général". Ce qu'avait soutenu en 1979, dans un remarquable article pour l'essentiel toujours d'actualité, un haut responsable de l'Office National des Forêt, M. Bessara (cf. La gestion des forêts soumises au régime forestier (la forêt publique", in n° spécial "La forêt et le droit", A.J.D.A., 1979, n°5, p.20).

[104] Le constat, probablement exact, qu'"aucun arrêt n'a jamais indiqué la ou les raisons excluant que la gestion du domaine privé puisse être tenue pour une activité de service public" portait jusqu'à une époque récente M. Chapus parfois à donner à croire à son lecteur qu'il était impossible de dire laquelle des deux raisons "concevables" évoquées au texte expliquait l'attitude de la jurisprudence (cf. op. cit., t. II, p. 497 et 498) et, parfois, à enseigner qu'"on peut estimer" que le point de vue de cette dernière "est lié à l'équation anciennement établie entre service public et activité de gestion publique" (op. cit., t. II, p. 541). L'analyse historique tant du droit positif que la pensée doctrinale, nous croyons l'avoir montré, n'incite pas à souscrire à ces opinions.

Les contempteurs précités de la "conception traditionnelle" du domaine privé se sont abstenus de prononcer contre l'existence de la distinction du domaine public et du domaine privé et donc contre celle de ce dernier, la condamnation ferme et définitive que leur analyse paraît pourtant logiquement impliquer. Dès lors que l'on admet comme Auby que "la gestion du domaine privé constitue aussi bien que celle du domaine public une activité d'intérêt général" et que l'on constate que "le régime juridique des deux domaines est un régime mixte"[105], on ne voit pas, en effet, ce qui pourrait valablement justifier ces existences. Auby ne le voyait pas vraiment non plus, semble-t-il. Mais, préférant manier la litote plutôt que de condamner, il se contentait au terme de son étude d'évoquer l'éventualité d'une abolition future de la distinction des domaines, éventualité permise sinon imposée par la valeur extrêmement "relative" de celle-ci[106].

2°) Plus clair et plus net est le point de vue soutenu ces dernières années par Mme Latournerie. Après avoir évoqué en 1990 la possibilité future "de faire carrément sauter la notion de domaine privé, c'est-à-dire d'arriver à l'idée que cette notion en elle-même n'a pas réellement de sens"[107], cette dernière s'est employée à montrer plus récemment, dans le cadre de la présentation de son "Point de vue sur le domaine public"[108] d'abord et dans un plaidoyer pour "un nouveau concept de domaine public"[109] ensuite, que "l'existence d'un domaine privé des personnes publiques n'est qu'une idée reçue"[110] et que serait "inopportune" et représenterait "une erreur historique", on l'a signalé plus haut, la pérennisation dans le code français des

---

105 Op. cit. p. 57.

106 "La distinction du domaine public et du domaine privé, si l'on veut la maintenir, paraît donc s'établir dans un sens profondément relatif" : telle est l'observation par laquelle Auby clôt son article.

107 Cf. : "Les critères de la domanialité publique", in Domaine public et activités économiques, colloque des 20 et 21 sept. 1990, organisé par la Faculté de droit de Paris St. Maur et les Cahiers juridiques de l'électricité et du gaz, CJEG, numéro hors série, oct. 1991, p. 20.

108 édit. Monchrestien, Clefs / Politique, 2004.

109 Cf. "Pour un nouveau concept du domaine public", RJEP / CJEG n°617, févr. 2005, p. 47.

110 op. cit. 1, p. 89

propriétés publiques, alors en préparation, du concept de "domaine privé des personnes publiques"[111].

Plusieurs considérations, selon l'auteur, "conduisent à relativiser fortement la part de vérité actuelle que comporte l'affirmation de l'existence d'un domaine privé des personnes publiques"[112].

D'abord, et de même qu'"il est devenu notoirement inexact d'assimiler domaine public et bien non "productif de revenus""[113], il est de nos jours totalement irréaliste de soutenir l'idée que "la gestion du domaine privé d'une personne publique n'est pas différente de la gestion de sa propriété par un particulier"[114]. La connaissance de la réalité de la vie administrative oblige, en effet, à croire à l'unicité de la raison d'être et à l'"unité fondamentale" des patrimoines publics qui conduit notamment à constater que "la pratique constante des administrateurs de collectivités territoriales ou d'établissements publics ... est de raisonner dans une optique globale de bilan et non de gestion distincte de leur domaine public et de leur domaine privé"[115]. D'autres considérations "relevant davantage de la technique juridique" viennent compléter la précédente. Auby en avait déjà fait état en son temps : le domaine privé "peut être le siège d'activités administratives d'intérêt général" (notamment des travaux publics), il "fait le plus souvent l'objet d'une affectation d'intérêt général" (ex. : les chemins ruraux ou les immeubles affectés à un service public) et "surtout" sa gestion "est loin d'être commandée exclusivement par des considérations financières" (ex. : les forêts domaniales et les participations publiques dans les entreprises industrielles ou commerciales)[116].

Est absente en revanche de l'argumentaire juridique produit par Mme Latournerie afin de réfuter l'idée d'une finalité similaire de la gestion du domaine privé et de celle de sa propriété par un particulier cette autre considération qui, pour Auby et les autres auteurs critiques de la "conception traditionnelle" du domaine privé cités plus haut,

---

[111] op. cit. 2, p. 47

[112] op. cit. 1, p. 92 et 93

[113] op. cit. 1, p. 91

[114] ibid

[115] op. cit. 1, p. 92

[116] op. cit. 1, p. 93

était déterminante : le produit de la gestion de ce domaine sert à financer des activités d'intérêt général.

Une autre différence entre la pensée de Mme Latournerie et celle de ces derniers doit être soulignée. Pas plus que ne l'avaient fait les seconds, la première ne dénonce le caractère tout à la fois absurde et scandaleux au regard des principes juridiques et politiques censés servir de fondement à notre Etat de l'idée qui est la cible de sa critique. Mais tout du moins signale-t-elle implicitement l'incompatibilité existant entre cette idée et ces principes lorsqu'elle procède à cette remarque : "D'une manière générale, dans tous les pays, le processus de construction d'un Etat démocratique a conduit à ce que le "trésor public" au sens du patrimoine mobilisable par l'Etat, a depuis longtemps cessé d'être la chose privée du souverain ou du chef de l'Etat et doit aujourd'hui être géré de façon non discrétionnaire dans l'intérêt public et sous le contrôle d'assemblées élues"[117].

Mme Latournerie observe par ailleurs, à l'instar de J.M. Auby, que la distinction d'un domaine public et d'un domaine privé des personnes publiques n'est pas "vraiment opératoire" parce que "il est inexact, tout à la fois, que "le prétendu domaine privé ne soit régi que par le droit privé" et que "le domaine public et le domaine privé soient chacun un sous-ensemble homogène des biens appartenant à une personne publique"[118] ; la vérité étant que, comme l'avait relevé en 1987 le Conseil d'Etat[119], lequel ne faisait ainsi que reprendre à son compte l'opinion exprimée près de trente ans auparavant par le Doyen Auby, ce qu'omet de préciser Mme Latournerie, "il y a en fait une 'échelle de domanialité publique'"[120].

L'ensemble des considérations précédentes amène Mme Latournerie à préconiser l'abandon par le droit français de la distinction des domaines des personnes publiques, abandon devant se traduire par la renonciation à l'expression de domaine privé et

---

[117] op. cit. 2, p. 48 et 49. Et ceci explique pourquoi "il est parfois difficile de faire comprendre à un juriste étranger que le droit français puisse dire que les personnes publiques ont un domaine privé" (op. cit. 2, p. 49).

[118] Op. cit. 2, p. 49.

[119] Cf. : Réflexions sur l'orientation du droit des propriétés publiques, in Etudes et documents du Conseil d'Etat, 1987.

[120] Op. cit. 2, p. 49.

l'affirmation que "tout bien appartenant à une personne publique ... relève de ce seul fait du domaine public"[121].

Selon Mme Latournerie, le domaine public doit donc se confondre avec le domaine de la propriété publique étant précisé qu'il n'y a pas de place dans celui-ci, si l'on comprend convenablement l'éminente juriste, pour des biens qui n'auraient pas d'autre utilité pour leur propriétaire que de permettre l'obtention d'un revenu. Mme Latournerie sera peut-être surprise de l'apprendre mais cette conception du domaine public était exactement celle des constituants révolutionnaires.

b) Le domaine "privé" des personnes publiques ne saurait exister

Les constituants révolutionnaires ne tenaient pas pour légitime que la Nation détienne des biens à seule fin de tirer un revenu de leur exploitation à la manière des personnes privées. C'est dire qu'ils ne concevaient pas que l'Etat puisse être propriétaire d'un "domaine privé". Dans le présent, le fait de l'appropriation publique de tels biens et, donc, pourrait-on dire, le fait de l'existence d'un domaine privé au sein du domaine public s'impose à eux. Mais il s'agit d'un fait qui doit nécessairement disparaître dans l'avenir.

Dans leur esprit, la Nation doit être propriétaire des biens qui ont une destination d'utilité publique et ne doit être propriétaire que de tels biens. La déconstitutionnalisation de la règle de l'inaliénabilité traduit leur volonté de voir remis dans le commerce les biens ne présentant pas cette caractéristique, ce qui concerne, selon eux, tous ceux dont la gestion ne saurait avoir d'autre finalité que financière. Au terme de la transfusion de propriété souhaitée, le domaine public est appelé à ne plus comprendre que les seuls biens destinés "à l'usage commun" et aux "services d'utilité publique".

Il importe de cerner de façon précise le motif qui commande l'exclusion du champ du domaine public voulue par les constituants révolutionnaires des biens productifs de revenus dont l'exploitation a "pendant plusieurs siècles" et, pour parler comme Auby, "comporté à

---

[121] Ibid.

titre médiat une destination d'intérêt général"[122]. Ce motif ne se ramène pas au constat opéré par les auteurs du code domanial que le produit de ladite exploitation est désormais "trop au-dessus des besoins de l'Etat". Certes, pour ces auteurs, compte tenu de l'ampleur du décalage existant entre le montant de ce produit et celui des dépenses publiques, cette exploitation n'apparaît plus correspondre à une exigence d'intérêt public ; et, par-là même, n'apparaît plus correspondre à une telle exigence le maintien des biens concernés dans le patrimoine de la Nation. Mais il y a davantage : non seulement la satisfaction de l'intérêt public ne commande pas ce maintien mais, plus encore, elle commande l'aliénation de ces biens. Le transfert de ceux-ci "au privé", en d'autres termes, s'impose pour cause d'utilité publique. Dans l'exposé des motifs de la loi des 22 novembre – 1er décembre 1790 les constituants ne se bornent pas, en effet, à soutenir que, pour des raisons que l'on a vues, "la maxime de l'inaliénabilité est devenue sans motifs", ce qui ne justifierait que la possibilité de procéder à l'aliénation de biens appartenant au domaine public. ; ils affirment aussi que la pérennisation de la maxime "serait encore préjudiciable à l'intérêt public", ce qui induit l'obligation de procéder à cette aliénation.

Voici pourquoi l'aliénation de certains des biens composant le domaine public de l'époque est, selon les constituants, une véritable exigence d'intérêt public : "des possessions foncières livrées à une administration générale sont frappées d'une sorte de stérilité tandis que, dans la main de propriétaires actifs et vigilants elles se fertilisent, multiplient les subsistances et animent la circulation, fournissent des aliments à l'industrie et enrichissent l'Etat".

Cette assertion véhicule ce que Ducrocq appelle "l'expression solennelle d'une idée économique nouvelle et féconde"[123]. Il en découle que ses auteurs sont d'avis qu'"Au point de vue économique il est peu avantageux pour une nation d'exploiter administrativement de vastes domaines en vue d'en tirer un revenu" ainsi que le soutiendra Berthelemy[124] et jugent, comme celui-ci, que, parce que "l'Etat est un

---

[122] Cf. op. cit. supra, p. 42.

[123] Cf. Cours de droit administratif, 2e édit. A. Durand édit., Paris 1863, t. II, p. 154.

[124] Cf. Traité élémentaire de Droit Administratif, 9e édit., A. Rousseau édit., 1920, p. 550.

mauvais exploitant"[125], il ne convient pas qu'il soit propriétaire de "possessions foncières". Ce constat d'évidence doit être précisé et complété.

A l'époque la propriété foncière demeure, dans la réalité autant que dans la théorie économique[126], la principale source de richesse et les seuls biens publics exploités afin de production d'un revenu consistent précisément en des "possessions foncières". Ceci explique qu'il ne soit question que de ces dernières dans le considérant rapporté. On ne saurait toutefois douter de ce que, dans l'esprit des constituants, ce qui vaut pour ces possessions vaut tout autant pour d'autres, on pense bien sûr à des entreprises à caractère industriel ou commercial. La croyance en la supériorité de l'appropriation privée sur l'appropriation publique liée à la croyance en les vertus de l'initiative privée et de l'esprit d'entreprise concerne, en effet, de la même manière tous les biens de production quelle que soit leur nature.

La propriété privée des "possessions foncières" s'impose s'il s'agit seulement de produire de la "valeur" comme l'on dit aujourd'hui. Mais la propriété publique s'impose au contraire, selon les constituants, dès lors que les "possessions" ont une affectation d'utilité publique quand bien même seraient-elles productives de revenu. Ainsi en est-il, on l'a vu, des "grandes masses de bois et forêts nationales".

Du préambule du code domanial il ressort donc clairement qu'au regard des constituants révolutionnaires il n'est pas de justification possible à l'existence d'un domaine "privé" de l'Etat. Cette existence est indirectement condamnée dans son principe même au nom des exigences de l'intérêt public : parce que l'Etat est incapable d'être un propriétaire "actif et vigilant" il est "préjudiciable" à cet intérêt qu'il soit propriétaire de biens servant exclusivement à la production d'un revenu soutiennent en substance les auteurs du code.

Près d'une quinzaine d'années plus tard cette existence sera pareillement condamnée par les auteurs du code civil au motif cette fois que les "besoins" de l'Etat ne sont pas ceux des particuliers : "Il est reconnu que les raisons qui motivent pour les particuliers la

---

[125] Op. cit., p. 551.

[126] La doctrine des physiocrates exerce une influence dominante dans la théorie économique à a fin du XVIIIème siècle.

nécessité du droit de propriété sont étrangères à l'Etat dont la vie publique n'est pas sujette aux mêmes besoins que la vie naturelle des individus" peut-on lire dans l'exposé des motifs du projet de loi du 6 pluviôse an XII – titre II livre II du code civil – sur la propriété[127]. Il est difficile de dire plus clairement que l'Etat ne saurait exercer le droit de propriété à la manière d'un individu. Pour les auteurs du code civil comme pour ceux du code domanial, l'Etat a une "vie publique" et seulement une "vie publique", vouée au service de l'intérêt public.

Suite au maintien de la présence au sein du "domaine de la Nation" de "possessions foncières" exploitées dans un but financier, maintien que les auteurs de la loi des 22 novembre – 1er décembre 1790 n'envisageaient manifestement pas et présence que la doctrine n'a jamais vraiment expliquée et justifiée, l'idée selon laquelle l'Etat(et avec lui ultérieurement,bien sûr,les autres personnes publiques) serait détenteur d'un patrimoine privé qu'il mettrait en valeur pour son propre compte, comme n'importe quel propriétaire privé ,s'est installée dans la pensée juridique au cours du XIXème siècle et elle y demeure encore présente aujourd'hui.

Il se déduit de ce qui précède que la responsabilité de cette installation n'est en rien imputable aux constituants révolutionnaires en dépit de ce que paraissent croire et incitent à penser certains auteurs de cette période propagandistes de l'idée. Est parfois développé en doctrine, en effet, de façon plus ou moins explicite, le raisonnement suivant en forme de syllogisme : les révolutionnaires de 89 voulaient que la justice judiciaire soit cantonnée au jugement des litiges entre personnes privées qui mettent aux prises des intérêts privés et ne connaissent pas de ceux que soulèvent les actes de l'Etat "administrateur" agissant dans l'intérêt général ; ils ont attribué par plusieurs lois à cette justice les litiges se rapportant aux biens composant ce qui sera appelé ou a été appelé le "domaine de l'Etat" ou le "domaine privé" de l'Etat ; c'est donc qu'ils assimilaient ce dernier, pris en tant que possesseur et exploitant de ces biens à une personne

---

[127] Code civil, édit. 1804, t. II, p. 36.

privée agissant dans son intérêt privé[128]. Cette conclusion ne reflète pas fidèlement, en réalité, les vues des constituants révolutionnaires.

Ces constituants considéraient que l'exercice par l'Etat de l'activité de propriétaire–exploitant de biens destinés à la production d'un revenu n'est objectivement pas d'intérêt public. Toute autre chose est de considérer à l'instar des promoteurs de la conception originelle du domaine privé, qu'il s'agit d'une activité à laquelle l'Etat se livre dans un but d'intérêt privé. La seconde de ces considérations implique la première mais l'inverse n'est pas vrai.

Ces constituants estimaient que l'intérêt public ne justifie pas que l'Etat soit propriétaire-exploitant de biens productifs de revenus mais commande, au contraire, que cette fonction soit réservée aux particuliers. Ce n'est pas pour autant qu'ils estimaient que celui-ci, pris en la qualité de propriétaire exploitant de tels biens – qualité qui continuait par la force des choses de lui appartenir à l'époque – devait être regardée non comme la personne publique représentant l'intérêt public national mais comme une simple personne privée exclusivement préoccupée de son intérêt privé.

L'invention d'un Etat personne privée en tant que propriétaire est une pure création de la doctrine des premières décennies du XIXème siècle. Quant à sa cause, Juste Luchet[129] la situe dans l'ordre de l'irrationnel. Constatant qu'il est admis sous la Monarchie de Juillet

---

[128] Afin d'illustrer notre propos nous citerons à titre d'exemple Henrion de Pansey. Celui-ci enseigne comme les autres théoriciens de la compétence de la première moitié du XIXe siècle qu'il appartient à l'autorité administrative de statuer sur les litiges qui intéressent "le gouvernement comme gouvernement et dans l'intérêt général de la société" et à l'autorité judiciaire de statuer "sur les rapports des citoyens entre eux, sur les affaires qui intéressent le gouvernement comme propriétaire" (cf. de l'autorité judiciaire en France, in "Les Œuvres judiciaires du Président Henrion de Pansey", Paris, 1844, ch. XXXIX et ch. XLI, p. 654 et p. 658). Et, par ailleurs, parlant de la séparation des pouvoirs administratif et judiciaire réalisée par les lois des mois de septembre et octobre 1790, il soutient : "Et quant à la ligne qui sépare ces deux pouvoirs il résulte de la loi du mois de septembre (du 11 septembre 1790) que la contestation est judiciaire toutes les fois qu'il est question de statuer sur le rapports des citoyens entre eux et qu'elle n'est administrative que lorsqu'il s'agit de prononcer entre des particuliers agissant non comme propriétaire mais comme gouvernement (op. cit., in "Œuvres...", ch. XLII, p. 667.

[129] Cf. L'arrêt Blanco, (La thèse de la compétence administrative en matière de responsabilité civile de l'Etat), Thèse Nancy, Les presses modernes, éd., Paris, 1935.

que "l'Etat apparaît comme une personne civile en tant que propriétaire de son domaine privé" l'auteur observe, en effet, que l'assimilation ainsi opérée de l'Etat "propriétaire", c'est-à-dire, concrètement, de l'Etat possesseur de biens servant à la production d'un revenu, à une personne civile constitue la traduction de "ce qu'il ne semble pas interdit d'appeler 'le fétichisme de la propriété' : Je possède donc je suis une personne[130]. En d'autres termes : les théoriciens de l'époque sont si habités par la conviction qu'il est dans la vocation des seules personnes privées de détenir des biens afin d'en tirer de la richesse qu'ils ne peuvent faire autrement que de voir dans l'Etat lui-même, possesseur de tels biens, une personne privée. L'explication proposée par Luchet ne manque assurément pas de pertinence mais elle nous paraît devoir être complétée par deux observations.

Il importe de voir, d'abord, que l'assimilation de l'Etat "propriétaire" à une personne civile permet de "couvrir" en quelque sorte ce fait pour le moins problématique : la pérennisation de la possession par l'Etat de biens ne servant qu'à la production d'un revenu. L'Etat n'a pas vocation à être "propriétaire" et pourtant il l'est. La contradiction se trouve résolue par l'affirmation que l'Etat est "propriétaire" en tant que personne privée. Artificiellement résolue, bien sûr, car reste à savoir comment il est possible que l'Etat puisse exister autrement qu'en tant que personne publique chargée du service de l'intérêt public.

On doit observer ensuite, que le fétichisme constaté par Luchet et la croyance entretenue en doctrine en la possibilité pour l'Etat de poursuivre un autre objectif que le service de cet intérêt sont favorisés, sinon entièrement déterminés, par une méconnaissance plus ou moins grande de la pensée et de l'œuvre des constituants révolutionnaires.

Proprement inconcevable pour ces derniers mais néanmoins savamment entretenue en continu des premières décennies du XIXème siècle jusqu'à l'époque contemporaine par les théoriciens du droit public les plus réputés, l'idée de l'existence d'un patrimoine privé des personnes publiques dont la gestion n'aurait pas pour finalité l'intérêt public n'a toujours pas disparu de notre univers juridique au commencement des années deux mille.

---

130 Op. cit., p. 157.

Depuis qu'il a été clairement posé par le droit positif dans les années 1950, après des décennies d'incertitude, que le domaine public des personnes publiques n'incluait pas tous les biens de ces personnes ayant une destination d'utilité publique et que, par conséquent, certains de ces biens faisaient partie du domaine privé de celle-ci, la conception originelle de ce dernier est, certes, devenue manifestement obsolète. Ceci n'empêche toutefois pas l'idée aberrante dont on parle et avec laquelle cette conception se confond de perdurer. A preuve la jurisprudence du Tribunal des conflits dont on a fait état plus haut qui affirme de façon implicite le caractère "d'intérêt privé" de "l'activité par laquelle une personne publique gère son domaine immobilier privé".

On demeure confondu, il faut le dire, de voir cette jurisprudence coexister dans notre droit avec celle relative aux conditions de la légalité de la création des services publics par les personnes publiques tant il est évident que ces deux jurisprudences sont logiquement inconciliables. La première veut que ces personnes, dans le cadre où pour les besoins de la gestion de leur "domaine privé" disposent du droit de se livrer à une activité de production et de vente d'un bien, ainsi par exemple, du bois comme dans l'affaire Lelardier, ne visant pas à la satisfaction d'un intérêt public ; ce que la seconde leur interdit précisément qui subordonne la légalité de la prise en charge par elles d'une semblable activité à la condition sine qua non que celle-ci réponde à la nécessité de satisfaire un tel intérêt.

Pour dire les choses autrement, notre droit recèle un mystère qui tient en cette question : comment se peut-il qu'une personne publique puisse librement accomplir une activité "économique" et intervenir sur un marché lorsqu'elle "gère son domaine immobilier privé" et qu'elle ne puisse faire de même en dehors de cette hypothèse ?

S'agissant d'une activité assurée par une personne publique les exigences de la logique juridique font que l'on se trouve en fait confronté, il convient de s'en rendre compte, à l'alternative suivante : soit l'on pense que cette activité sert directement ou indirectement l'intérêt public, soit l'on pense le contraire et auquel cas on doit alors juger que son exercice est illégal.

Le réquisitoire prononcé par Mme Latournerie en faveur de l'expulsion de notre droit de la notion de "domaine privé des personnes publiques", n'a pas été entendu : la notion figure encore aujourd'hui dans le code général de la propriété des personnes publiques issu de l'ordonnance du 21 avril 2006 comme elle figurait hier dans le code du domaine de l'Etat adopté en 1957. Ni les auteurs du nouveau monument ni ceux qui les ont habilités à en assurer la rédaction n'ont cru bon de justifier ce maintien en réfutant l'argumentation élaborée présentée par l'éminent juriste. Il y a peu, cependant, un conseiller d'Etat s'est très curieusement érigé de façon indirecte en défenseur de ce maintien en défendant celui du "concept de domaine public". Du concept de domaine public tel que ce dernier a été défini depuis des lustres, c'est à dire "en opposition" au domaine privé, s'entend.

Selon M. Bachelier, ce concept est "toujours pertinent"[131] et, partant, ne l'est pas celui ayant la préférence de Mme Latournerie qui veut que "tout bien appartenant à une personne publique... relève de ce seul fait du domaine public"[132]. Par voie de conséquence demeurent "pertinents" aussi, selon M. Bachelier, et peu importe si le conseiller d'Etat ne le dit pas explicitement, la distinction du domaine public et du domaine privé et avec elle le concept même de "domaine privé".

Contre la thèse de Mme Latournerie, M. Bachelier se borne à indiquer sans autre explication que "les objections mises en avant ne sont pas décisives"[133]. Quant à l'argumentation positive censée fonder à ses yeux celle qu'il défend, elle se réduit à cette assertion dont la signification n'est pas des plus limpides : le concept "classique" du domaine public "conserve toute son utilité dans la mesure où il permet de consacrer le droit qui appartient à tous d'occuper des dépendances domaniales relevant du domaine public ... et où il contribue à la conciliation des exigences du service public et des contraintes de la gestion de leurs biens par les personnes publiques"[134].

Suivant la logique du raisonnement développé par M. Bachelier, l'"utilité" du concept de "domaine privé" et la nécessité de son maintien tiennent exclusivement à ces avantages que le conseiller d'Etat croit devoir porter au crédit du concept "classique" de "domaine

---

[131] Cf. Le concept du "domaine public" : un concept toujours pertinent, in : Juger l'Administration et administrer la justice, Mélanges en l'honneur de D. Labetoulle, Dalloz 2007, p. 35

[132] op. cit., "Pour un nouveau concept...",p. 49

[133] op. cit., p. 42

[134] ibid.

public". Le conseiller nous pardonnera mais il nous semble que ceux-ci pèsent de bien peu de poids comparés à l'inconvénient majeur que porte avec lui le concept de "domaine privé" : faire croire en l'existence de biens appartenant à des personnes publiques dont la destination et le régime juridique seraient identiques à ceux des biens appartenant aux personnes privées.

Telle est, observera-t-on, pour conclure, la réalité perturbante à laquelle demeurent confrontés les juristes français : de par la volonté du législateur le "domaine privé des personnes publiques" existe encore et toujours, e pure non esiste … aurait dit Galilée.

TOLERANCES ET INTOLERANCES DANS LES RELATIONS INTERNATIONALES

par

Arnaud de RAULIN
Professeur à l'Université d'Artois
Doyen de la Faculté Alexis de Tocqueville

Depuis la défaite du communisme et la victoire du libéralisme dans les années 1990, le monde semble sans repère, sans maître et direction. Une réflexion à partir de l'intolérance ou la tolérance dans les relations internationales comme critère pourrait peut-être nous aider et aurait ce mérite de mieux comprendre son fonctionnement.

Certes, cette étude ne vise pas à définir l'intolérance ou la tolérance à même si cette dernière pourrait être assimilée au multilatéralisme mais à s'interroger sur certaines pratiques et méthodes dans la société internationale.

Existe-t-il une hiérarchie de valeurs dans les relations internationales, autrement dit, peut-on trouver des situations qui soient intolérables ou tolérables lorsque l'on se place sur le terrain des valeurs ?

Pour y répondre, nous ferons référence à deux philosophes : l'un attaché à la philosophie politique, Machiavel, et un autre Nietzsche avec une doctrine philosophique attachée aux valeurs (l'être, le vrai, le bien et le mal). Sa philosophie a aussi pour origine la réaction du faible à l'égard des puissants. En même temps, il est conduit à démontrer comment les valeurs dominantes se définissent comme la négation de la vie.

A travers ces deux conceptions philosophiques incarnées par ces deux philosophes pourraient correspondre plusieurs modèles de société internationale : l'un fonctionnel et objectif (Machiavel 1469-1527) selon lequel la finalité d'une politique justifie tous les moyens et l'autre plus subjectif (Nietzsche 1844-1900) où les valeurs du bien et du mal caractérisent un système international.

Il s'agit là de deux conceptions de société qui s'opposent : d'un côté on aurait une instrumentalisation des hommes, des politiques et des concepts dans la vie internationale, et de l'autre, le mouvement et l'intensité de la vie seraient constitutifs de la société internationale.

Au-delà de ces différences d'approche, est-il possible d'utiliser une grille (tolérance ou intolérance) pour classer les évènements internationaux dans l'une ou l'autre catégorie ? C'est une des problématiques principales que nous étudierons.

I - Le machiavelisme et l'intolerance dans les relations internationales

Soulever la question de la tolérance et de l'intolérance dans les relations internationales, c'est ainsi s'interroger sur la doctrine du machiavélisme.

Cet éclairage permettra sans doute de mieux comprendre la portée et le sens de l'intolérance dans les relations internationales.

La pensée de Machiavel, homme politique et philosophe italien du 16ème siècle a donné naissance au machiavélisme. Le machiavélisme est une méthode de gouvernement, sans méthode ni scrupule qui s'applique aussi bien en interne qu'à l'international. La raison d'Etat qui fonde la pensée politique de Machiavel justifie l'idée selon laquelle la réalisation d'un objectif l'emporterait par rapport à toutes les autres considérations morales et autres... l'idée selon laquelle la fin justifie tous les moyens montre à quel point le machiavélisme peut servir les causes les plus intolérables.

Il faut rappeler que Machiavel est un homme qui, au XVIème siècle, a levé le voile pudique qui recouvrait les luttes politiques au sein de la cité. Il a rompu avec cette tradition intellectuelle, défendue en particulier par les penseurs chrétiens comme Saint-Thomas, selon laquelle les combats politiques étaient censés être exclusivement inspirés par le goût du bien public. Il a montré que leur ressort était presque toujours la volonté de puissance, avec toutes les conséquences que cela comporte.

En politique, le machiavélisme consiste à calculer pour utiliser au mieux les faiblesses d'autrui. Toute action politique, qu'elle soit d'envergure ou non, nécessite cette appréciation en soi, ce n'est d'ailleurs pas spécifique au politique, puisque la vie courante obéit, elle aussi, au calcul. Peut s'y ajouter, la pratique du mensonge, de l'équivoque ou de la cruauté qui donne au machiavélisme politique sa coloration diabolique et idéologique. Dans ce cas, on se rapproche de très près de l'intolérance.

On pourrait dire en résumé que le machiavélisme est une technique et une forme de gouvernement qui ne correspond pas nécessairement à la morale communément admise. Or l'intolérance est une notion morale qui condamne une certaine forme de politique et qui en est elle-même génératrice d'un jugement de valeur.

On trouve cette instrumentalisation non seulement dans les hommes et la politique mais elle est aussi applicable dans l'utilisation des concepts dans une version contemporaine. La notion d'intervention est désormais une notion largement répandue autant dans les textes internationaux que dans les discours des grands dirigeants internationaux. Le schéma d'intervention est souvent conçu de la même manière. Les interventions apparaissent comme nécessaires et elles sont justifiées, par la description de la situation "anormale" du pays, où se déroule l'intervention. Celle-ci vise à remettre les institutions d'un pays dans la direction prônée par l'intervenant… Les intervenants sont aussi confiants dans le fait que leurs interventions militaires ou politiques vont atteindre l'objectif fixé et protéger la population en danger. Le cas est prégnant pour la politique étrangère des USA.

Les Etats-Unis veulent changer le monde. Ce n'est pas nouveau mais Condoleezza Rice secrétaire d'Etat aux affaires étrangères a trouvé des moyens plus subtils que la guerre pour y parvenir.

Dans un discours (18 janvier 2006 à l'Université de Georgetown à Washington) qui marque un virage de la doctrine américaine par rapport à l'unilatéralisme et aux frappes préventives, le secrétaire d'Etat a défini les grandes lignes de sa nouvelle "diplomatie transformationnelle".

L'objectif a été fixé par G.W. Bush : "soutenir le mouvement démocratique dont le but ultime est de mettre fin à la tyrannie".

La stratégie requiert, selon Rice une "diplomatie audacieuse, qui ne rend pas seulement compte du monde, mais cherche à le transformer". Son analyse de "nouveaux défis" débouche sur une nouvelle forme d'interventionnisme. Elle constate que les risques de conflit entre grandes puissances se sont éloignés et que "les plus grandes menaces naissent au sein des Etats plutôt qu'entre eux". Ce qui la conduit à remettre en question "de vieux postulats" sur la souveraineté des nations, au nom de l'intérêt national à traiter avec "des Etats bien gouvernés" et "en partenariat avec les peuples, pas à leur place". L'exposé de ces orientations ambitieuses intervient à un moment crucial dans la réflexion stratégique américaine.

Après les attentas du 11 septembre 2001, la priorité avait été donnée à l'action préventive face aux menaces (terrorisme et prolifération) via la formation de coalitions ad hoc ou l'action unilatérale. Les nouveaux axes définis doivent mettre l'accent sur la démocratisation et les moyens de redresser "les Etats en faillite". Proposant une "stratégie intégrée" qui conjugue l'intérêt sécuritaire, l'aide au développement et les idéaux démocratiques des USA, la secrétaire d'Etat veut des diplomates "actifs sur le terrain" des "managers" capable d'aider un pays à construire ses institutions et à relancer son économie.

Au-delà de l'image internationale que cherche à envoyer les Etats-Unis à l'opinion publique mondiale, cette nouvelle "diplomatie transformationnelle" vise avant tout à protéger les intérêts stratégiques des Etats-Unis en particulier sa sécurité et son approvisionnement pétrolier, notamment au Moyen-Orient.

La sémantique utilisée par les stratèges et les diplomates[1] peut cacher des intérêts nationaux et des visions politiques. C'est la fin d'un système qui prévalait jadis, celui de la "guerre", et bien sûr, aussi de la "paix". Parler "d'interventions" signifie en effet, pour le philosophe Frédéric Gros, que la discontinuité entre les Etats a disparu, alors qu'autrefois chacun possédait sa propre loi, inviolable par les autres. Voilà pourquoi, rappelle-t-il, cette pratique a longtemps passé pour le mal "politique" absolu. Intervenir pour une grande puissance, dans un conflit local, c'était se mêler de ce qui ne la regardait pas, se poser en arbitre de l'histoire, alors que, dans le système de la guerre, elle devrait attendre sagement que fût rendu le verdict des armes entre puissances mineures.

Là où la guerre opposait "deux ennemis égaux reconnaissant leur adversité", l'intervention introduit en outre une différence de statut entre les acteurs en présence. L'intervenant n'est pas, en effet, de même niveau que ceux qu'il combat. Il incarne l'harmonie présumée du monde face à des "fauteurs de trouble" qui la menacent. Contrairement à la guerre, l'intervention implique dans l'existence d'un agent de l'universel (ONU, OTAN, UE) aux prises avec des facteurs localisés de perturbation. Bref, elle suppose "la fiction d'une communauté des valeurs et d'un ordre bon pour tous". C'est pourquoi à l'expédition américaine d'Irak au vocable de guerre, nous préférons celui d'intervention.

Comme le montrent les emplois du mot en technique, en chirurgie ou dans la gestion policière de l'ordre public, intervenir témoigne enfin d'un autre renversement radical de perspective : avec l'intervention, on passe d'un monde tranché, où guerre et paix étaient clairement différenciées, à un son continu de sécurité, ou ces deux notions se relativisent. Ces interventions, remarque en outre Frédéric Gros, ont beau mobiliser régulièrement une rhétorique des droits de

[1] On peut faire référence aux résolutions de l'ONU, aux déclarations de l'OTAN ou encore aux discours des principales puissances (Clinton, Bush).

l'homme, elles demeurent profondément étrangères à ceux-ci. Elles ne défendent pas en effet, le sujet de droit -ce dernier ne pouvant être défini que par rapport à un Etat- mais une sorte d'individu vivant abstrait, dont l'intervenant peut interpréter à sa guise les désirs et les volontés. C'est ce changement substantiel par rapport au système de la guerre. Car, même si elles n'étaient pas toujours, et de loin, respectées dans la pratique, celui-ci dressait des bonnes morales, légales et politiques strictes. A ce sujet, l'auteur d'"Etats de violence – essai sur la fin de la guerre" (Editions Gallimard) rappelle à quel point les valeurs de la guerre furent, de tout temps, liées à celles de la philosophie.

De la même manière, on observe de plus une rhétorique de l'intervention militaire humanitaire. Qu'il s'agisse des interventions humanitaires en Somalie, en Bosnie, en Haïti, au Timor et au Kosovo, tous les documents[2] qui précèdent ou accompagnent ces actions utilisent le même type de sémantique. On voit dans la généralisation du terme "intervention" employé lors de conflits récents, l'indice d'une mutation de notre paysage moral, légal et politique. Les évolutions de notre vocabulaire reflètent celles de notre monde. Dans ce sens, la surestimation de la méthode d'intervention et le discours sur le droit d'ingérence visent à reproduire des modèles sans prendre en considération les spécificités inhérentes à chaque contexte. Il ne s'agit que de remettre en cause les droits de l'homme tel qu'ils se sont développés dans les sociétés du Nord, mais de s'interroger sur les conséquences d'une imposition des valeurs et le droit de modifier une situation selon son propre modèle dominant.

La phalange grecque, puis la chevalerie ont posé les conditions de "guerre justes" ou "loyales".

Or ces notions se sont plus ou moins estompées avec cette volonté d'harmoniser la guerre et la paix et de briser leurs frontières.

L'architecture du monde vole ainsi en éclats avec la disparition de ces concepts. C'est dans ce climat de "ni guerre ni paix" que se développent le terrorisme et les "conflits fauves" dans les Etats en déréliction d'Afrique et ailleurs. Pour être remplacée par quoi ?

---

[2] On peut faire référence aux résolutions de l'ONU, aux déclarations de l'OTAN ou encore aux discours des principales puissances (Clinton, Bush).

Changement de nature des conflits, changement de sémantique, changement de valeur, ou on a un peu l'impression confuse que les mots perdent un peu de leur substance et de leur sens.

En réalité, la vie internationale ne se juge pas à l'aune des valeurs ou des jugements moraux, c'est-à-dire ce qui peut être tolérables ou intolérables.

Au-delà de ces distinctions qui sont souvent superficielles, on a à l'heure actuelle deux visions du monde qui s'oppose. D'un côté, des pays comme les USA, Israël, l'Iran, la Chine et la Russie qui ont une vision politique des relations internationales fondées essentiellement sur des rapports de force ; par exemple, Israël a une conception très forte de sa souveraineté et de la protection de ses frontières. D'un autre côté, nous avons l'Unions Européenne qui a une vision juridique des relations internationales basée sur la négociation, l'arbitrage et le droit.

Les discussions en cours dans l'examen du dossier nucléaire iranien sont révélatrices de ces deux tendances. Les Etats-Unis souhaiteraient un recours à la force pour sanctionner l'Iran tandis que la France et l'Allemagne prônent une solution diplomatique.

II - NIETZSCHE ET LA THEORIE "DES VALEURS"

Le bien et le mal tiennent une place importante dans la philosophie de cet auteur. En effet, nous voudrions faire un petit détour en examinant la pensée de Nietzsche, car il ouvre des voies et des perspectives intéressantes et originales dans le champ international. Il y a trois aspects importants dans sa pensée.

La première, Nietzsche est d'abord un destructeur de la philosophie des Lumières. Il est clair pour lui que le progrès, la démocratie, les droits de l'homme, la république, le socialisme sont des idoles qu'il faut balayer.

Dans le deuxième aspect de la pensée de Nietzsche, on peut voir en lui un prolongateur paradoxal de la philosophie des Lumières, un héritier de Voltaire et des moralistes du XVIIIème siècle. Car à bien des égards, Nietzsche poursuit le travail qu'ils ont inauguré en critiquant la tradition, l'Ancien régime, voire en mettant sans cesse en évidence, derrière les grands idéaux affichés, les intérêts inavouables et les hypocrisies cachées.

La troisième dimension philosophique de Nietzsche, c'est la naissance d'un monde nouveau, celui dans lequel les notions de sens et d'idéal vont disparaître au profit de la seule logique de la volonté de puissance.

C'est le premier philosophe à détruire intégralement et sans le moindre reste la notion de "finalité", l'idée qu'il y aurait dans l'existence humaine un sens à chercher, des objectifs à poursuivre, des fins à réaliser. En ce sens, il est très différent de Machiavel.

Dans le cadre de cette pensée, comment ne pas rapprocher depuis le 11 septembre 2001 la nouvelle politique internationale américaine qui s'est engagée contre des "Etats voyous" et qui ont pour cible la Corée du Nord, l'Irak, l'Iran, la Syrie, cuba et le Soudan, la plupart sont musulmans. Ce combat contre cet "axe du mal" vise à faire triompher "la démocratie et la civilisation" contre la "barbarie" proclame le Président Bush. "Le monde s'est scindé en deux camps, rétorque Oussama Ben Laden, un sous la bannière de la croix, comme l'a dit le chef des mécréants Bush, et l'autre sous la bannière de l'Islam". Déjà le Président Reagan avait désigné l'Union soviétique comme "l'empire du mal" pour combattre le communisme. Nous sommes à l'heure actuelle dans la même rhétorique.

Si cette théorie est vraie, alors aucun accommodement n'est possible puisque chaque camp va se haïr. Il est donc inutile d'accorder une priorité à la solution de telle ou telle injustice qui frappe le monde musulman. Cette conception induit de stratégies de guerre (la doctrine dite d'attaque préventive contre les Etats voyous et les groupes terroristes).

Durant plusieurs décennies, la "guerre froide" a servi de paradigme pour expliquer les évolutions planétaires. Le "11 septembre" a déterminé pour les dirigeants des grandes puissances de nouveaux choix stratégiques et diplomatiques. La vision d'un "choc des civilisations" sert à mobiliser les opinions contre l'autre, à justifier le désordre établi ; elle permet de légitimer les inégalités et les injustices au nom d'un péril multiforme.

Revenons faire un petit détour en examinant la pensée de Nietzsche, car il ouvre des voies et des perspectives intéressantes et originales dans le champ international.

En premier lieu, Nietzsche est d'abord un destructeur de la philosophie des Lumières. Il est clair pour lui que le progrès, la démocratie, les droits de l'homme, la république, le socialisme sont des idoles qu'il faut balayer.

Ensuite, pour Nietzsche, le seul critère qui subsiste pour définir la vie bonne, c'est le critère de l'intensité, la force pour la force, au détriment de tous les idéaux supérieurs. N'est-ce pas là une fois passée le plaisir du déconstruire, de vouer le monde contemporain au pur cynisme, aux lois aveugles de la nature et de la force ? La question méritait, au moins d'être posée…

Dans cette hypothèse, pour Nietzsche, il n'y a ni tolérance ou intolérance dans la vie internationale. C'est le mouvement de la vie et de la force qui l'emporte sur tout autre phénomène.

Au sens de ce qu'il nomme "la volonté de puissance" parce que plus harmonieuse ; l'harmonie n'étant plus ici, à la différence de l'harmonie des Anciens, la condition de la douceur et de la paix, mais en nous évitant les conflits qu'épuisent et les amputations qui affaiblissent, celle de la plus grande force. Il faut ici écarter un malentendu : la volonté de puissance n'a rien à voir avec le goût du pouvoir. Il s'agit de tout autre chose. C'est la volonté qui veut l'intensité.

III - La theorie des "cycles" : une synthese historique

La théorie des "cycles" pourrait constituer une synthèse de l'Ecole objective (Machiavel) et de l'Ecole subjective (Nietzsche) car on y rencontre à la fois des éléments objectifs et subjectifs dans la rencontre à la fois des éléments objectifs et subjectifs dans la construction de l'histoire. En ce sens, les doctrines de ces deux philosophes, machiavel et Nietzsche, pourraient se rejoindre par certains côtés. On observe en effet des cycles historiques et constitutionnels qui seraient non seulement le résultat d'une vision politique mais également le produit de changements inattendus, signe de la vitalité et du dynamisme d'un pays.

L'auteur du "Prince" retrouve ici toute sa modernité et sa pertinence. Machiavel met tout particulièrement en lumière "que le monde a toujours été d'une certaine façon", ce qui lui permet d'affirmer qu'il n'y a jamais rien de "nouveau sous le soleil" ("Nihil sub Sola novum") car "le monde a toujours été d'une même façon".

Cela ne veut pas dire que reine ne bouge sur cette terre, mais que le temps est comparable à une roue : "Toujours du bien on descend du mal et du mal on remonte au bien, parce que la vertu fait naître la tranquillité, la tranquillité l'oisiveté, l'oisiveté le désordre, le désordre la ruine, et de même que de la ruine naît l'ordre, de l'ordre naît la vertu, de celle-ci la gloire et la bonne fortune". Il y aurait donc un concept cyclique de l'histoire.

A cet égard, quand on aborde l'histoire de la France, on est frappé par la même constatation.

A première vue, l'histoire de la France depuis 1789 est extrêmement désordonnée : la dictature alterne avec la liberté, la république, l'Empire et la Monarchie. Ces différents ordres constitutionnels se succèdent dans une valse précipitée.

Au-delà de ce désordre, le régime de la France évolue dialectiquement à travers trois phases successives :

une phase de suprématie du pouvoir législatif
une phase de suprématie du pouvoir exécutif
une phase d'équilibre entre ces deux pouvoirs

La répétition régulière de ces trois phases forme une sorte de cycle politique et l'on peut distinguer trois cycles politiques depuis 1789 :

1er cycle du 5 mai 1789 au 24 janvier 1848 /
dictature du pouvoir législatif : 1789 – 1795
dictature du pouvoir exécutif : 1795 – 1814
équilibre des pouvoirs : 1814 – 1848

2ème cycle du 24 février 1848 au 10 juillet 1940 :
dictature du pouvoir législatif : 1848 – 1849
dictature du pouvoir exécutif : 1849 – 1870
équilibre des pouvoirs : 1870 – 1940

3ème cycle à partir du 10 juillet 1940 :

suprématie du pouvoir législatif : 1940 – 1958

suprématie du pouvoir exécutif : 1958 jusqu'à nos jours

équilibre des pouvoirs avec évolution des institutions (mandat de 5 ans du Président de la République)

Pour revenir à Machiavel et plus précisément à travers le personnage du "Prince", celui-ci conclut tout en se lamentant après avoir observé la situation de l'Italie dont la situation est en 1525 "à son point le plus bas" : "les choses ne pouvant plus descendre, il convient qu'elles remontent". C'est une véritable philosophie de l'action que propose Machiavel car il refuse tout fatalisme. La lecture de Machiavel offrirait-elle une réponse intemporelle à tous les déclinologues français selon une expression désormais consacrée.

Dans la doctrine de Nietzsche, il faut comprendre que la critique du platonisme et du rationalisme moral ne saurait conduire à ses yeux à une pure suppression de la rationalité. Il faut hiérarchiser ces forces de telle façon qu'elles cessent de se mutiler réciproquement et dans une telle hiérarchie, la rationalité doit aussi trouver sa place.

En relations internationales, on ne peut en tout cas nier son aversion explicite pour toute forme d'idéologie révolutionnaire, qu'il s'agisse de socialisme, de communisme ou de l'anarchisme. Sa passion anti-caritative, voire son goût de la catastrophe tourne finalement au débordement. Selon ses proches, il ne peut contenir sa joie lorsqu'il apprend qu'un tremblement de terre a détruit quelques maisons à Nice, une ville où il aime pourtant séjourner, mais hélas, le désastre est moins grand que prévu. Heureusement, quelques temps après, il se rattrape en apprenant qu'un cataclysme a ravagé l'île de Java. "Deux cent mille êtres anéantis d'un coup, dit-il à son ami Lanzky, c'est magnifique ! Ce qu'il faudrait, c'est une destruction radicale de Nice et des Niçois...".

C'est cela aussi qui impliquera la radicalité, voir la brutalité de ses assauts contre le rationalisme et l'humanisme. Vu cette désolante vision du monde, il ne faut pas, dès lors, s'étonner que Nietzsche fût le penseur fétiche des Nazis...

L'apport le plus original ou la véritable contribution de Nietzsche à l'histoire des idées, réside dans la vraie vie et l'intensité qui priment sur tout. Comment ne pas évoquer aussi son influence sur les arts et la peinture en particulier. Les forces créatrices ou destructrices de la vie de même que les rapports de l'homme et de la nature ont influencé des peintres célèbres tels que Willumsen (1863-1958).

La volonté de puissance l'emporte sur toute autre considération et se moque de la morale.

CONCLUSION

Le paradigme de la tolérance ou de l'intolérance dans les relations internationales est un leurre ou une fiction en droit international et ne peut servir de substitut avec le déclin des concepts traditionnels d'analyse tels que l'Etat/nation, guerre/paix ou encore émigration/immigration...

Nos cadres opératoires d'analyse deviennent limités et insuffisants pour expliquer les nouveaux phénomènes ou les forces montantes tels que la globalisation et la société transnationale.

Pour reprendre une formule célèbre de Kant, "nous sommes une finalité sans fin"...

LA NOTION DE CONSTITUTION ECONOMIQUE[1]

par

Jean-Jacques SUEUR
Professeur à l'Université de Toulon

"Le droit économique est un ordre juridique...
C. CHAMPAUD

Après un long silence[2] et beaucoup d'aventures (comme par exemple l'usage qu'en a fait Hauriou en son temps : constitution économique et/ou constitution sociale ?), la notion de constitution économique est devenue, ou redevenue, une notion centrale, dans la réflexion des juristes et des économistes. Il y a à cela, à cette sorte de "résurrection"[3], plusieurs raisons dont aucune n'est le fait du hasard mais qui n'ont pas toutes la même valeur ni le même sens.

---

[1] La présente note reprend et développe le contenu d'une communication orale prononcée lors des premières "journées de droit économique" organisées en juin dernier à l'initiative du Centre de Recherches en Droit Economique de l'Université de Nice-Sophia Antipolis. Un résumé de ces journées, incluant celui de la présente contribution, sera publié prochainement à la RIDE que je remercie ainsi que le CREDECO d'avoir autorisé la publication de cette note.

[2] Ouvrage de référence: Ch. A. Beard : *"Une relecture économique de la Constitution des Etats-Unis"*, Economica 2003 (première éd. 1913). Mais ouvrage peu orthodoxe aussi, dans lequel le texte vénérable de 1787 est dépeint comme la constitution des planteurs et des propriétaires terriens dont la préoccupation principale est moins la limitation du pouvoir que la protection des "propriétés".

[3] Voir l'étude de D. Rousseau : "Une résurrection : la notion de constitution", *RDP* 1990, p.5.

La raison la plus manifeste, mais pas nécessairement la plus convaincante, (*infra*) est l'importance quantitative prise de nos jours, dans la plupart des démocraties occidentales, par les règles ou principes économiques de nature et de portée constitutionnelle. Ainsi nommés – économiques – parce qu'ils affectent directement ou indirectement la régulation[4] du marché et réputés constitutionnels parce qu'ils figurent dans un texte de nature constitutionnelle ou qu'ils en ont été déduits par un juge ayant reçu compétence pour le faire.

On n'insistera jamais assez cependant sur la difficulté irritante parce que pérenne elle aussi, qui consiste, par le recours à ce vocable si particulier – valeur – à définir la notion par elle-même, en la réduisant à ce qui est … digne d'y appartenir ou d'en relever. La question est résolue sans avoir été posée sérieusement puisque l'économie – entendant par là l'ensemble des transformations affectant les soubassements de la société – est perçue, plus ou moins confusément comme un "donné", une chose devant servir le cas échéant à la reformulation du cadre général de la vie en commun - la constitution - mais non pas du tout à la révision du statut épistémologique de cette notion. C'est un point que connaissent bien les juristes de droit économique : le droit en général et le droit public

[4] Voici un terme qui reviendra à plusieurs reprises et dont on sait bien qu'il est pour le moins difficile à *définir*, pour des raisons qui sont celles-là mêmes que nous rencontrons dans la définition de notions comme celles de droit fondamental par exemple ou… de constitution économique… C'est que cette notion n'en est pas vraiment une à la vérité, elle est très certainement indéfinissable autrement que par référence à autre chose qu'elle-même : le marché, le temps, le droit etc. (voir le succès de formules comme : "le marché a besoin de droit"). Il faut donc commencer par le reconnaître, et par se définir soi-même en tant qu'observateur-chercheur, à défaut de pouvoir définir cet objet-là : puisque nous ne sommes pas en mesure de le "saisir" dans sa totalité (autre mot à succès : saisir !) résignons nous à des instantanés, qui donnent une idée du mouvement sans le restituer jamais. Le mot régulation renvoie très exactement à cet état de choses : lorsque nous le prononçons nous embrassons d'un même regard les deux bouts de la chaîne, c'est-à-dire l'avant et l'après de l'énoncé de la règle de droit.

en particulier peinent à rendre compte de ce phénomène pourtant difficilement discutable de la "privatisation" du droit et de la société[5].

Il faut donc changer de registre et opter pour une autre méthode induisant un autre sens du mot constitution (et de la constitution économique), induisant aussi une autre interprétation de la "distinction" (toujours contestée et toujours révérée) du droit privé et du droit public et peut-être bien d'autres choses aussi. Par ses contradictions apparentes ou réelles, la notion de constitution économique y conduit nécessairement ; c'est la seconde des "raisons" évoquées à l'instant, moins apparente que la précédente mais bien plus significative sans être exclusive.

Pour commencer, un peu d'histoire.

H. Rabault, dans une étude très documentée sur le sujet[6] fait remonter au XVIIIe siècle la prise de conscience de l'*autonomie* de l'économique et de celle du marché dans le système socio-politique général, c'est-à-dire une prise de conscience également du fait qu'il y a des lois économiques qui, à défaut d'être "naturelles" ne peuvent pas se confondre avec celles qui régissent les autres secteurs du champ social. Il souligne aussi l'énoncé à peu près simultané en France et en Grande-Bretagne d'une interrogation sur la fonction du droit en "matière économique", allant de pair avec cette ambiguïté qui ne cessera jamais de dominer toute la matière : le libéralisme politique se cherche encore au moment où se constituent les cadres théoriques du libéralisme économique (Adam Smith). Ils finiront par se rapprocher : la monarchie de juillet et le second Empire en France, l'Allemagne bismarckienne n'ont pas été par hasard des moments fondateurs du droit public européen (le droit administratif, le droit constitutionnel et leur enseignement prennent "forme" à cette époque).

---

[5] Privatisation et non "marchandisation" (terme important mais qui désigne une prise de position sur le sens de l'évolution) Cf. G. Farjat, *Pour un droit économique*, PUF Les voies du droit, 2004, p. 23 et s.

[6] H. Rabaut : "La Constitution économique de la France", *RFDC*, n° 44 2000, p. 719

Ces moments "fondateurs" ont été de courte durée dans les deux cas... Le capitalisme à son apogée – le "capitalisme moderne" pour parler comme Ripert – fait reculer l'Etat puissance (et la part du champ juridique occupée par le droit public), plus précisément – nous sommes toujours autour des années 1930 -, l'économique subvertit assez vite le sens des mots et invite même parfois à en créer de nouveaux : les fonctions de/du gouvernement, par exemple, ou de "planification" comme on disait naguère[7] échappent aux "autorités" politiques attitrées et conduisent à une redistribution des rôles et des frontières entre le public et le privé.

C'est ainsi que le droit public se trouve peu à eu dépossédé de son objet, pour être réduit à l'ombre de lui-même (Hauriou : "on nous change notre Etat !") ; c'est alors également que le mot crise revient, de manière obsessionnelle, dans le langage des juristes théoriciens (crise de l'établissement public crise du service public et – mais n'est-ce pas la même chose ? – "crise de l'Etat"), tandis que l'on s'accorde pour considérer que cette crise est conceptuelle aussi : dépourvus de toute force par eux-mêmes, les mots dont on continue de se servir – celui de Constitution par exemple - s'épuisent bientôt à dépeindre une réalité qu'ils ne peuvent plus saisir que par fragments.

Cependant, les mots en question demeurent dans le lexique juridique républicain, en dépit de tout, en dépit des faits en particulier, et c'est ce décalage que l'analyse critique et l'analyse dite "substantielle" qui en est une es variantes entendent montrer du doigt[8].

---

[7] Il faudrait faire l'histoire de ce vocable et de ses différents usages : l'usage réformiste le lus connu (une modalité de l'économie mixte) mais aussi celui que lui donneront des économistes critiques (Galbraith entre autres) en désignant par là la technologie du pouvoir économique exercé par les grandes firmes (Cf. *Le nouvel Etat industriel. Essai sur le système américain*, Gallimard-NRF 1968...)

[8] Nous n'insisterons pas sur cette "importante" question de méthode et sur les débats qu'elle suscite encore chez les spécialistes de droit économique (si "substance il y a, celle-ci ne peut être définie que de manière dialectique c'est-à-dire comme une visée épistémologique, un processus continu allant de la négation à la négation de la négation : tout le droit n'est pas dans le droit, comme disait Carbonnier, mais le droit est tut entier dans ce mouvement de construction-reconstruction par lequel il s'enracine dans la "nature des choses"). Contentons-nous de dire que la notion de constitution économique n'est pensable que dans une telle perspective méthodologique, que c'est même la seule manière de se la représenter et de la

Ils "résistent" d'une certaine manière en changeant insensiblement de signification sans changer d'apparence. Inutile de dire que cette situation critique (révolutionnaire ?) est aussi la nôtre, aggravée très lourdement du fait que rien n'a changé d'essentiel depuis la "grande transformation", sous ce registre[9]. Rien sauf ceci qui est capital pour le juriste : ces mots ne veulent à peu près plus rien dire et ils deviennent même contreproductifs pour certains d'entre eux (spécialement en droit public : loi ? souveraineté ?).

La notion de constitution n'échappe pas, apparemment, à ce mouvement général : elle se fragmente, et chacun de ses démembrements s'autonomise à son tour de manière progressive pour laisser la place à d'autres personnages : la constitution devient constitution politique (chez Hauriou, on l'a dit, mais pas seulement chez lui) voisinant avec une constitution économique, bientôt une constitution sociale.

Cette dissémination n'est pas innocente : elle authentifie la thèse[10] du divorce entre les *deux libéralismes* (politique et économique) et toutes les séparations ou oppositions conceptuelles qui viendront se greffer là-dessus : droits civils et politiques *versus* droits économiques et sociaux etc. La Constitution économique est présentée alors (c'est-à-dire en doctrine, dans les années qui précèdent la grande dépression) comme une "Constitution bis". B.Mirkine-Guetzévitch résume assez bien cette période de transition en généralisant le thème de la nouveauté : nouveaux droits, nouvelle conception de la constitution et du droit constitutionnel[11]. Il est difficile cependant de concilier la logique constituante, c'est dire "constructiviste" ou étatiste avec l'idée de droits subjectifs fussent-ils publics (expression utilisée à l'époque en lieu et place de nos droits fondamentaux) ; on le fait et on ne peut le faire qu'au prix d'une représentation providentialiste de

---

"définir" autrement que comme un "ensemble de normes" de... valeur constitutionnelle !

[9] K. Polanyi : *La grande transformation, aux origines politiques et économiques de notre temps*, Gallimard-NRF 1983 (voir infra).

[10] Si fortement ancrée dans les esprits qu'on oublie parfois qu'il ne s'agit que d'une thèse...

[11] Voir en particulier : "Les nouvelles tendances du droit constitutionnel – Les déclarations des droits d'après guerre", *RDP* 1929, p. 564.

l'Etat que les libéraux (Hayek le premier) n'auront aucun mal à battre en brèches[12].

Comme le droit es toujours en retard, il a fallut du temps pour voir se dessiner une conception de la constitution économique qui soit autre chose que le décalque plus ou moins habilement dessiné de cette représentation de la société et de l'économie : l'Etat et le marché se faisant face, bardés chacun de droits spécifiques, parmi les quels les droits économiques font figure de parents pauvres pour ne pas dire de "pauvres droits" pour paraphraser une formule célèbre[13]. Il a fallu du temps en particulier pour passer du pluriel au singulier : des droits économique au droit économique et de la constitution économique conçue comme un assemblage de droits la constitution au singulier : une synthèse constamment remise en cause d'un ordre juridique en mouvement, prenant la forme d'une constitution du droit. C'est peut-être une des vocations premières (mais non dite) du droit constitutionnel en général et du croit constitutionnel économique par voie de conséquence: il sert de révélateur de la "crise" des systèmes de droit quand elle survient et rassemble et *synthétise,* à ce tire, tout ce qui se passe "dans" le système juridique et autour de lui[14]. A ce titre, il

---

12 C'est un point sur le quel il faut insister et un hommage qu'il faut leur rendre : dans la radicalité de leur critique, Hayek et tous ceux qui l'ont suivi voient juste. Ils s'en prennent à des théories erronées. Mais les arguments qu'ils invoquent, les contre-propositions qu'ils avancent le sont tout autant parce qu'ils procèdent des mêmes postulats (on s'abstiendra de dire : du même paradigme) : ceux de l'individualisme méthodologique, issus de la tradition libérale et consistant à penser séparément l'homme et le politique, quitte à oublier de penser l'un de ces deux termes au profit exclusif de l'autre.

13 P.H. Imbert : Droit des pauvres, pauvre(s) droit(s), *RDP* 1989, p. 739.

14 Ce qui ne veut pas dire que le droit se soit substitué à la politique, bien au contraire : c'est son usage, sa situation à l'intérieur du "système social" qui constituent un fait nouveau. Cette référence à la notion de système doit bien évidement être prise avec beaucoup de prudence : les systèmes sociaux sont fragiles et le bel ordonnancement qu'ils présentent "vu de l'extérieur" est vulnérable à … la crise. C'est pourquoi le thème de la régulation est si important : il renvoie en partie cette nécessaire "protection" du système contre lui-même et contre ses "ennemis"… Il renvoie également, avec cette notion de "système" à quelques autres thématiques importantes : celle de la "cohérence" interne (intégrité et interdépendance entre les éléments du système) et celle de la communication entre les différents systèmes (internormativité). Si le droit économique se trouve à l'intersection de ces deux thématiques, il nous reste à

est aussi, plus que jamais un enjeu majeur de et dans l'action politique, ce qui a pour effet, si l'on en prend conscience, de modifier sensiblement et irrésistiblement la fonction des juristes et celle des politiques eux-mêmes[15].

Il en résulte, croyons-nous, une "réactivation" de la notion de constitution économique, qu'on peut comprendre comme une des clefs explicatives de l'évolution du droit économique, Cette réactivation en forme de réévaluation est en cours, il faut en prendre conscience parce qu'elle dépasse très largement les "frontières" du droit économique[16].

Une telle croissance (même relative), un tel approfondissement du droit constitutionnel économique ne sont évidemment en aucun cas, eux non plus, le fait du hasard, ils sont *aussi* la marque d'une "intervention" croissante des pouvoirs publics comme on disait naguère - c'est à dire en ce qui concerne la France, avant le "grand tournant" qui s'opère en 1986[17] -, d'une imbrication de plus en plus étroite de l'économique et du politique comme on dit plutôt de nos jour.

---

définir la place qui revient au croit constitutionnel économique, comme un des régulateurs de la régulation interne et externe du système économique.

[15] Le Conseil constitutionnel à sa façon, on aura l'occasion d'y revenir, mais aussi les juges de la "constitutionnalité" de manière générale s'inscrivent désormais dans le débat politique national et contribuent à lui donner un sens. Au point que le Conseil en arrive à concurrencer le Sénat dans sa fonction de "deuxième Chambre" (P. Avril).

[16] A moins qu'elle ne fasse que révéler ce que l'on sait depuis un certain temps : non que ce droit n'a pas de frontières, mais plutôt que celles-ci ne sont pas de même nature que celles qui sont censées séparer les branches traditionnelle s du droit, parce qu'il intervient dans à peu près toutes, y compris les moins "économiques" : il y a un droit économique de la famille et des relations familiales, pourquoi pas un droit économique de la constitution ? Cf. pourtant les observations prudentes de G. Farjat dans son *Droit économique*, PUF 1982, p. 47.

[17] Cf. Ch. Leroy, Réflexions sur l'autonomie et la suprématie du droit économique, *RIDE* 2000, n°3, p. 383.

I - La constitution economique, une "Constitution bis" ?

Cette version "minimaliste" de la notion de constitution économique s'impose encore à ce jour très largement (pour peu qu'on se pose la question bien entendu), parce qu'elle consiste à ajouter tout simplement un complément d'information à la définition traditionnelle du mot constitution, sans autre forme de procès ou presque. Elle n'est certes pas dépourvue de pertinence, puisqu'elle consiste à paraphraser de manière fidèle le mouvement du droit, son évolution. Cette évolution est bien connue (en France comme à l'étranger) : elle va de pair avec sa "matérialisation" progressive pour parler comme Max Weber, c'est-à-dire la prise en compte de normes à contenu substantiel qui ont moins vocation à prescrire ou à interdire qu'à indiquer des types de comportements jugés souhaitables[18]. Ces normes sont de plusieurs sortes et toutes à la vérité ne relèvent pas exclusivement de l'ordre des rapports marchands (liberté individuelle, égalité devant la loi, solidarité nationale...). C'est ce qui autorise à parler de la "constitutionnalisation" du droit comme d'une mutation affectant ces différentes branches du droit de l'intérieur : observable dans chacune d'entre elles, elle conduit à la re-matérialisation du droit dans son ensemble en effet, par la consécration de principes-règles ayant vocation à pénétrer dans presque toutes les branches du droit pour les transformer à terme[19]. Elle altère aussi le jugement d'ensemble sur le droit constitutionnel qui perd un peu de sa superbe puisque tout en étant immergé, et de plus en plus, dans le système juridique, il gagne aussi en technicité, c'est désormais, au moins en partie, un droit "sanctionné"[20].

Il n'est pas sûr pourtant que ce processus d'immersion – imprégnation se déroule toujours de la même façon : les mots sont trompeurs... On peut penser au contraire que certains secteurs sont

---

[18] Ce que B. Mathieu appelle des "principes matriciels" dans une étude si souvent citée qu'on ne peut douter qu'elle "visait juste" ("Pour une reconnaissance de principes matriciels en matière de protection constitutionnelle des droits de l'homme", *D.* 1995, Chr. p. 211).

[19] Cf. l'étude – manifeste de L. Favoreu : "Le droit constitutionnel, droit de la constitution et constitution du droit", *RFDC* 1-1990, p. 71 et s.

[20] Ibid., p. 83

plus rétifs que d'autres, certains autres plus réceptifs à cette sorte de "constitutionnalisation".

L'"économie" fait système, en effet, comme la religion, ou le politique dans une certaine mesure[21], elle a ses lois propres (du moins on le dit parfois), ce qui complique le problème semble-t-il[22]: Si le droit et l'économie sont bien deux systèmes ou deux sous-systèmes, alors il devient très difficile de penser le droit économique autrement que comme… le droit de l'économie. Et le droit constitutionnel économique n'est pas autre chose, ne peut être défini pour ce qui le concerne autrement que comme le droit constitutionnel… de l'économie[23].

Cette manière de présenter les choses accrédite une conception disons "binaire" ou paradoxale du droit constitutionnel qui en fait à la fois un droit commun (?) et un droit d'exception alors qu'il n'est ni l'un ni l'autre.
A moins de procéder à une (petite) révision des plans, en élaborant de nouveaux concepts par exemple.

A- Pour comprendre cependant cette pérennité d'une conception formelle ou statique du mot constitution comme des catégories qui s'y rapportent et du *dualisme* qui les sous-tend (constitution politique et constitution sociale, droits économiques et sociaux etc.), il faut procéder à une sorte de reconstitution rétrospective du sens perdu : ce qu'on peut faire assez aisément à propos du mot constitution puisque c'est celui qui nous occupe ici. La Constitution comme idée du droit, ou comme ensemble des valeurs acceptées et reconnues dans une société donnée (ou dans une société

---

[21] Dans une certaine mesure parce que tout est question de degré ici, et que, sauf à entreprendre une analyse comparative des différents systèmes que nous sommes en train d'évoquer, il est à peu près impossible d'en dire plus.

[22] Tout cela fait qu'il est difficile de penser ces objets sans intégrer dans ces représentations mentales … un peu de droit, ou un peu de "normativité".

[23] Ce "de" voulant dire : applicable à, comme si une telle notion (l'application du droit à quoi que ce soit) allait de soi. Il n'en est rien bien entendu et le problème posé en ces termes ne peut être traité autrement que de manière métaphorique ou par déplacement des termes du sujet.

de sociétés : l'Union européenne)[24], le droit des droits en somme : tel est à peu de choses près ce sens primitif du mot (si l'on y ajoute, bien entendu, comme le font aussi les constitutionnalistes depuis le siècle dernier et celui qui précède, quelques considérations sur l'organisation de l'Etat politique).

Cette définition de la constitution participe implicitement ou explicitement depuis l'origine (1787 ou 1789[25]) d'une représentation libérale de l'Etat et du politique qu'exprime pleinement – mais restrictivement – la théorie traditionnelle de la séparation des pouvoirs, immortalisée par les formules fameuses de Montesquieu comme celle-ci : "Tout serait perdu si...", ce qui veut dire qu'il s'agit de préserver et de garantir avant tout et que, confiné dans ce rôle de gardien de la frontière supposée infranchissable du public et du prive, l'Etat politique ne connaît d'autre ennemi que lui-même... L'économie ne lui est peut-être pas complètement étrangère, mais la question à coup sûr ne relève pas du droit constitutionnel ainsi conçu. Ou alors, elle n'en relève que de manière négative : par la définition d'un cadre général s'imposant à tous les opérateurs économiques et aussi par l'indication des fins de l'intervention ou de la régulation en question[26]. C'est la terminologie qu'utilisent les constitutionnalistes quand ils n'en ont pas d'autre, mais ce "cadre" et cette "limite" seront dépassés eux-mêmes avant que d'avoir été clairement circonscrits...

Protéger, respecter... : il faut voir là, aussi, dans le choix de ces verbes si souvent utilisés la référence implicite à une conception "interventionniste" du droit public économique (appellation elle-même hautement significative), qui fait de l'"Etat" ou de la "sphère publique" une réalité extérieure au marché et de ces deux entités – le

---

[24] Cf. S. Pierré-Caps : "la Constitution comme ordre de valeurs", in *La Constitution et les valeurs, Mélanges en l'honneur de DG Lavroff,* Dalloz 2005, p. 281.

[25] Cf. M. Troper et L. Jaume (dir.): *"1789 et l'invention de la Constitution"* LGDJ, 1994.

[26] Il ne faut pas perdre de vue à cet égard que Montesquieu a été le contemporain de Smith dont il partageait la plupart des analyses économiques, pour autant qu'on puisse en juger et que Smith, par ailleurs, a été lu et compris par un grand nombre des membres de la première Assemblée constituante.

marché et l'Etat – deux domaines distincts...[27]. C'est aussi et surtout une manière de passer sur l'essentiel qui est le débat de fond que n'ont pas manqué de relever les libéraux de tous les temps: en quoi et jusqu'où ces principes constitutionnels sont – ils compatibles avec l'idée même d'une action économique publique ?

Il est assez facile dans ces conditions de présenter les "droits fondamentaux", spécialement ceux d'entre eux qui ont trait à l'organisation de l'économie comme ce qui limite autant que ce qui fonde, en l'occurrence, les "contraintes" qui entourent désormais la conduite d'une politique législative quelconque, ce "mur invisible"[28] avec lequel tout gouvernent doit désormais compter dans l'élaboration d'une telle politique : nationalisations *versus* droit de propriété, liberté et liberté d'entreprendre *versus* République sociale etc.

La liste serait longue de ces "nouveaux" droits et libertés (principes ou politiques dans le vocabulaire de Dworkin) ; liste répétitive en tout état de cause, car c'est toujours des mêmes droits qu'il s'agit et à peu près dans les mêmes termes, preuve s'il en était besoin de la convergence des systèmes juridiques. On a relevé par exemple l'identité des formulations existant dans les jurisprudences respectives de la Cour européenne des droits de l'homme et du Conseil constitutionnel français quant à l'étendue de la protection – on y revient – du doit de propriété et de la liberté d'entreprendre[29].

Mais on voit bien que les droits dont il s'agit sont au premier chef des "dispositions incapacitantes" (Dworkin toujours), des interdits difficilement compatibles avec une définition un tant soit peu dynamique du droit et des droits subjectifs.

---

[27] On trouvera une critique pénétrante de ce présupposé de l'extranéité de l'action publique dans l'étude de M.L. Pavia : "Un essai de définition de l'interventionnisme", in *L'interventionnisme de la Puissance publique, Etudes en l'honneur du Doyen Georges Péquignot*, CERAM/ Montpellier 1984, T.II, p. 549 et s.

[28] Selon la très heureuse formule de L. Favoreu : Les normes de référence, in *Le Conseil constitutionnel et les partis politiques*, Economica-PUAM, 1988, p. 77.

[29] Cf. par exemple : F. Sudre : "la protection du droit de propriété par la Cour européenne des droits de l'homme", *D.*1988, Chr. p. 75.

Le thème de la "*neutralité*"[30] de la Constitution économique, évoqué avec insistance, à propos du Conseil constitutionnel français notamment, s'inscrit également dans le contexte de cette représentation binaire ou dualiste du rapport du droit au marché et à l'économie de marché. Mais la neutralité est une non neutralité en ce sens, l'expression d'un programme économique comme les autres[31]. Ce qui autorise à douter de la légitimité de cette thématique particulière (comme de toute référence à l' "Etat neutre"…) – premier grief – ; ce qui conduit aussi à établir entre ces libertés –là et les autres (celles du "for interne") une barrière qui n'a d'autre justification que la fonction contentieuse qui leur est assignée – second grief.

Si la constitution n'est qu'une limite, le paradoxe demeure entier, enfin, puisqu'elle a aussi pour fonction, dans cette même perspective doctrinale, de *promouvoir* des droits ou libertés.

A la vérité, la notion de constitution économique est purement et simplement impensable dans un tel contexte. Ou alors elle n'est pensable que comme un jardin soigneusement dessiné et tout aussi soigneusement protégé : une géométrie de la nature, dans laquelle la notion de constitution est purement et simplement instrumentalisée, mise au service d'une certaine conception du droit et de *la* liberté[32]. Nul doute que cette géométrie a eu son efficacité parce qu'elle pouvait traduire un certain état des choses et du monde.

---

[30] J.Y. Chérot parle d'une neutralité "relative" , arguant du non-choix par le Conseil constitutionnel d'une "forme d'organisation économique" quelconque, et de son évolution vers la promotion de principes "neutres du point de vue économique" : sécurité juridique… (*Droit public économique*, Economica 2002,1ère éd., n°9, p. 24). Ce qui peut signifier aussi que tout dépend de l'interprétation donnée à ces dispositions, que ces textes, ces principes ne sont neutres que sous bénéfice d'inventaire.

[31] H. Rabault, op. cit, p. 720 et s. et p. 741 : "le juge constitutionnel refuse de s'ingérer dans les choix relatifs aux grandes orientations de la politique économique". Mais, la constitutionnalisation des principes de l'économie de marché, est-ce un "refus d'ingérence" ?

[32] C'est à dire quelque chose qui s'apparente à la "constitution de la liberté" selon Hayek (Cf. *La Constitution de la liberté*, Litec 1994)

Tel n'est plus le cas. Le concept de régulation – si équivoque et si prégnant à la fois – est une parfaite illustration de ce glissement insidieux du sens des mots, de leur désaffiliation : il désigne plusieurs choses à la fois (la production et l'application du droit confondues), mais rien qui corresponde à la sage division des fonctions héritée de l'architecture classique de l'Etat. Il est à lui seul, ce concept, un diminutif ou un révélateur de "la" crise et de toutes les "crises" partielles qui la composent.

B- La Cour suprême des Etats-Unis "donne le ton" dans cet ordre d'idées. Elle le fait très tôt, dès la très fameuse décision *Lochner v. New York*[33] connue moins peut-être pour la solution de fond qu'elle comporte (une prime à la liberté contractuelle), que pour la très célèbre opinion dissidente du juge Holmes : une critique par anticipation de toutes les dérives possibles du droit constitutionnel jurisprudentiel[34]. Il est tout à fait clair que la jurisprudence de la Cour - celle-là et toutes celles qui ont suivi - a pu et peut encore servir de "lecteur" et de grille de compréhension pour l'analyse du "système politique" américain ... Du système comme des mutations qui l'ont affecté, mais avec un léger décalage dans le temps (le "New Deal"), la question raciale etc.

La Cour suprême, ainsi comprise est beaucoup plus qu'un "simple" juge de la constitution, comme elle l'a montré à plusieurs reprises dans son histoire, elle est partie intégrante d'un "système démocratique bien ordonné"[35], un authentique pouvoir en d'autres termes qui s'inscrit dans un système constitué dans lequel chacun des différents acteurs est détenteur d'une partie de la capacité de dire le droit et de dire *les* droits comme dans ce cas particulier.

---

[33] 17 avril 1905 ; Voir le texte de cet arrêt dans E. Zoller *: Les grands arrêts de la Cour suprême des Etats Unis*, PUF 2000, p. 321 et s.

[34] "Le XIVe Amendement ne donne pas force de loi à la théorie économique de M. Herbert Spencer" (ibid., p. 342)

[35] B. Ackerman : *Au nom du peuple. Les fondements de la démocratie américaine*, Calmann-Lévy, 1998, p. 37.

Le cas du Conseil constitutionnel français (qui est un cas particulier à beaucoup de poins de vue) ne peut évidemment être passé sous silence, mais il ne doit pas être surestimé non plus : son histoire et les modalités du contrôle qu'il exerce conduisent à y voir plus qu'un législateur négatif selon la formule de Kelsen, un quasi-législateur, partie prenante du processus d'élaboration des lois autant que leur censeur[36]. Ce qui l'a conduit, depuis longtemps, spécialement depuis la première alternance à une intensification de ce contrôle sur les politiques économiques publiques, au point de s'ériger lui-même en législateur idéal, arbitre et garant d'une certaine conception de l'économie mixte[37].

Quoiqu'on puisse penser cependant de sa "montée en puissance", selon l'expression consacrée, le Conseil ne s'est jamais autorisé à faire autre chose : accompagner l'action législative, en la rectifiant le cas échéant à la marge, ce qui apparaît en matière économique un peu plus clairement que dans les autres secteurs du droit parce que toutes les techniques expérimentées par ailleurs pour maintenir ce cap du "juste milieu" (erreur manifeste d'appréciation, réserves d'interprétation) s'y trouvent représentées, comme à la parade[38].

Il en résulte une configuration très particulière de ce droit économique jurisprudentiel qui tient au fait que les principes ou règles de valeur constitutionnelle, "objectifs" ou "exigences" de même nature etc. qui s'y trouvent consacrés ne se dissocient pas vraiment des politiques législatives soumises au contrôle ; elles en sont le double autorisé, certifié conforme, avec ou sans réserves.

---

[36] On se réfère aux analyses de M. Troper, qui marquent bien tout ce qui sépare le "modèle français" (?) de tous les autres : puisque le Conseil constitutionnel "participe à la production de la loi" et que celle-ci est présumée être l'expression de la volonté générale, c'est qu'il exprime aussi, à sa manière une partie de cette volonté en déclarant conforme ou non à la Constitution le texte qui lui a été déféré. .. Cf. M. Troper : "Justice constitutionnelle et démocratie", *RFDC* 1990, 1 p. 31 et s.

[37] Voir sur cette problématique générale : L. Favoreu, *La politique saisie par le droit ; alternances, cohabitation et Conseil constitutionnel*, Economica 1988

[38] Cf. les commentaires suscités par les deux grandes décisions des 16 janvier 1982 (81-132 DC) et des 25-26 juin 1986 (86-207 DC)

Les cours constitutionnelles européennes (ou la plupart d'entre elles) apporteront ainsi leur contribution, dans le domaine de l'interprétation économique de la constitution, à l'édification d'un tel "mur", sauf à prendre en compte dans chaque cas particulier des traditions constitutionnelles nationales.

C'est ainsi que Cour constitutionnelle fédérale d'Allemagne occupe une place à part, compte tenu de la place qu'elle occupe dans le système politique, mais aussi et surtout de la nature du droit constitutionnel économique allemand, l'"ordre économique" de la République fédérale pour utiliser une expression sur laquelle nous reviendrons : cet ordre économique a été "constitutionnalisé"[39] en effet, ce qui en fait un "ordre objectif" selon la terminologie de la Cour[40]. Cette terminologie fait son apparition dès les origines, sous le signe des droits fondamentaux, comme si ceux-ci étaient la condition de celui-là et le concept de dignité tel qu'énoncé à l'article 1 de la Loi fondamentale – ni droit ni principe[41] – joue et jouera un rôle central (avec d'autres) comme instrument de ce processus de constitutionnalisation : la dignité "irrigue" les droits économiques et sociaux au même titre que tous les autres et contribue à l'abolition progressive des frontières entre le public et le privé, l'objectif et le subjectif. Tout comme y contribue d'ailleurs l'orientation nettement "personnaliste" que la Cour donne à sa définition de la constitution économique[42].

---

[39] I. Bourgeois : "La constitutionnalisation de l'ordre économique", *Regards sur l'économie allemande*, n°52-53/2001, p .47

[40] Un "ordre objectif de valeurs", plus exactement, comme le rappelle E. Zoller, les valeurs en question n'étant plus tout à fait ce qu'en ont fait les moralises (E. Zoller, *Droit constitutionnel*, PUF, 2è éd., 1999, p.175).

[41] S'il est question de la "dignité de l'être humain", comme dans beaucoup d'autres constitutions (Afrique du Sud...), ce "principe" est vu, plus qu'ailleurs, comme le fondement de tous les autres, et comme une obligation s'imposant à l'ensemble des organes du pouvoir d'Etat.

[42] A propos du droit de propriété en particulier, comme le montre M. Fromont : Le droit de propriété et la Constitution en Allemagne et en France, *Etudes en l'honneur du Doyen G. Péquignot, préc.* Montpellier 1984, t.I, p. 267 et s.

En Espagne, où les droits fondamentaux sont protégés dans des conditions comparables (recours dit d'*amparo*) le Tribunal constitutionnel est allé encore plus loin semble-t-il dans l'affirmation de ce caractère objectif et abstrait des droits protégés, en affirmant dans une de ses premières décisions que le droit préexiste à sa concrétisation législative et que par suite une relation nécessaire s'établit entre les énoncés du langage du droit et "ce que certains auteurs ont appelé le métalangage" formé par les "idées" et "convictions" généralement admises[43]. Qui dit mieux ?

F. Ost évoquait dans une étude célèbre[44] la nécessaire "ouverture cognitive" des systèmes juridiques, leur nécessaire ouverte vers le monde économique ou pas : les "concepts flous et indéterminés" qui ne sont ni flous ni indéterminés mais (seulement)

---

[43] Sentence du Tribunal constitutionnel du 8 avril 1981, rapportée par P. Bon, F.Moderne, Y. Rodriguez : *La justice constitutionnelle en Espagne*, PUAM-Economica, 1984, p. 245.

[44] F. Ost : "Le droit comme pur système", in *La force du droit. Panorama des débats contemporains* (P. Bouretz dir.), p. 139 et s.

fonctionnels sont une parfaite illustration de cet état de choses. "Texture ouverte" du langage juridique[45].

Il faut prendre conscience cependant autant que possible de la *fonction* des concepts ou "principes" ainsi mis en évidence par les juges, dans leur travail de production du droit en général et du droit économique en particulier : ces règles de droit non écrites expriment quelque chose d'autre qu'un contenu ostentatoire qu'on s'épuise en général à tenter de le circonscrire, mais il est difficile également de se résigner à ne pas les nommer, d'une manière ou d'une autre, à dire de quoi il s'agit en somme. Que signifient en effet, par exemple, les expressions comme : sécurité juridique, confiance légitime etc. ? Elles désignent à la vérité autant de standards juridiques pas vraiment nouveaux à y bien regarder puisqu'ils ne font qu'exprimer, dans leur généralité même, l'essence propre du juridique, ce qu'on est en droit d'attendre d'un système juridique quelconque ; elles en sont

---

[45] Il faudrait bien entendu s'interroger davantage et pousser plus avant l'analyse, pour tenter d'y voir clair entre tous ces procédés rhétoriques par lesquels les juristes ont l'habitude de prendre acte de leur propre impuissance à dire ce qu'il en est du droit. En commençant par rappeler que Kelsen qui, lui croyait en la possibilité d'une science du droit récusait tout bonnement cette hypothèses (pas de lacunes !). Cette récusation n'était pas un geste d'humeur mais le produit d'une prise de conscience aiguë : s'il y a de l'indicible et de l'indéterminé (teneur indécise du droit dira P. Amselek), encore faut-il savoir pourquoi, et comprendre le sens de cet écran dressé entre le droit et nous. Or, il est... clair ou à peu près, que deux sortes de questions doivent être soigneusement distinguées dans cet ordre d'idées : les "lacunes" ou le "flou" (M. Delmas-Marty) - sorte de lacune en extension – désignent la texture même du langage du droit, et font référence précisément à sa nature de langage. Les standards juridiques ressortissent à cette sorte de catégories fonctionnelles - fonctionnelles parce qu'elles sont en effet indispensables au fonctionnement concret du système ; ils peuvent s'analyser en ce sens comme la rationalisation d'un devoir-être attendu à un moment donné, dans un système donné, comme le relevait dans une étude importante D. Lochak ("Droit, normalité et normalisation" in *Le droit en procès*, PUF/CURAPP, 1983, p. 147 et s.). Mais il y autre chose : ces mots courants, désignant des techniques plus ou moins élaborées qui assurent la reproduction du droit et qui sont la plupart du temps tout aussi flous, mais pas pour la même raison : constitution.

Voir aussi sur ce point la très importante étude de HJ Sandkühler : "La dignité humaine et la transformation des droits moraux en droit positif", consultable sur : http://www.unesco-phil.uni-bremen.de/texte/La%20dignité%E9%20humaine.pdf- (21 avril 2008).

l'armature normative, le code (au sens que J. Habermas donne de ce mot) autrement dit, la constitution.

Mais cette constitution-là, comme rationalisation des attentes légitimes des différents acteurs (économiques ou non) n'a rien de vraiment politique, elle sert plutôt à corriger les défaillances du système, à l'adapter aux "modifications" de son environnement.

On peut le dire d'une autre manière : si le droit est système (ou s'il "fait système")[46], le droit constitutionnel comme ensemble des mécanismes qui assurent la distribution du pouvoir dans l'Etat peut apparaître comme une technique devant permettre la *communication* entre les systèmes, en organisant la production du droit dans les différentes branches du droit, et en fournissant à tous les autres "systèmes" un code, des valeurs, en les "normalisant"[47]. Il se trouve que cette fonction de normalisation occupe une place centrale désormais, dans la plupart des sociétés occidentales, sous l'effet conjugué de la convergence des systèmes juridiques ("droit commun") et de la part grandissante du droit constitutionnel substantiel ou matériel.

Les standards dont il vient d'être question, tous ou presque sont assez bien placés pour assurer le passage entre *des* systèmes : droit, morale, économie… Ces standards et d'autres catégories de normes, comme ce qu'il est convenu d'appeler des principes ou principes généraux du droit n'ont donc, en raison même de cette fonction de communication intersystèmique qu'ils sont appelés à exercer aucun contenu spécifique à proprement parler, ils ne sont ni tout à fait des énoncés ou techniques juridiques, ni des règles de morale, ni et moins encore des normes à contenu économique ou social, mais assez souvent tout cela à la fois (dignité, égalité, solidarité…). Les standards comme instruments de l'internormativité ? C'est ce qui les rend indéfinissables en apparence mais porteurs, en fait, de plusieurs sens à la fois, sans qu'il soit possible de les hiérarchiser (ni ces différents sens, ni d'ailleurs les principes qui en sont les vecteurs).

---

[46] Voir supra, note 14.

[47] Cf. G. Farjat : *Pour un droit économique*, op. cit, p. 33.

Voilà pourquoi la constitution qui est (aussi) un "système de principes" et de principes fondamentaux[48] se dérobe à toute analyse qui prétendrait la saisir comme une totalité close, fermée sur elle-même. La "constitution économique" aussi.

II – LA CONSTITUTION ECONOMIQUE COMME CONSTITUTION DU DROIT.

Dans constitution économique il y a constitution et c'est par là qu'il faut commencer, en essayant d'échapper à cette géométrie plane du droit constitutionnel comme agencement de règles de superposition. Tout incite à le faire : les "transformations du droit public" comme disait Duguit ne passent pas seulement par le droit économique et les discussions qui ont cours à propos de la notion de Constitution européenne (la notion, pas le traité du même nom !), non pas le texte !) le prouvent s'il en était besoin : il faut d'urgence désétatiser le mot et lui redonner vie – au sens de "droit vivant" ; c'est alors une autre manière de voir les choses et d'appréhender la notion de constitution qui peut prévaloir : non comme un instrument précisément, mais comme un *moment* assez difficile à saisir pour cette raison, et que l'on ne peut parvenir à comprendre qu'en prenant conscience du mouvement dans lequel il s'inscrit.

La "constitution économique"[49] peut apparaître comme une des modalités de cette "prise de conscience" dans la mesure où elle intègre certains des principes du mouvement en question ; elle donne forme à cette sorte de va-et-vient entre le droit et le fait[50], en la reliant aux mutations générales du système juridique. Ni progrès radieux ni décomposition inévitable de l'état de droit donc, comme le

48 R. Dworkin : Controverse constitutionnelle, *Pouvoirs* n° 59-1991, p. 9.

49 Les guillemets s'imposent parce que nous sommes maintenant assez loin du sens "canonique" du mot constitution.

50 "Va et vient" ou dialectique … Cf. l'ouvrage de N.A. Poulantzas : *Nature des choses et droit. Essai sur la dialectique du fait et de la valeur*, LGDJ 1965.

diagnostiquait en 1977 J.P. Henry[51] mais plutôt, un mouvement de construction - reconstruction progressive du système en question.

Il n'est pas étonnant dans ces conditions que la notion de constitution économique prise dans cette seconde acception – *comme révélateur et comme instrument du changement social* - ait connu son "heure de gloire" et un début de reconnaissance officielle au cœur des années 1930 et plus spécialement en Allemagne, au paroxysme de la "grande crise", alors que voit le jour par contraste et par opposition au marxisme cette étrange doctrine mi-juridique mi-économique qu'on appelle néolibéralisme ou (mieux, beaucoup mieux) "ordo libéralisme", assez curieux compromis entre l'Etat et le marché, ou entre le politique (le constitutionnel) et l'économique…

Le droit et par conséquent le droit constitutionnel est une des pièces maîtresses de ce compromis dont les promoteurs sont des théoriciens de l'économie (W. Eucken, F. Böhm, A. Müller-Armack…) et dont les mots d'ordres sont : état de droit et gouvernement économique (ce qui est très préférable à "gouvernance" par le droit…) "ordre de l'économie" etc.[52].

La constitution économique revêt alors, dans ce nouveau contexte une signification inédite : elle n'est pas – ou elle n'est plus – un supplément à la constitution politique mais bien la constitution proprement dite, la mise en forme juridico politique de ce nouvel état des choses et de ce nouvel état du monde. Avec comme double corollaire :

---

51 "Vers la fin de l'état de droit ?", *RDP* 1977, p. 1207 et s.

52 M. Foucault, dans sa recherche des origines intellectuelles du libéralisme occidental réserve une place de choix à ce courant de pensée à la fois singulier (ne serait-ce qu'en raison de l'influence qu'il a pu exercer par la suite) et cependant indissociable du contexte historique particulier qui l'a vu naître. Cf. *Naissance de la biopolitique,* Cours au Collège de France (1978-1979). Hautes Etudes Gallimard/ Seuil 2004, p. 105 et s.

A- Une modification de l'ordre habituel des facteurs en premier lieu : le politique est instrumentalisé à son tour, moins "saisi" par le droit économique, pour paraphraser une formule célèbre[53], que – les mots manquent – soumis, conditionné par l'économique, comme le relève M. Foucault à propos de l'Allemagne d'après guerre : "l'économie" écrit-il produit "des signes politiques qui permettent de faire fonctionner les structures, des mécanismes et des justifications de pouvoir"[54]. La confiance dans la monnaie, l'équilibre de la balance des paiements ou encore le "développement durable" sont des problèmes éminemment politiques, politiques au premier chef et leur inscription dans la Constitution n'est donc pas un acte contre nature, si elle ne s'impose pas forcément, dès lors que l'accord s'est fait sur l'essentiel...). Le marché n'est plus le marché à ce compte, ou, comme l'écrit justement Ch. Joerges, il cesse d'être "gouverné" par un quelconque "principe objectif"[55](ordre spontané ?), quand l'Etat perd un peu de son "essence politique" : la notion de constitution économique exprime, avec les mots anciens, cette sorte de "dépolitisation du politique". Ce qui ne veut pas dire évidemment que cette "nouvelle" constitution soit devenue... apolitique, mais que le curseur permettant de discriminer entre ce qui *est* politique et ce qui ne l'*est pas* a bougé, sensiblement[56].

Il faut donc rompre avec un certain nombre d'idées reçues (mais qui ont la vie dure) touchant à ce couple supposé, et à la soi disant "dichotomie" Etat : marché : comme l'a bien montré P. Rosanvallon , tous ces mots - Etat, marché, pacte social, société civile... - sont étroitement interdépendants et tendent tous, à leur façon, à apporter une réponse aussi cohérente que possible à la seule et unique question de l'"institution originelle de la société"[57]. De cette

---

[53] Cf. l'ouvrage précité de L. Favoreu : *La politique saisie par le droit*, Economica 1988.

[54] Op.cit, p. 87.

[55] Ch. Jorges : "La constitution économique européenne en processus et en procès", *RIDE* 2006, n°4, p.249.

[56] Exemple (presque) classique : la "constitution européenne" et des dispositions à caractère "économique" : il faut encore mettre des guillemets précisément parce que tous ces mots sont en train de changer de sens.

[57] P. Rosanvallon : *Le libéralisme économique. Histoire de l'idée de marché*, Seuil/ Points 1989, p. 15.

consubstantialité naît une ambiguïté fondamentale que la théorie politique a contribué à entretenir en confinant l'Etat et le marché dans deux domaines d'existence différents : à l'Etat les rapports entre les hommes et la régulation de la vie en société, au marché, la production et les échanges nécessaires à la vie de ces sociétés, ou à leur survie. Mais, on le sait bien, le "laisser faire" faire n'existe pas et n'a jamais existé, il n'a rien de "naturel", et les marchés libres "n'auraient jamais vu le jour sans une action délibérée de l'Etat"[58].

Le concept d'*institution* ou mieux encore la "dialectique de l'instituant et de l'institué" (J.A. Mazères) permet de penser ces deux réalités supposées antinomiques comme complémentaires ou interdépendantes : ni l'une ni l'autre n'est première, elles sont l'une et l'autre deux moments d'un même processus "instituant" par lequel la société se donne à elle-même sa propre loi[59].

Il faut rompre aussi – n'est-ce pas un peu la même chose ? - avec certaines habitudes mentales comme celle qui, se satisfaisant de la (fausse) dichotomie du libéralisme politique et du libéralisme économique conduit tout droit à la distinction/opposition entre les droits dits civils et politiques et les autres (sociaux, ou économiques et sociaux) ainsi nommés parce qu'on ne sait quel autre statut leur assigner que celui d'un faire valoir ou d'une garantie à la juridicité douteuse (un ornement, dans le jardin évoqué plus haut...). L'*indivisibilité des droits* est à ce prix, comme le montre de manière convaincante l'évolution du "catalogue" des droits fondamentaux de l'Union européenne (Charte des droits fondamentaux de l'Union, mais aussi – surtout ? – jurisprudence récente de la Cour de justice[60]...).

---

[58] K. Polanyi : *La grande transformation,* Gallimard 1983, cité dans J.Y. Chérot : *Droit public économique,* Economica 2007, 2è éd., n° 1, p. 3.

[59] Cf. encore Ch. Jorges : "le marché est une institution sociale..." (op.cit, loc. cit.).

[60] On se réfère aux (déjà grands) arrêts Schmidberger (12 juin 2003, *RTDH* 2004, p. 435) et Omega (12 octobre 2004, *RTDH* 2004, p.721).

Quelques explications à ce sujet.

Le droit constitutionnel, on le sait bien, est généralement et assez souvent simultanément conçu à la fois comme le droit du pouvoir et celui de la liberté (ou des libertés). Ce qu'il est bien entendu, à cette double réserve près tout de même, qu'on peut en dire autant de tous les droits ou presque[61] et que, surtout, c'est la liberté – disons les droits fondamentaux pour utiliser le vocabulaire qui prévaut de nos jours – qui fonde la notion de constitution, jusqu'à nouvel ordre et non l'inverse[62].

Affirmer le primat des droits fondamentaux "économiques" ou non) sur la Constitution et sur tout le reste, leur caractère "fondateur" ou "auto-fondateur"[63] si l'on préfère, simplifie grandement la question dans cet ordre d'idées: les doits économiques et sociaux, pour employer cette fois un vocabulaire plus traditionnel (celui qui prévalait en France sous la IIIe République) ne sont plus différents des autres droits, pas plus que ceux-ci – disons les droits dits civils et politiques – n'échappent par nature (quelle nature ?) à la sphère marchande. Qui peut prétendre que le droit à la dignité de la personne humaine par exemple, ou, pour paraphraser la loi Fondamentale d'Allemagne, le droit au "libre épanouissement" de la personnalité ne sont pas aussi des droits économiques, n'ont pas eux aussi – eux surtout - des incidences sur le terrain du marchand ? Qui peut nier que la liberté de la presse passe par la sauvegarde du pluralisme des moyens d'expression ?

Nous voyons ainsi se dessiner les éléments d'un "droit commun" de type nouveau assurément et qu'il est difficile de ne pas appeler constitutionnel. Il est constitutionnel parce que synthétique, on y revient, ayant vocation à subsumer sous un même concept ou sous

---

[61] Sur cette problématique (et sur beaucoup d'autres choses), il faut se référer à ce qu'écrivait à la fin de sa vie A. Hauriou : "Recherches sur une problématique et une méthodologie applicables à l'analyse des institutions politiques", *RDP* 1970, p. 305 et s.

[62] Cf. les remarques décapantes d'E. Picard sur ce point : L'émergence des droits fondamentaux en France, *AJDA*, Juillet-Août 1998, p. 38.

[63] Ibid., loc. cit.

un même ensemble de concepts à la fois le marché et ce qui lui sert de cadre[64], sans que tout ceci soit l'objet d'une quelconque mise en forme autre que jurisprudentielle[65].

B- Ce qui renvoie en second lieu à une autre conséquence qui est aussi liée à l'état de l'Allemagne post totalitaire et que Foucault résume parfaitement en disant que, contrairement aux habitudes de la pensée néo libérale (ou néo tout ce que l'on voudra...), il ne s'agit pas dans l'Allemagne d'alors de concilier des impératifs, normes contradictoires ou présentés comme tels (l'Etat et le marché, la concurrence et le service public) mais bien plutôt de ceci : soit ... un Etat qui "n'existe pas" (ou qui n'existe plus), comment le "faire exister" à partir de quelque chose qui s'appelle la liberté

---

[64] Pas deux Europe donc – pas plus que deux catégories de droits – mais une seule et même Europe, investie d'une même légitimité.

[65] Où l'on retrouve la fonction d'anticipation des évolutions décisives qu'assument depuis longtemps les Cours constitutionnelles et les juridictions administratives (dans une moindre mesure !) : lorsqu'on écrit que les juges font du droit (et on n'hésite plus guère à le faire) on veut dire aussi qu'ils font le droit, parce qu'ils sont le droit, ce que traduit assez bien toute l'évolution du droit européen et des rapports tumultueux entre celui-ci et les différents droits nationaux sur la question des droits fondamentaux.

Comment expliquer autrement ce curieux raisonnement (qui prévaut désormais en France après avoir été utilisé aux mêmes fins semble-t-il en Allemagne) et qui consiste à propulser vers l'avant le droit européen des droits fondamentaux au terme d'une comparaison entre les types de "protection" réservés à ces doits et aux principes qui les sous tendent ? (nous faisons référence notamment mais pas exclusivement aux évolutions récentes de la jurisprudence administrative française tout comme à ses limites ; voir en particulier sur ce point qui concerne au premier chef le droit économique et le droit des principes fondamentaux applicables à l'économie : J Roux, La transposition des directives communautaires à l'épreuve de la Constitution (à propos de l'arrêt d'Assemblée du 8 février 2007 *Sté Arcelor Atlantique et Lorraine et autres*, RDP 2007, p. 1031 et s.) Et comment analyser une telle opération de comparaison constructive autrement que comme une interprétation de grande ampleur dans laquelle le juge fait sienne intégralement l'ensemble des valeurs, principes etc., qui caractérisent les deux ordres juridiques considérés (le sien et celui, naissant, de l'"Etat européen") ? (Cf. aussi infra note 72).

C'est ce qu'il est convenu d'appeler le "dialogue des juges" ou encore ce que Dworkin exprime autrement par la métaphore bien connue du droit comme roman écrit à plusieurs mains. Mais un roman ou un dialogue dont le texte est déjà connu par ceux qui en font le récit....

économique ?[66]. Faire exister l'Etat cela s'appelle constituer et l'on voit bien que dans cette perspective à tous égards inédite du point de vue du droit constitutionnel traditionnel, l'Etat se constitue en même temps que et à partir de l'économie. Pour un lecteur marxiste (ou influencé par...) les choses pourraient paraître très claires, d'une clarté aveuglante même, au point de provoquer quelques sarcasmes : n'en a-t-il pas toujours été ainsi en effet ? Et d'ailleurs, est-il nécessaire d'"être" marxiste pour faire ce constat très simple que l'économique (à plusieurs titres) intervient dans la genèse de l'Etat moderne? Assurément non. Mais ce qui change ici, et là où la conjoncture de l'Allemagne est singulière, c'est que tout cela – c'est-à-dire la détermination économique du politique – est pensé désormais et même traduit en termes de normes juridiques positives comme tout le reste. C'est très précisément ce qu'il faut penser, tâcher de se représenter aussi clairement que possible : comment préserver l'autonomie du politique dans le cadre d'une constitution devenue "économique" et quelles limites (si ce terme a encore un sens) assigner à l'économique dans ce cadre-là ?
Insensiblement nous en venons à poser des questions qui dépassent le cadre "étatique", à dénationaliser le concept de constitution en d'autres termes, ce qui renvoie, insensiblement aussi, à la "question de l'Etat européen"[67].

Question immense mais qui peut être abordée semble-t-il (abordée mais non résolue) à l'aide de la grille de lecture qui vient d'être ébauchée. Où l'on retrouve la notion de droit fondamental, de part et d'autre de la "constitution" : comme ce qui la fonde et fonde du même coup l'ordre social dans on ensemble, mais aussi une limite, un mur invisible si l'on veut à nouveau utiliser cette expression, à la condition de considérer que le fondement en question – autrement dit les fondations – et le mur ne font qu'un. Ce qui n'est pas simple : pour se représenter pareille chose il faut théoriser un peu...

C'est assurément d'un "Etat" d'un type nouveau, radicalement, qu'il s'agit dans le cas de l'Europe, comme l'est encore à bien des

---

[66] Op. cit. p. 88.

[67] Allusion à l'ouvrage de JM Ferry : *La question de l'Etat européen,* Gallimard, 2000.

égards l'Allemagne d'aujourd'hui, et d'un Etat dans lequel les *libertés fondamentales* (ainsi nommées parce qu'elles fondent quelque chose à partir de presque rien), priment ou devraient primer sur la bureaucratie… Un Etat qui trouve *en lui-même* et dans le processus de sa construction la raison de son existence et dans lequel les libertés en question servent de caution et de garantie démocratique à ce processus de construction constituante. De là à penser que l'Allemagne revivrait (aurait déjà revécu ?) après les années de purgatoire, certaines des étapes de sa propre histoire – Weimar sans le nazisme ou la "fin de l'exception allemande"[68]…- fournissant à l'Europe (mal) intégrée un "modèle" alternatif au tout ou rien de l'étatisme centralisateur…

La démocratie européenne, si démocratie il y a est sans aucun doute du type "dualiste", selon la terminologie de B. Ackerman[69], en ce sens, voire pluraliste. C'est un "système" de législation "à deux voies", un système dans lequel les Cours et tribunaux – ici la Cour suprême – ont vocation à promouvoir les droits constitutionnels[70].

Le juriste de droit économique a donc intérêt à se rapprocher des analyses de ces constitutionnalistes, contemporains ou non, qui renonçant à toute approche formaliste réduisant le droit constitutionnel au droit de la constitution, préfèrent mettre l'accent sur la dynamique du droit qui se construit ou l'"acte constituant" selon l'expression proposée par O. Cayla et O. Beaud. C'est-à-dire sur l'opération par laquelle une société se donne à elle-même un sens, la loi de sa propre nature et l'opération par laquelle le droit se "constitue", précisément.

Ce sens ne précède pas toujours le "contenant" (le texte) , il ne le suit pas non plus, il fait corps avec lui d'autant plus que le texte en question, dépourvu par lui-même de toute "signification normative", de toute "force injonctive" (puisqu'il n'est qu'un texte…) a vocation à

---

68 Cf. H.A. Winkler : La fin de l'exception allemande, *Revue Esprit,* juin 2002, p. 142 et s.

69 Op. cit., p. 32 et s.

70 Ibid., p. 40.

devenir tout cela, dans l'acte d'énonciation auquel se livre l'interprète[71].

Qu'est-ce qu'une constitution, sinon l'acte d'énonciation par excellence ? Mais ce texte, comme tout énoncé, a une histoire. En l'occurrence, puisqu'il s'agit d'organiser le politique et la politique dans la cité, le sens dont il s'agit est déjà là, ou presque, il affleure dans la constitution qui d'ailleurs ne manque pas de signaux pouvant servir de guides à l'interprète ou aux acteurs[72].

Les droits fondamentaux sont au nombre de ces signaux. Si on les désigne ainsi c'est qu'on ne sait trop quel statut leur assigner entre droit subjectif (ce qu'ils sont un peu) et principes généraux du droit ou principes de "valeur" constitutionnelle. Ils sont tout cela à la fois mais ils sont aussi autre chose, comme l'a montré E. Picard : "une catégorie hors normes en ce qu'aucune d'elles ne les contient ni exclusivement ni entièrement"[73]. Autrement dit une catégorie historique, se faisant sous nos yeux, mais aussi fondatrice, ce qui en fait l'instrument d'un dépassement du droit positif par lui-même.

---

[71] O. Cayla : "La Constitution, le traité et la loi : contribution au débat sur la hiérarchie des normes", *Les Cahiers du Conseil constitutionnel*, 1999, n°7, 78.

[72] Il importe également de remarquer que cette (relative) démystification du mot constitution conduit à reconsidérer un certain nombre des controverses les plus récurrentes et les plus irritantes aussi sur la "valeur" de ces textes (constitution, traités) qui par définition en ont une, nécessairement, ou sur le "statut" des normes qui s'y trouvent énoncées - primauté ou non ; par elles-mêmes ces normes sont muettes, puisque le statut en question leur est conféré la plupart du temps par un juge - le juge constitutionnel dont c'est l'une des fonctions. L'acte constituant consiste en l'occurrence dans cette opération de classement "au coup par coup", s'il est vrai que, comme l'écrivaient récemment D. de Béchillon et Ph. Terneyre, si "les normes constitutionnelles et européennes ont le même contenu, mieux vaut raisonner d'abord et surtout au regard de ce contenu" (Le Conseil d'Etat et la Cour de Justice des Communautés européennes ; Nouvelle donne, *Pouvoirs* n° 123, 2007, p. 108). Mieux vaudrait dire aussi que le droit européen est le droit constitutionnel des Etats européens, ou une constitution économique en devenir.

[73] E. Picard : "L'émergence des droits fondamentaux...", op. cit, p. 25.

LES DEFIS DE LA DECENTRALISATION EN FRANCE

par

Jean TOUSCOZ
Professeur Emérite de Droit Public
Président Honoraire de l'Université de Nice - Sophia Antipolis

Le Président Sarkozy, dans sa politique de "rupture", a engagé une vaste réforme de l'Etat, au plan constitutionnel (commission Baladur), de l'administration centrale[1], des collectivités locales déconcentrées et décentralisées ; c'est à cette dernière question qu'est consacrée cette communication rédigée en témoignage d'amitié au Doyen Jean-Marie Rainaud.

Comme on le sait la France, en raison de sa configuration géographique et de son histoire est, de très loin, le pays le plus centralisé du monde.

Aussi la question de la décentralisation du pouvoir a-t-elle retenu l'attention de tous les gouvernements des Républiques successives, quelles qu'aient été leurs orientations politiques et de nombreuses réformes ont-elles été projetées ou entreprises pour mieux répartir les pouvoirs publics sur le territoire[2].

Pour s'en tenir à la période récente on constate que la décentralisation a été "renforcée" par deux séries de réformes : la

---

[1] Il s'agit de redessiner toute l'architecture des services de l'Etat en redéfinissant les périmètres, les missions et l'organisation de chaque ministère, le nombre des directions des administrations centrales devant être réduit, ces directions devant se recentrer sur des "activités stratégiques" ; cette réforme aura évidemment d'importantes conséquences sur les administrations déconcentrées.

[2] François Luchaire, Yves Luchaire, Le droit de la décentralisation, P.U.F., Collection Thémis, Paris, 1ère édition, 1983, 511 p.

première, au début des années 80, avec notamment le transfert aux élus locaux de pouvoirs détenus antérieurement par les Préfets et l'octroi aux Régions du statut de collectivités territoriales ; la deuxième, initiée en 2003, tend à clarifier les compétences des diverses collectivités locales (Communes, regroupements de communes, qui sont eux-mêmes de divers types, Départements, Régions) et à désigner des collectivités "chef de file" pour la réalisation de certains projets définis conjointement par plusieurs collectivités.

Une troisième série de réformes est en cours ; elle a été entreprise sous la présidence de Jacques Chirac et connaît une grande accélération sous la présidence de Nicolas Sarkozy (au moins au niveau des intentions qui ne sont pas, pour l'heure, concrétisées)[3].

Sans prétendre à l'exhaustivité sur un sujet d'une brûlante actualité, nous rappellerons brièvement la nature des défis de la décentralisation en France et les ripostes à ces défis, en présentant une analyse juridique qui mériterait d'être complétée par une réflexion politique que nous ne pourrons ici qu'évoquer.

I - LA NATURE DES DEFIS

Les compétences et les responsabilités des diverses collectivités locales, déconcentrées et décentralisées et celles du gouvernement lui-même, sont partagées et réparties de façon inextricable ; cet enchevêtrement des compétences a pour conséquence une absence de maîtrise globale des dépenses publiques.

---

[3] La décentralisation a fait récemment l'objet de nombreuses études émanant d'universitaires, d'associations d'élus, de groupes d'experts chargés de missions par les gouvernements sous les présidences Chirac et Sarkozy. La liste de ces rapports se trouve en annexe du rapport du groupe de travail présidé par Alain Lambert, constitué par le gouvernement, dans le cadre de la "Révision générale des dépenses publiques", intitulé "Les relations entre l'Etat et les collectivités locales" (Décembre 2007). Le Conseil Economique et Social a également rendu un avis sur ces questions le 12 décembre 2006. L'O.C.D.E. a publié, le 1er août 2007, un rapport élaboré par Stéphanie Jamet, intitulé "Faire face aux défis de la décentralisation en France" (document de travail du département des affaires économiques, n°571, avec une bibliographie).

A- L'enchevêtrement des compétences

L'enchevêtrement des compétences des collectivités locales et des administrations centrales est unanimement dénoncé.

Le rapport de l'O.C.D.E. précédemment cité fournit un tableau synthétique qui donne un aperçu de ce partage de responsabilités.

Différents niveaux d'administration	Régions	Départements	Communautés	Communes	Intervention de l'Etat
Développement économique					
"Coordination"	x				
Aide aux entreprises		x	x	x	x
Infrastructures					
Entretien de la voirie		x	x	x	
Propriété et gestion des routes nationales		x			
Ports de pêche	x	x	x	x	
Aérodromes		x	x	x	
"Schéma" des infrastructures et des transports	x				
Education					
Enseignement					x
Garderies, Crèches			x	x	
Ecoles primaires, bâtiment et équipement			x	x	
Collèges : patrimoine immobilier et personnels techniciens	x				
Université					x
Emploi insertion					
Formation professionnelle des adultes	x				
Gestion du revenu minimum d'insertion (RMI) et du revenu minimum d'activité (RMA)		x			
Logement					
Construction de logements sociaux		x	x	x	
Plans départementaux pour le logement des personnes défavorisées		x			
Foyers des personnes âgées			x	x	
Fonds de solidarité pour le logement (FSL)		x			
Aides aux personnes en difficulté					
Coordination des aides aux personnes en grande difficulté		x			
Fonds d'aide aux jeunes en difficulté (FAJ)		x			
Allocation personnalisée à l'autonomie (APA)		x			
Santé					
Financements d'équipements sanitaires	x		x	x	
Formations sociales et paramédicales	x				
Autres actions médico-sociales	x	x	x	x	
Environnement					
Assainissement		x	x	x	
Déchets			x	x	
Lutte contre les nuisances sonores			x	x	
Lutte contre la pollution de l'air			x	x	
Eau			x	x	
Schémas départementaux		x			
Culture tourisme					
Offices du tourisme		x	x	x	
Monuments historiques	x	x	x	x	x

Source : OCDE à partir des sites : http://www.assemblee-nationale.fr/index.asp, www.interieur.gouv.fr, http://www.senat.fr/themes/td1recents.html

Ce système "multicouches" (selon une expression du rapport de l'O.C.D.E.) est encore compliqué par la conclusion de contrats entre les collectivités locales par lesquels elles s'engagent conjointement à accomplir certaines missions et à en partager les financements.

La situation actuelle donne ainsi l'impression d'un véritable "bric à brac"[4] dans lequel les compétences de l'Etat et des collectivités locales s'entremêlent dans la plus grande confusion.

Cette situation est encore aggravée par l'inflation normative dans le domaine de la décentralisation ; cette "intempérance normative" selon une expression du Conseil d'Etat n'est pas propre à ce domaine[5] ; mais ces "contraintes normatives", dénoncées aussi par le rapport Lambert précité, sont ici particulièrement fortes ; les lois, les ordonnances, les décrets, les arrêtés, les circulaires s'amoncellent[6] et sont souvent modifiées, rendant la tâche de ceux qui doivent les appliquer très difficile.

Le rapport Lambert fournit en annexe quatre exemples détaillés de cet enchevêtrement de compétences dans les domaines de l'action médico-sociale, de l'insertion professionnelle, des formations sanitaires et sociales et de l'enseignement.

La "politique de la ville" est sans doute le domaine où ce phénomène revêt la plus grande acuité.

Rappelons que la "politique de la ville" provoquée par la dégradation des conditions de vie dans certains quartiers urbains (les "banlieues") a conduit l'Etat et les collectivités locales concernées,

---

[4] Encore aggravé par le recours à des sigles de plus en plus nombreux, qui rendent la lecture des documents administratifs très difficile pour les non initiés ; le rapport de la Cour des Comptes au Président de la République de février 2002 sur la politique de la ville contient un glossaire des sigles utilisés dans ce domaine, qui comporte plus de 70 sigles !

[5] Le Parlement a récemment entrepris d'abroger les lois redondantes, désuètes ou inadaptées.

[6] Auxquelles il faut ajouter les règles techniques de portée obligatoire, d'origine nationale ou communautaire, les sources professionnelles (principalement celles de l'Agence Française de Normalisation – A.F.N.O.R., les règlements techniques émanant par exemple des fédérations sportives ou d'organismes publics et para publics financeurs dans le domaine de l'environnement, etc.

depuis le début des années 80, à mener des actions destinées à traiter les causes et les effets de cette évolution. Depuis le comité interministériel du 9 Mars 2006, les "contrats de ville" sont remplacés par des "Contrats Urbains de Cohésion Sociale" (C.U.C.S.), mis en œuvre à partir du 1er Janvier 2007 et conclus pour une durée de trois ans, renouvelable une fois ; contrairement aux "contrats ville" ces contrats ne concernent qu'une seule commune (alors que les "contrats ville" pouvaient s'appliquer à plusieurs communes limitrophes) et leurs crédits ne peuvent être utilisés que pour des dépenses de fonctionnement (alors que les "contrats ville" comportaient aussi des crédits d'investissement), les crédits d'investissement étant désormais gérés par l'Agence Nationale de Rénovation urbaine (A.N.R.U.).

La "politique de la ville" recouvre une grande variété d'interventions relevant de plusieurs thématiques (urbanisme, aménagement urbain, action sociale, éducation, prévention de la délinquance, sécurité, développement économique, emploi, insertion professionnelle) s'appliquant à certaines zones géographiquement délimités par l'Etat (Zones Urbaines Sensibles – Z.U.S. ; Zones de Redynamisation Urbaine – Z.R.U. ; Zones Franches Urbaines – Z.F.U. ; Zones d'Aménagement concerté – Z.A.C.), qui d'ailleurs se superposent souvent ; bénéficiant à certains publics souvent mal définis "chômeurs, immigrés, personnes atteintes de certaines maladies – Sida, Alhzeimer), jeunes de 18 à 25 ans, personnes âgées, femmes seules avec enfants, etc…). Pour atteindre ces objectifs, des procédures spécifiques sont mises en œuvre mais il n'est pas toujours facile de les distinguer des procédures de "droit commun" qui s'appliquent aux interventions ordinaires de l'Etat et des collectivités locales.

L'exemple de la "politique de la ville" de la Commune de Nice est une parfaite illustration de cette situation. Le C.U.C.S. de Nice a été signé par l'Etat (au titre de l'Agence Nationale pour la Cohésion Sociale et l'Egalité des Chances – A.C.S.E.), la Région Provence-Alpes-Côte d'Azur (P.A.C.A.), le département des Alpes-Maritimes, la Communauté d'Agglomération Nice-Côte d'Azur (C.A.N.C.A.) et la Caisse d'Allocations Familiales des Alpes-Maritimes (C.A.F.).

Six secteurs sensibles sont définis dans la ville de Nice qui consistent en des Z.R.U., des Z.U.S., des Z.A.C., une Z.F.U. et un projet de Rénovation urbaine (P.R.U.), ces zones ne correspondant d'ailleurs pas aux huit "territoires" créés par la municipalité de Nice pour rapprocher l'administration des habitants.

Les "axes stratégiques" du C.U.C.S. de Nice sont l'habitat et le cadre de vie, l'accès à l'emploi et le développement économique, la réussite éducative, la santé, la citoyenneté et la prévention de la délinquance.

Dans chacune de ces thématiques sont mises en œuvre des mesures en faveur de l'"intégration", de la lutte contre les discriminations et pour l'égalité des chances.

Des "indicateurs de suivi" sont définis (par exemple : pour l'emploi, le taux de chômage des femmes et des jeunes de 18 à 25 ans, fourni par l'A.N.P.E. ; pour la précarité, le nombre d'allocataire dépendant de plus de 50% des minima sociaux, fournis par la C.A.F. ; pour la réussite éducative, le taux des jeunes de plus de 16 ans sortis du système scolaire sans qualification et le taux de fuite des scolarisés, fournis par l'éducation nationale ; pour l'habitat, la part du logement privé social, la prévision de production de logements locatifs sociaux, le nombre de demandeurs de logements locatifs sociaux et le nombre de logements réhabilités, fournis par la Direction départementale de l'Equipement – D.D.E.).

Le C.U.S. a pour ambition d'intégrer et de mettre en cohérence l'ensemble des dispositifs existant sur les territoires concernés (sachant que les moyens de droit commun devront être mobilisés prioritairement sur les quartiers relevant de la géographie prioritaire) contribuant à atteindre les objectifs fixés, quelle que soit leur échelle d'intervention : convention de rénovation urbaine, Plan local pour l'Insertion (P.L.I.E.), Projet de Réussite Educative (P.R.E.I.), Ecole ouverte, Contrat Local d'Accompagnement à la Scolarité (C.L.A.S.), contrat d'éducation artistique, illettrisme, réseau d'accès au droit, Contrat Local de Sécurité (C.L.S.), Ville Vie Vacances (V.V.V.), Contrat Temps Libre (C.T.L.), etc… Il faut d'ailleurs remarquer que ces divers instruments ne portent pas sur la même durée (allant de un an à vingt ans pour le Schéma de Cohérence Territoriale – S.C.O.T., par exemple).

Quant à la liste des organismes participant à la mise en œuvre du C.C.U.S., elle semble être interminable (leurs statuts et celui de leurs personnels étant d'ailleurs très variables). Par exemple, en ce qui concerne la politique éducative : le suivi individualisé, la commission départementale de l'assiduité scolaire, le Projet Personnalisé de

Réussite Educative (P.P.R.E.), le Réseau d'Aides Spécialisées aux Enfants en Difficulté (R.A.S.E.D.), les Classes d'Intégration Scolaire (C.L.I.S.), le Contrat Local d'Accompagnement à la Scolarité (C.L.A.S.), les classes relais, le Réseau Ambition Réussite (R.A.R.), la Protection Judiciaire de la Jeunesse (P.R.J.), la Protection Maternelle et Infantile (P.M.I.), la prévention spécialisée, la médiation familiale, les Programmes de Réussite Educative (P.R.E.) ; pour la lutte contre l'illettrisme : les dispositifs (enfants nouvellement arrivés en France) (E.N.A.F.), les Classes Français de Seconde (F.L.S.) ; les Cours de Rattrapage Intégrés (C.R.I.), la Mission générale d'Insertion (M.G.I.), le Centre Académique des nouveaux arrivants et des enfants du voyage (C.A.S.N.A.V.), l'Insertion, réinsertion, lutte contre l'illettrisme (L.R.I.L.L.) ; pour les activités éducatives hors temps scolaire : mise à la disposition gratuite d'infrastructures municipales culturelles et sportives ainsi que des personnels, Contrats Enfance Jeunesse (C.E.J.), Programme d'Animation Municipale (P.A.M.), action sportive municipale, etc… etc…

Il faut encore préciser que dans la Commune de Nice, 81 associations sont associées à ces dispositifs, étant financièrement aidées pour des montants importants et que plusieurs centaines d'autres (spécialisées par type d'activité ou par secteurs géographiques) bénéficient aussi d'aides de la Ville de Nice au titre du C.C.U.S.[7].

Il est inutile d'insister, au terme de cette brève présentation, sur la lourdeur de ces dispositifs, sur les difficultés de pilotage, sur les problèmes posés par l'évaluation, des actions, sur les gaspillages de temps et d'énergie des décideurs et des opérateurs et sur les obstacles rencontrés par la coordination de ces activités auxquels les bénéficiaires (et les contribuables) ne comprennent généralement rien.

L'évolution en cours qui consiste à renforcer les pouvoirs de la ville dans tous ces domaines, en lui conférant chaque fois que c'est possible le rôle de "chef de file" par projet et par thème d'intervention, doit être encouragée et accélérée ; on peut espérer que le "plan

---

[7] Sont également associées, quelquefois, selon les "particularités locales", les Caisses d'Allocations Familiales, les sociétés de transport en commun, les Universités, la Poste. De plus, l'Union Européenne est impliquée dans cette politique par les Fonds structurels et le Programme d'action et d'initiative communautaire "Urban".

banlieue" actuellement en discussion (qui doit être adopté en Février 2008) confirmera cette évolution.

En attendant cette évolution vers une meilleure "gouvernance" de la "politique de la ville", il ne faut pas s'étonner, comme le constate la Cour des Comptes dans la conclusion du rapport précité, que la crise des zones urbaines défavorisées ait tendance à s'étendre à de nouveaux sites et à s'aggraver.

De cet enchevêtrement résulte une absence de maîtrise globale des finances locales.

B- L'absence de maîtrise globale des finances locales

Cette absence de maîtrise globale des finances locales concerne les ressources et les dépenses.

1°) – Les ressources

Comme on le sait, les ressources des collectivités territoriales sont essentiellement constituées de ressources fiscales (50%), de dotations de l'Etat (35%), y compris les transferts de l'Etat pour compenser les exemptions d'impôts locaux décidées par l'Etat ; lorsqu'une compétence est transférée l'Etat doit, selon un principe constitutionnel, transférer aux collectivités territoriales les ressources qu'il y consacrait, soit en augmentant les ressources fiscales des collectivités, soit par des dotations[8] et des ressources propres (15%).

Rappelons que les impôts directs locaux (les "quatre vieilles") sont la taxe professionnelle (payée par les entreprises sur la base de la valeur des immobilisations, des équipements et de la valeur ajoutée), la taxe d'habitation (payée par les ménages et les entreprises pour les locaux à usage privatif), les taxes foncières bâties et non bâties (payées par les propriétaires de biens sur la base de leur valeur locative). Les collectivités territoriales fixent les taux des quatre impôts directs et, en ce qui concerne leur assiette, elles peuvent décider d'exonérer certaines catégories de contribuables de taxe

---

[8] Rapport O.C.D.E., précité.

foncière et de taxe professionnelle ou décider certains abattements de la taxe d'habitation.

Les collectivités territoriales perçoivent aussi des impôts indirects : droit de mutation à titre onéreux qui concernent les transactions immobilières et Taxe Intérieure sur les Produits Pétroliers – T.I.P.P. – sur lesquels les collectivités territoriales ont peu de prise[9].

Enfin, les collectivités territoriales perçoivent des transferts de l'Etat versés pour financer des services publics, pour financer les pertes de ressources provoquées par les exonérations d'impôts locaux décidées par l'Etat et pour réduire les inégalités de richesses et de charges des collectivités[10].

Ce système est bien évidemment complexe et manque de transparence ; il est difficile à maîtriser.

Il en va de même pour les dépenses des collectivités locales.

2°) – Les dépenses

Comme nous l'avons indiqué, l'Etat et les collectivités locales interviennent fréquemment dans des domaines communs ; l'Etat garde une responsabilité entière dans relativement peu de politiques (défense, politique extérieure, retraites par exemple) ; sa responsabilité est importante dans les domaines de la politique de l'emploi et de la santé (même si certains dispositifs en matière d'emploi, de formation professionnelle et de santé ont été décentralisés). Les responsabilités sont fortement partagées en ce qui concerne l'éducation et la gestion des établissements scolaires, du personnel y travaillant, du Revenu Minimum d'Insertion (R.M.I.) et de l'Allocation Personnalisée d'Autonomie (A.P.A.).

---

[9] Le produit de la taxe sur les mutations immobilières, qui profite surtout aux départements, a augmenté au cours des dernières années en raison du dynamisme du marché immobilier.

[10] Selon l'Association des maires de Communes de banlieues, qui représente 800 communes sur 36 000 (conférence de presse du 13 Novembre 2007), l'écart ne cesse de se creuser entre Communes riches et pauvres, en raison notamment de la baisse de la Dotation de Solidarité Urbaine (D.S.U.) ; de plus, le fonctionnement de la taxe professionnelle contribue à créer de la concurrence entre les communes pour attirer des entreprises.

Malgré les efforts de l'Etat pour maîtriser les dépenses publiques[11], celles-ci restent foisonnantes et empruntent de multiples canaux.

Le gouvernement actuel a fait appel à 26 équipes d'audit composées de fonctionnaires des corps d'inspection de l'administration, des finances et des affaires sociales et de cabinets privés – Roland Bergé-Deloite par exemple – pour "passer au crible" les 1000 milliards d'Euros de dépenses de l'Etat et les rendre plus "efficaces" (le nombre des fonctionnaires devant notamment être réduit mais leur rémunération accrue)[12]. Le 12 Décembre 2007 un Conseil des Ministres de "modernisation" s'est tenu pour faire un "point d'étape". Au printemps 2008, un deuxième Conseil de modernisation doit avoir lieu, qui préparera un budget pluriannuel pour les années 2009-2011.

Certes, les finances publiques locales restent saines en raison de la règle selon laquelle les collectivités territoriales doivent financer l'ensemble de leurs dépenses de fonctionnement par des recettes propres (fiscalité, transferts, produits d'exploitation) ; elles ne peuvent recourir à l'emprunt que par des investissements.

Mais, au total, depuis 1980, la somme des dépenses publiques a augmenté de 4 points du P.I.B.

Ainsi les dépenses publiques, et en particulier les dépenses locales, ne sont-elles par maîtrisées.

Pour répondre à ces dédits de la décentralisation et pour s'en tenir à l'actualité récente, des réformes ont été imaginées par les pouvoirs publics : elles donnent lieu à de vives controverses car la problématique de la décentralisation n'est pas uniquement, ni même principalement, juridique ou technique. Elle comporte d'importants enjeux politiques.

---

[11] Le poids de la dette publique de la France a triplé au cours des dernières années, alors que le pays, comme les autres membres de l'O.C.D.E., doit faire face à de nouvelles pressions budgétaires (vieillissement de la population, santé, retraites, etc…).

[12] "Nous sommes les champions de l'analyse et les rois de l'audit, mais l'évaluation effective de l'efficacité des politiques ou de l'utilité des institutions reste un vœu pieux" (Bernard SPITZ, La Croix, Mercredi 10 Octobre 2007).

II - LES RIPOSTES AUX DEFIS

Trois ripostes principales (au-delà des "réformettes" qui relèvent plus du" bricolage" réglementaire que d'une véritable réforme de "rupture" telle que semble le souhaiter le Président Sarkozy) sont en débat ; elles concernent respectivement la fiscalité locale, la "clause générale de compétence" et la "rupture institutionnelle".

A- Vers un "Grenelle" de la fiscalité locale

Réunies le 14 Novembre 2007, les trois principales fédérations d'élus locaux (l'Assemblée des Départements de France, l'Assemblée des Maires de France – A.M.F. et l'association des Régions de France – A.R.F.) ont, pour la première fois, élaboré un document commun souhaitant notamment une "spécialisation" des impôts locaux, afin que les contribuables identifient davantage "à qui va l'argent qu'ils versent". Elles veulent aussi que les prélèvements perçus par les collectivités locales soient en rapport avec leurs compétences.

En effet, les recettes de collectivités locales ont subi des réformes de structure qui ont réduit l'autonomie fiscale de ces collectivités. Le poids du produit des impôts dans leurs ressources n'a cessé de baisser alors que celui des transferts provenant de l'Etat (sur le volume desquels les collectivités n'ont pas de prise) s'est accru pour atteindre, comme nous l'avons dit, 35% en 2006.

Il faut de plus remarquer que les collectivités territoriales n'ayant pas à rendre compte aux citoyens de l'utilisation des transferts d'Etat, ces fonds ne servent pas toujours à financer les dépenses les plus utiles[13].

L'A.M.F., pour sa part, réunie lors de son 90ème congrès, du 20 au 22 Novembre 2007, a adopté une résolution générale proposant un "partenariat rénové" entre l'Etat et les collectivités locales ; selon l'A.M.F. la fiscalité directe locale, qui représente la part d'autonomie des collectivités territoriales, est "à bout de souffle, inéquitable, illisible et insuffisamment péréquative". La baisse des concours financiers de l'Etat exige un nouvel équilibre entre fiscalité locale et

---

[13] O.C.D.E., précité.

fiscalité de l'Etat. Il faut donc "refonder le partenariat entre l'Etat et les collectivités locales sur des bases nouvelles, les Maires ne pouvant accepter qu'on les rende responsables des déficits publics, alors qu'ils sont dans l'obligation de voter des budgets en équilibre, qu'une grande partie des dépenses leurs sont contraintes et que la dette de l'ensemble des collectivités représente moins de 10% de la dette publique et ne finance que des investissements, lesquels représentent plus de 72% de l'investissement public total". L'Etat devrait, selon l'A.M.F., limiter les dépenses qu'il impose aux collectivités locales, directement ou indirectement, à travers des mesures et des politiques nationales ou par l'intermédiaire de normes de plus en plus contraignantes.

Les maires proposent donc de mettre en œuvre une réforme d'ensemble de la fiscalité directe locale, qui pourrait donner lieu à un "Grenelle" de la fiscalité locale, idée que le gouvernement semble avoir retenu[14].

B- Vers une réforme de la "clause générale de compétence"

La Constitution institue l'autonomie financière des collectivités territoriales en matière de recettes et de dépenses ; elles sont en principe libres d'utiliser leurs recettes comme elles le souhaitent et il n'y a pas de hiérarchie d'autorité entre elles[15].

---

[14] Selon l'A.M.F., le lieu de dialogue pour préparer ce "Grenelle" existe : c'est la Conférence Nationale des Exécutifs (C.N.E.), lieu de concertation au plus haut niveau du gouvernement et des exécutifs des collectivités locales, installée par François Fillon, lors d'une réunion à l'hôtel Matignon, le 4 Octobre 2007. La C.N.E. est présidée par le Premier Ministre ; plusieurs ministres en font partie ; les présidents des trois grandes associations de collectivités locales en sont vice-présidents ; le président du comité des finances locales et le président du conseil supérieur de la fonction publique y siègent également. La C.N.E. se réunira trois fois par an à l'initiative de son président ou à la demande conjointe des trois vice-présidents. Elle permettra d'associer les collectivités locales à l'élaboration des normes qui les concernent (en s'appuyant notamment sur le Comité des Finances Locales – C.F.L. – et sur la Commission Consultative d'Evaluation des Normes – C.C.E.N. – qui devra être créée en Septembre 2008) ; elle aura aussi pour mission de préparer la réforme de la fiscalité locale.

[15] O.C.D.E., précité.

A ce principe s'ajoute celui de la "clause générale de compétence", selon lequel les collectivités peuvent intervenir librement dans "tous les domaines d'intérêt local qui les concernent" ; elles ne doivent pas empiéter sur les compétences de l'Etat ni sur celles d'autres collectivités.

En pratique, les domaines de compétences des diverses collectivités étant mal définis, la répartition des compétences est complexe ; les diverses collectivités interviennent souvent dans des domaines communs, comme le montre le tableau reproduit ci-dessus ; aussi, l'Etat a-t-il développé une politique de contractualisation avec les différentes collectivités locales, en ayant quelquefois recours, pour mettre de l'ordre dans cette politique contractuelle, à des "schémas régionaux" et à des "collectivités chef de file" pour certains projets.

Pour clarifier cette situation, plusieurs suggestions ont été faites : limiter à une personne publique les concours à une collectivité intervenant direct (par exemple une Commune ne pourrait être subventionnée que par le Département ou par la Région, jamais par les deux) ; obliger le maître d'ouvrage à financer au moins 50% du projet selon le principe "qui décide paye"[16].

L'Association des Départements de France, quant à elle, exprime son attachement à la clause de compétence générale pour les départements.

Mais cette opinion est minoritaire, et celle qui prévaut actuellement, est celle exprimée avec force par l'A.M.F. lors de son dernier congrès, qui insiste sur le maintien de la clause générale de compétence des communes, les communautés qui en procèdent devant conserver leur statut d'établissement public, tandis que les départements et les régions n'auraient que des compétences limitativement énumérées. On pourrait reprendre à ce sujet l'expression employée dès 1883 par Mazère, rapporteur à la chambre des députés, selon lequel : "le droit absolu de délibérer sur les affaires communales est la règle ; nous ne faisons l'énumération des affaires dont les conseils peuvent avoir à s'occuper que pour les exceptions, c'est-à-dire pour les cas où l'autorisation préfectorale est exigée".

---

[16] Rapport d'information de Michel Piron (n° 2881, déposé en application de l'article 145 du règlement de la Commission des Lois constitutionnelles, de la législation et de l'administration générale de la République, sur "l'équilibre territorial des pouvoirs". 21 Février 2006.

Cette opinion devrait s'imposer car les communes, surtout dans les villes importantes, sont à l'évidence, en raison de leur proximité avec les citoyens, les collectivités les plus aptes à jouer le rôle de "chef de file" de projets, auxquels peuvent être associés les départements, les regroupements de Communes et les Régions, ce qui implique que les Communes se voient reconnaître une "compétence générale". Il semble d'ailleurs que cette solution a la faveur du gouvernement[17].

Ainsi s'esquisse une "rupture institutionnelle", retardée depuis longtemps, qui pourrait s'inscrire dans la politique de rupture voulue par le Président Sarkozy.

C- Vers une "rupture" institutionnelle

Lors de la création des Régions, la question de la suppression des départements avait déjà été évoquée ; ceux-ci constituent en effet des circonscriptions archaïques délimitées à l'origine pour permettre de se rendre d'un point quelconque du Département au chef lieu et de rentrer chez soi, à cheval ou en calèche, dans la journée.

Depuis la construction européenne, il est évident que les départements français sont ridiculement petits par rapport aux Landers allemands, aux Provinces italiennes, aux "Autonomies" espagnoles, etc… Les Régions françaises peuvent se faire entendre à Bruxelles, les départements ne le peuvent pas.

Les français étant à juste titre très attachés à leurs communes (dont le nombre est sans doute excessif, mais qui peuvent se regrouper sans suppressions), le Département apparaît comme un échelon inutile dans la "pyramide" des collectivités locales et la question de sa suppression se pose inévitablement.

Le rapport de la commission présidée par Jacques Attali, constituée à la demande du Président de la République, pour faire des suggestions en matière de croissance, a préparé un rapport intitulé "300 décisions pour changer la France", qui propre 314 réformes

---

[17] Rapport de Pierre Richard : "Solidarité et performance ; les enjeux de la maîtrise des dépenses locales", rédigé à l demande du ministre délégué au budget et du ministre délégué aux collectivités territoriales (Décembre 2006).

parmi lesquelles figure, en bonne place, la "disparition progressive des départements"[18].

Cette proposition suscite de vives polémiques, dès avant sa publication. Elle est, en effet, d'une grande importance et elle s'analyse en une véritable réforme "constitutionnelle" (au sens matériel du terme) car elle bouleverserait, si elle était adoptée, les structures administratives de la France.

C'est une véritable "stratégie" de l'Etat qui serait ainsi mise en œuvre ; aboutira-t-elle à satisfaire le souhait exprimé par Gérard Timsit[19] selon lequel : "(les mécanismes publics) doivent, pour retourner à leur mission et l'assurer effectivement (autrement que par les solutions éculées de plus d'Etat et de plus de marché) intégrer pleinement le phénomène de la "diffraction du pouvoir" dans l'ensemble de la société, à la fois le fait objectif et patent de la dispersion du pouvoir, mais aussi la nécessité politique d'en tirer les conséquences et donc d'en partager l'exercice non seulement entre tous ceux qui, dans la société, en détiennent une parcelle, qu'ils appartiennent au secteur public ou au secteur privé, mais aussi avec tous ceux sur lesquels s'exerce ce pouvoir dispersé : endogénéisation du pouvoir…, inversion des caractères de la réglementation classique : l'endogénéité, la diversité, la mutabilité, sont les caractères de la régulation de l'Etat stratège, qui se donnerait ainsi, de surcroît, les moyens d'accéder à la qualité d'Etat social… ce qui est un autre chantier à ouvrir".

La réforme de l'administration territoriale et en particulier le projet de disparition du Département poursuit-elle cet objectif et peut-elle l'atteindre ? Rien n'est moins sûr en raison des obstacles politiques auxquels se heurte une telle réforme.

20 conseils régionaux sur 22 sont actuellement socialistes en France ; certes les régions ne s'efforcent pas d'exercer un contre-pouvoir, car elles n'agissent que dans les domaines de leurs compétences, mais "elles présentent une double vitrine de la France, montrant ce que la gauche sait faire et ce que la décentralisation peut

---

[18] Cf. ce rapport doit être rendu public au cours de la semaine du 21 Janvier 2008.

[19] Cf. Gérard Timsit : "L'Etat stratège ; logiques, structures, décisions" in Droit international et coopération internationale" "*Joannis-Andrae Touscoz amicorum discipulorumque opus*", Hommage à Jean-André Touscoz, Nice, 2007. France Europe Editions, 1339 pages et ici p. 294 à 306.

faire"[20]. Est-ce bien le moment, pour le Président de la République, le Gouvernement et le Parlement, d'accroître les pouvoirs des Régions au détriment de ceux des Départements ?

Quant aux Communes, au second tour des présidentielles, Ségolène Royal a été majoritaire dans 28 villes de plus de 100 000 habitants sur 49. Est-il politiquement opportun, pour la majorité actuelle, de renforcer les pouvoirs des communes ?

De plus, toute réforme de la décentralisation est freinée par le cumul des mandats qui permet aux conseillers généraux qui siègent au Parlement de s'y opposer. Mais il est vrai qu'une réforme du "statut des élus" est envisagée par le Président de la République…

En tous cas la réforme de la décentralisation et la suppression des départements exigent que trois conditions soient réunies : une ferme volonté politique (que le Président Sarkozy s'efforce d'incarner), la capacité de convaincre qu'il s'agit d'améliorer le fonctionnement des pouvoirs et des services publics et non de limiter leurs domaines d'intervention (et la pédagogie demande du temps, or le Président veut aller vite, très vite même) et un sens aigu de la négociation (dont le gouvernement actuel n'a pas toujours fait preuve jusqu'ici[21]) ; aussi n'est-il pas certain que la réforme ait lieu dans des délais très brefs.

Mais quels que soient les aléas de la conjoncture politique, on peut s'attendre à ce qu'une réforme de la décentralisation en France soit engagée et à ce qu'elle conduise à l'effacement ou à la disparition progressive des Départements ; ainsi "l'exception administrative française" caractérisée par une excessive centralisation et un enchevêtrement des compétences des collectivités locales prendrait-elle fin, l'appareil administratif français serait modernisé, rendu plus efficace et mis en harmonie avec ceux des pays membres de l'Union Européenne. Il est donc souhaitable que cette réforme intervienne dans les meilleurs délais.

Février 2008

---

[20] Selon l'expression d'Alain Rousset, député P.S. de Gironde, Président de la Région d'Aquitaine.

[21] Claire Guéland "La France s'engage dans une ambitieuse réforme de l'Etat", Le Monde, 12 Décembre 2007

L'ISLAMISME, LE NEO-FONDAMENTALISME ET LA DEMOCRATIE : INCOMPATIBILITE OU COMPROMIS ?

par

Christian VALLAR
Professeur agrégé de Droit Public
à l'Université de Nice - Sophia Antipolis

"*La démocratie est une nouvelle religion... Il s'agit bien d'une nouvelle religion qui repose sur la déification du peuple et qui lui confère le droit de Dieu... Cela revient à associer des idoles à Dieu et à tomber dans l'impiété... La souveraineté en Islam n'appartient qu'à Dieu, alors que dans la démocratie elle est au peuple*".

(Ayman Al Zawahiri)[1].

"*...Nous sommes représentés au Parlement... Et nous nous sommes engagés pour un renforcement des institutions de l'État... Face au choix entre Etat ou chaos, nous plaidons clairement pour l'Etat*".

(Hassan Nasrallah)[2].

---

[1] Cité in G. Kepel, Al Qaïda dans le texte, PUF, 2005, p.26.

[2] Entretien avec Hassan Nasrallah, Confluences Méditerranée, printemps 2004, p.295.

Ces deux déclarations, émanant pour l'une du numéro deux d'Al Qaïda, et pour l'autre du secrétaire général du Hezbollah libanais, sont à l'évidence en contradiction. Et pourtant ces deux hommes sont considérés par beaucoup comme des représentants de premier plan de ce qu'il est convenu d'appeler l'"islamisme".

À ce stade une définition de la terminologie utilisée s'impose. Le premier, Bruno Étienne a défini l'islamisme en tant qu'islam politiquement radical, presque révolutionnaire, conçu comme une idéologie mêlant inextricablement les dimensions religieuses, sociales et politiques[3]. C'est aussi l'approche d'Olivier Roy qui appelle islamistes "*les mouvements qui voient dans l'islam une idéologie politique et qui considèrent que l'islamisation de la société passe par l'instauration d'un État islamique, et pas seulement par la mise en oeuvre de la charia... Le politique et l'État sont bien au coeur de la pensée... parce qu'ils pensent que la tradition n'a pas tiré les conséquences de cette affirmation de l'inséparabilité entre religion et politique*"[4].

Ils sont apparus dans les années 1970 et 1980, et l'on peut compter parmi eux la révolution islamique en Iran, les différentes branches du mouvement des Frères musulmans, le Hezbollah au Liban, le Hamas en Palestine, le Front islamique national au Soudan ou encore le Front islamique du salut en Algérie.

Cet islam politique ayant échoué pour des raisons complexes liées aux logiques politiques et nationales, à la sécularisation et à la corruption, a été "dépassé" par le néo-fondamentalisme qui a repris la tradition militante anti- occidentale, et qui se caractérise par sa déterritorialisation et son acculturation, en faisant un mouvement parfaitement adapté à la globalisation[5]. Sous sa forme violente il est qualifié de jihadiste, car prônant la guerre contre les infidèles et les apostats, adjectif accolé au terme de salafiste, de "salaf", "prédécesseurs", "ancêtres", vocable attribué en particulier aux

---

[3] B. Etienne, L'islamisme radical, Hachette, 1987.

[4] O. Roy, L'islam mondialisé, Seuil, 2002, p.29.

[5] O. Roy, Le croissant et le chaos, Hachette, 2007, p.72 s.

compagnons et disciples immédiats du prophète Mohamed[6]. Il faut cependant préciser que tout salafisme n'est pas violent par essence, et peut se caractériser par une attitude de repli communautaire, encore le Front islamique du salut en Algérie[7].

L'illustration la plus tristement célèbre de cette mouvance est bien entendu Al Qaïda[8], mais au-delà de ce sigle hautement emblématique il existe un véritable "global jihad" diffusant sur de nombreux sites internet la conception d'un radicalisme islamique intransigeant[9].

Les deux courants sont en désaccord sur leur approche de la démocratie, entendue au sens occidental. Le néo-fondamentalisme la conteste radicalement au nom de la souveraineté divine et profère l'anathème à son encontre (I), alors que l'islamisme, sans pour autant remettre en question les fondements sacrés de toute souveraineté authentique, opte pour le choix pragmatique de la démocratie (II).

I - LE NEO-FONDAMENTALISME : L'ANATHEME PRONONCE CONTRE LA DEMOCRATIE

En tant que "nouvelle religion" la démocratie est frappée d'impiété (A). La condamnation du Hamas pour sa compromission en est une illustration (B).

A- L'impiété de la démocratie, "nouvelle religion"

"*Par principe, les islamistes sont opposés à la démocratie occidentale parce qu'elle définit la souveraineté comme venant du peuple... Pour eux, en effet, la souveraineté ne peut venir que de Dieu*

6 X. Raufer edit., Atlas de l'Islam radical, CNRS éditions, 2007, p.30.

7 V.G. Kepel, Jihad, ascension et déclin de l'islamisme,Gallimard, 2000 ; O. Roy, Généalogie de l'islamisme, Hachette, 1995.

8 R. Gunaratna, Al Qaïda : au cœur du premier réseau terroriste mondial, Hurst, Londres, 2002

9 V. les analyses de PRISM : www.e-prism.org.

et non des hommes, même de la majorité d'entre eux ... leur combat n'est pas celui de la démocratie contre la dictature, mais du droit (divin) contre l'arbitraire humain"[10].

Cette conception est restée *ne varietur* celle des salafistes dihadistes. Un de leurs illustres prédécesseurs, Saïd Qotb, frère musulman égyptien, inspirateur patenté des mouvements sunnites extrémistes, considérait ainsi que l'objectif prioritaire était l'instauration de la souveraineté de Dieu avant même la mise en oeuvre de la charia. C'est pourquoi la seule voie offerte est celle du Jihad et donc celle de la violence politique et de la lutte contre des régimes politiques impies, ces thèmes étant développés entre autres dans les ouvrages "Signes de piste" et "A l'ombre du coran"[11].

C'est Ayman Al Zawahiri, idéologue d'Al Qaïda et second de Ben Laden, qui est un des meilleurs théoriciens à ce sujet .Dans un texte publié sur un site internet djihadiste, il met en cause le cheikh Ben Baz, alors grand mufti d'Arabie saoudite, pour avoir autorisé par une fatwa[12] l'entrée au parlement saoudien[13]. Il y explique qu'avec la colonisation la loi révélée musulmane a été mise à l'écart au profit des "lois positives" et que, par la suite, les gouvernements prétendument musulmans ont continué à s'appuyer sur ces textes, qui ont permis de répandre la corruption dans les terres d'islam. Ces gouvernants sont donc des apostats infidèles qu'il faut combattre car ils pratiquent ce qui a provoqué la révélation à savoir "*l'abandon du gouvernement selon la loi révélée et la création de nouveaux pouvoirs qu'ils imposent à tous les hommes*".

Or la démocratie est une nouvelle religion, car la législation ne peut venir que de Dieu, par conséquent il s'agit bien de la qualification du peuple, qui lui confère le droit de Dieu et ses attributs, et qui revient donc à associer des idoles à Dieu et établir l'impiété. Pour lui ceux qui détiennent le pouvoir sont là pour faire passer le message de Dieu mais pas pour participer à sa divinité, car sinon ils se prennent

[10] O. Roy, Généalogie de l'islamisme, op.cit., p. 43.

[11] S. Qotb, Signes de piste, Dar al Shuruq, Le Caire, 1981.

[12] Avis juridique autorisé.

[13] In G. Kepel, Al Qaïda dans le texte, op.cit., p. 263 s.

comme des "*seigneurs à la place de Dieu*". La première caractéristique divine c'est en effet le droit d'être adoré par les hommes, le droit d'établir des règles, des doctrines, des lois et des règlements.

Ainsi la démocratie repose-t-elle sur le principe du pouvoir des créatures sur les créatures et refuse le pouvoir de Dieu sur les créatures. La république tirant sa légitimité des masses et non du jugement de Dieu est donc une manifestation d'impiété. Pire encore Zawahiri relève que dans certains pays (probablement le Pakistan) on est allé jusqu'à consulter le peuple, lui demander son avis sur l'application de la loi révélée, ce qui montre bien qu'en démocratie le gouvernement et le peuple ont le choix de juger ce qu'a révélé Dieu ! C'est pourquoi il est impossible "*pour quiconque refuse la démocratie idolâtre d'entrer dans ce conseil*".

Eu égard à cette conception bien arrêtée de la démocratie, il n'est guère surprenant que le mouvement Hamas se soit vu reprocher avec véhémence sa "compromission" dans le jeu démocratique.

B- La condamnation de la "compromission" du Hamas

Le Hamas est, à sa création, la branche palestinienne des Frères musulmans[14]. Présents dès la création de l'Etat d'Israël en 1948, ceux-ci se satisfont pendant des années d'une action caritative importante, bénéficiant même de la bienveillance des autorités de l'Etat hébreu qui les perçoit en tant que contrepoids à l'OLP.

Le Hamas résulte d'une scission survenue en 1987, lors de la première "intifada" : son chef spirituel et fondateur, le cheikh Ahmed Yassine, prône la confrontation armée avec Israël. Son mouvement se lance alors dans les "opérations-martyres", c'est-à-dire les attentats suicides, à partir de 1993[15]. Ceux-ci bénéficient de l'appui de sommités de premier plan, au premier rang desquels le cheikh Tantaoui, Recteur de l'Université Al Azhar du Caire, dont le magistère

---

[14] A. Signoles, Le Hamas au pouvoir, Milan actu, 2006.
[15] V.G. Kepel, Terreur et Martyre, Flammarion, 2008, p. 98 s.

est largement reconnu dans le monde sunnite, ainsi que du cheikh Qardawi, d'origine égyptienne et installé au Qatar, et référence d'un certain nombre d'organisations musulmanes en Europe. Pour eux, il ne s'agit pas là de suicide, lequel est condamné par l'islam, mais de "*martyr qui donnait son sang et son âme sur la voie d'Allah*" dans le cadre du Jihad. C'est donc un "*terrorisme légitime*" ou encore une arme nouvelle que le destin a mise entre les mains des déshérités[16].

En parallèle, le Hamas rejette les institutions politiques issues du processus de paix lié aux accords d'Oslo au motif que les compétences conférées au président de l'autorité palestinienne et au conseil de l'autonomie sont insuffisantes, ce qui frappe ces institutions du sceau de l'inefficacité. De plus ces élections sont un moyen de cautionner l'accord de 1993 qu'il rejette, c'est pourquoi consigne est donnée de ne pas y participer.

Cette prise de position adoptée en 1996 est réitérée en 2005, lors de l'élection à la présidence de l'autorité palestinienne de Mahmoud Abbas, succédant à Yasser Arafat. Mais cette même année l'attitude du Hamas change totalement, en ce qu'il accepte de participer aux élections municipales. Le résultat en est la victoire du mouvement radical, qui est le grand vainqueur de la consultation. Sa participation aux élections législatives de 2006 confirme son succès puisqu'il obtient alors 56% des suffrages et la majorité absolue des sièges au conseil de l'autonomie[17]. Sa plate-forme électorale est beaucoup plus apparue comme celle d'un mouvement nationaliste que celle d'un groupement jihadiste en accordant une grande place à la thématique du changement et de la réforme : "*le changement et la réforme tendent à l'édification d'une société civile palestinienne évoluée, fondée sur le pluralisme politique et l'alternance au pouvoir*"[18]. Elle révèle un indéniable pragmatisme politique, même si elle le projet d'islamisation de la société est bien présent[19].

---

[16] Idem, p.108-109.

[17] A. Signoles, op.cit., p.73-80.

[18] K. Hroub, Le Hamas, Demopolis, 2008, p. 193.

[19] Idem, p.194 s.

Aux yeux des salafistes djihadistes, ce succès du Hamas a immédiatement posé un problème. En effet, le Hamas dont la méthode d'attentats avait servi de modèle aux "sacrifices" des attentats-suicides, et qui par ailleurs conduit la lutte contre l'ennemi sioniste, avait ainsi accepté de jouer le jeu démocratique. Cette démocratie hérétique, en outre partie intégrale de la nouvelle croisade et la conspiration historique contre le monde musulman, se trouve cautionnée par un mouvement emblématique de la lutte islamiste ! Juste avant le déroulement des élections législatives en Palestine une liste de 102 "théoriciens" du jihad global farouchement opposés au processus électoral dans la monde musulman est mise en ligne sur le forum Al Hesbah[20] afin, bien sûr, de dissuader le Hamas de participer à celui-ci[21].

Peu après le vote sur ce même site le Koweitien Hamed Al Ali explique que le Hamas s'est mis dans une situation impossible, en contradiction avec ses louables positions intransigeantes du fait de son rôle de premier plan dans le système politique, autrement dit il est tombé dans le piège qui attend tout mouvement islamique qui rejoint le "*sentier de la démocratie*".

Des internautes moins illustres reprochent au Hamas d'isoler la cause palestinienne de celle de l'ensemble de l'oumma, donc de faire montre de plus de nationalisme que de solidarité islamique.

Probablement en réaction un site jihadiste salafiste palestinien s'est ouvert (Al Ommh.net), dédié à la propagation des thèmes de cette mouvance parmi le public palestinien[22]. Il serait même question de l'existence d'un groupuscule lié à Al Qaïda dans la bande de Gaza[23].

---

[20] R. Paz, The islamic debate over democracy : Jihadi-Salafi responses to hamas victory in the Palestinian elections, PRISM occasional papers, vol.4 (2006), n° 1, www.e-prism.org.

[21] Ibidem.

[22] Ibidem

[23] R. Paz, Hamas vs. Al qaeda, PRISM occasional papers, vol.2 (2004), n° 3, www.e-prism.org.

Ces éléments plaident en faveur de ceux qui considèrent que : "*Fins, moyens, champs de bataille : les différences entre les deux mouvements sont considérables... C'est pour cette raison que le Hamas tient absolument à garder ses distances avec Al-Qaîda*"[24].

Comme d'autres expressions de l'islamisme, le mouvement palestinien a fait le choix pragmatique de la démocratie.

II - L'ISLAMISME : LE CHOIX PRAGMATIQUE DE LA DEMOCRATIE

Sans renier ses fondements doctrinaux (A), l'islamisme a opté pour l'adaptation aux systèmes démocratiques (B).

A- Le maintien des fondements doctrinaux

Les islamistes ne se sont pas subitement convertis aux concepts de souveraineté populaire et de "pouvoir vide"[25] de toute présence divine.

"*Tu fais croire à toi-même et à ceux qui s'aveuglent que tu es le souverain inébranlable, alors que tu n'es, par Allah, qu'un faible dont le sort est déjà décidé*"[26] : ainsi s'exprimait en 1974 dans une épître à Hassan II, le cheikh Abdessalam Yassine, chef de Justice et Bienfaisance, le plus puissant mouvement islamiste du royaume chérifien[27].

Clamant haut et fort sa volonté de construire un Etat islamique authentique, le mouvement est en conflit ouvert avec la monarchie marocaine : "*Dans l'islam, qui est le fruit des religions précédentes,*

---

[24] K. Hroub, op.cit., p.142.

[25] L. Addi, L'Islam politique et la démocratie, le cas algérien, in Herodote, n° 77, 2ème trimestre 1995, p. 75.

[26] Cité in N. Beau et C. Graciet, Quand le Maroc sera islamiste, La Découverte, 2006, p. 42.

[27] Idem, p. 41-73.

on retrouve cette union de l'Etat et de la spiritualité... Leur séparation est une déviation"[28].

Olivier Roy relève que le rétablissement de la souveraineté de Dieu sur la société des hommes, retombée dans la djahilliya (c'est-à-dire l'ignorance anté islamique), est un impératif pour tous les islamistes. Une fois le daoula (l'Etat islamique) instauré "*la justice sociale régnera et ... le peuple reconnaîtra la souveraineté divine sans qu'il soit besoin de mettre en place des institutions politiques lourdes*"[29]. Cet optimisme, peut-être excessif, révèle en tout cas que l'objectif ultime subsiste *ne varietur.*

Ainsi le site islamiste français *Aslim-taslam*, qui se présente lui-même comme vitrine de l'association culturelle éducative islamique déclare-t-il sans ambages que : "*L'Unicité, le Message et le califat ... sont les trois fondements qui soutiennent la structure de l'organisation politique dans l'Islam... Dieu seul mérite le pouvoir... Le Coran ...et la Sunna ...représentent la constitution fondamentale, le noyau de l'Etat... En Islam les rênes du pouvoir sont détenues par Dieu, les lois sont déjà votées car la législation est de source divine*"[30]. Il rejoint par là les propos d'Hani Ramadan, animateur du Centre islamique de Genève et frère du très médiatique Tariq Ramadan[31], pour lequel "*l'islam est religion et Etat, foi et loi ... (il) comprend dans son système les principes d'un gouvernement*"[32].

L'islam politique "trouve ses sources, son langage et son vocabulaire dans la référence au Coran et à la tradition (hadith) du Prophète... Si les idéaux démocratiques trouvent un écho grandissant chez de nombreux penseurs islamistes, ceux-ci ne prônent pas pour autant une adhésion inconditionnelle aux systèmes occidentaux"[33].

---

[28] Ibidem, p. 57.

[29] O. Roy, Généalogie de..., op.cit., p. 45.

[30] J.H. Kaltenbach, M. Tribalat, La République et l'islam, Gallimard, 2002, p. 270 et 278.

[31] L. Farrot, Tariq Ramadan dévoilé, Lyon mag hors série, 2004.

[32] Cité in Kaltenbach et Tribalat, op.cit., p. 277.

[33] P. Buresi, Géo-histoire de l'Islam, Belinsup, 2005, p. 287.

B- L'adaptation aux systèmes démocratiques

L'analyse de quelques exemples caractéristiques démontre le pragmatisme des islamistes face au choix démocratique, aussi bien au Magrheb qu'au Machrek ou en Europe.

Le Maroc est hautement emblématique : royaume islamique dirigé par un commandeur des croyants, qui plus est descendant du prophète, il est néanmoins parcouru par de forts courants islamistes. Le plus critique, Justice et bienfaisance, malgré ses critiques virulentes de la monarchie, agit dans le cadre légal. Le cheikh Yacine prône l'application d'un code de conduite en rupture avec le corpus idéologique islamiste des années quatre-vingt de Sayyid Qotb, Al Maoudoudi ou Hassan al Banna (fondateur des Frères musulmans), code prohibant la violence, l'activisme clandestin et acceptant le principe d'une démocratie interprétée à sa façon[34].

"*Nous n'avons pas de conflit avec la démocratie, une fois qu'on aura assimilé ses fondements et les points de rencontre qu'elle pourrait avoir avec l'islam. Une notion qui signifie le pouvoir du peuple, le choix du peuple ... c'est ce que nous demandons et n'accepterons rien en échange, tout en étant sûr que le peuple musulman ne choisira que le gouvernement de la parole de Dieu, c'est à dire le gouvernement islamique*"[35]. Ainsi s'exprime le cheikh Yacine en 1994 dans un ouvrage intitulé ironiquement "*Dialogue avec ces messieurs les bons démocrates*". C'est pourquoi l'arme ultime envisagée est la qaouna, la désobéissance civile de tout le peuple devenu conscient[36].

Un second courant est beaucoup plus conciliant avec le Makhzen (l'administration royale) : le parti de la Justice et du développement, issu en droite ligne d'une association islamique créée en 1981, elle-même émanant d'un mouvement de jeunesse islamique

---

[34] M. Tozy, Monarchie et islam au Maroc, Presses de Sciences Politiques, 1999, p. 215 s.

[35] Idem, p. 223.

[36] Beau, Graciet, op.cit., p. 50 s.

activiste. Après sa fusion avec le mouvement populaire démocratique et constitutionnel, favorisée en 1996 par le Palais, le mouvement devient, en 1998, le parti de la Justice et du développement. La politique adoptée est celle d'intégrer le système de façon à le changer de l'intérieur.

"*Nous sommes passés d'un projet de changement par le haut visant à fonder un État islamique exemplaire avec tout ce qui découle au niveau pratique de cette option (clandestinité, refus de participation), influencée par la "littérature de l'épreuve" d'Orient à la mise en place d'une nouvelle mentalité, positive dans sa relation à la réalité. Nous nous sommes rendus compte que le problème au Maroc n'est pas de construire un État islamique. L'État est constitutionnellement et doctrinalement constitué et il n'y a aucune discussion sur la légitimité de la présence de la religion dans la société et la constitution... Nous sommes pour toutes les formes de participation politique si cette participation sert les intérêts de la communauté... Le mouvement est capable... de contribuer de façon efficace et concrète à la vie politique*". Ainsi s'exprime en 1992 un des responsables[37].

Annoncé comme victorieux aux législatives de fin 2007[38], le PJD n'a pourtant pas *obtenu* le score que les observateurs lui prédisaient. Il constitue néanmoins une force politique majeure du royaume chérifien, dont les militants "semblent… avoir réussi leur intégration sociale et avoir imposé la sensibilité islamiste dans plusieurs aspects de la vie publique et privée. Les oulémas traditionnels et les hommes politiques tiennent de plus en compte du discours et du comportement de ces nouveaux acteurs"[39]. Les États-Unis ne s'y sont d'ailleurs pas trompés, puisque le Centre d'études sur l'islam et la démocratie, un think tank créé par Washington dans le cadre de sa politique d'influence, a attribué à Saad Othmani, le

---

[37] M. Tozy, op.cit., p. 244-245.

[38] J.M. Salgon, Islam et milieux d'affaires au Maghreb : le cas du Maroc, La Lettre sentinel, n° 37, mai 2006, p. 16.

[39] M. Tozy, op.cit., p. 252.

principal dirigeant du mouvement, le "prix du musulman démocrate de l'année" en 2006[40]...

En Algérie également, alors même que les exactions des Groupes islamiques armés ensanglantaient le pays[41], la branche locale des frères musulmans participait sans états d'âme au pouvoir politique. Le Hamas, devenu le Mouvement de la société pour la paix, créé par le cheikh Mahfoud Nahnah, a refusé toute implication dans la lutte armée déclenchée par le Front islamique du salut (FIS), après l'interruption du processus électoral à la fin de l'année 1991. Dés 1994, un islamiste du Hamas devient ministre des affaires religieuses, et c'est en janvier et mai 1996 que deux postes à vocation économique sont attribués à ce mouvement : le ministère des PME-PMI et le secrétariat d'État chargé de la pêche. Depuis lors le MSP a régulièrement obtenu une représentation gouvernementale non négligeable, toujours dans le domaine de l'économie, étant par exemple titulaire du ministère de l'industrie et de la restructuration, ou encore du ministère du travail.

Le Président de la République et les militaires considéraient certainement ainsi qu'en accordant aux islamistes des fonctions certes importantes mais ne concernant pas les ministères les plus sensibles, tel l'Intérieur ou la Défense, ils pouvaient les "neutraliser" et, mieux encore, leur faire partager le poids de réformes impopulaires[42]. Cette stratégie d'alliance a été maintenue alors même que la situation sécuritaire s'améliorait, à telle enseigne que l'on peut considérer que le M.S.P est devenu un des principaux piliers politiques du régime algérien.

Le mouvement islamiste n'a en rien renoncé à son projet de société, faisant adopter des mesures en faveur de l'islamisation de l'Algérie, telle la généralisation de l'enseignement des sciences islamiques dans le secondaire ou encore l'adoption de dispositions prises pour s'opposer à l'évangélisation. En tout état de cause, depuis

---

40 J.M. Salgon, op.cit.

41 P. Forestier, Confessions d'un emir du GIA, Grasset, 1999.

42 J.M. Salgon, Islam et milieux d'affaires au Maghreb : le cas de l'Algérie, La Lettre sentinel, n° 36, Avril 2006, p. 22-23.

plus d'une décennie, l'alliance entre l'islamisme et un régime qu'a priori il devrait combattre a fait preuve d'une continuité et d'une solidité remarquables.

Une situation assez semblable existe en Jordanie. Le roi Hussein permet pour la première fois aux Frères musulmans de participer aux élections législatives en novembre 1989, le résultat étant que les islamistes deviennent alors le groupe le plus important au Parlement et la première force politique dans le pays. Ce qui est évidemment déterminant c'est la participation au processus politique à laquelle les Frères musulmans s'étaient décidé. "Leur participation aux élections, leur entrée au parlement puis au gouvernement aux côtés des autres formations politiques, les ont en effet réconciliées avec le pluralisme et les principes démocratiques, du moins au plan tactique. Leurs objectifs visent désormais à établir un pouvoir politique fondé sur le principe de la "chura" ; ils acceptent donc la démocratie comme phase de transition et renoncent par là même à leur approche traditionnelle consistant à refuser de participer à un "gouvernement non islamique"[43].

Il faut préciser que l'association des Frères musulmans en Jordanie a toujours rejeté toute violence, bénéficiant du soutien du roi Abdallah, grand-père du Roi Hussein, dès sa création. Par ailleurs, les souverains hachémites de Jordanie étant descendants directs du prophète Mohammed, bénéficient d'une légitimité difficilement contestable. Cela n'empêche pas les Frères de se plaindre du pouvoir autoritaire du roi, et de leur influence somme toute assez marginale aussi bien en politique intérieure qu'en politique étrangère. Il n'empêche que l'opposition islamiste reste prudente et soucieuse d'entretenir de bons rapports avec le monarque, dont l'attitude "a permis de favoriser l'arrangement, la coexistence et la participation plutôt que l'exclusion, et ainsi de désamorcer la violence politique"[44].

Le paysage politique et confessionnel apparaît beaucoup plus tumultueux et chaotique au Liban et en Palestine. L'on ne reviendra

---

[43] B. Kodmani-Darwish, M. Chartouni-Dubarry, Les Etats arabes face à la contestation islamiste, IFRI, A.Colin, 1997, p. 125-126.

[44] Idem, p. 144.

pas plus avant sur le changement de tactique adopté par le Hamas, lequel après avoir permis la formation d'un gouvernement d'union nationale avec le Fatah en mars 2007 s'est achevé, en tout cas pour le moment, par la prise de contrôle brutale de la bande de Gaza[45].

Au Liban le mouvement islamiste le plus le célèbre est sans conteste le Hezbollah fondé en 1982, sur une thématique "islamo-nationaliste"[46]. Son apparition date de combats acharnés qu'il mène contre l'armée Israélienne lorsque celle-ci pénètre au sud du Liban en 1982. Mais c'est aussi à cette période qu'il acquiert une sinistre réputation liée à de nombreux attentats terroristes qui lui sont imputés, ainsi que des prises d'otages aussi bien occidentaux qu'Israéliens. C'est après la signature des accords de Taef, qui mettent un terme à 15 ans de guerre civile libanaise, que le Hezbollah choisit de participer aux élections en 1992, soucieux d'intégrer le système politique libanais avec néanmoins le maintien de sa propre milice, sous prétexte de persistance de sa guerre de résistance contre l'occupation Israélienne. Le courant modéré du parti a pu imposer ses vues au sein du Majlis shura malgré de la condamnation virulente de cette participation en tant que contraire à la nature même du mouvement par l'aile radicale menée par Al Toufayli[47].

Le chef spirituel du mouvement, le cheikh Fadlallah, dans un ouvrage publié en 1990 : *Le mouvement islamique, enjeux et préoccupations*, démontre qu'il n'y a pas d'incompatibilité entre le mode de consultation islamique et la démocratie représentative. Ceci étant, il s'agit plus d'une confiance en la capacité de l'islamisme de durer dans le paysage politique arabe que d'une véritable conversion, d'ailleurs le même ouvrage développe la notion bien connue dans le schisme de taqiya, à savoir la dissimulation des intentions réelles afin de se protéger[48].

---

[45] K. Hroub, op.cit., p. 205.

[46] W. Chara, F. Domont, Le Hezbollah, un mouvement islamo-nationaliste, Fayard, 2004.

[47] Kodami-Darwish, Domont, op.cit., p. 159.

[48] Idem, p. 161.

Il ne faut pas pour autant négliger non plus l'intervention de la Syrie, qui est à l'origine d'un accord entre le gouvernement libanais et le Hezbollah, par lequel chacun d'eux s'engage à reconnaître le bien-fondé de l'autre, malgré les divergences idéologiques. D'après cette entente, le gouvernement libanais reconnaît le parti de Dieu comme mouvement de résistance à Israël dans sa zone de sécurité et s'engage à un ne pas s'opposer à ses interventions. Pour sa part le Hezbollah renonce à l'établissement d'une république islamique au Liban, de même qu'à toute opposition frontale à un pouvoir jusqu'alors considéré comme hérétique, abandonnant ainsi sa radicalité[49]. Il entre au parlement, de même qu'au gouvernement, et il se pose en représentant majeur de la communauté chiite et même en garant de la nation libanaise, en particulier lors de ses affrontements avec l'armée Israélienne à l'été 2006.

En Europe également l'islamisme s'engage en faveur du système démocratique. "L'islam est ainsi transformé d'une part par un processus de sécularisation de la société ... et d'autre part par une intégration politique qui se négocie"[50]. D'où Olivier Roy note que justement que les acteurs ont une démarche politique, laquelle n'a guère à voir avec la sincérité. Le fait de l'État laïque étant incontestable aujourd'hui en France comme ailleurs car intégré par la société, les islamistes sont bien obligés d'en tenir compte. Il est indéniable que l'union des organisations islamiques de France (UOIF) se situe dans la mouvance des Frères musulmans. Mais justement "ceux-ci ont toujours été des politiques... Ils ont rêvé d'un Etat islamique, mais ont été transformés par leurs pratiques politiques après s'être confrontés aux Etats et avoir éprouvé les contraintes sociales et politiques... Les islamistes ont évolué[51].

L'islam étant minoritaire, soit les islamistes se mettent en marge d'une société pour eux incontrôlable, soit ils optent pour la démarche de l'organisation représentative, demandant la reconnaissance du citoyen en sa qualité de musulman. C'est

---

49 J. Palmer Hurik, Le Hezbollah, le nouveau visage du terrorisme, Via Medias, 2006, p. 68 et 73.

50 O. Roy, La laïcité face à l'islam, Stock, 2005, p. 159.

51 Idem, p. 162.

effectivement la démarche de l'UOIF, dont le rôle-clé dans la discussion et les litiges autour du "voile islamique"[52] est établi, mais dont la contestation est restée dans le cadre juridique de la République française. L'instauration du Conseil français du culte musulman en 2005[53] a permis aux grandes organisations musulmanes en France d'y figurer, et leurs querelles mêmes démontrent leur implication dans le jeu démocratique.

"*Pas d'autre choix que la force*" : tel est le sous-titre du Livre blanc publié par le Hamas en novembre 2007 pour justifier sa prise du pouvoir par la force dans la bande de Gaza en juin de la même année[54]. Ce mois-là, en effet, les forces de sécurité du mouvement islamiste prennent le contrôle de ce territoire après de violents affrontements avec les forces armées du Fatah , entraînant politiquement l'apparition de deux gouvernements palestiniens, l'un à Gaza, islamiste, et l'autre en Cisjordanie relevant de Mahmoud Abbas. Le Hamas explique que les menaces d'étouffement par le Fatah mettaient en cause sa survie même.

Le 9 mai 2008 le Hezbollah prend le contrôle de Beyrouth après de meurtriers affrontements avec les partisans sunnites de Saad Hariri, puis laisse obligeamment l'armée s'installer dans les positions conquises[55]. Le prétexte en était une soi-disant "déclaration de guerre" du gouvernement libanais, lequel exigeait le démantèlement du réseau téléphonique du Hezbollah et la démission du responsable chiite de la sécurité de l'aéroport...

Ces évènements sanglants signifient ils que l'islamisme serait prompt à verser dans la violence politique à la première occasion, révélant ainsi sa duplicité ? En fait le Hezbollah ne remet pas en cause l'Etat libanais et approuve l'élection du nouveau Président de la République, le général Sleimane. Le Hamas négocie avec le Président Abbas, et le ministre français des affaires étrangères a reconnu que la

[52] J.H. Kaltenbach, M. Tribalat, op.cit., p. 187-223.

[53] Le CFCM : une solution ou un problème ? in L'Islam en France, Cités hors série, PUF, 2004, p. 63-157.

[54] K. Hroub, op.cit, p. 220.

[55] V. Liban, jusqu'où ira le hezbollah ? Courrier Intenational, 21-28 mai 2008.

France avait noué des contacts avec le mouvement islamiste en avril 2008. En réalité, l'islamisme accepte par pragmatisme et opportunité les règles de la démocratie, mais si ses positions lui semblent par trop menacées, et a fortiori si son existence même se trouve remise en cause, n'hésite-t-il pas à recourir à la violence et à succomber à la tentation radicale, si bien sûr il est en situation de le faire.

TRAVAUX, RECHERCHES, ROMANS ET OUVRAGES HISTORIQUES

de

Jean-Marie RAINAUD
Professeur de Droit Public
Doyen honoraire de la Faculté de Droit de Nice

- La responsabilité des services publics hospitaliers (Mémoire Aix, 1960)
- La pensée politique d'Henry de Montherlant (Mémoire Aix, 1961)
- La distinction de l'acte réglementaire et de l'acte individuel (Thèse, Aix 1964, L.G.D.J.)
- Le problème constitutionnel de l'île Maurice (travaux et mémoires, Aix, 1965) (Pedone)
- Réflexion sur l'arrêt Carro (Chronique Dalloz, 1965)
- Note sous l'arrêt Hôpital de Pont-à-Mousson (J.C.P., 1966)
- Note sous l'arrêt Synacomex (Chronique Dalloz)
- La caisse nationale des marchés de l'Etat (travaux et mémoires, Nice, 1967)
- Contribution à l'étude des autoroutes - l'ESCOTA - (travaux et mémoires, Nice, 1968)
- L'agence internationale de l'énergie atomique (A. Colin, 1970)
- Marchés publics et marché commun (Revue Marché Commun, 1972)
- Fiscalité et expropriation (A.J.P.I., 1973)
- Chronique de jurisprudence de la Cour des communautés (Revue marché commun) (semestriel) de 1980 à 1985
- L'autorité des traités internationaux et leur application par les tribunaux de France (Dalloz)
- Recueil de textes fondamentaux du droit communautaire (1974)
- L'incidence du droit communautaire sur le droit public français (La France et les Communautés Européennes - L.G.D.J. 1975)
- Droit administratif du développement - Prospective 1978

- La responsabilité de l'Etat du fait des vaccinations obligatoires (Revue Hospitalière, 1978)
- Les collectivités locales : bilan et perspectives - 1978, Publication Région PACA
- Protection de la Nation et respect du droit de la propriété - Colloque Société du Droit de l'Environnement, 1978
- Les organes régionaux parallèles - Colloque, Nice, 1979 - Publication Région PACA
- La fonction économique des collectivités locales - Il Merlino, Milan 1980
- Le droit des sanctions en matières sportives - Colloque Nice, publié chez Economica en 1960
- Le Conseil d'Etat et la IVème République, Colloque Nice (publié à la L.G.D.J.)
-Le pouvoir disciplinaire des instances sportives (Economica, 1981)
- Droit du sport, responsabilité de la puissance publique en matière sportive, 1983
- Spécificité du droit nucléaire au regard de l'environnement, publication C.N.R.S., 1982
- Droit et libertés, Colloque Athènes, publié en 1982
- "La politique foncière de la région : réalisation et perspective d'avenir", 1981/1982
- Note sur l'arrêt Feudor, Dalloz 1983
- Contrat et loi de service public, R.D.P. 1986
- Décentralisation et structures du sport (Economica, 1989)
- Elaboration de la constitution de 1875 (Economica, 1989)
- Droit public de la concurrence (Economica, 1989)
- Les collectivités infra-étatiques et le droit international - Publication, Revue des Experts Comptables, 1992
- La concurrence Hôpital public/cliniques privées, 1992, Revue de l'hospitalisation privée
- Les fonds structurels et les collectivités locales, Rome, Publication de l'Université, 1992
- Commentaire de la loi sur le sport, Décembre1992, AJ
- Peace Research Institution Frankfurt, 1992, Communication sur la non prolifération nucléaire : discrimination et compensation
- Le droit nucléaire, P.U.F., Que Sais-Je ?, 1995
- Sociologie du contentieux administratif, Mélanges P. Isoart, 1996
- Le droit au juge (droit administratif), colloque, Nice, 1997

- Les grandes conclusions des commissaires du gouvernement - La transparence, Droit Administratif Comparé, Colloque, Nice, 1998
- L'A.I.E.A. et la protection radioactive, Ouvrage collectif, Genève
- L'effectivité en Droit Administratif. Communication au Colloque, Urbino (Italie), 1998
- L'évolution du droit nucléaire. Communication Colloque Lyon - Novembre 1999
- La crise du service public, P.U.F. Que Sais-Je ? 1999
- Mélanges Isoart
- "Les embarras de Paris", Mélanges Charles, 2001
- Hommage à Jacques Basso, Mélanges, 2005
- Droit international et coopération internationale, Mélanges Touscoz, 2007

- L'Epibranche, éd. Alp'Azur
- Les poulpes du Paillon, éd. Gérard Comman
- Chamarel, éd. Gérard Comman
- Fabliaux et Proverbes du Comté de Nice, éd. Gérard Comman
- Les Barbets, éd. E.G.C.
- Le Chant des Bihorneaux, éd. des Ecrivains
- Ne sait quand il reviendra, éd. des Ecrivains
- Les lauriers sont coupés, France Europe Editions
- Mary des Ponchettes, France Europe
- C.D. audio Les Poulpes du Paillon, France Europe Edition
- Jean-Baptiste de Luynes, la dame de cœur, France Europe Editions
- Moi, Roger S…, éd. l'Harmattan
- Les Vicoforte, France Europe Editions

TABLE des MATIERES

* *
*

L'HARMATTAN, ITALIA
Via Degli Artisti 15 ; 10124 Torino

L'HARMATTAN HONGRIE
Könyvesbolt ; Kossuth L. u. 14-16
1053 Budapest

L'HARMATTAN BURKINA FASO
Rue 15.167 Route du Pô Patte d'oie
12 BP 226
Ouagadougou 12
(00226) 76 59 79 86

ESPACE L'HARMATTAN KINSHASA
Faculté des Sciences Sociales,
Politiques et Administratives
BP243, KIN XI ; Université de Kinshasa

L'HARMATTAN GUINEE
Almamya Rue KA 028
En face du restaurant le cèdre
OKB agency BP 3470 Conakry
(00224) 60 20 85 08
harmattanguinee@yahoo.fr

L'HARMATTAN COTE D'IVOIRE
M. Etien N'dah Ahmon
Résidence Karl / cité des arts
Abidjan-Cocody 03 BP 1588 Abidjan 03
(00225) 05 77 87 31

L'HARMATTAN MAURITANIE
Espace El Kettab du livre francophone
N° 472 avenue Palais des Congrès
BP 316 Nouakchott
(00222) 63 25 980

L'HARMATTAN CAMEROUN
BP 11486
(00237) 458 67 00
(00237) 976 61 66
harmattancam@yahoo.fr

588887 - Novembre 2014
Achevé d'imprimer par

1livre.com
du rêve à la réalité !

Made in United States
North Haven, CT
05 November 2026

21764892R20257